我们一起解决问题

餐饮企业
运营与管理全案

孙宗虎　编著

人民邮电出版社
北　京

图书在版编目（CIP）数据

餐饮企业运营与管理全案 / 孙宗虎编著. -- 北京 : 人民邮电出版社, 2021.2
ISBN 978-7-115-56009-4

Ⅰ. ①餐… Ⅱ. ①孙… Ⅲ. ①饮食业－企业管理 Ⅳ. ①F719.3

中国版本图书馆CIP数据核字(2021)第028581号

内容提要

这是一本关于餐饮管理人员如何干好工作的图书。本书始于流程，细说过程，关注全程，附带规程，成于章程，体现了很强的操作性和实务性。

本书在介绍流程与流程管理的基础上，详细介绍了餐饮企业的客户定位与价值分析管理、餐饮品牌宣传推广管理、餐饮促销与外卖订单管理、餐饮楼面管理、餐饮采购与仓储管理、餐厅与后厨管理、厨房管理、餐饮食品安全管理、餐饮产品与服务质量管理、餐饮成本核算与控制管理、餐饮企业公关与客户管理等 17 大工作事项。

本书适合餐饮企业中高层管理人员，尤其是餐饮管理流程设计者阅读，也适合高等院校餐饮管理专业师生、培训和管理咨询人员阅读。

◆编　　著　孙宗虎
　责任编辑　程珍珍
　责任印制　杨林杰
◆人民邮电出版社出版发行　　北京市丰台区成寿寺路 11 号
　邮编 100164　　电子邮件 315@ptpress.com.cn
　网址 https://www.ptpress.com.cn
　涿州市般润文化传播有限公司印刷
◆开本：787×1092　1/16
　印张：23　　2021 年 2 月第 1 版
　字数：480 千字　　2025 年 7 月河北第 9 次印刷

定　价：99.00 元

读者服务热线：（010）81055656　印装质量热线：（010）81055316
反盗版热线：（010）81055315

前言

《餐饮企业运营与管理全案》一书围绕餐饮管理工作的流程设计，并辅以相应的工作标准，将餐饮管理17大事项的执行工作落实到具体的流程上，既解决了“由谁做”“做什么”的问题，也解决了“如何有效地做、按照什么标准做”的问题。本书提供了一整套关于餐饮管理人员如何干工作、干好工作、追求卓越工作的有效解决方案。

本书系在之前版本的基础上修订而成，旨在更加符合当前企业发展大趋势和精细化管理需求，有关修订内容如下。

一、重构了流程体系，使逻辑关系更清晰

首先，从整体内容结构上，本书重新梳理了流程的顺序，从“服务”与“管理”两大维度将餐饮管理工作划分为客户定位与价值分析管理、餐饮品牌宣传推广管理、餐饮促销与外卖订单管理、餐饮楼面管理、餐饮采购与仓储管理、餐厅与后厨管理、厨房管理、餐饮食品安全管理、餐饮产品与服务质量管理、餐饮成本核算与控制管理、餐饮企业公关与客户管理等17大工作事项，梳理了餐饮管理的工作内容，使餐饮管理流程更加符合当今企业的实际情况。

其次，根据梳理后的餐饮管理流程体系，结合企业切实推动流程管理的需要，本书增补了一些新的流程和工作标准，进一步细化了餐饮管理的具体工作事项，使餐饮管理流程更加全面、详细，便于企业将流程管理应用到餐饮管理的每一个具体事项上。

最后，为方便企业推动流程管理或应用本书推动流程再造，本书的每一章都新设了一节内容，即在介绍流程设计之前，先对流程设计的目的或流程在企业中发挥的作用进行了说明，并给出了本章流程之间的内在逻辑关系，为企业选用本书介绍的相关流程提供了决策依据。

二、细化了管理过程，使内容更翔实

（1）对于某一个具体的流程，本书按企业运行实际情况重新梳理或更新了流程步骤，

进一步细化、补充了流程中节点事项的工作标准，使餐饮管理流程、工作标准更加符合餐饮管理的实际工作需要，以方便企业相应部门的员工“拿来即用”。

（2）本书还针对餐饮管理流程中关键事项的落实与执行设计了相应的考核指标与操作说明，为流程中关键事项的执行效果提供考核依据，从而确保流程与工作标准能够得到高效执行，最终为企业推动流程管理提供有力的保障。

三、根据管理现状编写，使企业能据实而作

本书提供的是“参照式”流程设计范本。随着企业管理水平的不断提高，企业的流程与工作标准也在不断地发生变化，因此，读者在应用本书时可参考以下建议。

（1）读者可根据所在企业的实际情况，适当修改或重新设计书中提供的餐饮管理流程与工作标准，使之更加适合本企业的情况。

（2）读者可参照本书中的流程，将所在企业每个部门内每个岗位的工作流程适当压缩，力求达到流程再造的目的，以提高企业的运营效率。

（3）读者要在实践中不断改进已经形成的工作流程，真正做到因需而变、高效管理、高效工作，最终达到“赢在执行”的目标。

我们衷心希望本书能为企业在餐饮管理方面推动流程管理提供业务运用层面的指导和实务性的解决方案。

再次感谢数以万计的读者对本书的支持与厚爱，没有你们这些实践专家提供的建议，就不会有本书的这些改进和补充。

目录
Contents

第1章 流程与流程管理

1.1 流程 …… 001

1.1.1 流程的定义 …… 001

1.1.2 流程的分类 …… 002

1.1.3 流程的层级 …… 003

1.2 流程管理 …… 004

1.2.1 流程管理的含义分析 …… 004

1.2.2 流程管理的目标分析 …… 005

1.2.3 流程管理工作的三个层级 …… 005

1.3 流程管理工作的开展 …… 006

1.3.1 项目启动 …… 006

1.3.2 识别流程 …… 007

1.3.3 构建流程清单 …… 008

1.3.4 评估流程重要程度 …… 008

1.3.5 完善体系框架 …… 009

1.3.6 进行流程设计 …… 009

1.3.7 流程发布、实施与检查 …… 019

1.4 流程执行章程设计 …… 025

1.4.1 配套制度设计 …… 025

1.4.2 辅助方案设计 …… 028

1.4.3 文书设计 …… 030

1.4.4 表单设计 …… 031

1.5 流程诊断与优化 …… 032

1.5.1 流程诊断分析 …… 032

1.5.2 流程优化的注意事项 …… 034
1.5.3 流程优化程序 …… 034
1.5.4 流程优化 ESIA 法 …… 035
1.6 流程再造 …… 037
1.6.1 流程再造的核心 …… 037
1.6.2 流程再造的基础 …… 037
1.6.3 流程再造的程序 …… 038
1.6.4 流程再造的技巧 …… 039

第 2 章 客户定位与价值分析管理

2.1 客户定位与价值分析管理流程 …… 040
2.1.1 流程设计的目的 …… 040
2.1.2 流程结构设计 …… 040
2.2 客户定位管理流程设计与工作执行 …… 041
2.2.1 客户定位管理流程设计 …… 041
2.2.2 客户定位管理执行程序、工作标准、考核指标、执行规范 …… 042
2.3 客户价值分析管理流程设计与工作执行 …… 044
2.3.1 客户价值分析管理流程设计 …… 044
2.3.2 客户价值分析管理执行程序、工作标准、考核指标、执行规范 …… 045

第 3 章 餐饮产品及服务体验、定价与上市管理

3.1 餐饮产品及服务体验、定价与上市管理流程 …… 047
3.1.1 流程设计的目的 …… 047
3.1.2 流程结构设计 …… 047
3.2 餐饮产品及服务调研管理流程设计与工作执行 …… 048
3.2.1 餐饮产品及服务调研管理流程设计 …… 048
3.2.2 餐饮产品及服务调研管理执行程序、工作标准、考核指标、执行规范 049
3.3 产品购买过程设计管理流程设计与工作执行 …… 051
3.3.1 产品购买过程设计管理流程设计 …… 051
3.3.2 产品购买过程设计管理执行程序、工作标准、考核指标、执行规范 052
3.4 消费场景构建管理流程设计与工作执行 …… 054
3.4.1 消费场景构建管理流程设计 …… 054

3.4.2 消费场景构建管理执行程序、工作标准、考核指标、执行规范 …… 055

3.5 产品及服务定价管理流程设计与工作执行 …… 056

3.5.1 产品及服务定价管理流程设计 …… 056

3.5.2 产品及服务定价管理执行程序、工作标准、考核指标、执行规范 … 057

3.6 产品及服务上市管理流程设计与工作执行 …… 059

3.6.1 产品及服务上市管理流程设计 …… 059

3.6.2 产品及服务上市管理执行程序、工作标准、考核指标、执行规范 … 060

第 4 章 餐饮品牌宣传推广管理

4.1 餐饮品牌宣传推广管理流程 …… 062

4.1.1 流程设计的目的 …… 062

4.1.2 流程结构设计 …… 062

4.2 餐饮品牌策划管理流程设计与工作执行 …… 063

4.2.1 餐饮品牌策划管理流程设计 …… 063

4.2.2 餐饮品牌策划管理执行程序、工作标准、考核指标、执行规范 …… 064

4.3 店面设计管理流程设计与工作执行 …… 066

4.3.1 店面设计管理流程设计 …… 066

4.3.2 店面设计管理执行程序、工作标准、考核指标、执行规范 …… 067

4.4 餐饮品牌宣传管理流程设计与工作执行 …… 069

4.4.1 餐饮品牌宣传管理流程设计 …… 069

4.4.2 餐饮品牌宣传管理执行程序、工作标准、考核指标、执行规范 …… 070

4.5 餐饮新媒体推广管理流程设计与工作执行 …… 072

4.5.1 餐饮新媒体推广管理流程设计 …… 072

4.5.2 餐饮新媒体推广管理执行程序、工作标准、考核指标、执行规范 … 073

4.6 餐饮广告管理流程设计与工作执行 …… 075

4.6.1 餐饮广告管理流程设计 …… 075

4.6.2 餐饮广告管理流程执行程序、工作标准、考核指标、执行规范 …… 076

第 5 章 餐饮促销与外卖订单管理

5.1 餐饮促销与外卖订单管理流程 …… 078

5.1.1 流程设计的目的 …… 078

5.1.2 流程结构设计 …… 078

5.2 餐饮促销管理流程设计与工作执行 …… 079
5.2.1 餐饮促销管理流程设计 …… 079
5.2.2 餐饮促销管理执行程序、工作标准、考核指标、执行规范 …… 080
5.3 餐饮团购促销管理流程设计与工作执行 …… 082
5.3.1 餐饮团购促销管理流程设计 …… 082
5.3.2 餐饮团购促销管理执行程序、工作标准、考核指标、执行规范 …… 083
5.4 餐饮节假日促销管理流程设计与工作执行 …… 085
5.4.1 餐饮节假日促销管理流程设计 …… 085
5.4.2 餐饮节假日促销管理执行程序、工作标准、考核指标、执行规范 …… 086
5.5 餐饮新媒体促销管理流程设计与工作执行 …… 088
5.5.1 餐饮新媒体促销管理流程设计 …… 088
5.5.2 餐饮新媒体促销管理执行程序、工作标准、考核指标、执行规范 …… 089
5.6 餐饮外卖订单管理流程设计与工作执行 …… 091
5.6.1 餐饮外卖订单管理流程设计 …… 091
5.6.2 餐饮外卖订单管理执行程序、工作标准、考核指标、执行规范 …… 092

第6章 餐饮楼面管理

6.1 餐饮楼面管理流程 …… 094
6.1.1 流程设计的目的 …… 094
6.1.2 流程结构设计 …… 094
6.2 员工考勤管理流程设计与工作执行 …… 095
6.2.1 员工考勤管理流程设计 …… 095
6.2.2 员工考勤管理执行程序、工作标准、考核指标、执行规范 …… 096
6.3 楼面督察巡查管理流程设计与工作执行 …… 098
6.3.1 楼面督察巡查管理流程设计 …… 098
6.3.2 楼面督察巡查管理执行程序、工作标准、考核指标、执行规范 …… 099
6.4 员工仪容仪表管理流程与工作标准 …… 101
6.4.1 员工仪容仪表管理流程设计 …… 101
6.4.2 员工仪容仪表管理执行程序、工作标准、考核指标、执行规范 …… 102
6.5 传菜管理流程设计与工作执行 …… 104
6.5.1 传菜管理流程设计 …… 104
6.5.2 传菜管理执行程序、工作标准、考核指标、执行规范 …… 105

6.6 服务员管理流程设计与工作执行 …… 107
6.6.1 服务员管理流程设计 …… 107
6.6.2 服务员管理执行程序、工作标准、考核指标、执行规范 …… 108

第7章 餐饮采购与仓储管理

7.1 餐饮采购与仓储管理流程 …… 109
7.1.1 流程设计的目的 …… 109
7.1.2 流程结构设计 …… 109
7.2 供应商选择管理流程设计与工作执行 …… 110
7.2.1 供应商选择管理流程设计 …… 110
7.2.2 供应商选择管理执行程序、工作标准、考核指标、执行规范 …… 111
7.3 线上采购管理流程设计与工作执行 …… 113
7.3.1 线上采购管理流程设计 …… 113
7.3.2 线上采购管理执行程序、工作标准、考核指标、执行规范 …… 114
7.4 采购计划管理流程设计与工作执行 …… 116
7.4.1 采购计划管理流程设计 …… 116
7.4.2 采购计划管理执行程序、工作标准、考核指标、执行规范 …… 117
7.5 食品原料采购管理流程设计与工作执行 …… 119
7.5.1 食品原料采购管理流程设计 …… 119
7.5.2 食品原料采购管理执行程序、工作标准、考核指标、执行规范 …… 120
7.6 酒水饮料采购管理流程设计与工作执行 …… 122
7.6.1 酒水饮料采购管理流程设计 …… 122
7.6.2 酒水饮料采购管理执行程序、工作标准、考核指标、执行规范 …… 123
7.7 餐具设备采购管理流程设计与工作执行 …… 126
7.7.1 餐具设备采购管理流程设计 …… 126
7.7.2 餐具设备采购管理执行程序、工作标准、考核指标、执行规范 …… 127
7.8 物资验收管理流程设计与工作执行 …… 129
7.8.1 物资验收管理流程设计 …… 129
7.8.2 物资验收管理执行程序、工作标准、考核指标、执行规范 …… 130
7.9 物料入库与领用管理流程设计与工作执行 …… 132
7.9.1 物料入库与领用管理流程设计 …… 132
7.9.2 物料入库与领用管理执行程序、工作标准、考核指标、执行规范 …… 133

7.10 仓储管理流程设计与工作执行 …… 135
7.10.1 仓储管理流程设计 …… 135
7.10.2 仓储管理执行程序、工作标准、考核指标、执行规范 …… 136
7.11 采购结算管理流程设计与工作执行 …… 138
7.11.1 采购结算管理流程设计 …… 138
7.11.2 采购结算管理执行程序、工作标准、考核指标、执行规范 …… 139

第8章 餐厅与后厨管理

8.1 餐厅与后厨管理流程 …… 141
8.1.1 流程设计的目的 …… 141
8.1.2 流程结构设计 …… 141
8.2 菜单管理流程设计与工作执行 …… 142
8.2.1 菜单管理流程设计 …… 142
8.2.2 菜单管理执行程序、工作标准、考核指标、执行规范 …… 143
8.3 订餐管理流程设计与工作执行 …… 145
8.3.1 订餐管理流程设计 …… 145
8.3.2 订餐管理执行程序、工作标准、考核指标、执行规范 …… 146
8.4 顾客接待管理流程设计与工作执行 …… 148
8.4.1 顾客接待管理流程设计 …… 148
8.4.2 顾客接待管理执行程序、工作标准、考核指标、执行规范 …… 149
8.5 菜品推销管理流程设计与工作执行 …… 151
8.5.1 菜品推销管理流程设计 …… 151
8.5.2 菜品推销管理执行程序、工作标准、考核指标、执行规范 …… 152
8.6 餐前准备管理流程设计与工作执行 …… 153
8.6.1 餐前准备管理流程设计 …… 153
8.6.2 餐前准备管理执行程序、工作标准、考核指标、执行规范 …… 154
8.7 餐中服务管理流程设计与工作执行 …… 156
8.7.1 餐中服务管理流程设计 …… 156
8.7.2 餐中服务管理执行程序、工作标准、考核指标、执行规范 …… 157
8.8 餐后清洁管理流程设计与工作执行 …… 158
8.8.1 餐后清洁管理流程设计 …… 158
8.8.2 餐后清洁管理执行程序、工作标准、考核指标、执行规范 …… 159

8.9 结账管理流程设计与工作执行 …… 161
8.9.1 结账管理流程设计 …… 161
8.9.2 结账管理执行程序、工作标准、考核指标、执行规范 …… 162
8.10 突发事件处理流程设计与工作执行 …… 164
8.10.1 突发事件处理流程设计 …… 164
8.10.2 突发事件处理执行程序、工作标准、考核指标、执行规范 …… 165

第9章 厨房管理

9.1 厨房管理流程 …… 167
9.1.1 流程设计的目的 …… 167
9.1.2 流程结构设计 …… 167
9.2 厨房规划管理流程设计与工作执行 …… 168
9.2.1 厨房规划管理流程设计 …… 168
9.2.2 厨房规划管理执行程序、工作标准、考核指标、执行规范 …… 169
9.3 中餐冷菜制作管理流程设计与工作执行 …… 171
9.3.1 中餐冷菜制作管理流程设计 …… 171
9.3.2 中餐冷菜制作管理流程执行程序、工作标准、考核指标、执行规范 172
9.4 中餐切配管理流程设计与工作执行 …… 174
9.4.1 中餐切配管理流程设计 …… 174
9.4.2 中餐切配管理流程执行程序、工作标准、考核指标、执行规范 …… 175
9.5 中餐炉灶操作管理流程设计与工作执行 …… 176
9.5.1 中餐炉灶操作管理流程设计 …… 176
9.5.2 中餐炉灶操作管理执行程序、工作标准、考核指标、执行规范 …… 177
9.6 中餐蒸灶操作管理流程设计与工作执行 …… 179
9.6.1 中餐蒸灶操作管理流程设计 …… 179
9.6.2 中餐蒸灶操作管理执行程序、工作标准、考核指标、执行规范 …… 180
9.7 西餐冷盘制作管理流程设计与工作执行 …… 182
9.7.1 西餐冷盘制作管理流程设计 …… 182
9.7.2 西餐冷盘制作管理执行程序、工作标准、考核指标、执行规范 …… 183
9.8 西餐糕点制作管理流程设计与工作执行 …… 184
9.8.1 西餐糕点制作管理流程设计 …… 184
9.8.2 西餐糕点制作管理执行程序、工作标准、考核指标、执行规范 …… 185

9.9 厨房原料管理流程设计与工作执行 …… 187
9.9.1 厨房原料管理流程设计 …… 187
9.9.2 厨房原料管理执行程序、工作标准、考核指标、执行规范 …… 188
9.10 厨房作业安全管理流程设计与工作执行 …… 189
9.10.1 厨房作业安全管理流程设计 …… 189
9.10.2 厨房作业安全管理执行程序、工作标准、考核指标、执行规范 …… 190
9.11 厨房人员安全管理流程设计与工作执行 …… 192
9.11.1 厨房人员安全管理流程设计 …… 192
9.11.2 厨房人员安全管理执行程序、工作标准、考核指标、执行规范 …… 193
9.12 厨房垃圾处理流程设计与工作执行 …… 194
9.12.1 厨房垃圾处理流程设计 …… 194
9.12.2 厨房垃圾处理执行程序、工作标准、考核指标、执行规范 …… 195

第 10 章 餐饮食品安全管理

10.1 餐饮食品安全管理流程 …… 196
10.1.1 流程设计的目的 …… 196
10.1.2 流程结构设计 …… 196
10.2 从业人员健康管理流程设计与工作执行 …… 197
10.2.1 从业人员健康管理流程设计 …… 197
10.2.2 从业人员健康管理执行程序、工作标准、考核指标、执行规范 …… 198
10.3 食材采购安全管理流程设计与工作执行 …… 200
10.3.1 食材采购安全管理流程设计 …… 200
10.3.2 食材采购安全管理执行程序、工作标准、考核指标、执行规范 …… 201
10.4 食材验收管理流程设计与工作执行 …… 203
10.4.1 食材验收管理流程设计 …… 203
10.4.2 食材验收管理执行程序、工作标准、考核指标、执行规范 …… 204
10.5 食品原料储存管理流程设计与工作执行 …… 205
10.5.1 食品原料储存管理流程设计 …… 205
10.5.2 食品原料储存管理执行程序、工作标准、考核指标、执行规范 …… 206
10.6 食品安全培训管理流程设计与工作执行 …… 208
10.6.1 食品安全培训管理流程设计 …… 208
10.6.2 食品安全培训管理执行程序、工作标准、考核指标、执行规范 …… 209

10.7 厨房作业卫生管理流程设计与工作执行 ………………………… 211
10.7.1 厨房作业卫生管理流程设计 ………………………………………… 211
10.7.2 厨房作业卫生管理管理执行程序、工作标准、考核指标、执行规范 212
10.8 厨房个人卫生管理流程设计与工作执行 ………………………… 214
10.8.1 厨房个人卫生管理流程设计 ………………………………………… 214
10.8.2 厨房个人卫生管理执行程序、工作标准、考核指标、执行规范 …… 215
10.9 餐具用具消毒管理流程设计与工作执行 ………………………… 216
10.9.1 餐具用具消毒管理流程设计 ………………………………………… 216
10.9.2 餐具用具消毒管理执行程序、工作标准、考核指标、执行规范 …… 217
10.10 食品安全抽检管理流程设计与工作执行………………………… 219
10.10.1 食品安全抽检管理流程设计 ……………………………………… 219
10.10.2 食品安全抽检管理执行程序、工作标准、考核指标、执行规范 … 220
10.11 生熟食品交叉污染控制管理流程设计与工作执行……………… 221
10.11.1 生熟食品交叉污染控制管理流程设计 …………………………… 221
10.11.2 生熟食品交叉污染控制管理执行程序、工作标准、考核指标、执行规范222

第 11 章 餐饮产品与服务质量管理

11.1 餐饮产品与服务质量管理流程 …………………………………… 224
11.1.1 流程设计的目的 ……………………………………………………… 224
11.1.2 流程结构设计 ………………………………………………………… 224
11.2 食材质量管理流程设计与工作执行 ……………………………… 225
11.2.1 食材质量管理流程设计 ……………………………………………… 225
11.2.2 食材质量管理执行程序、工作标准、考核指标、执行规范 ……… 226
11.3 原料加工品质量管理流程设计与工作执行 ……………………… 228
11.3.1 原料加工品质量管理流程设计 ……………………………………… 228
11.3.2 原料加工品质量管理执行程序、工作标准、考核指标、执行规范 … 229
11.4 菜品烹调质量管理流程设计与工作执行 ………………………… 231
11.4.1 菜品烹调质量管理流程设计 ………………………………………… 231
11.4.2 菜品烹调质量管理执行程序、工作标准、考核指标、执行规范 …… 232
11.5 配菜质量管理流程设计与工作执行 ……………………………… 234
11.5.1 配菜质量管理流程设计 ……………………………………………… 234
11.5.2 配菜质量管理执行程序、工作标准、考核指标、执行规范 ……… 235

目录

11.6 客户服务质量评估管理流程设计与工作执行 …… 237
11.6.1 客户服务质量评估管理流程设计 …… 237
11.6.2 客户服务质量评估管理执行程序、工作标准、考核指标、执行规范 238
11.7 中餐服务质量管理流程设计与工作执行 …… 240
11.7.1 中餐服务质量管理流程设计 …… 240
11.7.2 中餐服务质量管理执行程序、工作标准、考核指标、执行规范 …… 241
11.8 西餐服务质量管理流程设计与工作执行 …… 243
11.8.1 西餐服务质量管理流程设计 …… 243
11.8.2 西餐服务质量管理执行程序、工作标准、考核指标、执行规范 …… 244
11.9 咖啡厅服务质量管理流程设计与工作执行 …… 246
11.9.1 咖啡厅服务质量管理流程设计 …… 246
11.9.2 咖啡厅服务质量管理执行程序、工作标准、考核指标、执行规范 … 247
11.10 酒吧服务质量管理流程设计与工作执行 …… 249
11.10.1 酒吧服务质量管理流程设计 …… 249
11.10.2 酒吧服务质量管理执行程序、工作标准、考核指标、执行规范 … 250
11.11 宴会服务质量管理流程设计与工作执行 …… 252
11.11.1 宴会服务质量管理流程设计 …… 252
11.11.2 宴会服务质量管理执行程序、工作标准、考核指标、执行规范 … 253

第 12 章 餐饮成本核算与控制管理

12.1 餐饮成本核算与控制管理流程 …… 255
12.1.1 流程设计的目的 …… 255
12.1.2 流程结构设计 …… 255
12.2 餐饮成本核算管理流程与工作执行 …… 256
12.2.1 餐饮成本核算管理流程设计 …… 256
12.2.2 餐饮成本核算管理执行程序、工作标准、考核指标、执行规范 …… 257
12.3 餐饮成本控制管理流程与工作执行 …… 259
12.3.1 餐饮成本控制管理流程设计 …… 259
12.3.2 餐饮成本控制管理执行程序、工作标准、考核指标、执行规范 …… 260
12.4 食材库存成本控制管理流程与工作执行 …… 261
12.4.1 食材库存成本控制管理流程设计 …… 261
12.4.2 食材库存成本控制管理执行程序、工作标准、考核指标、执行规范 262

12.5 酒水饮料成本控制管理流程与工作执行 …… 264

12.5.1 酒水饮料成本控制管理流程设计 …… 264

12.5.2 酒水饮料成本控制管理执行程序、工作标准、考核指标、执行规范 265

12.6 餐具损耗管理流程设计与工作执行 …… 266

12.6.1 餐具损耗管理流程设计 …… 266

12.6.2 餐具损耗管理执行程序、工作标准、考核指标、执行规范 …… 267

第 13 章 餐饮分店选址与连锁经营管理

13.1 餐饮分店选址与连锁经营管理流程 …… 269

13.1.1 流程设计的目的 …… 269

13.1.2 流程结构设计 …… 269

13.2 餐饮分店选址管理流程设计与工作执行 …… 270

13.2.1 餐饮分店选址管理流程设计 …… 270

13.2.2 餐饮分店选址管理执行程序、工作标准、考核指标、执行规范 …… 271

13.3 餐饮分店租赁管理流程设计与工作执行 …… 273

13.3.1 餐饮分店租赁管理流程设计 …… 273

13.3.2 餐饮分店租赁管理执行程序、工作标准、考核指标、执行规范 …… 274

13.4 餐饮分店装修管理流程设计与工作执行 …… 276

13.4.1 餐饮分店装修管理流程设计 …… 276

13.4.2 餐饮分店装修管理执行程序、工作标准、考核指标、执行规范 …… 277

13.5 餐饮分店开业管理流程设计与工作执行 …… 279

13.5.1 餐饮分店开业管理流程设计 …… 279

13.5.2 餐饮分店开业管理执行程序、工作标准、考核指标、执行规范 …… 280

13.6 连锁经营招募管理流程设计与工作执行 …… 282

13.6.1 连锁经营招募管理流程设计 …… 282

13.6.2 连锁经营招募管理执行程序、工作标准、考核指标、执行规范 …… 283

13.7 连锁经营统一配送管理流程设计与工作执行 …… 285

13.7.1 连锁经营统一配送管理流程设计 …… 285

13.7.2 连锁经营统一配送管理执行程序、工作标准、考核指标、执行规范 286

第 14 章 餐饮企业公关与客户管理

14.1 餐饮企业公关与客户管理流程 …… 288

14.1.1 流程设计的目的 …… 288

14.1.2 流程结构设计 …… 288

14.2 公关管理流程设计与工作执行 …… 289

14.2.1 公关管理流程设计 …… 289

14.2.2 公关管理执行程序、工作标准、考核指标、执行规范 …… 290

14.3 公关调查处理流程设计与工作执行 …… 292

14.3.1 公关调查处理流程设计 …… 292

14.3.2 公关调查处理执行程序、工作标准、考核指标、执行规范 …… 293

14.4 公关活动策划管理流程设计与工作执行 …… 295

14.4.1 公关活动策划管理流程设计 …… 295

14.4.2 公关活动策划管理执行程序、工作标准、考核指标、执行规范 …… 296

14.5 舆情管理流程设计与工作执行 …… 298

14.5.1 舆情管理流程设计 …… 298

14.5.2 舆情管理执行程序、工作标准、考核指标、执行规范 …… 299

14.6 集团客户服务管理流程设计与工作执行 …… 301

14.6.1 集团客户服务管理流程设计 …… 301

14.6.2 集团客户服务管理执行程序、工作标准、考核指标、执行规范 …… 302

第 15 章 餐饮环境卫生与停车及保卫管理

15.1 餐饮环境卫生与停车及保卫管理流程 …… 304

15.1.1 流程设计的目的 …… 304

15.1.2 流程结构设计 …… 304

15.2 用餐环境卫生管理流程设计与工作执行 …… 305

15.2.1 用餐环境卫生管理流程设计 …… 305

15.2.2 用餐环境卫生管理执行程序、工作标准、考核指标、执行规范 …… 306

15.3 停车管理流程设计与工作执行 …… 307

15.3.1 停车管理流程设计 …… 307

15.3.2 停车管理执行程序、工作标准、考核指标、执行规范 …… 308

15.4 安全保卫管理流程设计与工作执行 …… 309
15.4.1 安全保卫管理流程设计 …… 309
15.4.2 安全保卫管理执行程序、工作标准、考核指标、执行规范 …… 310

第16章 餐饮企业人力、行政与后勤管理

16.1 餐饮企业人力、行政与后勤管理流程 …… 312
16.1.1 流程设计的目的 …… 312
16.1.2 流程结构设计 …… 312
16.2 招聘管理流程设计与工作执行 …… 313
16.2.1 招聘管理流程设计 …… 313
16.2.2 招聘管理执行程序、工作标准、考核指标、执行规范 …… 314
16.3 培训管理流程设计与工作执行 …… 316
16.3.1 培训管理流程设计 …… 316
16.3.2 培训管理执行程序、工作标准、考核指标、执行规范 …… 317
16.4 绩效管理流程设计与工作执行 …… 319
16.4.1 绩效管理流程设计 …… 319
16.4.2 绩效管理执行程序、工作标准、考核指标、执行规范 …… 320
16.5 薪酬管理流程设计与工作执行 …… 322
16.5.1 薪酬管理流程设计 …… 322
16.5.2 薪酬管理执行程序、工作标准、考核指标、执行规范 …… 323
16.6 宿舍管理流程设计与工作执行 …… 325
16.6.1 宿舍管理流程设计 …… 325
16.6.2 宿舍管理执行程序、工作标准、考核指标、执行规范 …… 326
16.7 车辆使用管理流程设计与工作执行 …… 328
16.7.1 车辆使用管理流程设计 …… 328
16.7.2 车辆使用管理执行程序、工作标准、考核指标、执行规范 …… 329
16.8 水电暖维修管理流程设计与工作执行 …… 330
16.8.1 水电暖维修管理流程设计 …… 330
16.8.2 水电暖维修管理执行程序、工作标准、考核指标、执行规范 …… 331
16.9 工程维修管理流程设计与工作执行 …… 332
16.9.1 工程维修管理流程设计 …… 332
16.9.2 工程维修管理执行程序、工作标准、考核指标、执行规范 …… 333

第17章 餐饮企业财务会计与审计管理

17.1 餐饮企业财务会计与审计管理流程 …… 334
17.1.1 流程设计的目的 …… 334
17.1.2 流程结构设计 …… 334
17.2 财务预算管理流程设计与工作执行 …… 335
17.2.1 财务预算管理流程设计 …… 335
17.2.2 财务预算管理执行程序、工作标准、考核指标、执行规范 …… 336
17.3 现金管理流程设计与工作执行 …… 338
17.3.1 现金管理流程设计 …… 338
17.3.2 现金管理执行程序、工作标准、考核指标、执行规范 …… 339
17.4 固定资产管理流程设计与工作执行 …… 340
17.4.1 固定资产管理流程设计 …… 340
17.4.2 固定资产管理执行程序、工作标准、考核指标、执行规范 …… 341
17.5 费用报销管理流程设计与工作执行 …… 343
17.5.1 费用报销管理流程设计 …… 343
17.5.2 费用报销管理执行程序、工作标准、考核指标、执行规范 …… 344
17.6 外部审计管理流程设计与工作执行 …… 345
17.6.1 外部审计管理流程设计 …… 345
17.6.2 外部审计管理执行程序、工作标准、考核指标、执行规范 …… 346
17.7 内部审计管理流程设计与工作执行 …… 348
17.7.1 内部审计管理流程设计 …… 348
17.7.2 内部审计管理执行程序、工作标准、考核指标、执行规范 …… 349

第1章 流程与流程管理

管理的核心目标是用制度管人，按流程做事。不论是制度设计，还是流程设计，都是每一个企业要开展的工作，而且是每年都要循环开展的工作。

企业在进行流程设计之前，应先对流程的概念有一个清晰的认识，并在此基础上掌握流程图绘制的方法，选好绘制工具，然后着手设计。同时，企业要根据自身的运营情况，及时对流程进行修改、调整和再造。

1.1 流程

1.1.1 流程的定义

关于流程，不同的人有不同的看法。有人认为，流程就是程序，其实，“流程”和“程序”是两个互相关联但绝不等同的概念。“程序”体现出一件工作中若干作业项目哪个在前、哪个在后，即先做什么、后做什么。而在“流程”中，除了体现出先做什么、后做什么之外，还体现出每一项具体任务是由谁来做，即甲项工作由谁负责、乙项工作由谁负责等，从而反映出他们之间的工作关系。

只有通过流程，才能把一件工作的若干作业项目或工作环节，以及责任人之间的相互工作关系清晰地表示出来。

一般情况下，企业流程有以下五大特征：

（1）流程是为达成某一结果所必需的一系列活动；

（2）流程活动是可以被准确重复的过程；

（3）流程活动集合了所需的人员、设备、物料等；

（4）流程活动的投入、产出、品质和成本可以被衡量；

（5）流程活动的目标是为服务对象创造更多的价值。

我们不妨给流程下一个定义：**“流程是为特定的服务对象或特定的市场提供特定的产品或服务所精心设计的一系列活动。”**

流程包括六大要素，即输入的资源、活动、活动的相互作用（结构）、输出的结果、服务对象和价值。流程的基本模式如图 1-1 所示。

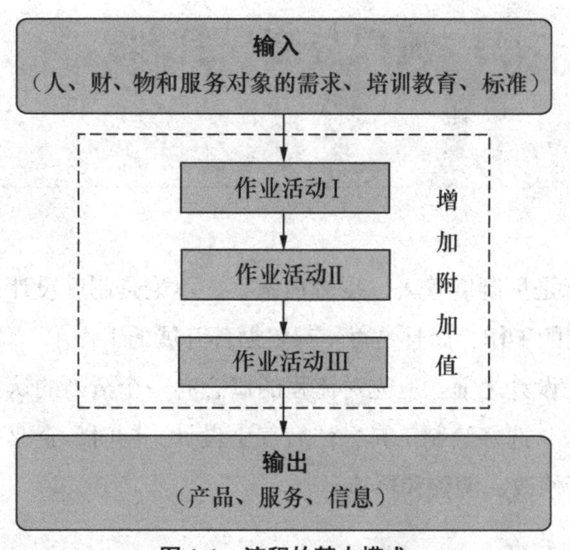
输入
（人、财、物和服务对象的需求、培训教育、标准）
作业活动Ⅰ
作业活动Ⅱ
作业活动Ⅲ
增加附加值
输出
（产品、服务、信息）

图 1-1　流程的基本模式

1.1.2　流程的分类

企业流程可分为决策流程、管理流程和业务流程三大类，具体内容如表 1-1 所示。

表 1-1　企业流程的分类

序号	类别	定义	特点 / 构成
1	决策流程	◎能确保企业达到战略目标的流程 ◎确定企业的发展方向和战略目标，整合、发展和分配企业资源的过程	◎股东、董事、监事会等组建流程 ◎战略、重大问题及投资流程 ◎企业决策流程的构成如图 1-2 所示
2	管理流程	◎企业开展各种管理活动的相关流程 ◎通过管理活动对企业业务的开展进行监督、控制、协调、服务，间接为企业创造价值	◎上级组织对下级组织的管控流程 ◎资源配置流程（人、财、物以及信息） ◎企业管理流程的构成如图 1-3 所示
3	业务流程	◎直接参与企业经营运作的相关流程 ◎安排完成某项工作的先后顺序，对每一步工作的标准、作业方式等内容做出明确规定，主要解决“如何完成工作”这一问题	◎涉及企业“产、供、销”环节 ◎包括核心流程和支持流程 ◎企业业务流程的构成如图 1-4 所示
备注	从企业经营活动角度来说，企业流程又可分为战略流程、经营流程和支持流程		

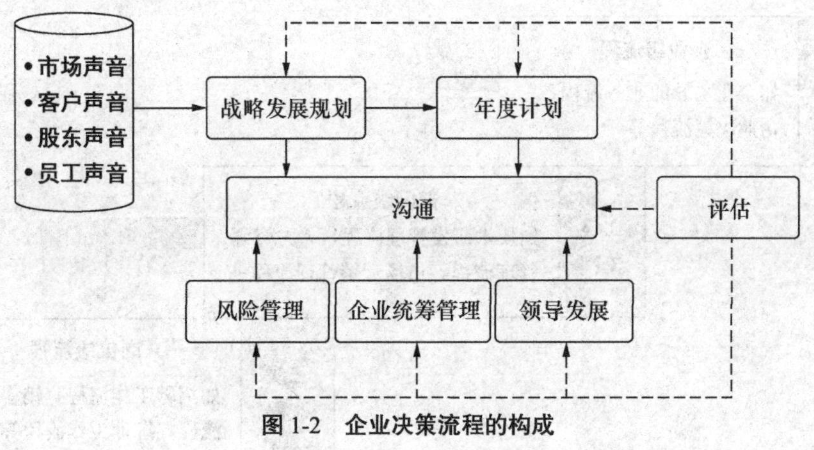
•市场声音
•客户声音
•股东声音
•员工声音
战略发展规划
年度计划
沟通
评估
风险管理
企业统筹管理
领导发展

图 1-2 企业决策流程的构成

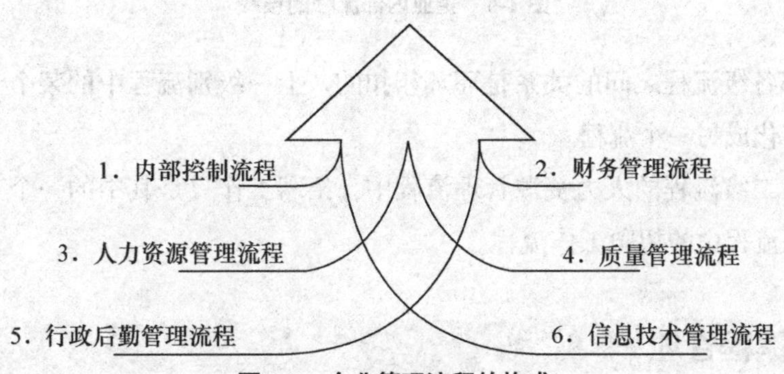
1．内部控制流程
2．财务管理流程
3．人力资源管理流程
4．质量管理流程
5．行政后勤管理流程
6．信息技术管理流程

图 1-3 企业管理流程的构成

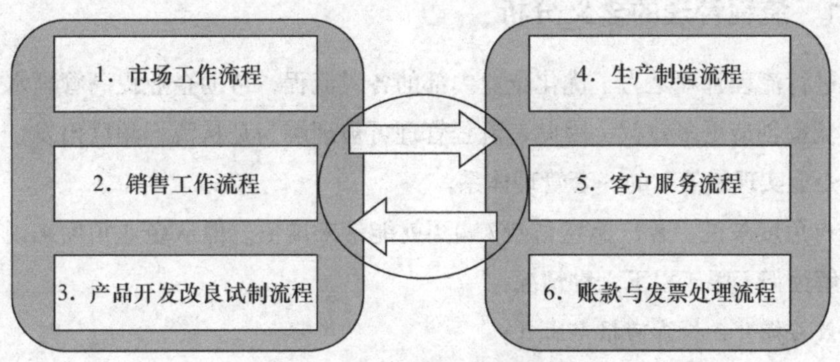
1．市场工作流程
2．销售工作流程
3．产品开发改良试制流程
4．生产制造流程
5．客户服务流程
6．账款与发票处理流程

图 1-4 企业业务流程的构成

1.1.3 流程的层级

为便于对各类流程进行管理，我们通常将企业内部流程分为三个层级，即企业级流程、部门级流程和岗位级流程，具体内容如图 1-5 所示。

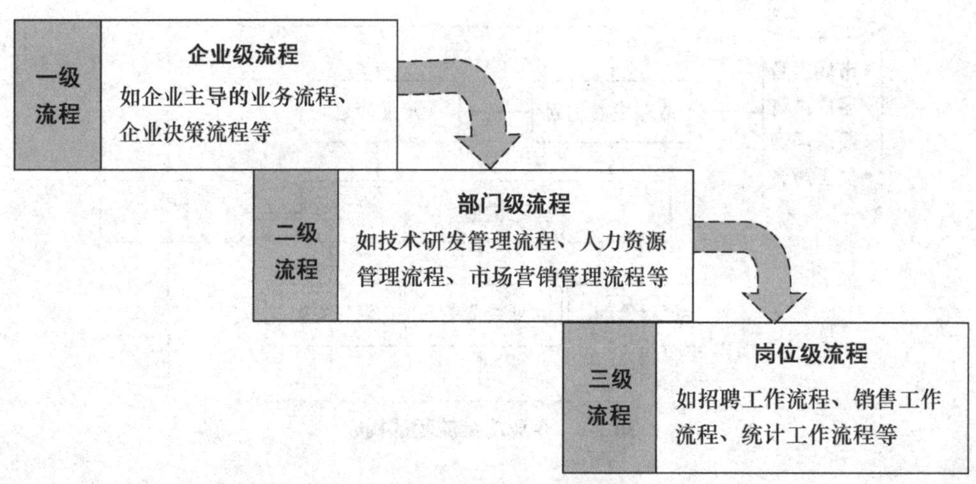
一级
流程
企业级流程
如企业主导的业务流程、
企业决策流程等
二级
流程
部门级流程
如技术研发管理流程、人力资源
管理流程、市场营销管理流程等
三级
流程
岗位级流程
如招聘工作流程、销售工作
流程、统计工作流程等

图 1-5　企业内部流程的层级

企业内部各级流程之间的关系是环环相扣的，上一级别流程中的某个节点在下一级别可能就会演化成另一个流程。

例如，在二级流程的人力资源管理流程中，招聘工作只是其中的一个节点，而它又会演化成三级流程中的招聘工作流程。

1.2　流程管理

1.2.1　流程管理的含义分析

企业进行流程管理是为了优化企业内部的各级流程，帮助企业提高管理水平，并通过优化的流程创造更多效益。因此，流程管理可被理解为是从流程角度出发，关注流程能否“**为企业实现增值**”的一套管理体系。

从客户角度来说，客户愿意付费 / 购买就能带来增值。但从企业角度来说，“增值”可以被理解为但不限于以下六种情况：

（1）效益提升，投资回报率上升；

（2）工作效率提高，业绩提升；

（3）工作质量、产品 / 服务质量提升；

（4）各种浪费减少，经营成本降低；

（5）沟通顺畅，办公氛围和谐、向上；

（6）品牌价值提升，知名度提升。

企业流程管理主要是对企业内部进行革新，解决职能重叠、中间层次多、流程堵塞等问题，使每个流程从头至尾责任界定清晰，职能不重叠、业务不重复，达到缩短流程周期、节约运作成本的目的。

1.2.2 流程管理的目标分析

流程管理是按业务流程标准，在职能管理系统授权下进行的一种横向例行管理，是一种以目标和服务对象为导向的责任人推动式管理。

流程管理的目标分析说明如表 1-2 所示。

表 1-2 流程管理的目标分析说明

项次	分析项	具体描述
1	流程管理的最终目的	◎提升客户满意度，提高企业的市场竞争能力 ◎提升企业绩效
2	流程管理的宗旨	◎通过精细化管理提高管控程度 ◎通过流程优化提高工作效率 ◎通过流程管理提高资源的合理配置程度 ◎快速实现管理复制
3	流程管理的总体目标	管理者依据企业的发展状况制定流程改善的总体目标
4	总体目标分解	在总体目标的指导下，制定每类业务或单位流程的改善目标
5	流程管理的工作标准与要求	◎保证业务流程面向客户、管理流程面向企业目标 ◎流程中的活动都是增值的活动 ◎员工的每一项活动都是实现企业目标的一部分 ◎流程持续改进
6	流程管理在企业发展各阶段的具体目的	企业需要根据自身发展阶段和遇到的具体问题对流程管理有所侧重 ◎梳理：工作顺畅，信息畅通 ◎显化：建立工作准则，便于员工查阅、了解流程，便于员工之间沟通并发现问题，便于员工复制流程及对流程进行管理 ◎监控：找到监测点，监控流程绩效 ◎监督：便于上级对工作进行监督 ◎优化：不断改善工作，提升工作效率

1.2.3 流程管理工作的三个层级

总体来说，企业流程管理工作包括三个层级，即流程规范、流程优化和流程再造。各个层级的主要内容及适用情况如表 1-3 所示。

表 1-3　流程管理工作三个层级的主要内容及适用情况

层级划分	主要内容	关键输出	适用时机 / 阶段
第一层级 流程规范	整理企业流程，界定流程各环节的工作内容及相互之间的关系，形成业务的无缝衔接	◎流程清单 ◎流程体系框架图 ◎各流程图	适合所有企业的正常运营时期
第二层级 流程优化	流程的持续优化过程，持续审视企业的流程，不断完善和强化企业的流程体系	◎流程诊断表 ◎流程清单（新） ◎流程体系框架图（新） ◎各流程图（新）	适合企业任何时期
第三层级 流程再造	重新审视企业的流程和再设计	◎流程再造分析报告 ◎流程清单（新） ◎流程体系框架图（新） ◎各流程图（新）	适合企业变革时期，以适应企业变革阶段治理结构的变化、战略改变、商业模式变化，以及出现的新技术、新工艺、新产品、新市场等情况

需要注意的是，在流程建设管理工作中，企业应遵循“点面结合”的原则，在加强流程管理体系整体建设（面）的同时持续改进具体流程内容（点）。

1.3　流程管理工作的开展

1.3.1　项目启动

为确保流程能够满足企业战略发展的要求，企业需要从全局视角开展流程管理工作，构建企业流程体系框架，找到关键流程，设计出符合企业实际和发展需求的流程与流程体系。

企业可组建流程建设项目小组，启动流程建设项目的工作指引，具体内容如表 1-4 所示。

表 1-4　启动流程建设项目的工作指引

步骤	步骤细分	具体说明	责任主体	输出
启动流程建设项目	成立项目小组	具体参见表 1-5	流程管理部门	◎项目小组成员名单及职责说明 ◎项目工作计划
	选择规划工具或方法	包括基于岗位职责的建设方法（从下到上）、基于业务模型的建设方法（从下到上）和借助第三方（咨询公司）的流程建设方法等	流程管理部门	◎规划项目操作指引 ◎会议记录 / 纪要
	制订工作计划	明确项目里程碑，确定各项具体工作清单与步骤及其责任主体，可使用甘特图	流程规划项目组	

（续表）

步骤	步骤细分	具体说明	责任主体	输出
启动流程建设项目	发布项目操作指引	包括项目简介、工作计划、成员名单及职责、建设步骤方法、各步骤的详细操作说明、流程图模板、案例、已有流程清单、项目组激励方案等	流程管理部门	◎规划项目操作指引 ◎会议记录 / 纪要
	召开项目启动会	会议重点是项目整体介绍、背景及理念、角色与职责定位、总体计划、项目最终成果及意义等	流程管理部门	
备注	本阶段常用的工具或方法有甘特图、项目管理法等			

流程建设工作需要得到企业领导层的重视与支持，项目小组的组建及成员构成如表 1-5 所示。

表 1-5　流程建设项目小组的组建及成员构成

角色定位	成员构成	主要职责
企业流程管理委员会	由企业高层领导组成，如总经理、各主管副总等，成员人数控制在 3~5 人	◎提供资源支持 ◎任命建设项目经理 ◎审核建设项目计划 ◎参与关键问题决策 ◎参与关键环节的建设及决策
流程建设项目经理	可由流程管理部门经理担任，也可考虑增设项目副总，由相关部门经理担任	◎编制项目计划 ◎监督项目成员完成目标 ◎评估项目成员工作表现
项目助理	可由流程管理部门人员担任	协助项目经理管理项目日常工作，如整理文档等
成员（各部门负责人）	项目成员应具有丰富的工作经验，多为各部门负责人，由其参与部门流程建设工作；也可指派部门人员参与项目小组的工作。各业务部门的流程应统一建设	◎根据项目计划，组织本部门完成相应的流程建设工作 ◎参与本部门流程图和企业全景流程图的绘制，宣传贯彻和应用流程建设成果
成员（流程管理部门的人员）	流程管理部门的工作人员均应参与到项目中来	负责流程建设方法、工具的开发及各部门的相关培训与指导工作

1.3.2　识别流程

在识别流程阶段，企业需要做的是识别本企业有哪些流程，编制流程清单，界定流程之间的界限及为流程命名，帮助企业从流程的视角弄清企业管理现状，为后续的流程建设、每个流程的具体描述提供良好的基础。

由于各部门流程识别、流程清单的梳理对之后的工作至关重要，因此这项工作一般应由各部门领导牵头组织，先整理出部门业务流程主线，明确本部门的关键环节和核心业务，进而确定主要业务流程及流程之间的关系。识别流程阶段的工作指引如表1-6所示。

表1-6　识别流程阶段的工作指引

<table>
<tr><th>步骤</th><th>步骤细分</th><th>具体说明</th><th>责任主体</th><th>输出</th></tr>
<tr><td rowspan="3">识别流程</td><td>流程建设培训</td><td>流程管理部门对各部门进行流程建设方面的培训，培训的重点是如何使用各种表格等，具体内容包括项目简介、涉及的概念、目的和产出、职责划分、建设步骤、表格编制、工作计划、答疑等</td><td>流程管理部门</td><td rowspan="3">◎培训课程
◎培训计划
◎部门流程清单
◎企业流程清单（参见表1-7）</td></tr>
<tr><td>各部门流程识别</td><td>进行部门内岗位分析、业务线分析；将职责分解，细化到岗位、业务活动，并按活动的先后顺序排列，提炼出流程；界定流程的上下接口、输入输出及责任主体；汇总部门内流程，编制部门流程清单</td><td>各部门，包括岗位代表人员、部门负责人</td></tr>
<tr><td>编制企业流程清单</td><td>流程管理部门汇总各部门流程清单，与各部门充分沟通，删除重复流程，查漏补缺，形成企业流程清单</td><td>流程管理部门</td></tr>
<tr><td>备注</td><td colspan="4">本阶段常用的工具及方法有战略地图、业务单元分析法、部门职能分析法、岗位工作分析法等</td></tr>
</table>

1.3.3　构建流程清单

流程建设项目小组在本阶段的主要任务是与各部门进行沟通、讨论，对企业流程进行分类和分级，构建企业流程框架，输出企业流程清单，具体内容如表1-7所示。

表1-7　企业流程清单

<table>
<tr><th>序号</th><th>一级流程</th><th>二级流程</th><th>三级流程</th><th>归口管理部门</th><th>流程状态</th></tr>
<tr><td></td><td></td><td></td><td></td><td></td><td></td></tr>
<tr><td></td><td></td><td></td><td></td><td></td><td></td></tr>
<tr><td>备注</td><td colspan="5">流程状态的填写说明：1代表流程已有且有效；2代表流程已有，待梳理；3代表无文件，待设计梳理</td></tr>
</table>

1.3.4　评估流程重要程度

本阶段的工作任务是评估企业流程的重要程度，识别出关键流程、核心流程等，将其作为流程设计、运行管理、优化再造工作的重点，以提高企业流程建设工作的效率和效益。

企业的所有活动都是为了提高客户的满意度，实现价值，企业流程重要程度的衡量标准是流程的增值性。一般情况下，直接与客户产生业务关系的流程（如售后服务流程）、与企业核心竞争力相关的流程（如产品质量管理流程）等为企业的重要流程。

表 1-8 为某公司流程建设项目的流程重要程度评估分析表，供读者参考。

表 1-8　某公司流程建设项目的流程重要程度评估分析表

流程名称	与客户相关度（30%）	与整体绩效相关度（30%）	与战略相关度（25%）	流程横向跨度（15%）	评估得分	重要程度等级
×××× 流程	60	60	60	60	60	
用表说明	1. 以“×××× 流程”的评估为基准，其他各流程与之对比 2. 各评估项单项总分为 100 分，各单项评分乘以权重后的“和”为总分 3. 重要程度评估根据最终评分结果，采取强制百分比法，排名前 5% 的为 A 级流程，排名前 5% ～ 20%（包含）的为 B 级流程，排名前 20% ～ 30%（包含）的为 C 级流程，排名前 30% ～ 50%（包含）的为 D 级流程，其他为 E 级流程 4. 评级结果为 A、B、C 级的流程要重点管理					

1.3.5　完善体系框架

完成流程重要程度评估分析后，企业需要在流程清单的基础上进一步完善流程体系框架，标注流程的重要程度等级，具体内容如表 1-9 所示。

表 1-9　企业流程的重要程度等级

一级流程	二级流程	三级流程	归口管理部门	流程状态
×××× 流程（B 级）	×××× 流程（B 级）	×××× 流程（A 级）		
		×××× 流程（B 级）		
	×××× 流程（C 级）	×××× 流程（C 级）		
		×××× 流程（D 级）		

1.3.6　进行流程设计

企业在进行流程设计时，应遵循以下七个步骤。

第 1 步：界定流程范围

流程设计的第 1 步是界定流程范围，即确定信息的输入和输出。

在这一环节，企业需要回答以下几个问题。

- 有哪些流程业务活动？
- 流程从何处开始，于何处终止？
- 流程的输入和输出是什么？
- 输出的成果交给谁（客户）？
- 客户有何要求？

在此，我们以设计“外部招聘管理流程”为例来说明流程范围界定，具体内容如表 1-10 所示。

表 1-10　外部招聘管理流程范围界定

流程名称	外部招聘管理流程	流程编号	
流程责任部门 / 责任人	人力资源部 / 招聘主管	流程对应客户	各用人部门
本流程业务活动	人力资源部招聘、面试、录用管理工作		
流程开始	招聘需求	流程结束	录用决策、签订劳动合同
流程输入	已批准的招聘计划、临时招聘需求	流程输出	面试评估报告、劳动合同
流程客户要求（目标）	1. 期限内完成招聘任务 2. 人岗匹配		

第 2 步：确定流程活动的主要步骤

流程设计人员在界定完流程范围后，接下来需要进行调查分析，确定本流程活动的主要步骤，操作方法如图 1-6 所示。

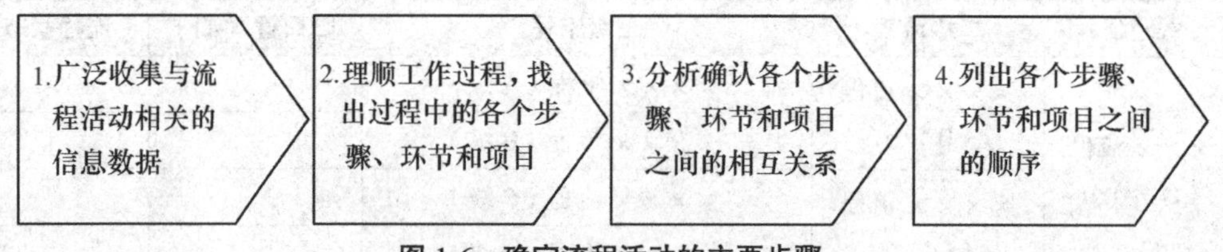
1.广泛收集与流程活动相关的信息数据
2.理顺工作过程，找出过程中的各个步骤、环节和项目
3.分析确认各个步骤、环节和项目之间的相互关系
4.列出各个步骤、环节和项目之间的顺序

图 1-6　确定流程活动的主要步骤

我们以设计“外部招聘管理流程”为例，其主要步骤（参见表 1-11）包括招聘需求汇总、招聘岗位分析与条件确定、发布招聘信息、简历收取与筛选、面试与评估、做出录用决策、签订劳动合同及试用期管理等。

第 3 步：详细说明步骤

本阶段应针对已确定的流程活动的主要步骤进行分析和描述，需要完成以工作：

- 分析每一个步骤的输入、输出（成果）；
- 明确后续步骤的客户要求；
- 确定每一步骤工作 / 活动的检查、考核、评估指标；
- 确定每一步骤涉及的部门 / 人员，明确其责任、权限和资源需求；
- 确定本流程的层次及与上下层级之间的关系。

我们仍以设计“外部招聘管理流程”为例，本阶段流程活动的主要步骤及具体描述如表 1-11 所示。

表 1-11　外部招聘管理流程活动的主要步骤及具体描述

流程名称	外部招聘管理流程	流程编号	
流程责任部门 / 责任人	人力资源部 / 招聘主管	流程对应客户	各用人部门
本流程业务活动	人力资源部招聘、面试、录用管理工作		
流程开始	招聘需求	流程结束	录用决策、签订劳动合同
流程输入	已批准的招聘计划、临时招聘需求	流程输出	面试评估报告、劳动合同
流程客户要求（目标）	1. 期限内完成招聘任务 2. 人岗匹配		
流程步骤	**步骤描述**	**重要输入**	**重要输出**
招聘需求汇总	人力资源部在经过批准的年度招聘计划指导下，按时进行计划内的人员招聘工作	招聘计划	—
	计划外招聘需由部门提出招聘申请并拟定上岗要求和资格条件，报总经理或相关副总经理审核	岗位说明书	招聘岗位清单
招聘岗位分析与条件确定	人力资源部根据当时的市场薪资行情和企业薪资架构体系，初步拟定待招聘的职位等级及基本薪资范围	—	—
	根据待招聘职位的高低，呈交相应的决策层核准，之后正式启动招聘工作 ◎部门经理及以上管理职位由总裁核准 ◎部门主管及主管以下职位由分管人力资源副总经理核准	—	—
发布招聘信息	通过内外部多种渠道发布招聘信息，同时收集人才资料，可经由下列方式进行 ◎发布内部职位空缺公告 ◎在媒体发布招聘广告 ◎接洽人才中介机构 ◎请高校推荐 ◎参加人才交流会等	岗位说明书	招聘广告

（续表）

流程步骤	步骤描述	重要输入	重要输出
简历收取与筛选	人力资源部收到应聘者的各项资料后，先进行初步审核，审阅其学历、经验是否符合企业要求，再将审核通过的应聘者的资料转交用人部门进一步审核，通过书面资料审核淘汰一部分不符合岗位要求的应聘者	应聘简历	面试人员清单
面试与评估	由人力资源部主导，对通过审核的应聘者进行笔试及面试，从人员的基本素质方面进行评估，筛选出符合要求的应聘者	面试清单	面试记录 面试评估表
	在人力资源部的协助下，由相关业务部门的人员对应聘者进行专业技能考核	—	面试评估表
	◎主管级别及以下职位由副总经理进行最终面试 ◎部门经理及以上管理职位由总经理进行最终面试	—	面试评估表
做出录用决策	根据企业高层领导及用人部门的意见，人力资源部告知被录用者其最终职位和薪资情况	—	—
	将其他优秀但未被录用的应聘者的资料存入人才库	—	人才库
	通过面试的应聘者必须参加体检，体检未通过者不予录用	—	体检报告
签订劳动合同	人力资源部发出录用通知单，与被录用者签订劳动合同，并根据招聘 / 录用管理制度为被录用者办理相关的入职手续	—	劳动合同
试用期管理	执行试用期管理流程	—	—
考核评估方法	招聘任务是否按期完成、招聘人数完成率、招聘计划出错次数、招聘广告出错次数等		

第 4 步：选择流程形式

根据流程的分类、层级、复杂程度，以及流程活动的内部关联性等因素，企业流程主要有四种展现形式，即箭头式流程图、业务流程图、矩阵式流程图和泳道式流程图。

☆ 箭头式流程图

箭头式流程图的特点是直观、一目了然，适用于企业员工都熟悉流程中各项作业概况的情况或流程中各项作业任务较简单的情况。箭头式流程图的示例如图 1-7 所示。

企业在设计箭头式流程图时，需要注意以下两个问题。

- 在图中明确执行主体，如果是单一的执行主体，可将执行主体省略。
- 用简洁的语言对流程图中的主要活动进行解释说明，以进一步明确活动要求和指令。

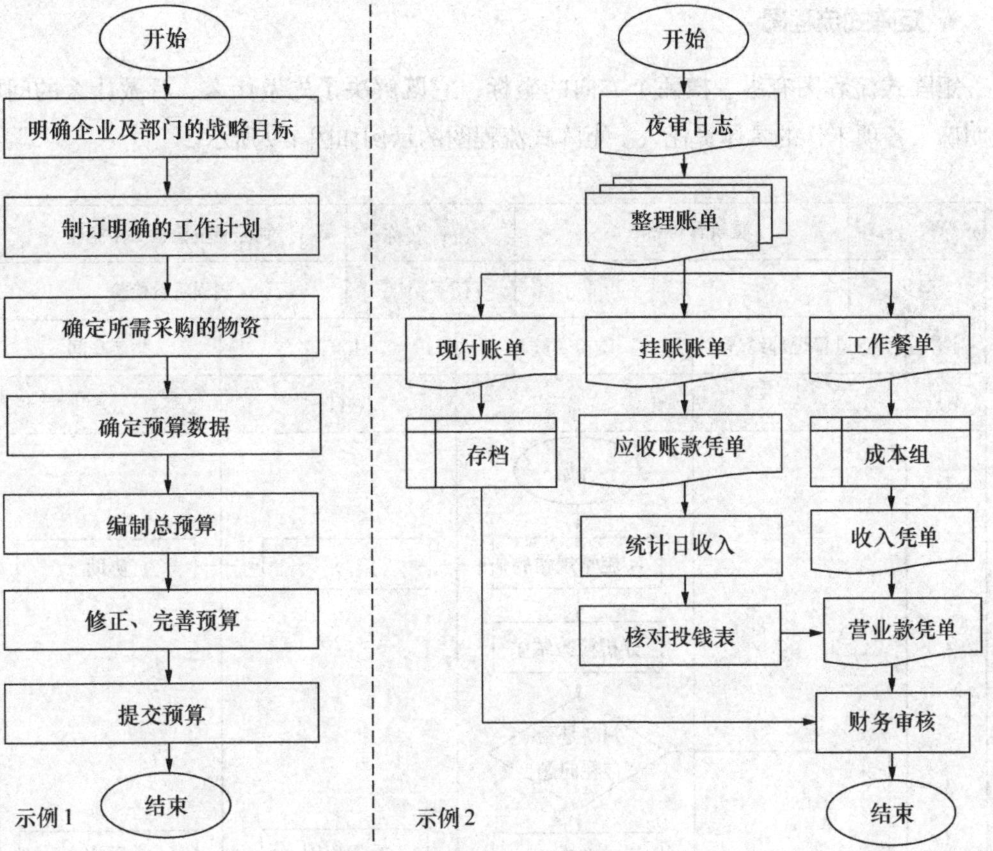

开始
明确企业及部门的战略目标
制订明确的工作计划
确定所需采购的物资
确定预算数据
编制总预算
修正、完善预算
提交预算
结束
示例1

开始
夜审日志
整理账单
现付账单
挂账账单
工作餐单
存档
应收账款凭单
成本组
统计日收入
收入凭单
核对投钱表
营业款凭单
财务审核
结束
示例2

图 1-7　箭头式流程图示例

☆ 业务流程图

在业务流程图中，需要明确流程的上下执行主体、活动内容、要求及指令，并将要求和指令用统一的语言表达出来。流程活动的承担者之间必须是平等、互助、尊重、关怀的关系。业务流程图的示例如图 1-8 所示。

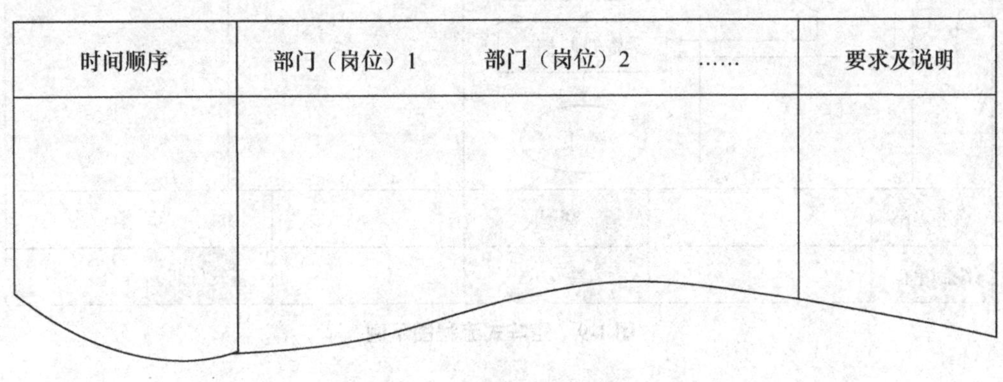
时间顺序
部门（岗位）1
部门（岗位）2
……
要求及说明

图 1-8　业务流程图示例

☆ 矩阵式流程图

矩阵式流程图有纵、横两个方向的坐标，它既解决了先做什么、后做什么的问题，又明确了各项工作的具体责任人。矩阵式流程图的示例如图 1-9 所示。

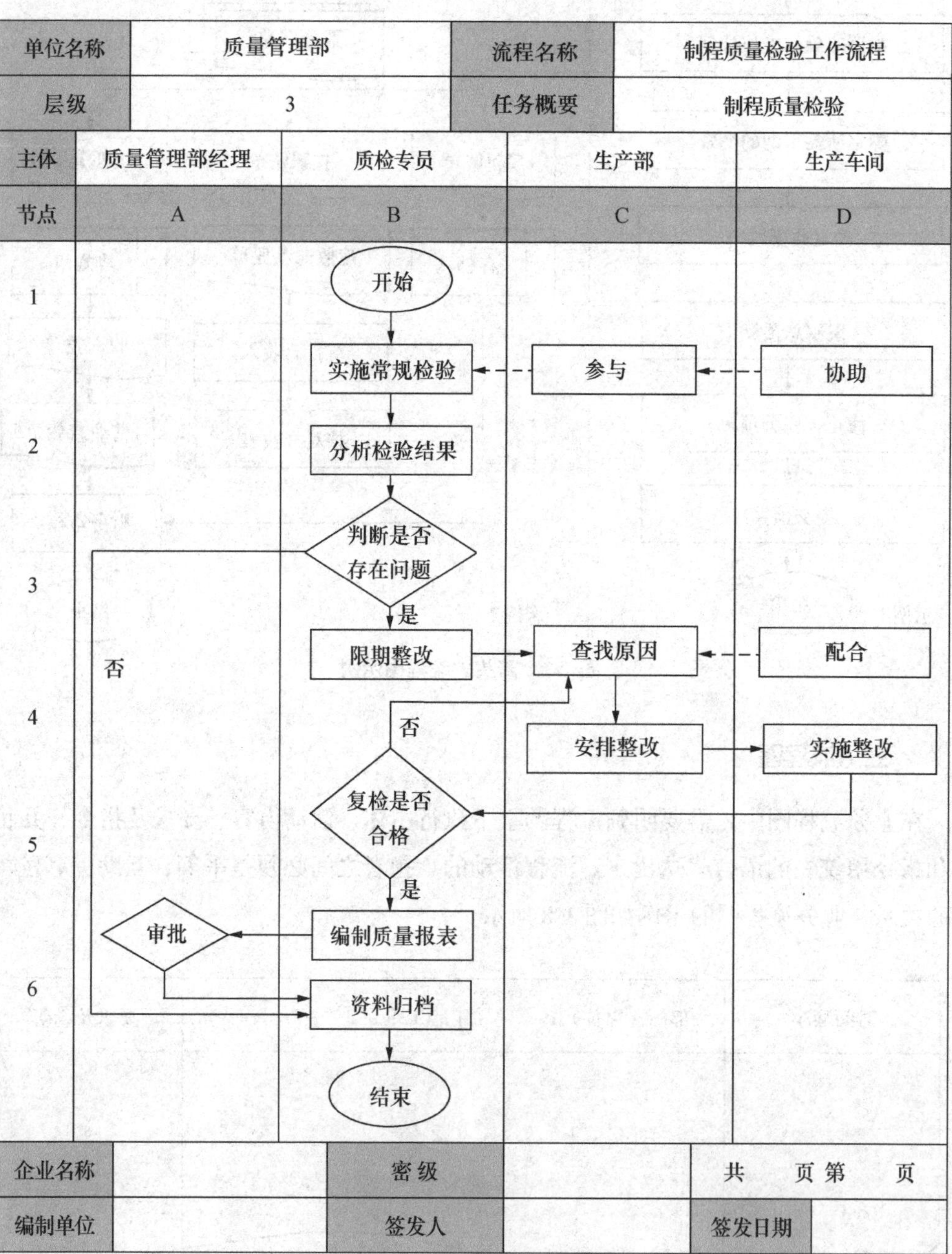
单位名称
质量管理部
流程名称
制程质量检验工作流程
层级
3
任务概要
制程质量检验
主体
质量管理部经理
质检专员
生产部
生产车间
节点
A
B
C
D
1
2
3
4
5
6
开始
实施常规检验
参与
协助
分析检验结果
判断是否存在问题
是
否
限期整改
查找原因
配合
否
安排整改
实施整改
复检是否合格
是
审批
编制质量报表
资料归档
结束
企业名称
密级
共 页第 页
编制单位
签发人
签发日期

图 1-9 矩阵式流程图示例

☆ 泳道式流程图

与矩阵式流程图相似，泳道式流程图也是通过纵、横双向坐标来设计流程，纵向为分项工作任务，横向是承担任务的部门、岗位（即执行主体）。

这种流程图样式与其他流程图类似，但在业务流程的执行主体上，主要通过泳道（纵向条）区分执行主体。泳道式流程图的示例如图 1-10 所示。

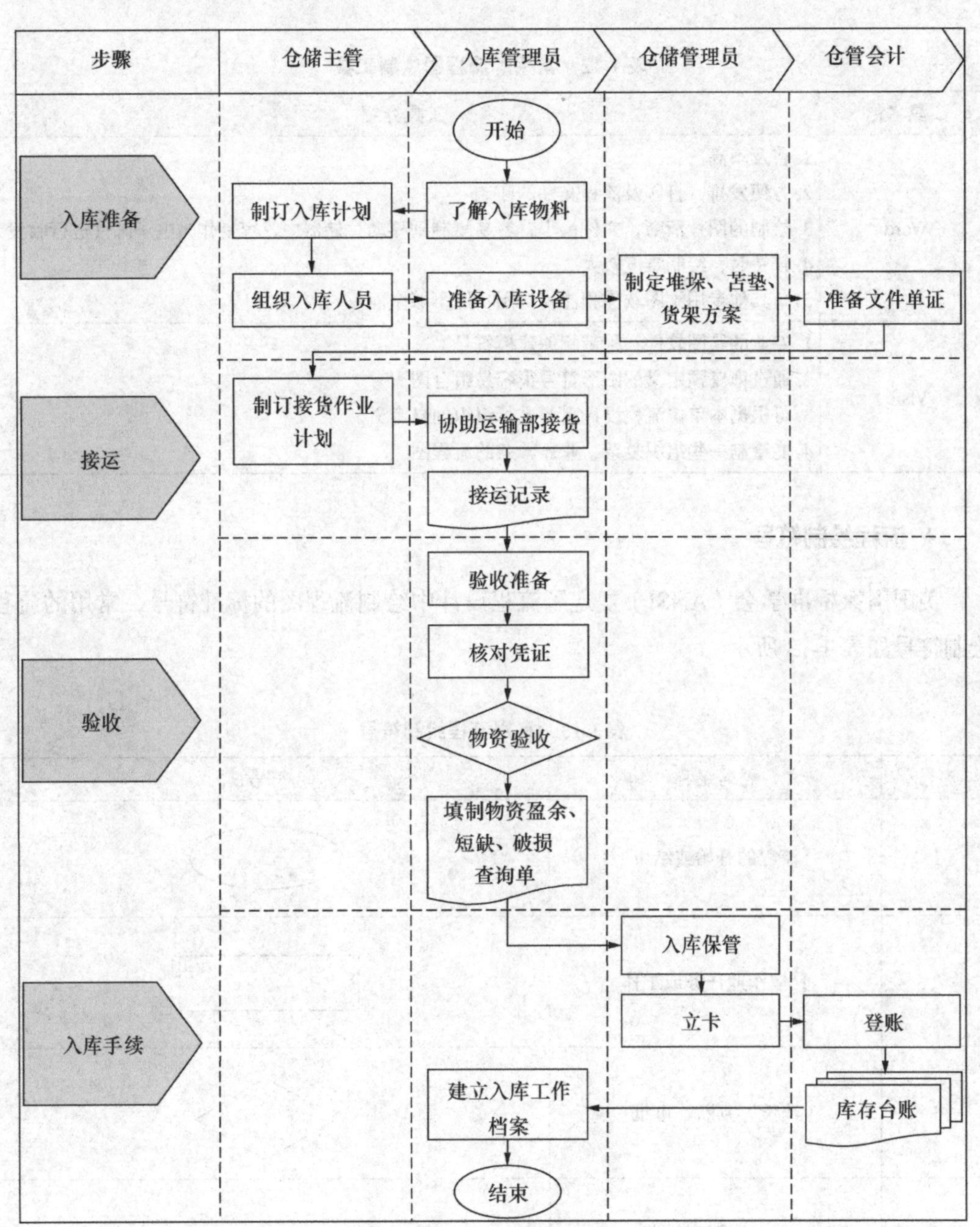
步骤
仓储主管
入库管理员
仓储管理员
仓管会计
入库准备
接运
验收
入库手续
开始
了解入库物料
制订入库计划
组织入库人员
准备入库设备
制定堆垛、苫垫、货架方案
准备文件单证
制订接货作业计划
协助运输部接货
接运记录
验收准备
核对凭证
物资验收
填制物资盈余、短缺、破损查询单
入库保管
立卡
登账
库存台账
建立入库工作档案
结束

图 1-10　泳道式流程图示例

第 5 步：绘制流程草图

流程图的绘制是指流程设计人员将流程设计或流程再造的成果以书面形式呈现出来。

☆ 绘制工具的选择

绘制流程图常用的工具有 Word、Visio 等，这两个工具各有各的特点（见表 1-12），流程图设计人员可根据本企业流程设计要求、个人使用习惯等自由选择。

表 1-12　常用的流程图绘制工具

工具名称	工具介绍
Word	1. 普及率高 2. 方便发排、打印及流程文件的印制 3. 绘制的图片清晰，文件量小，容易复制到移动存储器中，容易作为电子邮件进行收发 4. 较费时，绘制难度较大 5. 与其他专用绘图软件相比，绘图功能不够全面
Visio	1. 专业的绘图软件，附带相关建模符号 2. 通过拖曳预定义的图形符号很容易组合图表 3. 可根据本单位流程设计需要进行组织的自定义 4. 能绘制一些组织复杂、业务繁杂的流程图

☆ 流程绘制符号

美国国家标准学会（ANSI）规定了流程设计中绘制流程图的标准符号，常用的流程绘制符号如表 1-13 所示。

表 1-13　常用流程绘制符号

序号	符号名称	符号
1	流程的开始或结束	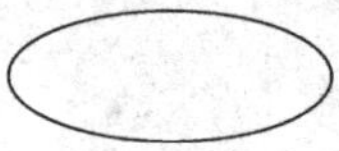
2	具体作业任务或工作	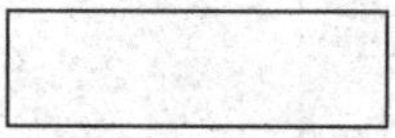
3	决策、判断、审批	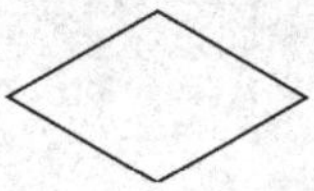
4	单向流程线	

（续表）

序号	符号名称	符号
5	双向流程线	
6	两项工作跨越、不相交	
7	两项工作连接	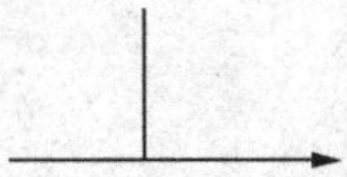
8	作业过程中涉及的文档信息	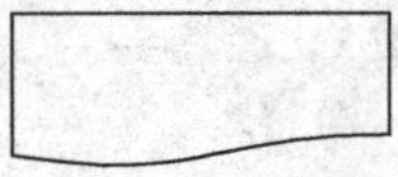
9	作业过程中涉及的多文档信息	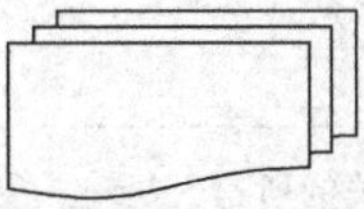
10	与本流程关联的其他流程	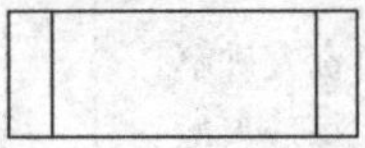
11	信息来源	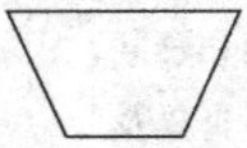
12	信息储存与输出	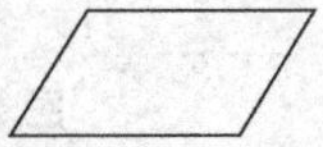

实际上，流程绘制的标准符号远不止表 1-13 所列的这些。但是，流程图的绘制越简洁、明了，操作起来就越方便，企业也更容易接受和落实；符号越多，流程图就越复杂，越难以落实到位。所以，一般情况下，企业使用 1~4 项流程绘制的标准符号就基本可以满足绘制流程图的需要了。

☆ **绘制草图**

不同的流程展现形式体现了不同层次的流程。例如，一二级流程适合用矩阵式流程图和泳道式流程图呈现，而三级流程中的部分业务流程适合用箭头式流程图和业务流程图呈现。

值得一提的是，流程设计人员在绘制流程图的过程中，需要确定该流程与上下游流程之间的接口，以及与规范流程运行要求相关联的制度之间的关系，并根据实际情况尽量将其在流程图中反映出来，如流程图中可根据流程节点给出相应的制度、表单等。

第 6 步：反馈流程意见

流程图绘制完成后，需要通过意见征询、试运行等方式获得相关意见和建议，发现不足和纰漏，以便对其做出进一步修改和完善，直至最终定稿。

针对初步绘制的流程图，流程设计人员可通过以下三种方式征求各方的意见，具体内容如图 1-11 所示。

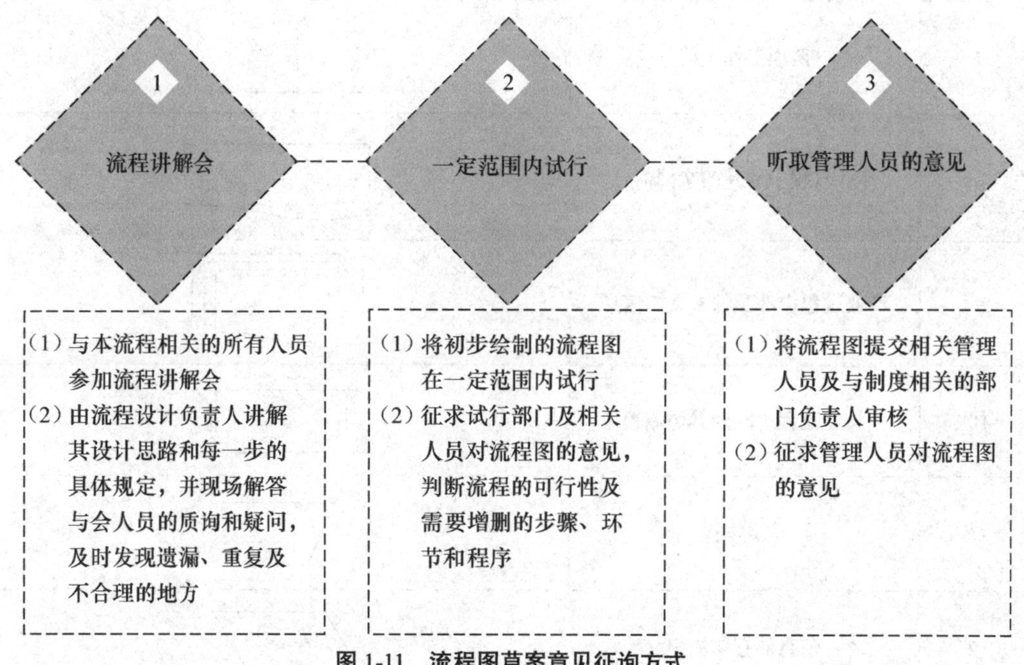

1
流程讲解会
2
一定范围内试行
3
听取管理人员的意见
（1）与本流程相关的所有人员参加流程讲解会
（2）由流程设计负责人讲解其设计思路和每一步的具体规定，并现场解答与会人员的质询和疑问，及时发现遗漏、重复及不合理的地方
（1）将初步绘制的流程图在一定范围内试行
（2）征求试行部门及相关人员对流程图的意见，判断流程的可行性及需要增删的步骤、环节和程序
（1）将流程图提交相关管理人员及与制度相关的部门负责人审核
（2）征求管理人员对流程图的意见

图 1-11　流程图草案意见征询方式

第 7 步：调整修正流程

通过上述方式进行意见征询后，流程设计人员应综合分析意见征询结果，汇总各种修改意见，对流程图进行修改和完善，提交权限主管领导审核后再呈交总经理批准，或在董事会审议通过后公示执行。

☆ **流程定稿要求**

老员工能够按流程图做事，新员工根据流程图知道怎样做事。

☆ **流程试运行与检查**

流程设计人员要监控流程试运行过程，检查并汇总试运行过程中出现的问题，做好检查记录，为问题分析和流程改善做准备。流程实施与检查内容说明如表 1-14 所示。

表 1-14　流程实施与检查内容说明

项次	检查项目	具体检查内容
1	检查流程是否稳定	◎在实施过程中是否出现例外活动 ◎在实施过程中是否出现步骤、时间、权责方面的冲突 ◎是否出现上一部分的步骤成果（输入）不能充分影响下一步骤的情况 ◎是否出现资源（特别是人力资源）与任务不匹配的情况
2	检查程序是否合理	◎适宜性：程序适应内外部环境变化的能力 ◎充分性：程序各过程的展开程度 ◎有效性：达到的结果与所使用的资源之间的关系，要确保程序的经济性

☆ **流程简化**

流程简化的目标是用最少的资源执行流程，减少资源浪费。流程简化的方法包括取消环节、合并环节、环节调序、简化环节、自动化环节以及一体化环节等。

流程简化工作的一般操作方法如下：

- 对评估流程进行再评估，确认和削减增加资源耗费的活动；
- 评估各种测量方法，判断其能否提供有用和可控的信息；
- 缩短时间，测试输出数量 / 质量是否相应减少；
- 依据上述变动调整程序简化计划；
- 将程序置于自动运行状态，通过周期性检查发现问题。

1.3.7　流程发布、实施与检查

1. 流程的确定与发布

流程设计人员将经过实践检验的流程图提交给企业领导审核签字后，以适当的方式向全体员工公示，并自公示之日起生效，以便于员工遵照执行。

一般情况下，常用的流程公示方式有四种，企业可根据实际情况选择运用，具体内容如表 1-15 所示。

表 1-15　流程公示的四种方式及操作说明

序号	公示方式	操作说明
1	全文公告公示	在企业公共区域将流程图及相关说明全文公告，并将公告现场以拍照、录像等方式加以记录
2	集中学习	召开员工会议或组织员工进行集中学习、培训，并让员工签到确认参与了学习或培训
3	员工阅读并签字确认	将流程及相关说明做成电子或纸质文件交由员工阅读并签字确认。确认方式包括在流程文件的尾页签名、另行制作表格登记、制作单页的“声明”或“保证”

（续表）

序号	公示方式	操作说明
4	作为劳动合同附件	将流程文件作为劳动合同的附件，在劳动合同专项条款中约定“劳动者已经详细阅读，并自愿遵守本企业的各项规定”等内容

企业的经营管理人员或人力资源管理人员，对流程公示工作要细心谨慎，并注意以下两大事项。

事项 1：务必让当事人知晓

务必将相关通知、决定等送到当事人手中，而不是“通告一贴，高高挂起”，要确保能够达到公示与告知的目的。

事项 2：注意留存公示的证据

不同的公示方式有不同的证据留存方式。例如，让员工在“签阅确认函”上签字确认，可签“已经阅读、明了，并且承诺遵守”等。

2. 优化流程实施的环境

设计了流程并不意味着企业的运行效率和经济效益必然会有大幅度的提高，更重要的工作是抓好流程管理的落实。

在管理和实施流程的过程中，企业不能忽视对流程实施环境的管理，其中应该注意以下几点。

- **建立合适的企业文化**

企业流程设计或再造一般均以流程为中心、以追求客户满意度的最大化为目标，这就要求企业从传统的职能管理向过程管理转变。

企业在实施流程管理时，需要改变过去的传统观念和习惯做法，建立一种能够适应这种转变的以“积极向上、追求变革、崇尚效率”为特征的企业文化，以使每个流程中的各项活动都能实现最大化增值的目标，为企业经济效益的提高做贡献。

- **提高企业领导对流程管理的认识**

提高企业领导，特别是企业高层领导对流程管理的认识是企业发展中的重要问题，是企业提高运营效率和经济效益的重要措施，是企业战胜竞争对手的主要手段，是企业发展战略中的重要因素。

只有企业的董事长、总经理、总监等高层领导重视流程管理，才能推动企业的流程再造，实施才能见到效果。

- **加强培训，使企业上下共同提高对流程的认识**

在实施流程管理的过程中，企业高、中层管理人员是推动流程管理的骨干，广大员工则是推动流程管理的重要力量。

通过培训，使企业的管理团队与员工提高对流程设计或再造的认识，共同认识到流程的意义，认识到流程再造对企业生存和发展的作用，只有这样推动与实施流程再造，才能达到良好的效果。

此外，通过培训，可以提高员工的自觉性，使员工自觉遵守新的流程。

3. 实现流程的有效落实

企业的流程图绘制完毕、装订成册后，需要发给企业各部门，以便员工遵照执行。流程图实际上是企业的一项规章制度，它可以帮助企业建立正常的工作规则和工作秩序。

以下是流程有效落实的四种思路，具体内容如图 1-12 所示。

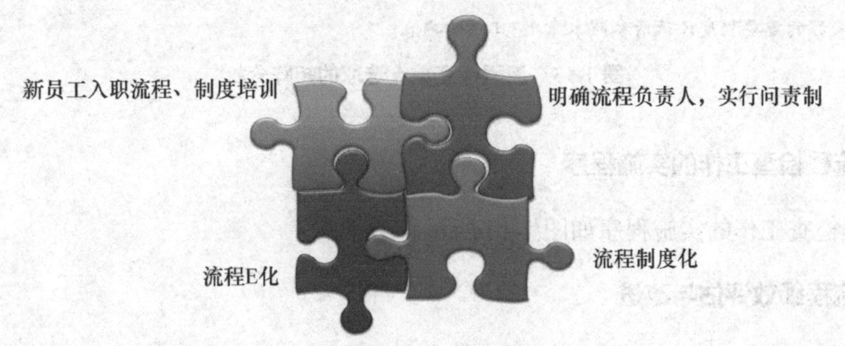
新员工入职流程、制度培训
明确流程负责人，实行问责制
流程E化
流程制度化

注：流程 E 化是指应用现有的 IT 技术，实现企业各项管理和业务流程的电子化。

图 1-12　流程有效落实的四种思路

4. 开展有针对性的流程检查

流程检查的目的是提高企业的效益，保证流程目标的最终实现。

- 控制流程检查的成本投入。流程检查成本投入需要与该流程的产出价值相匹配，否则既浪费资源，又不能创造价值。企业在流程检查工作中要有成本意识，强化“投资回报”的概念。
- 把握好流程检查的度。在设计流程检查方案时，需要确定流程检查的精细度、频次及抽样方法，控制检查成本。流程检查工作要抓住关键流程，抓住流程的关键环节，结合实际情况和流程的运转时间确定流程检查的频次和抽样方式。

5. 流程检查重点的选取

流程检查需要与流程实际执行情况相匹配，合理设置流程关键控制点。

- 对于流程成熟度高（流程绩效表现合理且稳定）、人员工作能力较强的流程，企业可降低检查投入，也可取消相关的关键控制点。
- 对于流程成熟度较低（流程绩效波动较大）的流程，企业需要加强对该流程的检查力度或新增关键控制点，以稳定流程绩效。

流程检查重点选取的矩阵分析如图 1-13 所示。

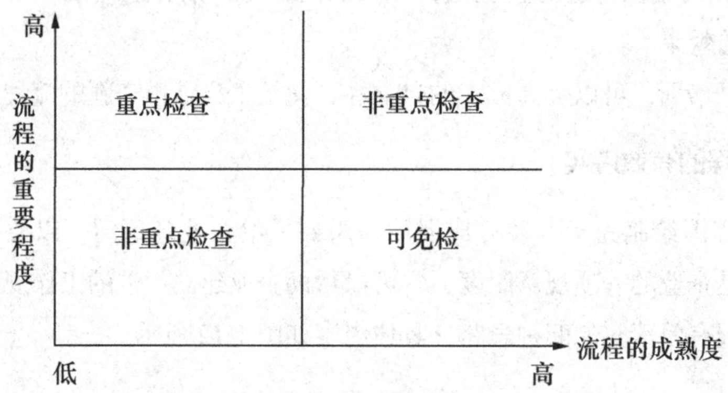
高
流程的重要程度
重点检查
非重点检查
非重点检查
可免检
低
高
流程的成熟度

注：流程的重要程度评估请参照本章 1.3.4 所述内容。

图 1-13　流程检查重点选取的矩阵分析

6. 流程检查工作的实施程序

流程检查工作的实施程序如图 1-14 所示。

7. 流程绩效评估与改进

从本质上看，流程绩效评估是为企业战略与经营服务的，企业需要对某些关键的流程进行绩效评估，将流程绩效作为企业绩效管理的一个重要维度。

- **确定流程的绩效目标**

企业战略目标被分解为部门绩效目标与岗位绩效目标，并被包含在关键流程中，即流程被赋予绩效目标。因此，流程的绩效评估需围绕目标展开，实行目标导向的流程绩效评估。

- **流程绩效评估维度**

企业流程绩效评估的维度及指标如表 1-16 所示。

表 1-16　流程绩效评估的维度及指标

评估维度	详细说明	指标举例
效果	◎流程的产出 ◎流程的产出满足客户（包括内部客户和外部客户）需求和期望的程度	产量、产值、计划目标完成率、外部客户满意度、内部客户满意度等
效率	通过效果评估，确认资源节约与浪费的情况	处理时间、投入产出比、增值时间比、质量成本等
弹性	流程应具备调整能力，以便满足客户当前的特殊要求和未来的要求	处理客户特殊要求的时间、被拒绝的特殊要求所占的比例、特殊要求递交上级处理的比例等

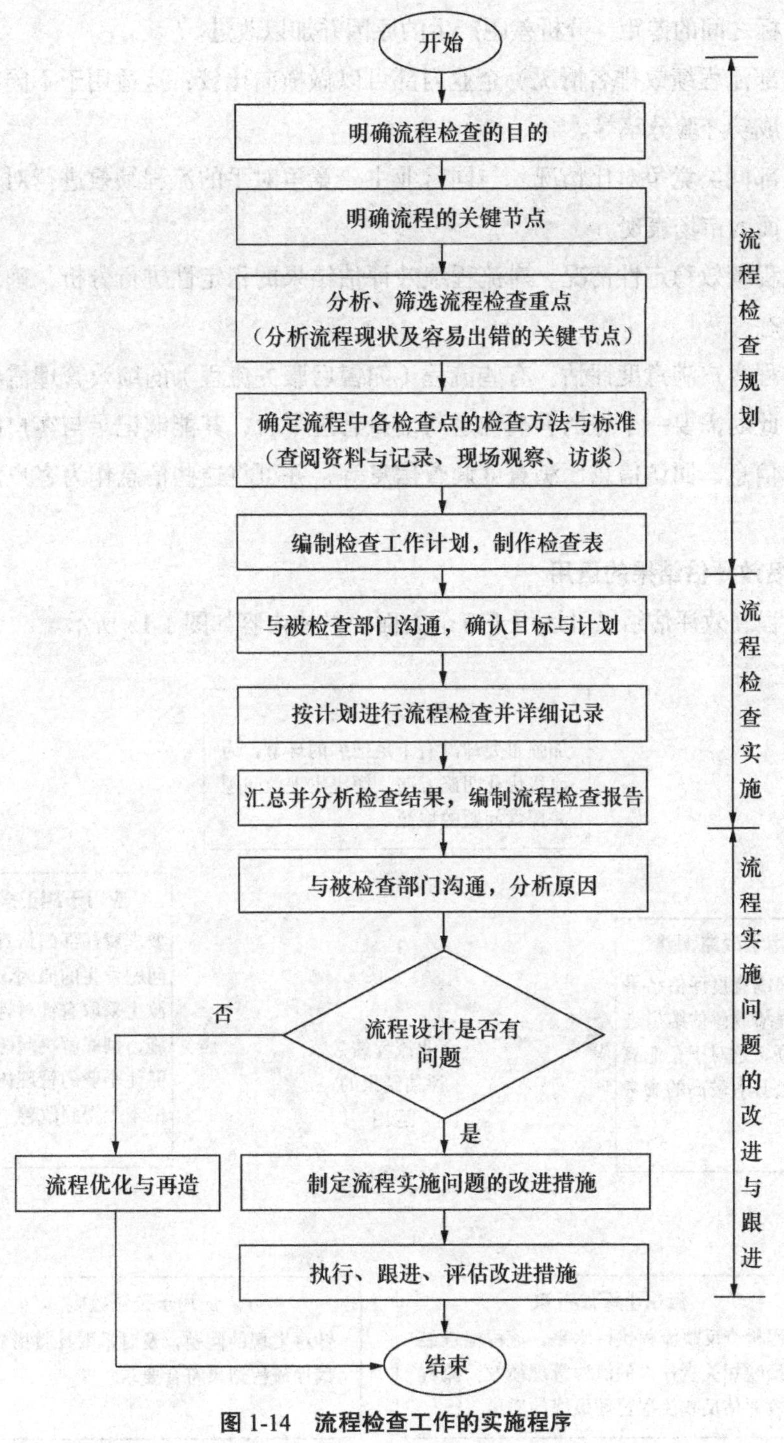

开始
明确流程检查的目的
明确流程的关键节点
分析、筛选流程检查重点
（分析流程现状及容易出错的关键节点）
确定流程中各检查点的检查方法与标准
（查阅资料与记录、现场观察、访谈）
编制检查工作计划，制作检查表
与被检查部门沟通，确认目标与计划
按计划进行流程检查并详细记录
汇总并分析检查结果，编制流程检查报告
与被检查部门沟通，分析原因
流程设计是否有问题
否
是
流程优化与再造
制定流程实施问题的改进措施
执行、跟进、评估改进措施
结束
流程检查规划
流程检查实施
流程实施问题的改进与跟进

图 1-14　流程检查工作的实施程序

- **流程实施绩效评估的标准及方法**

流程实施绩效评估的标准及方法如下。

（1）流程绩效目标达成情况。对比流程实际绩效与流程绩效目标，找出实际绩效与流程绩效目标之间的差距，分析差距产生的原因并加以改进。

（2）内部流程绩效排名情况。企业内部可以做横向比较，这适用于不同区域的业务流程竞争、成功经验分享等。

（3）外部同类竞争对比情况。与同行业主要竞争对手的流程绩效进行对比，以了解企业在该方面的市场表现。

（4）流程绩效稳定性情况。对流程绩效评估结果的稳定性进行分析，确认流程是否处于受控状态。

（5）流程客户满意度评估。有些流程（如售后服务流程）的绩效管理需要客户与市场的评估，此时需要一个好的客户沟通与信息管理平台，其能够记录与客户的日常沟通信息、投诉信息、回访信息、满意度调查信息等，并可将这些信息作为客户满意度评估的依据。

● **流程绩效评估结果的运用**

企业流程绩效评估结果可运用于五个方面，具体内容如图 1-15 所示。

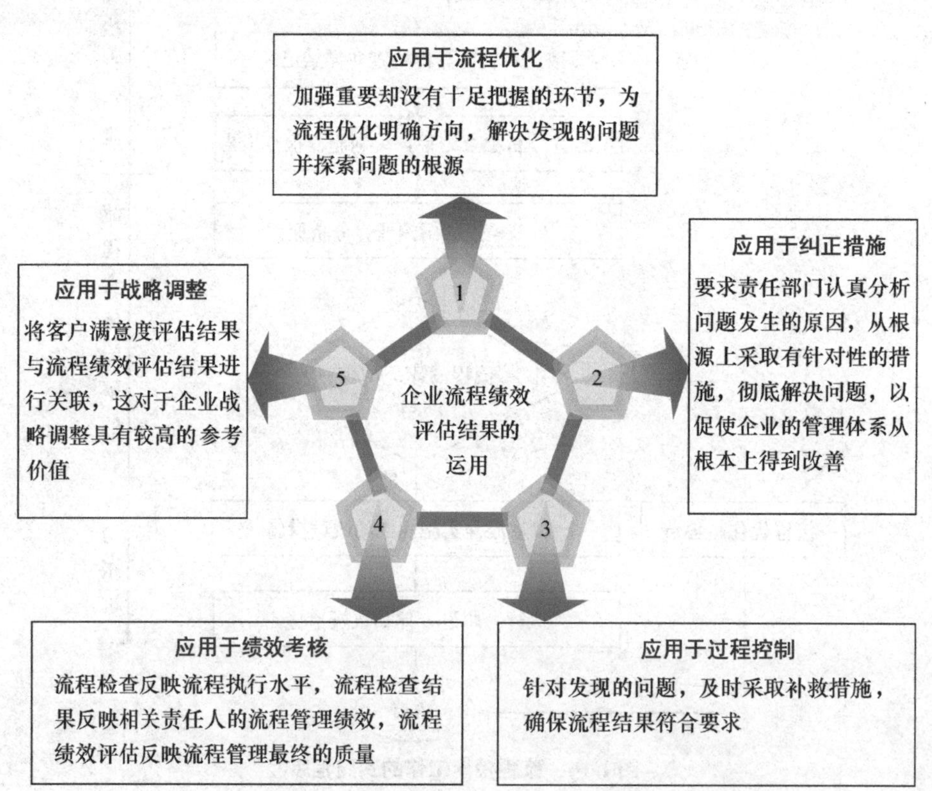
应用于流程优化
加强重要却没有十足把握的环节，为流程优化明确方向，解决发现的问题并探索问题的根源
应用于纠正措施
要求责任部门认真分析问题发生的原因，从根源上采取有针对性的措施，彻底解决问题，以促使企业的管理体系从根本上得到改善
应用于战略调整
将客户满意度评估结果与流程绩效评估结果进行关联，这对于企业战略调整具有较高的参考价值
企业流程绩效评估结果的运用
1
2
3
4
5
应用于绩效考核
流程检查反映流程执行水平，流程检查结果反映相关责任人的流程管理绩效，流程绩效评估反映流程管理最终的质量
应用于过程控制
针对发现的问题，及时采取补救措施，确保流程结果符合要求

图 1-15　企业流程绩效评估结果的运用

1.4 流程执行章程设计

1.4.1 配套制度设计

制度是规范员工行为的标尺之一，是企业进行规范化、制度化管理的基础。只有不断推进规范化、制度化管理，企业才能逐步发展壮大。

1. 制度设计步骤

企业在设计流程配套制度时，要明确需要解决的问题及要达到的目的，要为制度准确定位，要开展内外部调研，明确制度规范化的程度并统一制度格式等。制度设计的步骤如图 1-16 所示。

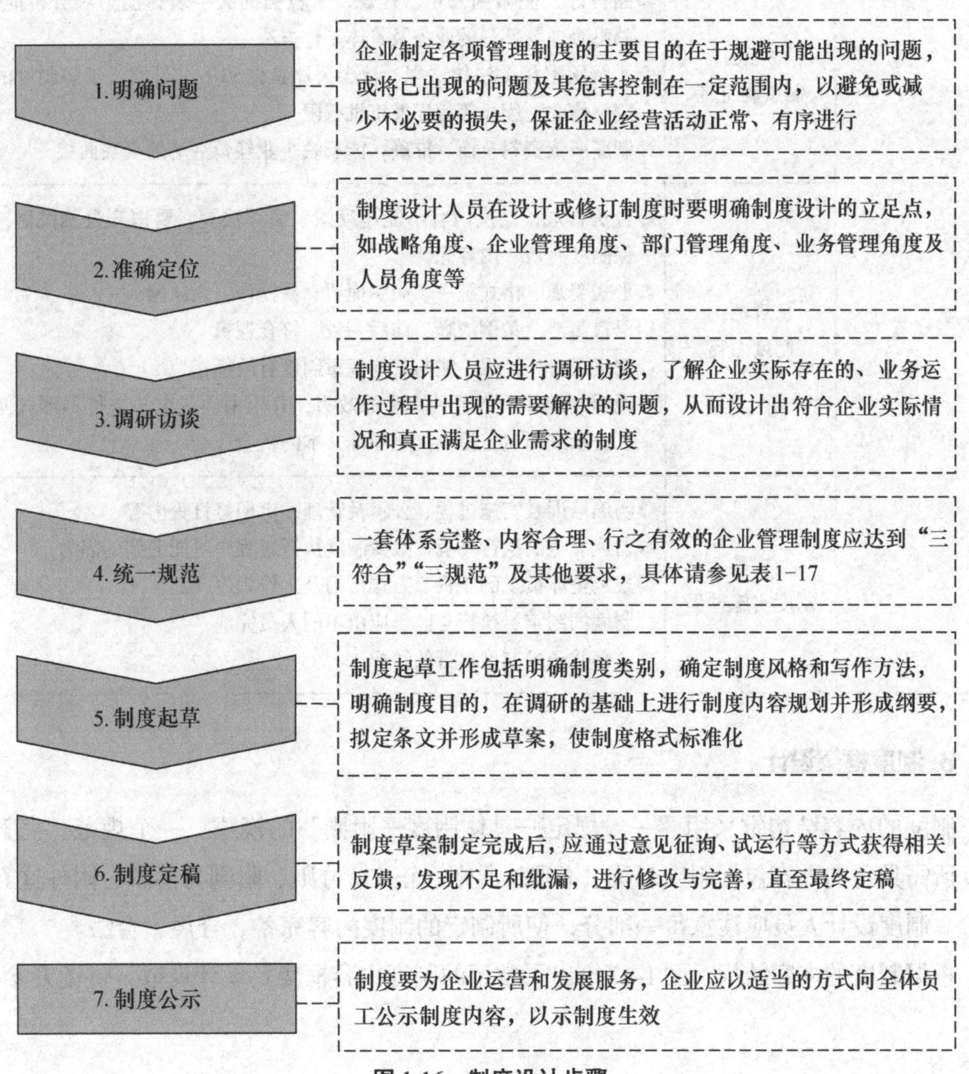

1. 明确问题
企业制定各项管理制度的主要目的在于规避可能出现的问题，或将已出现的问题及其危害控制在一定范围内，以避免或减少不必要的损失，保证企业经营活动正常、有序进行
2. 准确定位
制度设计人员在设计或修订制度时要明确制度设计的立足点，如战略角度、企业管理角度、部门管理角度、业务管理角度及人员角度等
3. 调研访谈
制度设计人员应进行调研访谈，了解企业实际存在的、业务运作过程中出现的需要解决的问题，从而设计出符合企业实际情况和真正满足企业需求的制度
4. 统一规范
一套体系完整、内容合理、行之有效的企业管理制度应达到“三符合”“三规范”及其他要求，具体请参见表 1-17
5. 制度起草
制度起草工作包括明确制度类别，确定制度风格和写作方法，明确制度目的，在调研的基础上进行制度内容规划并形成纲要，拟定条文并形成草案，使制度格式标准化
6. 制度定稿
制度草案制定完成后，应通过意见征询、试运行等方式获得相关反馈，发现不足和纰漏，进行修改与完善，直至最终定稿
7. 制度公示
制度要为企业运营和发展服务，企业应以适当的方式向全体员工公示制度内容，以示制度生效

图 1-16　制度设计步骤

2. 制度设计规范及要求

要想设计一套体系完整、内容合理、行之有效的企业管理制度，制度设计人员必须遵循一定的规范及要求，相关内容如表 1-17 所示。

表 1-17 制度设计规范及要求

设计规范	具体要求	
三符合	符合企业管理者最初设想的状态	
	符合企业管理科学原理	
	符合客观事物发展规律或规则	
三规范	规范 制度制定者	◎品行好，能做到公正、客观，有较强的文字表达能力和分析能力，熟悉企业各部门的业务及具体工作方法 ◎了解国家相关法律法规、社会公序良俗和员工习惯，了解制度的制定、修改、废止等程序及审批权限 ◎制度所依资料全面、准确，能反映企业经营活动的真实面貌
	规范 制度内容	◎合法合规，制度内容不能违反国家法律法规，要遵守公德民俗，确保制度有效、内容完善 ◎形式美观、格式统一、简明扼要、易操作、无缺漏 ◎语言简洁、条例清晰、前后一致、符合逻辑 ◎制度可操作性强，能与其他规章制度有效衔接 ◎说明制度涉及的各种文本的效力，并用书面或电子文件的形式向员工公示或向员工提供接触标准文本的机会
	规范 制度实施过程	◎明确培训及实施过程、公示及管理、定期修订等内容 ◎营造规范的执行环境，减少制度执行过程中可能遇到的阻力 ◎规范全体员工的职责、工作行为及工作程序 ◎制度的制定、执行与监督应由不同人员完成 ◎监督并记录制度执行的情况

3. 制度框架设计

制度的内容结构常采用“一般规定—具体制度—附则”的模式。一个规范、完整的制度所需具备的内容包括制度名称、总则 / 通则、正文 / 分则、附则与落款、附件这五大部分。制度设计人员应注意每一部分，使所制定的制度内容完备、合规、合法。

根据制度的内容结构，图 1-17 给出了常用的制度内容框架及设计规范，供读者参考。

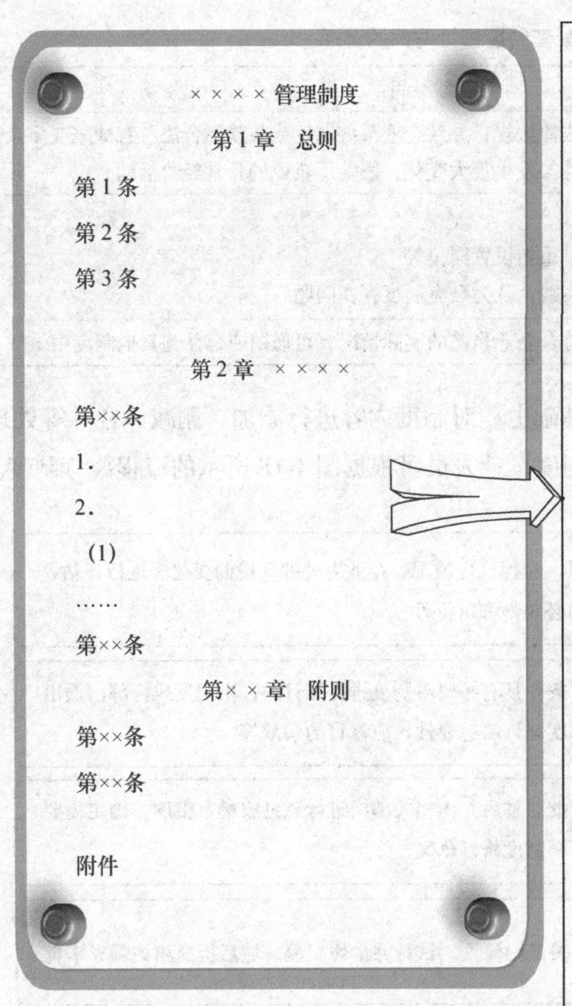
××××管理制度
第1章　总则
第1条
第2条
第3条
第2章　××××
第××条
1.
2.
(1)
……
第××条
第××章　附则
第××条
第××条
附件

制度名称拟定

◎ 制度名称要清晰、简洁、醒目

◎ 受约单位/个人（可省略）+内容+文种

制度总则设计

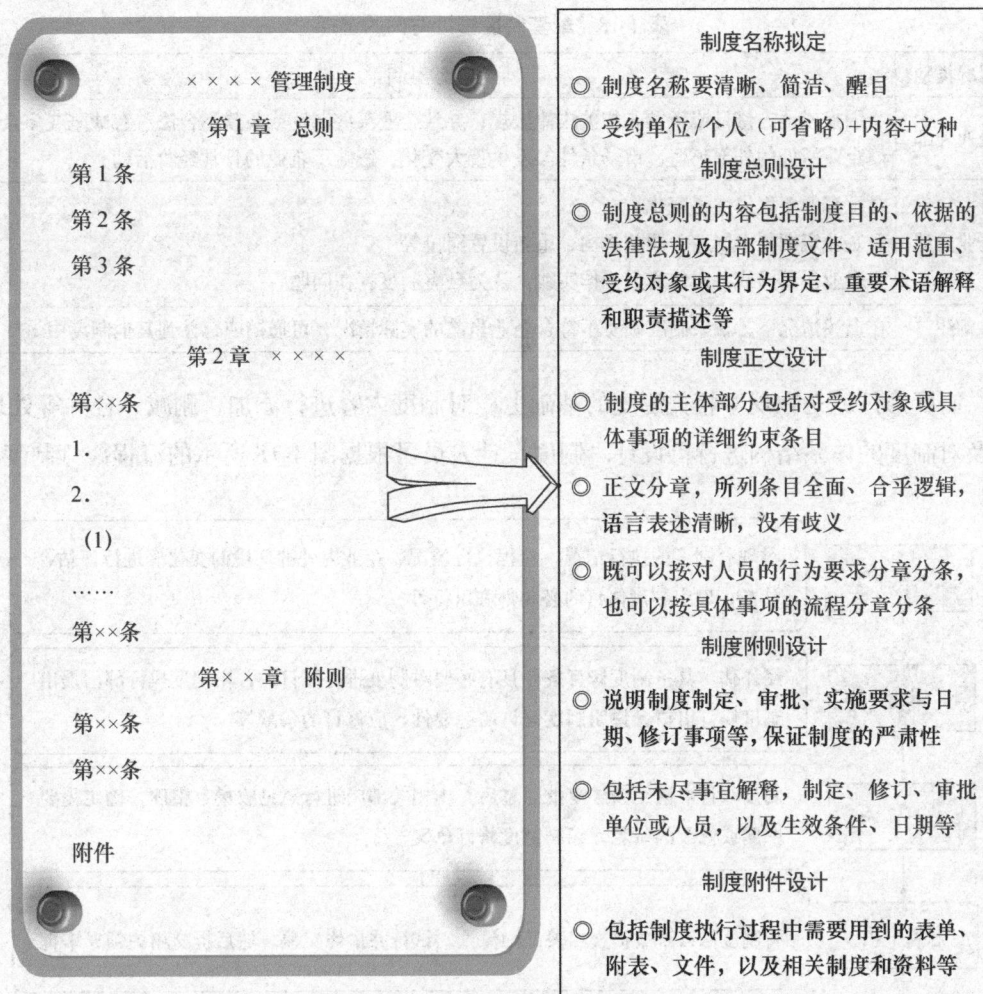

◎ 制度总则的内容包括制度目的、依据的法律法规及内部制度文件、适用范围、受约对象或其行为界定、重要术语解释和职责描述等

制度正文设计

◎ 制度的主体部分包括对受约对象或具体事项的详细约束条目

◎ 正文分章，所列条目全面、合乎逻辑，语言表述清晰，没有歧义

◎ 既可以按对人员的行为要求分章分条，也可以按具体事项的流程分章分条

制度附则设计

◎ 说明制度制定、审批、实施要求与日期、修订事项等，保证制度的严肃性

◎ 包括未尽事宜解释，制定、修订、审批单位或人员，以及生效条件、日期等

制度附件设计

◎ 包括制度执行过程中需要用到的表单、附表、文件，以及相关制度和资料等

图1-17　制度内容框架及设计规范

需要说明的是，对于针对性强、内容单一、业务操作性强的制度，正文中不用分章，可直接分条列出，但总则与附则中的有关条目不可省略。

4. 制度修订

企业在发展过程中，有些制度可能会成为制约其发展的因素，因此企业需要不断修订、完善甚至废止这些制度。总之，不断推进制度化管理伴随着企业发展的整个过程。

制度设计人员或修订人员需要根据实际情况，及时修订与企业发展不相适应的规范、规则和程序，以满足企业日常经营及长远发展的需要。配套制度修订时间的选择如表1-18所示。

表 1-18　配套制度修订时间的选择

状况类别	修订时间
企业外部	◎国家或地方修订或新颁布相关法律法规，导致企业某些制度或条款不合法、有缺陷或多余等 ◎企业所处的外部环境、市场条件等发生重大变化，影响了企业的日常经营活动
企业内部	◎配套的流程发生了变化 ◎企业定期复审制度、调整机构、重新设置岗位等 ◎企业各部门或各岗位通过工作实践，认为已有制度存在问题
备注	在上述情况下，如果制度确实不符合企业当前的实际情况，可撤销或合并到其他制度中

制度修订就是在现存相关制度的基础上，对制度内容进行添加、删减、合并等处理，以及对制度的体系结构进行再设计。制度设计人员可根据图 1-18 所示的流程修订制度。

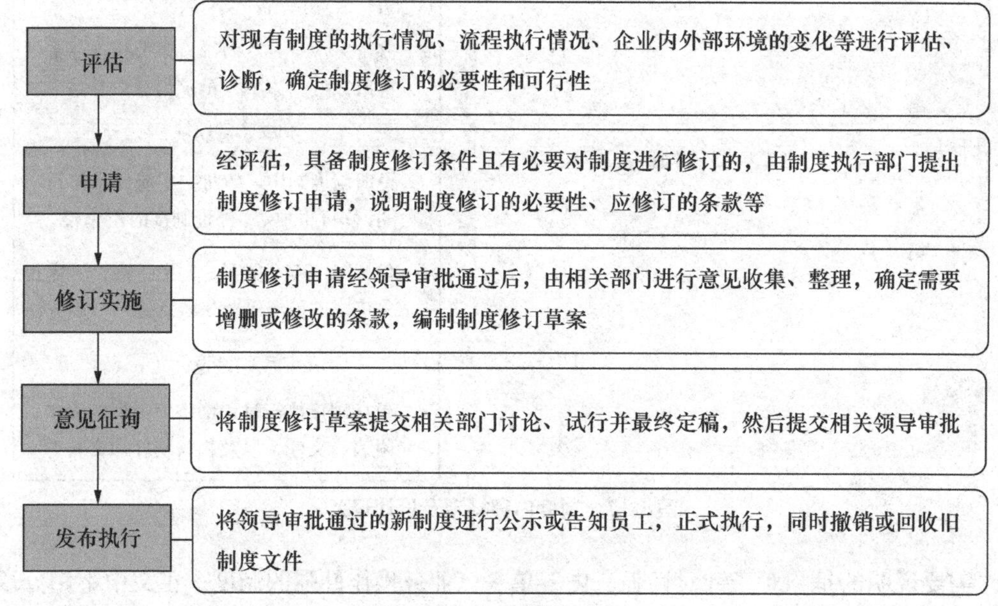

评估
对现有制度的执行情况、流程执行情况、企业内外部环境的变化等进行评估、诊断，确定制度修订的必要性和可行性
申请
经评估，具备制度修订条件且有必要对制度进行修订的，由制度执行部门提出制度修订申请，说明制度修订的必要性、应修订的条款等
修订实施
制度修订申请经领导审批通过后，由相关部门进行意见收集、整理，确定需要增删或修改的条款，编制制度修订草案
意见征询
将制度修订草案提交相关部门讨论、试行并最终定稿，然后提交相关领导审批
发布执行
将领导审批通过的新制度进行公示或告知员工，正式执行，同时撤销或回收旧制度文件

图 1-18　制度修订流程

在制度修订的过程中，制度设计人员要注意以下几点：

- 要适应企业新的机构运行模式与流程管理的要求；
- 要发挥各制度管理部门的主动性和制度执行部门的能动性；
- 要强化各项工作的管理责任要求；
- 要强调各职能部门的管理服务标准；
- 要规范制度的编制格式，为制度的再修订和日后的统稿工作制定标准。

1.4.2　辅助方案设计

方案是指某一项工作或行动的具体计划或针对某一问题制定的规划。撰写工作方案是员工必须完成的一项任务。一份实操性强、思路清晰、富有创新性的方案，不仅有利于方案的实际操作，而且能获得上级领导的称赞。

1. 方案设计的步骤

方案设计步骤如图 1-19 所示。

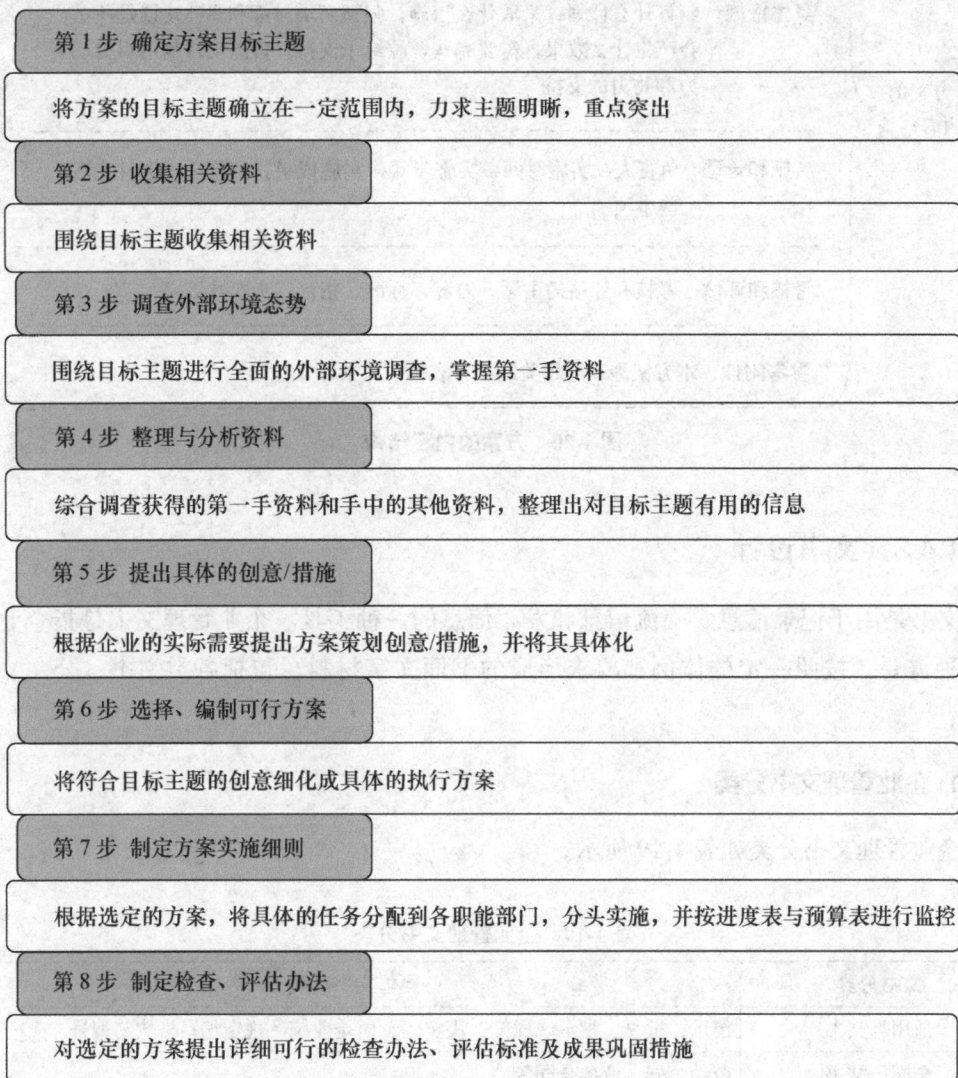

第 1 步 确定方案目标主题

将方案的目标主题确立在一定范围内，力求主题明晰，重点突出

第 2 步 收集相关资料

围绕目标主题收集相关资料

第 3 步 调查外部环境态势

围绕目标主题进行全面的外部环境调查，掌握第一手资料

第 4 步 整理与分析资料

综合调查获得的第一手资料和手中的其他资料，整理出对目标主题有用的信息

第 5 步 提出具体的创意/措施

根据企业的实际需要提出方案策划创意/措施，并将其具体化

第 6 步 选择、编制可行方案

将符合目标主题的创意细化成具体的执行方案

第 7 步 制定方案实施细则

根据选定的方案，将具体的任务分配到各职能部门，分头实施，并按进度表与预算表进行监控

第 8 步 制定检查、评估办法

对选定的方案提出详细可行的检查办法、评估标准及成果巩固措施

图 1-19 方案设计步骤

2. 方案的内容结构

方案一般包括指导思想、主要目标、工作重点、实施步骤、政策措施和具体要求等内容，其结构如图 1-20 所示。

方案的内容结构

- 目标和目的：效益提升、成本降低、管理提升、效率提升、目标达成、问题解决等
- 适用范围：时间范围、人员范围、部门范围等
- 现状分析：企业外部环境分析、企业内部环境分析、企业所面临的问题分析
- 具体措施：制订什么计划、采取什么措施，强调解决对策和具体建议是什么，会产生什么效果，需要哪些资源给予支持。资源支持包括财力、人力和物力的支持等
- 实施和管理：负责人、实施时间、实施步骤、实施成果，实施中需要注意哪些事项
- 考核和评估：考核和评估的主题、内容、标准、指标、步骤及结果
- 参考附件：本方案涉及的相关制度、表单、文书等文件

图 1-20　方案的内容结构

1.4.3　文书设计

文书是用于记录信息、交流信息和发布信息的一种工具。企业管理文书是指企业为了某种需要，按照一定的体例和要求形成的书面文字材料，包括各类文书、公文、文件等。

1. 企业管理文书分类

企业管理文书分类如表 1-19 所示。

表 1-19　企业管理文书分类

文书分类	具体文书种类
通用类文书	请示、批复、批示、通知、决定等，由企业统一规定编写格式与编号
合同类文书	劳动合同、业务合同等
会务类文书	企业各类会议的开幕词、闭幕词、演讲稿、会议记录、会议纪要、会议报告和会议提案等
社交类文书	介绍信、感谢信、慰问信、表扬信、祝贺信和邀请函等
法务类文书	纠纷报告书、申诉书、仲裁申请书、起诉书和答辩书等
事务类文书	计划、总结、建议、报告、倡议、简报、启事、消息、号召书、意向书、企划书、调查报告等

（续表）

文书分类	具体文书种类
制度规范类文书	制度、守则、规定、办法、细则、方案、手册等
与业务工作相关的文书	各项职能及日常事务相关文书，如内部竞聘公告、招聘广告、营销广告等

2. 文书设计的注意事项

- 遵循企业规定的文书格式、编写要求和编号规范。
- 语言表述规范、完整、准确，避免表达残缺、出现歧义等情形。
- 语言简明精炼、言简意赅，行文流畅，主题明确。

3. 文书设计规范

我们以工作计划为例，对文书的设计规范进行说明。工作计划是对即将开展的工作的设想和安排，如提出任务指标、任务完成时间和实施方法等。工作计划既是明确工作目标、推进工作开展的有效指导，也是对工作进度和工作质量进行考核的依据之一。工作计划的内容结构如图 1-21 所示。

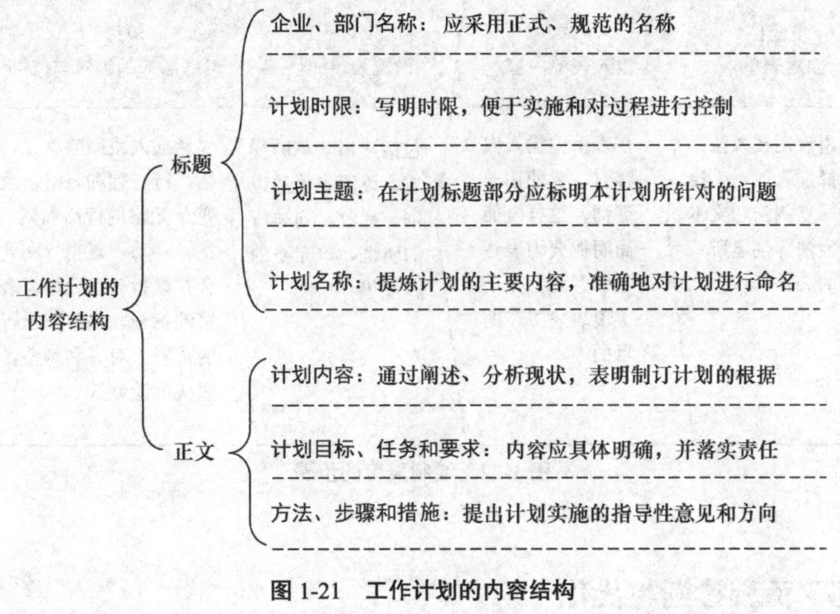
工作计划的内容结构
标题
企业、部门名称：应采用正式、规范的名称
计划时限：写明时限，便于实施和对过程进行控制
计划主题：在计划标题部分应标明本计划所针对的问题
计划名称：提炼计划的主要内容，准确地对计划进行命名
正文
计划内容：通过阐述、分析现状，表明制订计划的根据
计划目标、任务和要求：内容应具体明确，并落实责任
方法、步骤和措施：提出计划实施的指导性意见和方向

图 1-21　工作计划的内容结构

1.4.4　表单设计

1. 表单种类

表单主要分为文字表单、工具表单和数量表单三种：

- 文字表单就是将文字信息按要求整理成表单，借以说明某一概念或事项等；
- 工具表单是企业员工经常使用的一种表单；
- 数量表单用于呈现数据，以便相关人员进行统计。

2. 表单的编制要求

表单的编制要求如下：

- 表单的内容要与标题相符；
- 表单的内容应言简意赅；
- 表单的格式应简洁明了且前后连贯。

3. 设计表单

设计表单就是将表单的行、列看作一个坐标的横轴、纵轴，将需要表达的内容清晰、简洁、直观地置入坐标中予以展现。

常见的表单绘制工具有 Word、Excel 等，表单设计人员可以根据工作需要进行选择。下面以 Word 为例介绍绘制表单的步骤，具体内容如图 1-22 所示。

步骤1 创建表单	步骤2 输入表单内容	步骤3 设置表单属性	步骤4 表单形式的编辑与修饰
运用设定插入法、选择插入法、手绘法、复制法和文本转换法等创建所需的表单	在表单中输入内容时，要使用关键词，这样既能简明扼要地表达主要意思，又能实现表述工整的目的	包括选用表单的样式，设置表单的边框、底纹、列与行的属性、单元格的属性等	包括插入或删除单元格、行、列和表格，改变单元格的行高和列宽，移动、复制行和列，合并、拆分单元格，表格的拆分，表单标题行的重复、对齐和调整，表头的绘制等

图 1-22 绘制表单的步骤

1.5 流程诊断与优化

1.5.1 流程诊断分析

流程优化的前提是对现有流程进行调查和研究，分析流程中存在的问题，即流程诊断。

1. 流程诊断分析工作的步骤

流程诊断分析工作的步骤如表 1-20 所示。

表 1-20 流程诊断分析工作的步骤

步骤	工作内容	采用的方法
1. 流程信息收集	◎收集信息 / 数据，了解企业流程执行现状 ◎找出流程建设、管理中存在的问题 ◎了解企业员工所关心的问题 ◎加强企业员工之间的沟通，让所有员工树立流程管理意识	内部调查、专家访谈、讨论会、外部客户访谈和座谈会等
2. 问题查找与分析	◎清晰地阐述需要解决的问题 ◎将大问题细分成若干小问题，这样更容易解决 ◎分析、探究问题的根源，提出解决方案	NVA/VA 分析法、5Why 分析法、鱼骨图法和逻辑树法等
3. 编制诊断报告	◎根据问题的根源，结合企业的实际情况编制诊断报告 ◎提出问题解决方案，提供创意，优化 / 再造流程	—

2. 流程诊断分析工作的要求

在流程诊断分析过程中，流程管理人员要重视以下要求，提高诊断工作的科学性、合理性和有效性。

- 不要拘泥于数据，要探究“我试图回答什么问题”。
- 不要在一个问题上绕圈子。
- 开阔视野，避免钻牛角尖。
- 假设也可能被推翻。
- 反复检验观点。
- 细心观察。
- 寻找突破性的观点。

3. 流程诊断分析的方法

企业常用的流程诊断分析方法有 NVA/VA 分析法、5Why 分析法等，具体内容如下。

- **NVA/VA 分析法**

NVA/VA 分析法是指将构成某一个流程的各项工作任务分为三类，即非增值活动、增值活动和浪费。NVA/VA 分析法的说明如图 1-23 所示。

VA		步骤2	步骤3		步骤5			步骤8
NVA	步骤1			步骤4		步骤6	步骤7	

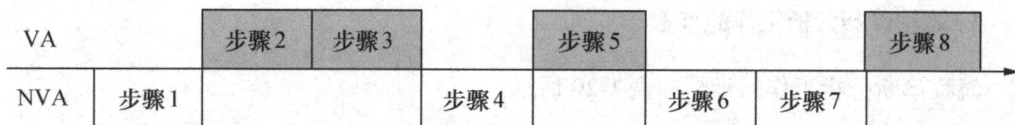

注：了解增值活动（VA）在流程的全部活动中所占的比重，找出需要改进的重点，制定切实可行的改进目标。

◆非增值活动（NVA）指不增加附加值，但却是实现增值不可缺少的活动，是各项增值活动的重要衔接。

◆增值活动（VA）指能提高产品或服务的附加值的活动。

◆浪费（Waste）指既不能增值也不是必需的活动。

图 1-23　NVA/VA 分析法的说明

● 5Why 分析法

5Why 分析法是指在对某一个流程进行诊断、分析和改进时，需针对其提出以下问题并给出答案。

◆为什么确定这样的工作内容？

◆为什么在这个时间和这个地点做？

◆为什么由这个人来做？

◆为什么采用这种方式做？

◆为什么需要这么长时间？

流程管理人员根据以上五个问题的答案，找出企业流程在实际运行过程中存在的问题，分析问题的根源，从而制定流程优化或再造方案。

1.5.2　流程优化的注意事项

流程优化的注意事项如下：

● 优化那些不能给企业带来利润或者效率、效益较差的流程，或者在日常运行中容易出现问题的流程；

● 优化那些对企业运营非常重要且急需改造的流程；

● 优化流程必须先易后难；

● 经过优化的流程必须和原有流程紧密衔接，确保流程管理的系统性和全面性；

● 经过优化的流程必须具有可操作性和稳定性。

1.5.3　流程优化程序

企业流程优化工作应抓住重点，找出最急迫和最重要的需求点。流程优化的具体程序如图 1-24 所示。

步骤	内容
1. 总体规划	◎ 得到企业管理层的支持与委托，设定基本方向，明确战略目标和内部需求 ◎ 确定流程优化目标和范围、项目组成员、项目预算和计划
2. 流程优化项目启动	◎ 召开项目启动大会，进行全体动员，宣传造势 ◎ 开展内部流程优化理念培训
3. 流程描述诊断分析	◎ 通过内外部环境分析及客户满意度调查，了解流程现状 ◎ 描述和分析现有流程，进行问题归集与分析，编制诊断报告
4. 流程优化设计	◎ 设定目标，确认关键流程，明确改进方向，制定流程优化设计方案 ◎ 初步形成配套辅助信息，确定优化方案
5. 配套方案设计	◎ 收集与整理配套辅助信息，调整职能方案，设计配套方案
6. 方案实施	◎ 制订详细的优化工作计划，组织实施，并完善配套方案

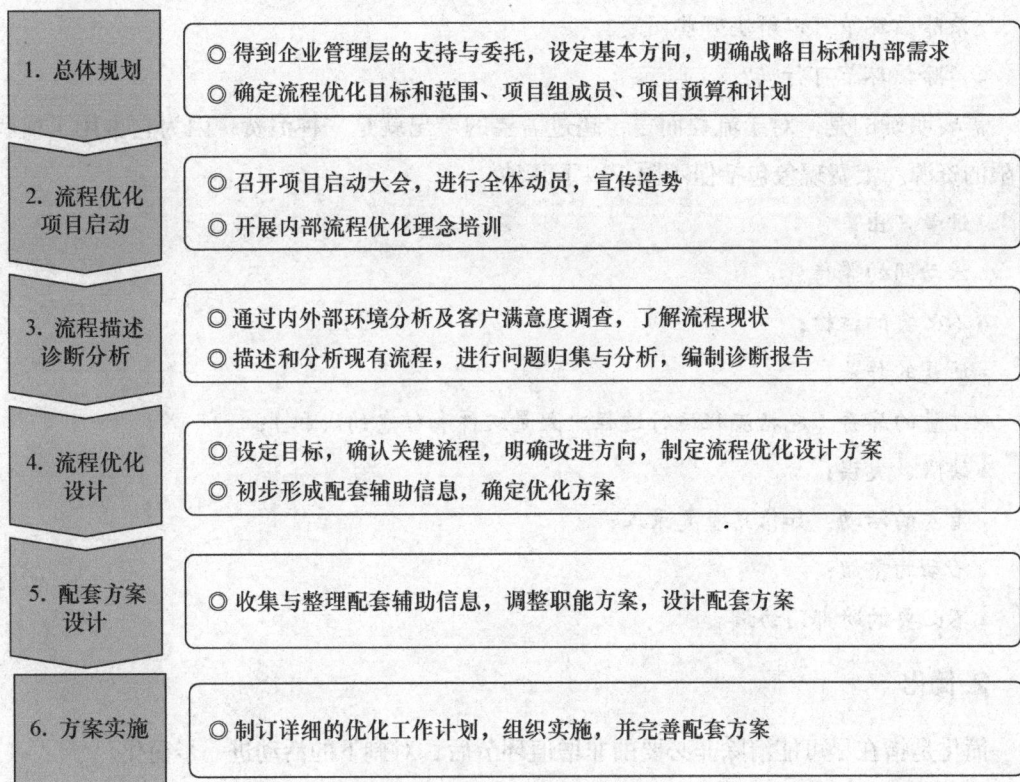

图 1-24 流程优化的具体程序

总体来说，流程优化工作包括以下三步：

- 现在何处——流程现状分析；
- 应在何处——流程优化目标；
- 如何到达该处——流程优化方法和途径。

1.5.4 流程优化 ESIA 法

企业流程优化可以从清除（Eliminate）、简化（Simplify）、整合（Integrate）和自动化（Automate）四个方面入手，该方法简称为“ESIA 法”，它可以帮助企业减少流程中的非增值活动，调整流程中的核心增值活动。

1. 清除

清除主要指对企业现有流程内的非增值活动予以清除。

企业可通过以下问题判断某一活动环节是属于增值还是非增值。

- 这个环节存在的意义是什么？
- 这个环节的成果是整个流程完成的必要条件吗？
- 这个环节有哪些直接或间接的影响？

- 清除该环节可以解决哪些问题？
- 清除该环节可行吗？

需要明确的是，对于流程而言，超过需要的产出就是一种浪费，因为它占用了流程有限的资源。浪费现象包括但不限于以下几种：

- 过量产出；
- 活动间的等待；
- 不必要的运输；
- 反复的作业；
- 过量的库存（包括流程运行过程中大量文件和信息的淤积）；
- 缺陷、失误；
- 重复的活动，如信息重复录入；
- 活动的重组；
- 不必要的跨部门协调。

2. 简化

简化是指在尽可能清除非必要的非增值环节后，对剩下的活动进一步简化。

简化的方法包括但不限于以下几种。

- 简化表单：消除表单设计上的重复内容，借助相关技术，梳理表单的流转，从而减少工作量和一些不必要的活动环节。
- 简化流程步骤/环节：运用IT技术，提高员工处理信息的能力，简化流程步骤，整合工作内容，提高流程结构效率。
- 简化沟通。
- 简化物流：如调整任务顺序或增加信息的提供。

3. 整合

整合，即对分解的流程进行整合，以使流程顺畅、连贯，更好地满足客户的需求。

- 活动整合：将活动进行整合，授权一个人完成一系列简单活动，减少活动转交过程中的出错率，缩短工作处理时间。
- 团队整合：合并专家组成团队，形成“个案团队”或“责任团队”，缩短物料、信息和文件传递的距离，改善在同一流程中工作的人与人之间的沟通。
- 供应商（流程的上游）整合：减少企业和供应商之间的一些不必要的业务手续，建立信任和伙伴关系，整合双方流程。
- 客户（流程的下游）整合：面向客户，与客户建立良好的合作关系，整合企业和客户的各种关系。

4. 自动化

- 简单、重复与乏味的工作自动化。
- 数据的采集与传输自动化。减少反复采集数据，并缩短单次采集时间。
- 数据分析自动化。通过分析软件，对数据进行收集、整理与分析，提高信息利用率。

1.6 流程再造

1.6.1 流程再造的核心

企业流程再造也叫作“企业再造”，或简称为“再造”。它是 20 世纪 90 年代初期兴起的一种新的管理理念和管理方法，被誉为继“科学管理”和全面质量管理（TQC）之后的“第三次管理革命”。

企业再造概念的创始者迈克尔·哈默（Michael Hammer）和詹姆斯·钱皮（James Champy）在《企业再造——商业革命宣言》（*Reengineering the Corporation: A Manifesto for Business Revolution*）一书中指出，“再造就是对企业的流程、组织结构、文化进行彻底的、急剧的重塑，以达到绩效的飞跃”。

流程再造的核心，不是单纯地对企业的管理与业务流程进行再造，而是将以职能为核心的传统企业改造成以流程为核心的新型企业，这也就是我们所说的企业再造。通过不断地变革与创新（从广义上讲，这里不仅包括流程再造，还包括企业组织的再造和变革），使原来趋向衰落的企业重新焕发生机，并且永远充满朝气和活力。

1.6.2 流程再造的基础

当前，市场竞争越来越激烈，企业要想在激烈的市场竞争中求得生存和发展，且立于不败之地，就必须全面、彻底地了解客户的需求，最大限度地满足客户的需求，并且不断适应外部市场环境的变化。企业进行流程设计与流程再造的目的是使内部管理流程规范化，并对其不断加以改造，只有这样企业才能适应不断变化的市场形势。

通常情况下，现代企业所面临的外部挑战主要来自客户（Customer）、变化（Change）、竞争（Competition）三个方面。由于这三个英文单词的首字母都是 C，所以外部挑战又称为“3C 挑战”。企业在进行流程设计与流程再造时，切记要把握好“3C”。只有这样，企业所设计或再造的流程才能够适应自身的发展和市场的变化，满足客户的需求。

以上是企业进行流程设计或流程再造时的外部条件。

就企业内部而言，企业中长期发展战略规划是流程设计与流程再造的基础条件。因此，企业应先制定出发展战略，再着手开展流程设计与流程再造工作。

1.6.3 流程再造的程序

企业流程再造的一般程序如表 1-21 所示。

表 1-21 企业流程再造的一般程序

一般程序	具体事项
1. 设定基本方向	（1）得到高层管理者的支持 （2）明确战略目标，确定流程再造的基本方针 （3）分析流程再造的可行性 （4）设定流程再造的出发点
2. 项目准备与启动	（1）成立流程再造小组 （2）设立具体工作目标 （3）宣传流程再造工作 （4）设计与落实相关的培训
3. 流程问题诊断	（1）进行现状分析，包括内外部环境分析、现行流程状态分析等 （2）发现问题
4. 确定再造方案，重设流程	（1）明确流程方案设计与工作重点 （2）确认工作计划目标、时间以及预算计划等 （3）分解责任、任务 （4）明确监督与考核办法 （5）制定具体行动策略
5. 实施流程再造方案	（1）成立实施小组 （2）对参加人员进行培训 （3）发动全员配合 （4）新流程试验性启动、检验 （5）全面开展新流程
6. 流程监测与改善	（1）观察流程运作状况 （2）与预定再造目标进行比较分析 （3）对不足之处进行修正和改善

企业流程评估及流程再造的操作要点如下。

1. 流程评估的操作要点

- 确定企业与上下游互动关系的流程。
- 定义企业核心流程绩效评估的指标。
- 分析企业现有流程运作模式的优势和劣势。
- 确认企业流程现有运作模式。
- 确认企业流程的客户价值点。
- 确认企业流程与组织的关系。

- 确认企业流程的资源及成本。
- 分析决定企业流程再造的优先级别。

2. 流程再造的操作要点

- 了解现有流程及其目标、范围。
- 对比现有流程结构的优势和劣势。
- 分析流程各活动环节的责任归属。
- 确认与流程相匹配的绩效指标。
- 分析流程的瓶颈及再造切入点。
- 确定是否对流程控制点重新设计。
- 确认经重新设计的新流程系统。
- 建立评估体系，对新流程进行监测。

1.6.4 流程再造的技巧

图 1-25 提供了一些流程再造的技巧，供读者参考。

员工认同，思想转变

管理者支持，资金投入

培养与引进流程参与人员

以管理流程和信息流程再造为前提

技巧 1：采用以过程为核心的组织方式

把企业经营过程中的各项活动进行跨部门组织和统筹

技巧 2：从系统的观点看待流程

流程是一个信息流、物料流、能量流有机结合的过程，必须把三者协调起来，达成生产目标

技巧 3：采用新的技术措施和手段

新流程应以降低成本、适应市场变化为目标，要采用新方法、新技术等

流程再造所需支持

流程再造的技巧

重视信息流程建设工作，强调流程的可控与反馈

图 1-25 流程再造的技巧

第2章 客户定位与价值分析管理

2.1 客户定位与价值分析管理流程

2.1.1 流程设计的目的

餐饮企业设计客户定位与价值分析管理流程的目的如下：

（1）明确餐饮企业的客户需求，分析餐饮产品与服务的关键价值点，避免工作逻辑混乱；

（2）促进餐饮产品需求分析与商业分析工作的科学化和规范化。

2.1.2 流程结构设计

客户定位与价值分析管理包括两大事项，我们可以就每个事项设计相应的流程，即客户定位管理流程和客户价值分析管理流程，具体如图 2-1 所示。

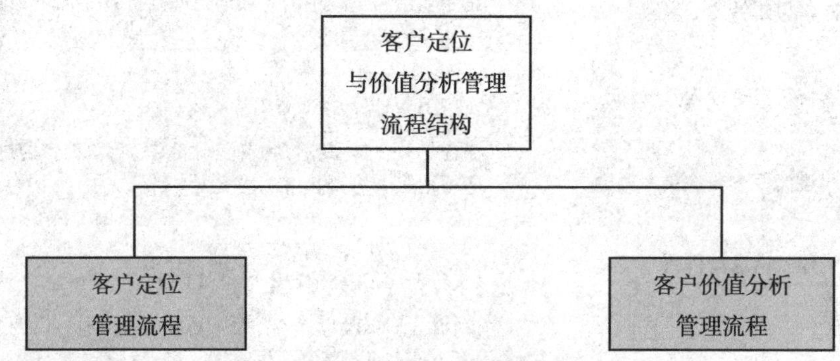
客户定位
与价值分析管理
流程结构
客户定位
管理流程
客户价值分析
管理流程

图 2-1 客户定位与价值分析管理流程结构

2.2 客户定位管理流程设计与工作执行

2.2.1 客户定位管理流程设计

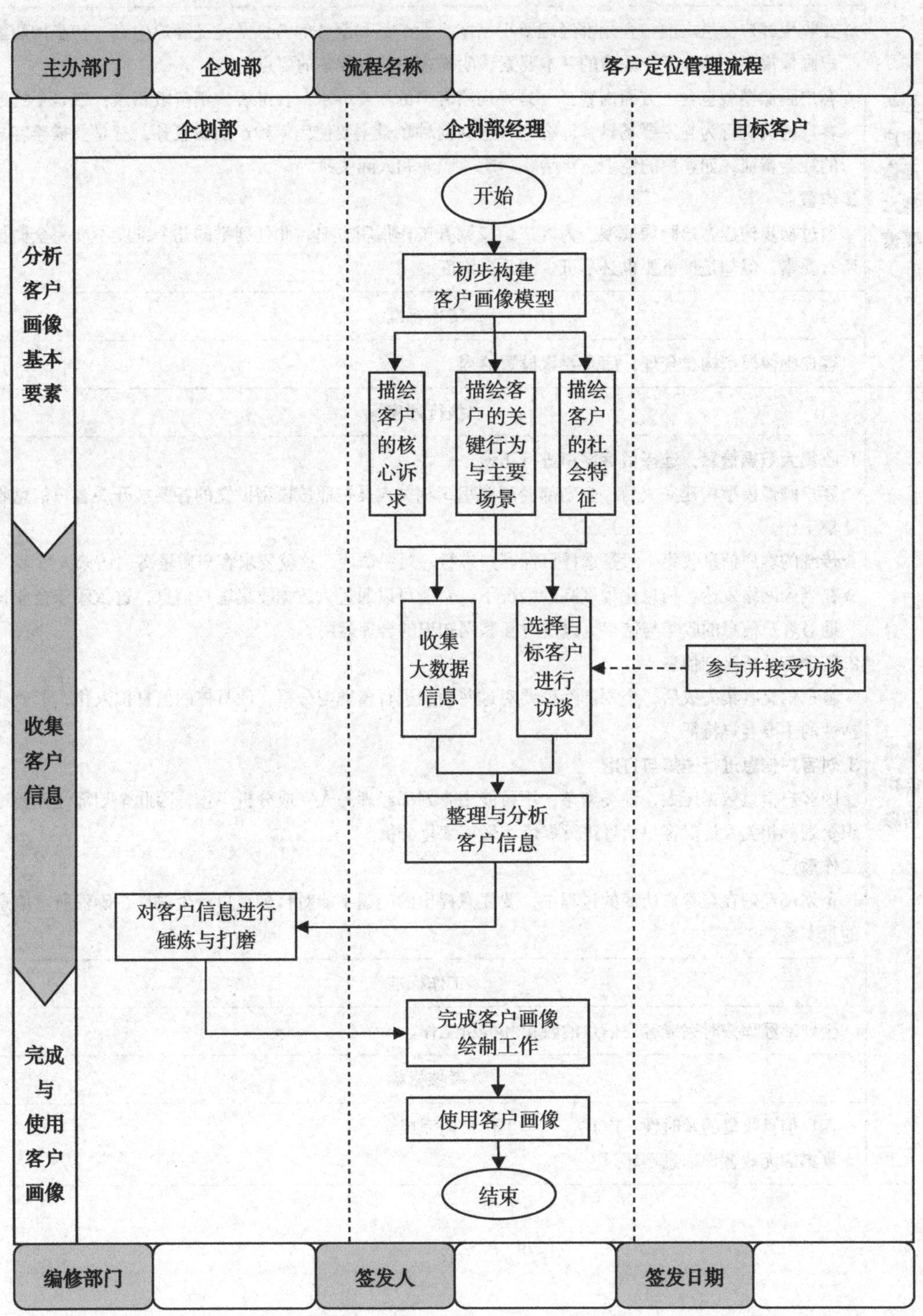
主办部门
企划部
流程名称
客户定位管理流程
企划部
企划部经理
目标客户
分析客户画像基本要素
收集客户信息
完成与使用客户画像
开始
初步构建客户画像模型
描绘客户的核心诉求
描绘客户的关键行为与主要场景
描绘客户的社会特征
收集大数据信息
选择目标客户进行访谈
参与并接受访谈
整理与分析客户信息
对客户信息进行锤炼与打磨
完成客户画像绘制工作
使用客户画像
结束
编修部门
签发人
签发日期

2.2.2 客户定位管理执行程序、工作标准、考核指标、执行规范

任务名称	执行程序、工作标准与考核指标
分析客户画像基本要素	**执行程序**
	☆在收集客户信息之前，企划部经理要根据本企业产品和服务的特性及竞品客户生态，初步构建客户画像模型，确立客户画像的基本要素，明确客户信息收集的要点。 ☆客户画像模型包含三方面内容：一是要描绘客户的核心诉求，找准客户消费敏感点；二是要描绘客户的关键行为与主要场景，即客户一般在何种场景主要使用何种产品或服务；三是要描绘客户的社会特征，如客户的性别、年龄、学历、职业和人际关系等。 **工作重点** 通过初步构建客户画像模型，为客户信息调查工作指明方向。此处列举的几个维度不能完全概括所有要素，但却是最重要也必不可少的几个维度。
	工作标准
	客户画像模型构建合理，信息要素设置恰当。
收集客户信息	**执行程序**
	1. 收集大数据信息，选择目标客户进行访谈 ☆客户画像模型构建完成后，企划部经理要组织相关人员按照该模型设置的各要素开展客户信息收集工作。 ☆传统的客户信息收集一般是选择目标客户进行一对一访谈，这就要求客户质量高、访谈人数多。 ☆在当今网络发达、信息化程度高的情况下，企业可以通过大数据收集客户信息，这依赖于企业长期对客户信息的收集与储存，以及对互联网知识的合理运用。 **2. 整理与分析客户信息** 客户信息收集完成后，企划部经理要对这些信息进行整理与分析，使具体的信息拟人化，形成概括性的主要客户特征。 **3. 对客户信息进行锤炼与打磨** 因客户信息数据庞大，种类繁杂，不可能由企划部经理一人完成分析工作，因此企划部经理要组织企划部相关人员对客户信息进行提炼，做精细化分析。 **工作重点** 企划部经理在与客户访谈的过程中，要注意提出的问题不能对目标客户产生误导，确保所获信息的真实性。
	工作标准
	企划部经理按时完成客户信息的收集和分析工作。
	考核指标
	☆客户信息收集的及时性：应在____个工作日内完成。 ☆收集的无效客户信息不超过____%。

（续）

<table>
<tr><th>任务名称</th><th>执行程序、工作标准与考核指标</th></tr>
<tr><td rowspan="6">完成与使用客户画像</td><td>执行程序</td></tr>
<tr><td>1. 完成客户画像绘制工作
客户信息分析工作完成后，企划部经理接下来要完成客户画像的绘制工作。
2. 使用客户画像
客户画像绘制完成后，便可将其投入实际使用。客户画像的使用场景十分广泛，它可以帮助企划部经理对产品的优先级进行决策，清晰定位产品、服务和目标客户，让餐饮企业在产品和服务上更加专注，让经营结果更加适应市场。
工作重点
客户画像是一个虚拟的“人”，它能将市场上的万千客户的各种属性按类别抽象概括到一起，其逻辑类似十二星座，企划部经理可以给不同虚拟的客户画像起一个方便记忆又能准确概括其特点的名字，如“狮子”“少女”“老树”等。</td></tr>
<tr><td>工作标准</td></tr>
<tr><td>客户画像绘制完成并投入使用。</td></tr>
<tr><td>考核指标</td></tr>
<tr><td>客户画像绘制的及时性：应在____个工作日内完成。</td></tr>
</table>

第 2 章 — 客户定位与价值分析管理

2.3 客户价值分析管理流程设计与工作执行

2.3.1 客户价值分析管理流程设计

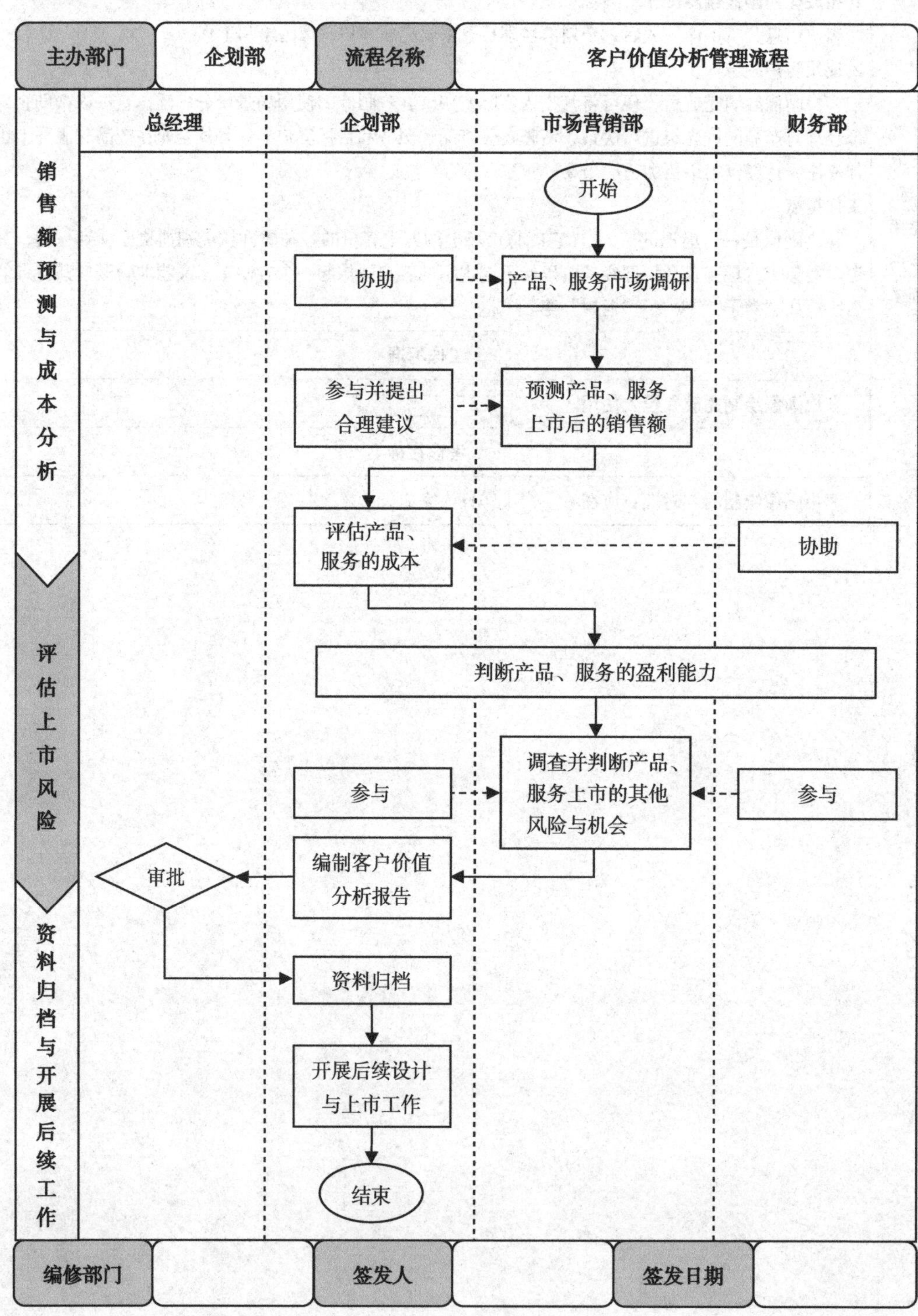

主办部门
企划部
流程名称
客户价值分析管理流程
总经理
企划部
市场营销部
财务部
销售额预测与成本分析
评估上市风险
资料归档与开展后续工作
开始
协助
产品、服务市场调研
参与并提出合理建议
预测产品、服务上市后的销售额
评估产品、服务的成本
协助
判断产品、服务的盈利能力
参与
调查并判断产品、服务上市的其他风险与机会
参与
审批
编制客户价值分析报告
资料归档
开展后续设计与上市工作
结束
编修部门
签发人
签发日期

2.3.2 客户价值分析管理执行程序、工作标准、考核指标、执行规范

<table>
<tr><th>任务名称</th><th>执行程序、工作标准与考核指标</th></tr>
<tr><td rowspan="6">销售额预测与成本分析</td><td>执行程序</td></tr>
<tr><td>1. 产品、服务市场调研
☆餐饮企业在设计相关产品、服务之前，市场营销部要先对同类产品、服务的目标市场进行调研，了解目标客户的消费特征。
☆企划部要协助市场营销部做好市场调研工作。
2. 预测产品、服务上市后的销售额
☆通过市场调研得到的数据，结合本企业产品、服务的实际情况及往期销售数据，市场营销部要对产品、服务上市后的销售额进行合理预测。
☆企划部参与销售额预测工作，并提出合理建议。
3. 评估产品、服务的成本
☆企划部应根据产品、服务的构思，以及自身的设计能力，结合市场上的原材料价格水平、后期宣传成本、人员成本等，评估产品、服务从设计到上市的所有成本。
☆财务部要协助企划部做好产品、服务的成本评估工作。
工作重点
产品、服务市场调研是预测销售额和评估成本的前提，市场营销部和企划部要根据竞品生态和本企业的实际情况，深入调研市场，获取更多有价值的信息，为后续决策提供依据。</td></tr>
<tr><td>工作标准</td></tr>
<tr><td>☆完成标准：通过产品、服务市场调研，获取足够多的信息。
☆质量标准：通过产品、服务市场调研，所获信息真实有效，能够发挥应有价值。</td></tr>
<tr><td>考核指标</td></tr>
<tr><td>产品、服务市场调研工作完成的及时性：应在____个工作日内完成。</td></tr>
<tr><td rowspan="2">评估上市风险</td><td>执行程序</td></tr>
<tr><td>1. 判断产品、服务的盈利能力
☆产品、服务的成本评估工作完成后，企划部、市场营销部和财务部须对产品、服务的盈利能力进行判断。
☆若产品、服务具有较强的盈利能力，可着手进行设计工作；若产品、服务的盈利能力不足或不能盈利，则需要重新设计产品、服务概念或重新开展市场调研工作。
2. 调查并判断产品、服务上市的其他风险与机会
除了盈利能力，市场营销部还要协同企划部和财务部对产品、服务上市的其他风险进行调查，并做出准确判断。其他风险包括产品寿命、品牌危机、行业形势、政策形势、全球经济发展趋势及其他不可避免的风险等。同时，还要判断是否存在机会，如拓宽产业链、加快企业转型升级等。
3. 编制客户价值分析报告
☆上述工作完成后，企划部应编制客户价值分析报告，总结客户价值分析工作，陈述分析结论。
☆企划部应将客户价值分析报告提交给总经理审批，审批通过后方可开展后续工作。</td></tr>
</table>

（续）

<table>
<tr><th>任务名称</th><th>执行程序、工作标准与考核指标</th></tr>
<tr><td rowspan="5">评估上市风险</td><td>工作重点
☆产品、服务上市之前，若对产品、服务上市的风险没有足够的把握，产品、服务上市后可能存在的亏损是不可估计的，企划部与其他相关部门一定要仔细论证，反复分析，与领导充分沟通，确保排除所有不稳定因素。
☆客户价值分析报告的编制要规范。</td></tr>
<tr><td>工作标准</td></tr>
<tr><td>☆目标标准：产品、服务上市前的风险评估工作顺利完成，得出能或不能进行后续设计工作的结论。
☆依据标准：客户价值分析报告可依据本企业的文书写作标准进行编制。</td></tr>
<tr><td>考核指标</td></tr>
<tr><td>☆产品、服务的盈利能力和其他风险评估工作完成的及时性：应在____个工作日内完成。
☆客户价值分析报告编制的及时性：应在____个工作日内完成。</td></tr>
<tr><td rowspan="6">资料归档与开展后续工作</td><td>执行程序</td></tr>
<tr><td>1. 资料归档
客户价值分析报告审批通过后，企划部须将客户价值分析管理过程中产生的相关资料归档，为开展后续工作提供依据。
2. 开展后续设计与上市工作
客户价值分析工作完成后，企划部可着手进行产品、服务的设计与上市工作。
工作重点
资料的归档应严格按照本企业的相关规定执行。</td></tr>
<tr><td>工作标准</td></tr>
<tr><td>客户价值分析过程中产生的相关资料归档及时。</td></tr>
<tr><td>考核指标</td></tr>
<tr><td>资料归档的及时性：应在____个工作日内完成。</td></tr>
<tr><td colspan="2">执行规范</td></tr>
<tr><td colspan="2">“客户价值分析报告”。</td></tr>
</table>

第3章 餐饮产品及服务体验、定价与上市管理

3.1 餐饮产品及服务体验、定价与上市管理流程

3.1.1 流程设计的目的

餐饮企业设计餐饮产品及服务体验、定价与上市管理流程的目的如下：

（1）提升餐饮企业的产品及服务品质，增加自身竞争优势，树立企业的良好形象；

（2）加强对餐饮产品及服务定价与上市的管理，科学制定产品及服务价格，延长产品及服务的市场寿命；

（3）规范餐饮产品及服务体验、定价与上市等事项的工作程序，逐步实现餐饮企业管理的规范化、标准化和程序化。

3.1.2 流程结构设计

餐饮产品及服务体验、定价与上市管理包括六大事项，我们可以就每个事项设计相应的流程，即餐饮产品及服务调研管理流程、产品购买过程设计管理流程、消费场景构建管理流程、产品及服务定价管理流程和产品及服务上市管理流程，具体如图 3-1 所示。

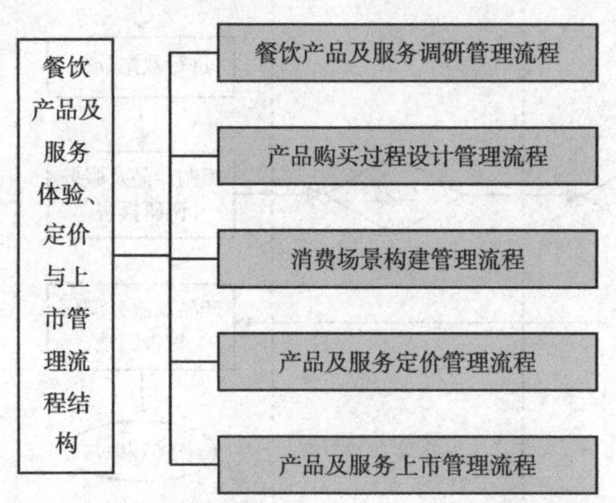
餐饮产品及服务体验、定价与上市管理流程结构
餐饮产品及服务调研管理流程
产品购买过程设计管理流程
消费场景构建管理流程
产品及服务定价管理流程
产品及服务上市管理流程

图 3-1 餐饮产品及服务体验、定价与上市管理流程结构

3.2 餐饮产品及服务调研管理流程设计与工作执行

3.2.1 餐饮产品及服务调研管理流程设计

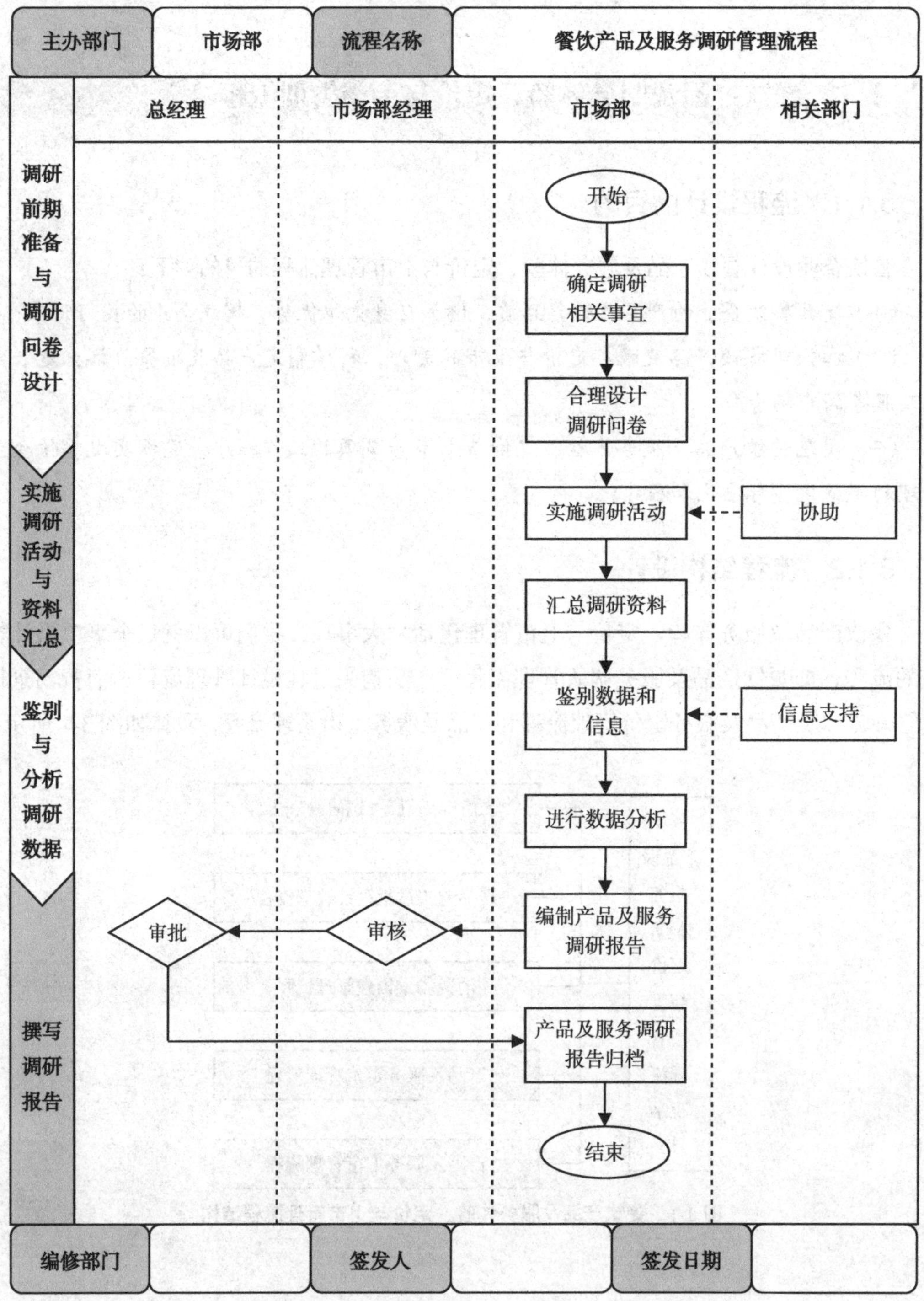
主办部门
市场部
流程名称
餐饮产品及服务调研管理流程
总经理
市场部经理
市场部
相关部门
调研前期准备与调研问卷设计
实施调研活动与资料汇总
鉴别与分析调研数据
撰写调研报告
开始
确定调研相关事宜
合理设计调研问卷
实施调研活动
协助
汇总调研资料
鉴别数据和信息
信息支持
进行数据分析
编制产品及服务调研报告
审核
审批
产品及服务调研报告归档
结束
编修部门
签发人
签发日期

3.2.2 餐饮产品及服务调研管理执行程序、工作标准、考核指标、执行规范

任务名称	执行程序、工作标准与考核指标
调研前期准备与调研问卷设计	**执行程序**
	1. 确定调研相关事宜 ☆市场部根据本企业的产品及服务实际情况，确定市场调研的目的、时间、人员与地点。 ☆市场部应确定市场调研的内容，主要包括餐饮产品的价格、产品渠道、促销策略和餐饮环境等。 ☆市场部应确定市场调研的方法，主要有电话访问法、调研问卷法等（下面以调研问卷法为例）。 **2. 合理设计调研问卷** ☆市场部应针对调研对象设计调研问卷。调研问卷的设计步骤主要包括收集相关资料、确定问题的内容、设计问答题的结构、安排问题的顺序、拟定调研问卷的初稿、编制正式的调研问卷。 ☆调研问卷的内容要通俗易读，要考虑到受访者的知识水平及文化程度。 **工作重点** 调研问卷的问题设计要灵活，便于受访者回答，通常应包括开放式问题、封闭式问题和量表应答式问题等。
	工作标准
	市场部人员设计的调研问卷有助于企业获取真实资料。
	考核指标
	☆调研问卷的深度：要求问卷中涉及的信息能够为决策者提供参考。 ☆调研问卷问题的针对性：问题要紧扣主题，所有问题都要与调研主题相关。 ☆调研问卷的严密性：所有问题都要有对应的答案，问题设置不存在前后矛盾的情况。
实施调研活动与资料汇总	**执行程序**
	1. 实施调研活动 ☆市场部协同其他相关部门实施调研活动。 ☆在实施调研活动的过程中，市场部人员要注意控制时间进度，保证在规定的时间内完成调研活动。 **2. 汇总调研资料** 调研活动结束后，市场部要及时汇总调研资料。 **工作重点** 市场部要有计划地实施调研活动。
	工作标准
	市场部按时完成调研活动，并及时汇总调研资料。
	考核指标
	☆调研活动实施的规范性、严谨性：确保调研活动工作流程、操作步骤和检验标准严格按照规定执行。 ☆调研所用时间不得超过规定调研期限的____天。

（续）

<table>
<tr><th>任务名称</th><th>执行程序、工作标准与考核指标</th></tr>
<tr><td rowspan="6">鉴别与分析调研数据</td><td>执行程序</td></tr>
<tr><td>1. 鉴别数据和信息
市场部人员在汇总调研资料的过程中，要鉴别真实信息与虚假信息，对于存在明显错误的数据和信息，要及时剔除。
2. 进行数据分析
☆数据和信息确认无误后，市场部人员着手进行数据分析。常用的数据分析方法有 SWOT 分析法、回归分析法和关键因素分析法等。
☆若有必要，市场部人员可以使用不同的分析方法对同一数据进行分析，互相验证结论的真伪，从而进一步提升分析结果的真实性与准确性。
工作重点
☆市场部人员在鉴别数据和信息时，对于不好把握的数据和信息，要寻求其他相关部门的信息支持，如有必要，员工可以亲自到现场核实。
☆数据分析方法要根据本企业的经营理念及过去的经验来选择。</td></tr>
<tr><td>工作标准</td></tr>
<tr><td>可参照同行业其他企业的调研数据的验证与分析过程资料。</td></tr>
<tr><td>考核指标</td></tr>
<tr><td>数据和信息鉴别的及时性：应在____个工作日内完成。</td></tr>
<tr><td rowspan="4">撰写调研报告</td><td>执行程序</td></tr>
<tr><td>1. 编制产品及服务调研报告
☆市场部应根据数据分析结果，编制产品及服务调研报告。
☆产品及服务调研报告中必须准确阐述全部论据，包括从问题的提出到引出的结论、论证的全部过程、分析研究问题的方法，还应当有可供企业决策者进行独立思考的全部调查结果和必要的市场信息，以及对这些情况和内容的分析评论。
☆市场部应将产品及服务调研报告提交给市场部经理审核，之后报总经理审批。
2. 产品及服务调研报告归档
市场部须将审批通过的产品及服务调研报告归档，作为本企业日后开展营销活动的依据。
工作重点
产品及服务调研报告的编制要规范，报告应内容全面、结构清晰且无重大纰漏。</td></tr>
<tr><td>工作标准</td></tr>
<tr><td>产品及服务调研报告可以为餐饮企业的营销活动提供决策支持。</td></tr>
<tr><td colspan="2">执行规范</td></tr>
<tr><td colspan="2">“产品及服务调研计划”“产品及服务调研报告”“调研问卷”。</td></tr>
</table>

3.3 产品购买过程设计管理流程设计与工作执行

3.3.1 产品购买过程设计管理流程设计

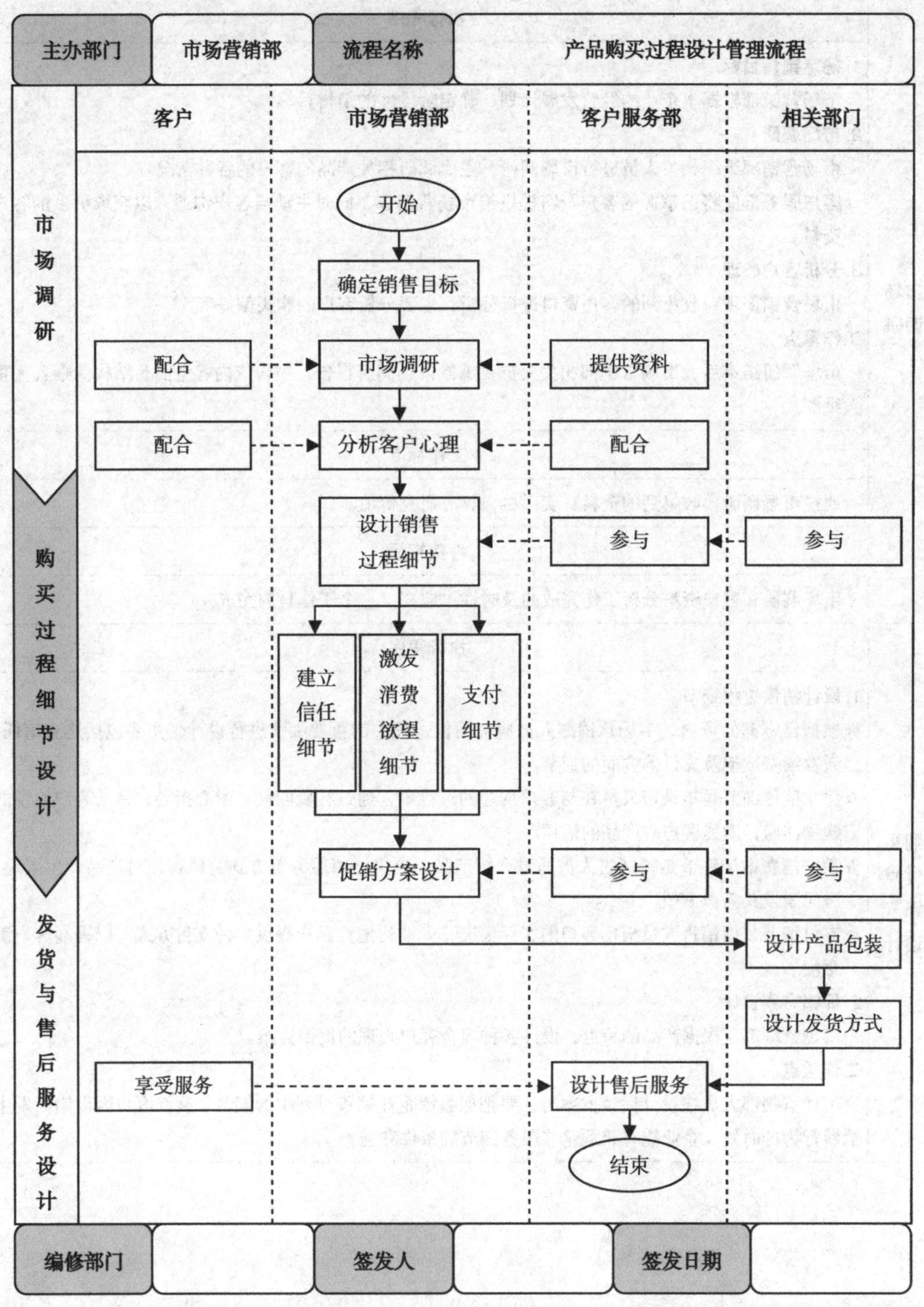

主办部门
市场营销部
流程名称
产品购买过程设计管理流程
客户
市场营销部
客户服务部
相关部门
市场调研
购买过程细节设计
发货与售后服务设计
开始
确定销售目标
配合
市场调研
提供资料
配合
分析客户心理
配合
设计销售过程细节
参与
参与
建立信任细节
激发消费欲望细节
支付细节
促销方案设计
参与
参与
设计产品包装
设计发货方式
享受服务
设计售后服务
结束
编修部门
签发人
签发日期

3.3.2 产品购买过程设计管理执行程序、工作标准、考核指标、执行规范

<table>
<tr><th>任务名称</th><th>执行程序、工作标准与考核指标</th></tr>
<tr><td rowspan="6">市场调研</td><td>执行程序</td></tr>
<tr><td>1. 确定销售目标
市场营销部根据本企业的经营发展计划，确定阶段性的销售目标。
2. 市场调研
☆市场营销部组织相关人员进行市场调研，主要调研相关产品的客户的各种情况。
☆客户服务部应将已掌握的客户资料提供给市场营销部，同时主动与客户沟通，以获取更多的客户资料。
3. 分析客户心理
市场营销部须对收集到的客户资料进行分析，主要分析客户的购买偏好等。
工作重点
市场调研结束后，市场营销部相关人员要编制市场调研报告，报告应内容全面、结构清晰且无重大纰漏。</td></tr>
<tr><td>工作标准</td></tr>
<tr><td>通过市场调研，收集到的资料真实详尽，具有研究价值。</td></tr>
<tr><td>考核指标</td></tr>
<tr><td>市场调研和客户资料分析工作完成的及时性：应在____个工作日内完成。</td></tr>
<tr><td rowspan="2">购买过程细节设计</td><td>执行程序</td></tr>
<tr><td>1. 设计销售过程细节
☆根据已掌握的资料，市场营销部人员应对销售过程中的重要细节进行设计，主要包括建立信任、激发消费欲望及支付等方面的细节。
☆建立信任细节是指销售人员在与客户沟通的过程中，通过礼貌问候、耐心指导，带给客户愉悦的购物体验，增强客户对产品的信任。
☆激发消费欲望细节是指销售人员通过介绍产品、提供增值服务等方式，使客户对产品产生兴趣，进而激发其消费欲望。
☆支付细节是指销售人员根据客户的实际情况，人性化地为客户提供多种支付方式，以提高客户满意度。
2. 促销方案设计
市场营销部应根据产品的特点，设计各种迎合客户心理的促销方案。
工作重点
市场营销部人员在设计促销方案时，要把握餐饮企业销售过程中的细节，确保客户因促销而发生消费行为的时候，企业能有兼顾这些服务细节的条件和能力。</td></tr>
</table>

（续）

<table>
<tr><th>任务名称</th><th>执行程序、工作标准与考核指标</th></tr>
<tr><td rowspan="4">购买过程细节设计</td><td>工作标准</td></tr>
<tr><td>☆质量标准：促销方案内容全面、结构清晰。
☆目标标准：通过分析资料与研究讨论，设计出有特色的销售过程细节。</td></tr>
<tr><td>考核指标</td></tr>
<tr><td>促销方案设计的及时性：应在____个工作日内完成。</td></tr>
<tr><td rowspan="4">发货与售后服务设计</td><td>执行程序</td></tr>
<tr><td>1. 设计产品包装
相关部门根据产品的特点，结合客户的相关要求，设计与众不同的产品包装。
2. 设计发货方式
相关部门要设计多种发货方式，以满足不同客户的需求。
3. 设计售后服务
客户服务部应针对不同的客户，设计相应的售后服务，主要包括投诉处理、产品安装、产品维修、产品保养和产品退换等。
工作重点
相关部门设计的产品包装要能体现本企业的企业文化。</td></tr>
<tr><td>工作标准</td></tr>
<tr><td>可参照同行业其他企业的产品包装设计资料。</td></tr>
<tr><td colspan="2">执行规范</td></tr>
<tr><td colspan="2">“市场调研报告”“促销方案”。</td></tr>
</table>

3.4 消费场景构建管理流程设计与工作执行

3.4.1 消费场景构建管理流程设计

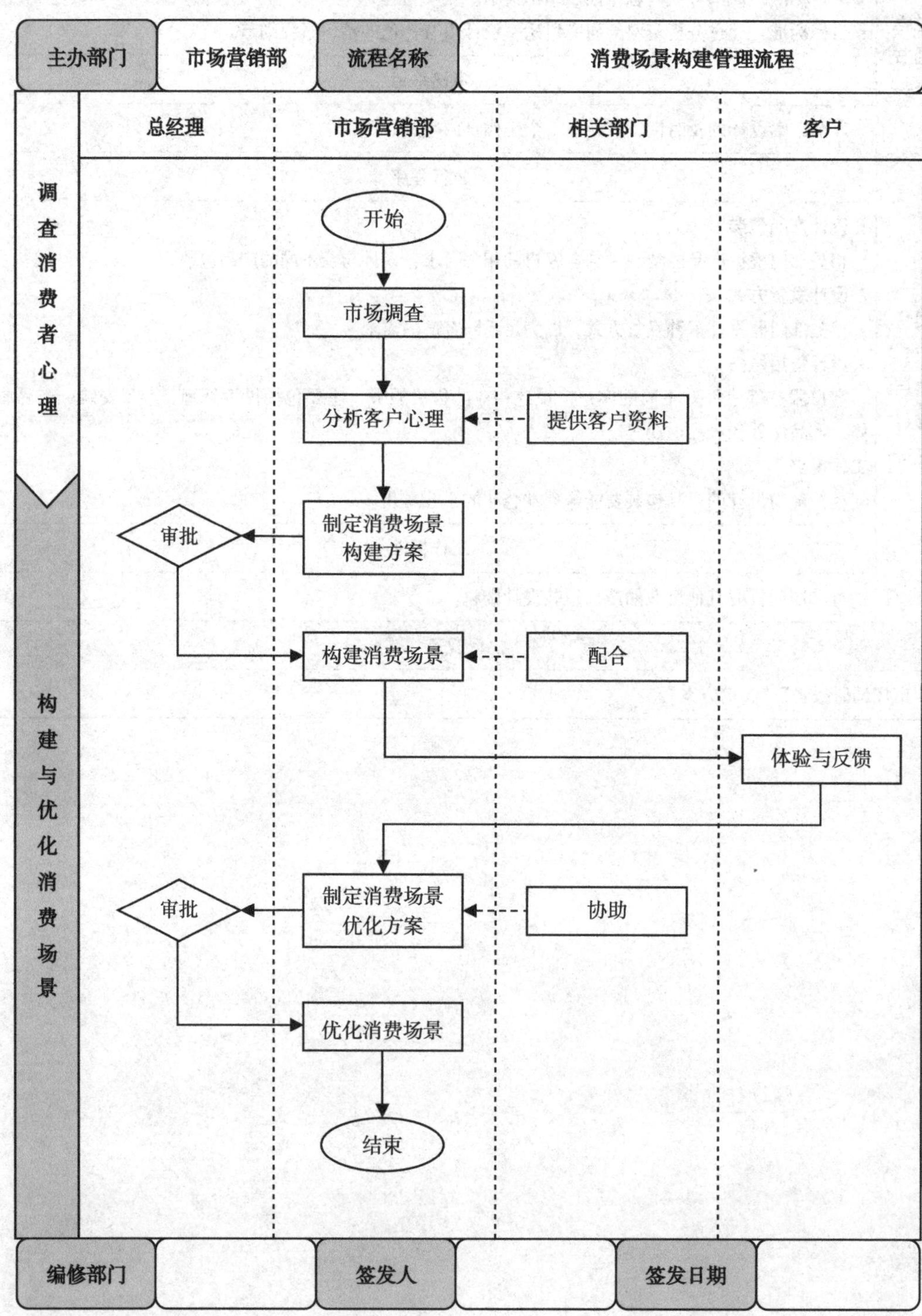
主办部门
市场营销部
流程名称
消费场景构建管理流程
总经理
市场营销部
相关部门
客户
调查消费者心理
构建与优化消费场景
开始
市场调查
分析客户心理
提供客户资料
审批
制定消费场景构建方案
构建消费场景
配合
体验与反馈
审批
制定消费场景优化方案
协助
优化消费场景
结束
编修部门
签发人
签发日期

3.4.2 消费场景构建管理执行程序、工作标准、考核指标、执行规范

<table>
<tr><th>任务名称</th><th>执行程序、工作标准与考核指标</th></tr>
<tr><td rowspan="6">调查消费者心理</td><td>执行程序</td></tr>
<tr><td>1. 市场调查
市场营销部组织相关人员进行市场调查，主要调查相关产品的客户的各种情况。
2. 分析客户心理
市场营销部应对相关部门提供的客户资料进行分析，主要分析客户的购买偏好等。
工作重点
市场营销部人员要有计划地开展市场调查工作。</td></tr>
<tr><td>工作标准</td></tr>
<tr><td>通过市场调查，获得的客户资料真实详尽，具有研究价值。</td></tr>
<tr><td>考核指标</td></tr>
<tr><td>市场调查和客户资料分析工作完成的及时性：应在____个工作日内完成。</td></tr>
<tr><td rowspan="6">构建与优化消费场景</td><td>执行程序</td></tr>
<tr><td>1. 制定消费场景构建方案
☆市场营销部根据已掌握的资料制定消费场景构建方案，并提交给总经理审批。
☆消费场景构建方案审批通过后，市场营销部组织相关人员着手构建消费场景。
2. 体验与反馈
☆消费场景构建完成后，市场营销部可选择恰当的时机限时开放试运行。
☆在试运行之前，市场营销部要做好宣传工作，以吸引更多的客户前来体验。
☆市场营销部要安排专人监控现场情况，对客户做好跟踪，但不能影响客户体验，并请客户反馈体验情况。
3. 制定消费场景优化方案
☆市场营销部根据客户的反馈信息，着手对消费场景进行优化。
☆市场营销部应制定消费场景优化方案，并提交给总经理审批。
4. 优化消费场景
消费场景优化方案审批通过后，市场营销部根据总经理的审批意见对消费场景进行优化。
工作重点
市场营销部人员应根据客户的需求，不断优化消费场景。</td></tr>
<tr><td>工作标准</td></tr>
<tr><td>通过构建与优化消费场景，客户满意度和产品销量明显提高。</td></tr>
<tr><td>考核指标</td></tr>
<tr><td>☆消费场景构建方案制定的及时性：应在____个工作日内完成。
☆消费场景试运行期间出现的问题不多于____个。
☆消费场景出现问题后解决时间不多于____小时。</td></tr>
<tr><td colspan="2">执行规范</td></tr>
<tr><td colspan="2">“消费场景构建方案”“消费场景优化方案”。</td></tr>
</table>

3.5 产品及服务定价管理流程设计与工作执行

3.5.1 产品及服务定价管理流程设计

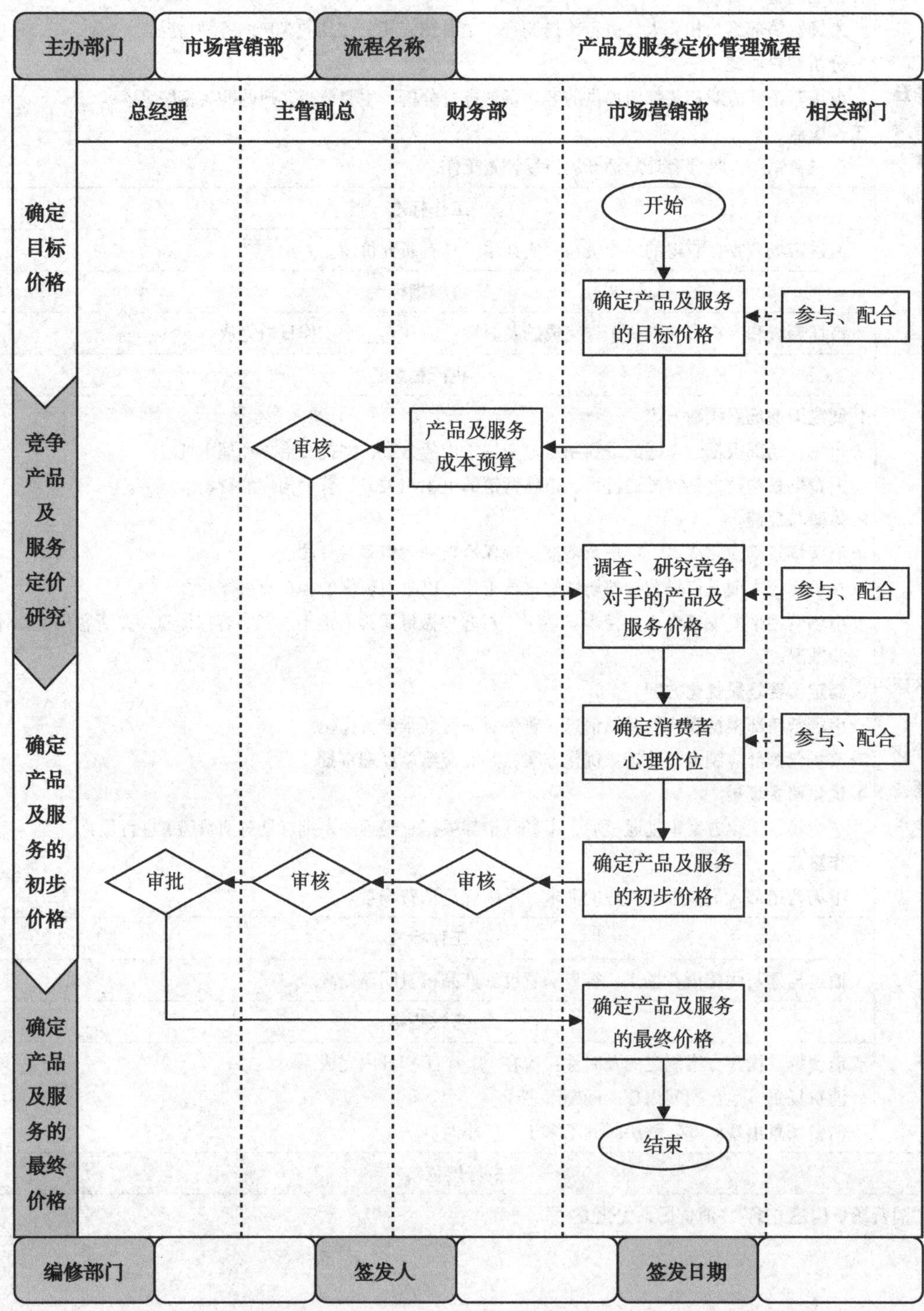

主办部门
市场营销部
流程名称
产品及服务定价管理流程
总经理
主管副总
财务部
市场营销部
相关部门
确定目标价格
竞争产品及服务定价研究
确定产品及服务的初步价格
确定产品及服务的最终价格
开始
确定产品及服务的目标价格
参与、配合
产品及服务成本预算
审核
调查、研究竞争对手的产品及服务价格
参与、配合
确定消费者心理价位
参与、配合
确定产品及服务的初步价格
审核
审核
审批
确定产品及服务的最终价格
结束
编修部门
签发人
签发日期

3.5.2 产品及服务定价管理执行程序、工作标准、考核指标、执行规范

<table>
<tr><th>任务名称</th><th>执行程序、工作标准与考核指标</th></tr>
<tr><td rowspan="1">确定目标价格</td><td>执行程序
市场营销部根据本企业的经营目标，确定产品及服务的目标价格。
工作重点
市场营销部应根据本企业自身及市场环境等情况，确定产品及服务的目标价格。
工作标准
确定产品及服务目标价格的方法有成本导向定价法、需求导向定价法和竞争导向定价法三种。</td></tr>
<tr><td>竞争产品及服务定价研究</td><td>执行程序
1. 产品及服务成本预算
财务部负责对产品及服务成本进行预算，并将预算结果整理成报告提交给主管副总审核。
2. 调查、研究竞争对手的产品及服务价格
产品及服务成本预算结果审核通过后，市场营销部人员应进一步调查、研究竞争对手的产品及服务价格。
工作重点
产品及服务成本预算要严格按照本企业内部相关流程、方法进行，尤其注意原始财务数据的准确性。
工作标准
市场营销部对竞争对手的产品及服务价格进行研究，包括对竞争对手的品牌知名度、产品性能、产品使用年限和产品附带服务等相关因素进行研究。
考核指标
产品及服务成本预算的准确性：应与实际成本相符。</td></tr>
<tr><td>确定产品及服务的初步价格</td><td>执行程序
1. 确定消费者心理价位
市场营销部应采用恰当的市场调查方法对消费者心理进行研究，确定消费者心理价位。
2. 确定产品及服务的初步价格
☆市场营销部根据已确定的消费者心理价位，确定产品及服务的初步价格。常用的定价方法包括目标利润定价法、边际成本定价法、习惯定价法、随行就市定价法、撇脂定价法、认知价值定价法和密封投标定价法等。
☆市场营销部应将产品及服务的初步价格整理成报告提交给财务部和主管副总审核，之后报总经理审批。
工作重点
市场营销部人员在定价时需要考虑产品及服务的成本、产品及服务的特性、本企业的实际情况等因素。
工作标准
产品及服务的初步价格通过总经理的审批。
考核指标
产品及服务的初步价格确定的及时性：应在____个工作日内完成。</td></tr>
</table>

（续）

任务名称	执行程序、工作标准与考核指标
确定产品及服务的最终价格	**执行程序**
	市场营销部根据总经理的审批意见，确定产品及服务的最终价格。 **工作重点** 市场营销部须在综合考虑各因素的基础上，确定产品及服务的最终价格。
	工作标准
	通过确定产品及服务价格，为后续的上市、宣传工作奠定基础。
执行规范	
“产品及服务成本测算报告”“产品及服务初步价格报告”。	

3.6 产品及服务上市管理流程设计与工作执行

3.6.1 产品及服务上市管理流程设计

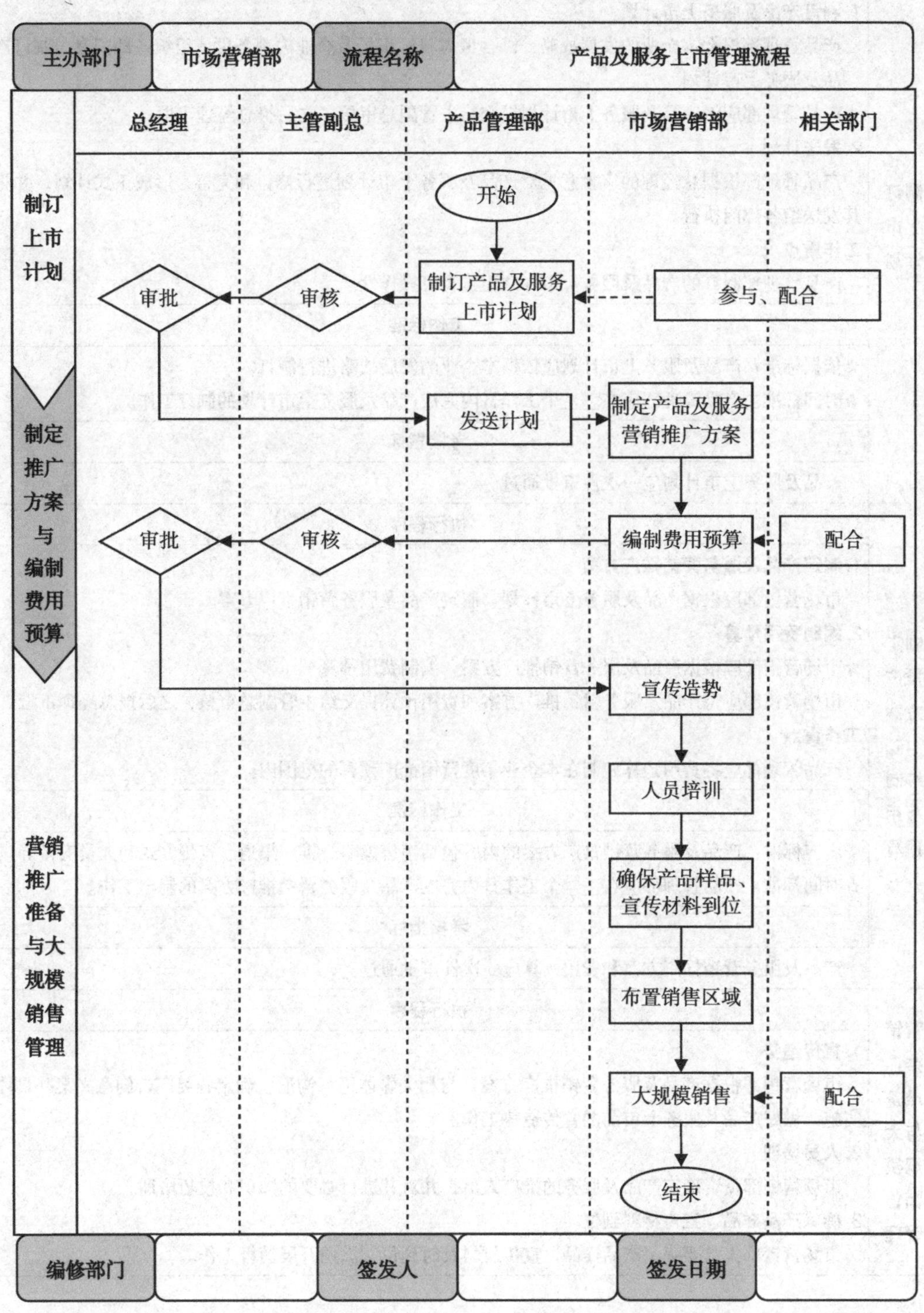

主办部门
市场营销部
流程名称
产品及服务上市管理流程
总经理
主管副总
产品管理部
市场营销部
相关部门
制订上市计划
制定推广方案与编制费用预算
营销推广准备与大规模销售管理
开始
制订产品及服务上市计划
参与、配合
审核
审批
发送计划
制定产品及服务营销推广方案
编制费用预算
配合
审核
审批
宣传造势
人员培训
确保产品样品、宣传材料到位
布置销售区域
大规模销售
配合
结束
编修部门
签发人
签发日期

3.6.2 产品及服务上市管理执行程序、工作标准、考核指标、执行规范

<table>
<tr><th>任务名称</th><th>执行程序、工作标准与考核指标</th></tr>
<tr><td rowspan="6">制订上市计划</td><td>执行程序</td></tr>
<tr><td>1. 制订产品及服务上市计划
☆产品管理部根据本企业的发展战略，综合考虑目标市场及企业内部条件，组织各部门参与制订产品及服务上市计划。
☆产品管理部应将产品及服务上市计划提交给主管副总审核，之后报总经理审批。
2. 发送计划
产品管理部根据总经理的审批意见对产品及服务上市计划进行修订和完善，形成正式计划，并将其发送给各部门执行。
工作重点
产品管理部制订的产品及服务上市计划要具有可操作性。</td></tr>
<tr><td>工作标准</td></tr>
<tr><td>☆依据标准：产品及服务上市计划应依据本企业的发展战略进行制订。
☆时间标准：产品管理部应在____个工作日内完成产品及服务上市计划的制订工作。</td></tr>
<tr><td>考核指标</td></tr>
<tr><td>产品及服务上市计划应一次性审批通过。</td></tr>
<tr><td rowspan="6">制定推广方案与编制费用预算</td><td>执行程序</td></tr>
<tr><td>1. 制定产品及服务营销推广方案
市场营销部应根据产品及服务上市计划，制定产品及服务营销推广方案。
2. 编制费用预算
☆市场营销部应根据产品及服务营销推广方案，编制费用预算。
☆市场营销部应将产品及服务营销推广方案和费用预算提交给主管副总审核，之后报总经理审批。
工作重点
产品管理部应将费用预算控制在本企业年度营销推广预算的范围内。</td></tr>
<tr><td>工作标准</td></tr>
<tr><td>☆内容标准：产品及服务营销推广方案的内容包括销售策略、推广渠道、宣传方式和人员安排等。
☆时间标准：产品管理部应在____个工作日内完成产品及服务营销推广方案的制定工作。</td></tr>
<tr><td>考核指标</td></tr>
<tr><td>产品及服务营销推广方案和费用预算应一次性审批通过。</td></tr>
<tr><td rowspan="2">营销推广准备与大规模销售管理</td><td>执行程序</td></tr>
<tr><td>1. 宣传造势
市场营销部根据产品及服务营销推广方案，与相关媒体进行沟通，确定各类广告创意文案并具体实施，做好产品及服务上市前的宣传造势工作。
2. 人员培训
市场营销部负责确定产品及服务的推广人员，并对其进行必要的知识和技巧培训。
3. 确保产品样品、宣传材料到位
市场营销部人员要确保产品样品、宣传材料及时到位，以便开展销售工作。</td></tr>
</table>

（续）

<table>
<tr><th>任务名称</th><th>执行程序、工作标准与考核指标</th></tr>
<tr><td rowspan="3">营销推广准备与大规模销售管理</td><td>4. 布置销售区域
产品及服务推广人员根据产品及服务的特点，采用合理的方式对销售区域进行布置，以能够引起消费者的注意。
5. 大规模销售
市场营销部在其他相关部门的配合下，开始大规模销售产品及服务。
工作重点
产品及服务上市前各项准备工作要稳步开展，确保本企业的产品及服务按计划上市。</td></tr>
<tr><td>工作标准</td></tr>
<tr><td>产品及服务上市前的各项准备工作及时高效完成。</td></tr>
<tr><td colspan="2">执行规范</td></tr>
<tr><td colspan="2">“产品及服务上市计划”“产品及服务营销推广方案”“产品及服务营销推广费用预算”。</td></tr>
</table>

第4章 餐饮品牌宣传推广管理

4.1 餐饮品牌宣传推广管理流程

4.1.1 流程设计的目的

餐饮企业设计餐饮品牌宣传推广管理流程的目的如下：

（1）指导餐饮企业品牌管理工作，树立和维护餐饮企业的品牌形象，增加餐饮企业的无形资产；

（2）合理使用餐饮企业的各种资源，塑造良好的品牌形象，提高客户忠诚度，促进产品销售；

（3）规范餐饮品牌宣传推广管理事项的工作程序，逐步实现餐饮品牌宣传推广管理的规范化、标准化和程序化。

4.1.2 流程结构设计

餐饮品牌宣传推广管理包括五大事项，我们可以就每个事项设计相应的流程，即餐饮品牌策划管理流程、店面设计管理流程、餐饮品牌宣传管理流程、餐饮新媒体推广管理流程和餐饮广告管理流程，具体如图 4-1 所示。

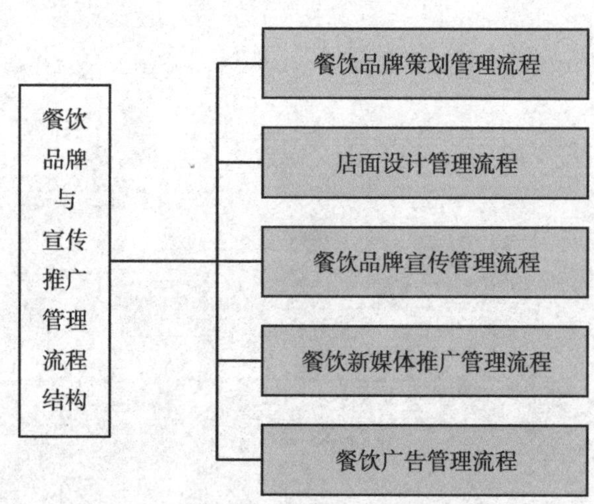
餐饮品牌与宣传推广管理流程结构
餐饮品牌策划管理流程
店面设计管理流程
餐饮品牌宣传管理流程
餐饮新媒体推广管理流程
餐饮广告管理流程

图 4-1 餐饮品牌宣传推广管理流程结构

4.2 餐饮品牌策划管理流程设计与工作执行

4.2.1 餐饮品牌策划管理流程设计

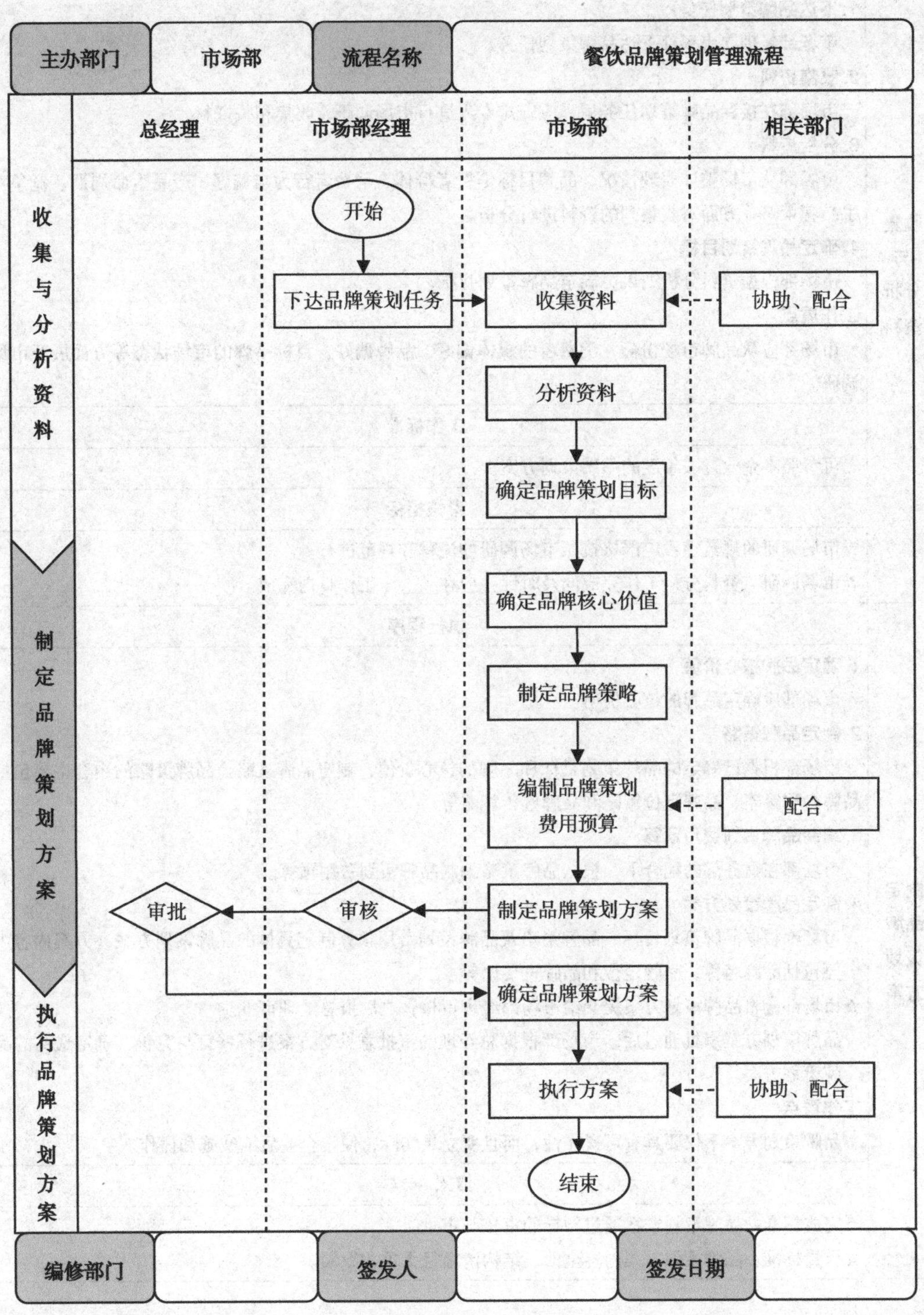

主办部门
市场部
流程名称
餐饮品牌策划管理流程
总经理
市场部经理
市场部
相关部门
收集与分析资料
制定品牌策划方案
执行品牌策划方案
开始
下达品牌策划任务
收集资料
协助、配合
分析资料
确定品牌策划目标
确定品牌核心价值
制定品牌策略
编制品牌策划费用预算
配合
审批
审核
制定品牌策划方案
确定品牌策划方案
执行方案
协助、配合
结束
编修部门
签发人
签发日期

4.2.2　餐饮品牌策划管理执行程序、工作标准、考核指标、执行规范

<table>
<tr><th>任务名称</th><th>执行程序、工作标准与考核指标</th></tr>
<tr><td rowspan="6">收集与分析资料</td><td>执行程序</td></tr>
<tr><td>1. 下达品牌策划任务
市场部经理向市场部下达品牌策划任务。
2. 收集资料
市场部在接到品牌策划任务后，应安排专人进行市场调研，收集相关资料。
3. 分析资料
市场部从市场整体表现情况、品牌目标消费者群体、消费者行为与偏好、产品生命周期、竞争对手品牌策略等方面对收集到的资料进行分析。
4. 确定品牌策划目标
市场部根据资料分析结果，确定品牌策划目标。
工作重点
市场部应从品牌市场份额，消费者的媒体偏好、品牌偏好，目标品牌的市场状态等方面展开市场调研。</td></tr>
<tr><td>工作标准</td></tr>
<tr><td>可参照本企业过去年度的品牌策划方案。</td></tr>
<tr><td>考核指标</td></tr>
<tr><td>☆市场调研的规范性：应严格按照市场调研的流程和规范进行。
☆市场调研与资料分析工作完成的及时性：应在____个工作日内完成。</td></tr>
<tr><td rowspan="4">制定品牌策划方案</td><td>执行程序</td></tr>
<tr><td>1. 确定品牌核心价值
市场部应确定品牌的核心价值。
2. 制定品牌策略
市场部根据已确定的品牌策划目标和品牌的核心价值，制定品牌策略。品牌策略的内容主要包括品牌名称策略、品牌定位策略和品牌宣传策略等。
3. 编制品牌策划费用预算
市场部在财务部的配合下，根据品牌策略编制品牌策划费用预算。
4. 制定品牌策划方案
☆市场部根据品牌策划目标、品牌策略及品牌策划费用预算制定具体的品牌策划方案，方案内容主要包括品牌名称、品牌定位和品牌宣传语等。
☆市场部应将品牌策划方案提交给市场部经理审核，之后报总经理审批。
☆品牌策划方案审批通过后，市场部根据总经理的审批意见对方案进行修订与完善，确定最终的品牌策划方案。
工作重点
品牌策划方案不仅要具有可操作性，而且要立足实际，便于企业后期实施和操作。</td></tr>
<tr><td>工作标准</td></tr>
<tr><td>☆完成标准：品牌策划方案通过领导的审核与审批。
☆质量标准：品牌策划方案内容全面、结构清晰且无重大纰漏。</td></tr>
</table>

（续）

任务名称	执行程序、工作标准与考核指标
制定品牌策划方案	**考核指标** ☆品牌策划费用预算编制的规范性：应严格按照编制流程及操作规范进行。 ☆品牌策划方案制定的及时性：应在____个工作日内完成。
执行品牌策划方案	**执行程序** 市场部组织相关人员执行品牌策划方案。 **工作重点** 品牌策划方案的执行工作是一个综合性很强的工作，执行人员要具有很强的协调能力，市场部在安排该工作时要量才而用。 **工作标准** ☆目标标准：通过执行品牌策划方案，品牌宣传达到预期效果。 ☆质量标准：品牌策划方案要随着企业的发展、消费者偏好的改变、社会环境的变化等做出相应的调整，不能一成不变。 **考核指标** 品牌策划方案执行到位。
执行规范	
"品牌策划费用预算""品牌策划方案""品牌策略"。	

4.3 店面设计管理流程设计与工作执行

4.3.1 店面设计管理流程设计

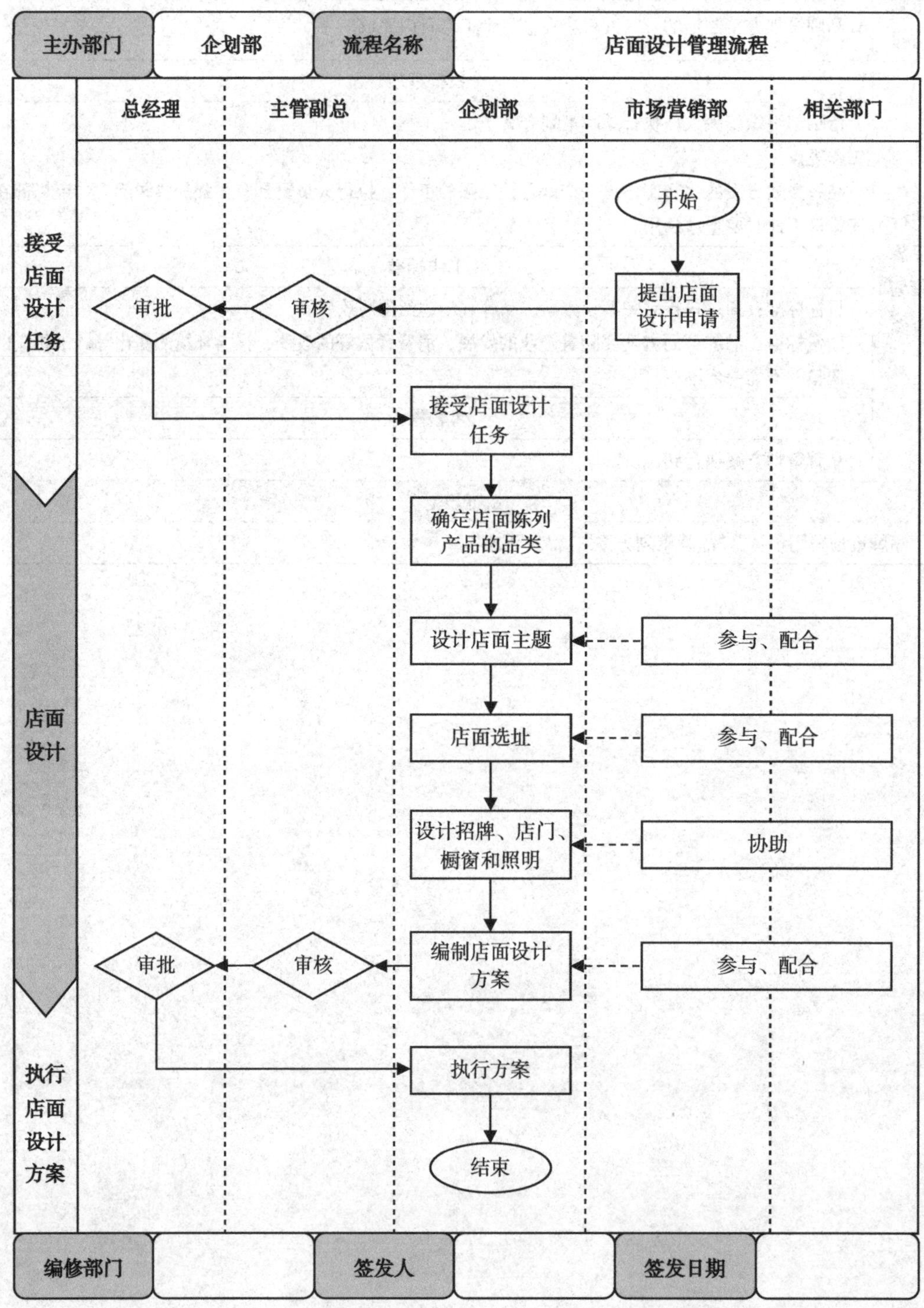

主办部门
企划部
流程名称
店面设计管理流程
总经理
主管副总
企划部
市场营销部
相关部门
接受店面设计任务
店面设计
执行店面设计方案
开始
提出店面设计申请
审核
审批
接受店面设计任务
确定店面陈列产品的品类
设计店面主题
参与、配合
店面选址
参与、配合
设计招牌、店门、橱窗和照明
协助
编制店面设计方案
参与、配合
审核
审批
执行方案
结束
编修部门
签发人
签发日期

4.3.2 店面设计管理执行程序、工作标准、考核指标、执行规范

<table>
<tr><th>任务名称</th><th>执行程序、工作标准与考核指标</th></tr>
<tr><td rowspan="6">接受店面设计任务</td><td>执行程序</td></tr>
<tr><td>1. 提出店面设计申请
☆市场营销部根据产品的实际销售情况，提出店面设计申请。
☆店面设计申请须经主管副总审核、总经理审批。
2. 接受店面设计任务
店面设计申请审批通过后，企划部接受店面设计任务，明确店面的设计要求。
工作重点
店面设计申请的提出要及时。</td></tr>
<tr><td>工作标准</td></tr>
<tr><td>店面设计申请通过领导的审核与审批。</td></tr>
<tr><td>考核指标</td></tr>
<tr><td>店面设计申请应一次性审批通过。</td></tr>
<tr><td rowspan="4">店面设计</td><td>执行程序</td></tr>
<tr><td>1. 确定店面陈列产品的品类
企划部根据本企业的产品销售情况，确定店面陈列产品的品类。
2. 设计店面主题
企划部应设计店面主题。
3. 店面选址
企划部按照餐饮企业的店面管理制度为店面选址。
4. 设计招牌、店门、橱窗和照明
☆企划部在其他相关部门的协助下，设计店面的招牌、店门、橱窗和照明。
☆招牌、店门、橱窗和照明的设计风格要符合店面主题。
5. 编制店面设计方案
企划部在之前相关设计内容的基础上，编制店面设计方案，并提交给主管副总审核，之后报总经理审批。
工作重点
餐饮企业最好请专业人士来帮助企划部人员为店面选址。</td></tr>
<tr><td>工作标准</td></tr>
<tr><td>☆依据标准：店面的设计、选址等符合本企业店面管理制度的规定。
☆质量标准：店面设计过程客观真实、成本经济，设计效果能激发消费者的购买欲望。</td></tr>
</table>

（续）

任务名称	执行程序、工作标准与考核指标
执行店面设计方案	**执行程序**
	店面设计方案审批通过后，企划部组织执行方案。 **工作重点** 企划部要实时跟进店面设计的进度。
	工作标准
	企划部应在____个工作日内完成店面设计。
	考核指标
	店面设计方案执行到位。
执行规范	
"店面设计方案""店面管理制度"。	

4.4 餐饮品牌宣传管理流程设计与工作执行

4.4.1 餐饮品牌宣传管理流程设计

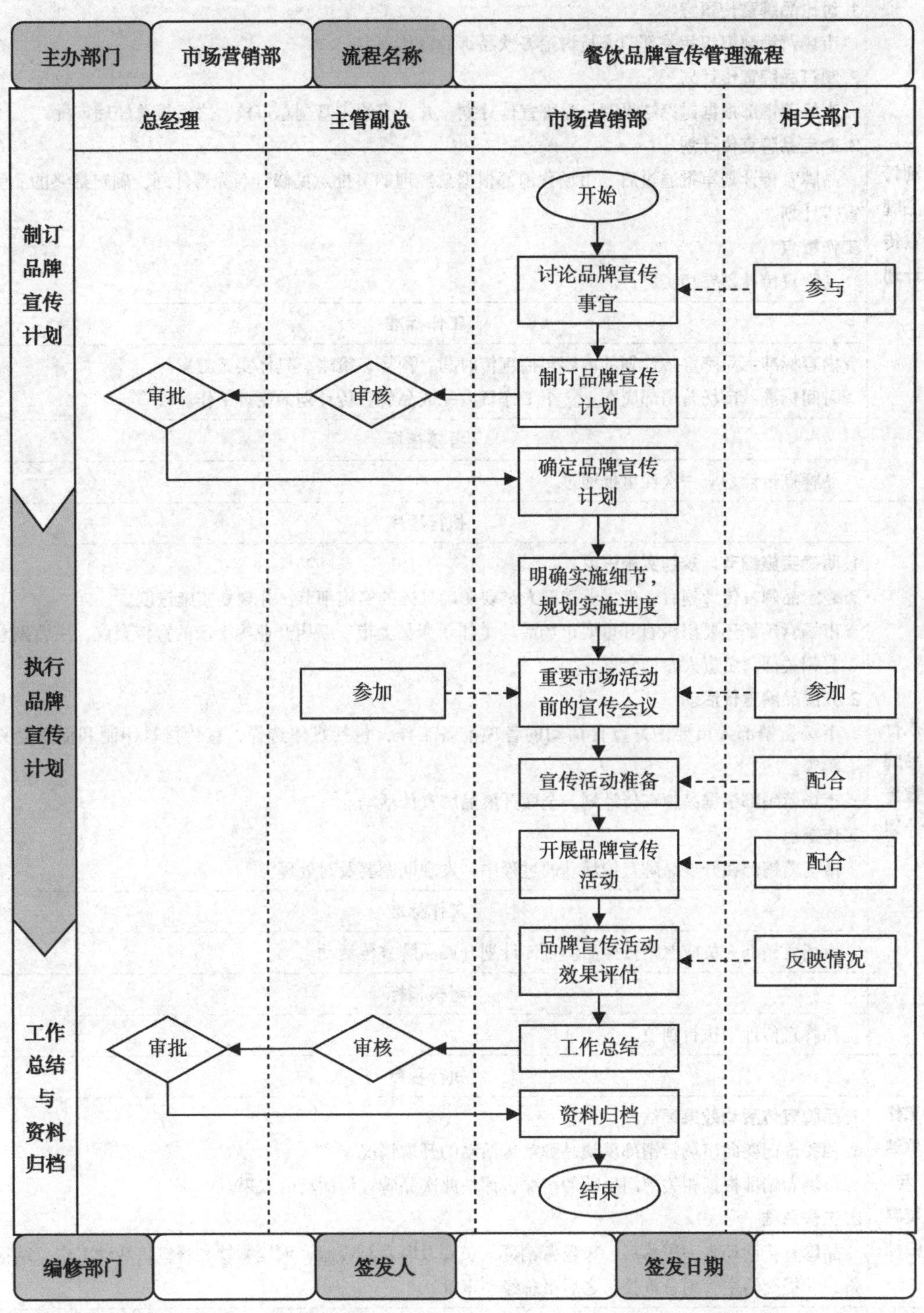

主办部门
市场营销部
流程名称
餐饮品牌宣传管理流程
总经理
主管副总
市场营销部
相关部门
制订品牌宣传计划
执行品牌宣传计划
工作总结与资料归档
开始
讨论品牌宣传事宜
参与
制订品牌宣传计划
审批
审核
确定品牌宣传计划
明确实施细节，规划实施进度
参加
重要市场活动前的宣传会议
参加
宣传活动准备
配合
开展品牌宣传活动
配合
品牌宣传活动效果评估
反映情况
审批
审核
工作总结
资料归档
结束
编修部门
签发人
签发日期

4.4.2 餐饮品牌宣传管理执行程序、工作标准、考核指标、执行规范

任务名称	执行程序、工作标准与考核指标
制订品牌宣传计划	**执行程序** **1. 讨论品牌宣传事宜** 市场营销部组织相关部门人员讨论餐饮品牌的宣传事宜。 **2. 制订品牌宣传计划** 市场营销部根据讨论结果制订品牌宣传计划，并提交给主管副总审核，之后报总经理审批。 **3. 确定品牌宣传计划** 品牌宣传计划审批通过后，市场营销部根据总经理的审批意见修订与完善计划，确定最终的品牌宣传计划。 **工作重点** 品牌宣传计划要切实可行。
	工作标准
	☆内容标准：品牌宣传计划的内容包括宣传时间、预算、策略、具体实施方案等。 ☆时间标准：市场营销部应在____个工作日内完成品牌宣传计划的制订工作。
	考核指标
	品牌宣传计划应一次性审批通过。
执行品牌宣传计划	**执行程序** **1. 明确实施细节，规划实施进度** ☆确定品牌宣传计划后，市场营销部人员要明确具体的实施细节，并规划实施进度。 ☆市场营销部还要组织召开重要市场活动（如新产品上市、新店开业等）前的宣传会议，主管副总与相关部门负责人参加会议。 **2. 开展品牌宣传活动** ☆市场营销部人员要做好宣传活动的各项准备工作，包括媒体选择、宣传材料印制和促销品订购等。 ☆市场营销部根据品牌宣传计划，全面开展品牌宣传活动。 **工作重点** 市场营销部在开展品牌宣传活动的过程中，发现问题要及时处理。
	工作标准
	市场营销部人员应严格按照品牌宣传计划开展品牌宣传活动。
	考核指标
	品牌宣传计划执行到位。
工作总结与资料归档	**执行程序** **1. 品牌宣传活动效果评估** ☆相关部门要向市场营销部反映品牌宣传活动的开展情况。 ☆市场营销部根据相关部门反映的情况，评估此次品牌宣传活动的效果。 **2. 工作总结** 品牌宣传活动告一段落后，市场营销部人员要及时总结经验，编制餐饮品牌宣传活动工作总结报告，并提交给主管副总审核，之后报总经理审批。

（续）

<table>
<tr><th>任务名称</th><th>执行程序、工作标准与考核指标</th></tr>
<tr><td rowspan="5">工作总结与资料归档</td><td>3. 资料归档
餐饮品牌宣传活动工作总结报告审批通过后，市场营销部应及时将餐饮品牌宣传管理过程中产生的相关资料归档。
工作重点
市场营销部人员要及时编制餐饮品牌宣传活动工作总结报告。</td></tr>
<tr><td>工作标准</td></tr>
<tr><td>☆质量标准：餐饮品牌宣传活动工作总结报告客观、真实。
☆时间标准：市场营销部应在____个工作日内完成餐饮品牌宣传活动工作总结报告的编制工作。</td></tr>
<tr><td>考核指标</td></tr>
<tr><td>餐饮品牌宣传活动工作总结报告应一次性审批通过。</td></tr>
<tr><td colspan="2">执行规范</td></tr>
<tr><td colspan="2">“品牌宣传计划”“餐饮品牌宣传活动工作总结报告”。</td></tr>
</table>

4.5 餐饮新媒体推广管理流程设计与工作执行

4.5.1 餐饮新媒体推广管理流程设计

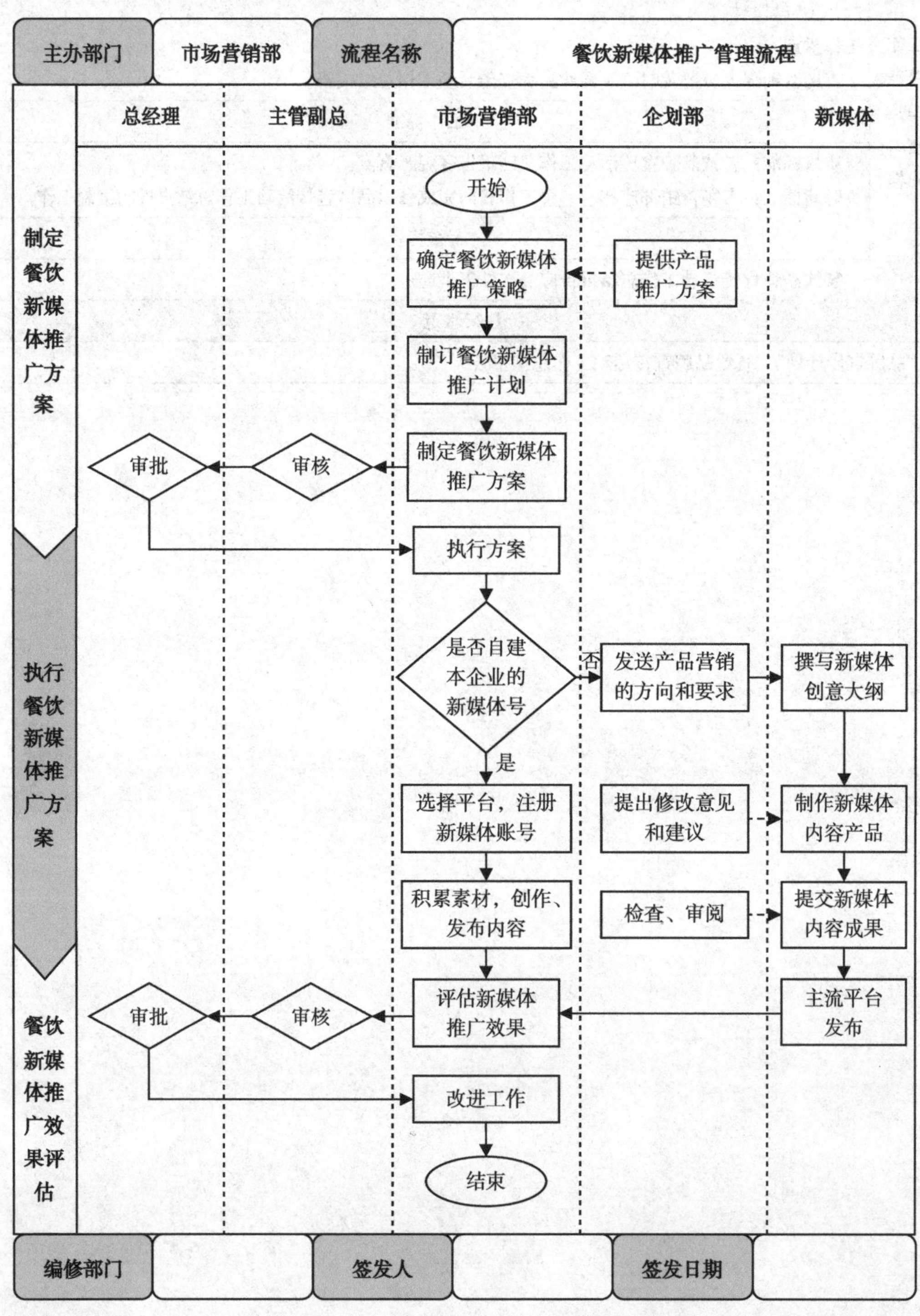
主办部门
市场营销部
流程名称
餐饮新媒体推广管理流程
总经理
主管副总
市场营销部
企划部
新媒体
制定餐饮新媒体推广方案
执行餐饮新媒体推广方案
餐饮新媒体推广效果评估
开始
确定餐饮新媒体推广策略
提供产品推广方案
制订餐饮新媒体推广计划
制定餐饮新媒体推广方案
审核
审批
执行方案
是否自建本企业的新媒体号
否
是
发送产品营销的方向和要求
撰写新媒体创意大纲
选择平台，注册新媒体账号
提出修改意见和建议
制作新媒体内容产品
积累素材，创作、发布内容
检查、审阅
提交新媒体内容成果
评估新媒体推广效果
主流平台发布
审核
审批
改进工作
结束
编修部门
签发人
签发日期

4.5.2 餐饮新媒体推广管理执行程序、工作标准、考核指标、执行规范

<table>
<tr><th>任务名称</th><th>执行程序、工作标准与考核指标</th></tr>
<tr><td rowspan="6">制定餐饮新媒体推广方案</td><td>执行程序</td></tr>
<tr><td>1. 确定餐饮新媒体推广策略
☆企划部应向市场营销部提供产品推广方案。
☆市场营销部根据产品推广方案，结合本企业产品的具体情况确定餐饮新媒体推广策略。
2. 制订餐饮新媒体推广计划
市场营销部根据餐饮新媒体推广策略，制订餐饮新媒体推广计划。
3. 制定餐饮新媒体推广方案
市场营销部根据餐饮新媒体推广计划制定餐饮新媒体推广方案，并提交给主管副总审核，之后报总经理审批。
工作重点
餐饮新媒体推广方案要具有较强的可操作性。</td></tr>
<tr><td>工作标准</td></tr>
<tr><td>☆质量标准：餐饮新媒体推广方案可行性高、成本可控。
☆时间标准：市场营销部应在____个工作日内完成餐饮新媒体推广方案的制定工作。</td></tr>
<tr><td>考核指标</td></tr>
<tr><td>餐饮新媒体推广方案应一次性审批通过。</td></tr>
<tr><td rowspan="2">执行餐饮新媒体推广方案</td><td>执行程序</td></tr>
<tr><td>1. 是否自建本企业的新媒体号
☆餐饮新媒体推广方案审批通过后，市场营销部根据总经理的审批意见组织执行方案。
☆市场营销部根据餐饮新媒体推广方案的要求，综合分析产品的投入与产出情况，判定是否需要自建本企业的新媒体号。
2. 选择平台，注册新媒体账号
需要自建本企业的新媒体号，市场营销部要选择合适的平台，注册本企业的新媒体账号。
3. 积累素材，创作、发布内容
☆市场营销部要安排专人积累新媒体素材，围绕产品推广创作、拍摄、剪辑图文或短视频等新媒体内容。
☆市场营销部人员应定期在本企业的新媒体账号上发布与本企业产品有关的内容。
4. 撰写新媒体创意大纲
☆不需要自建本企业的新媒体号，企划部要与合作的新媒体进行沟通，向其发送本企业产品营销的方向和要求。
☆新媒体根据企划部的要求，撰写新媒体创意大纲。
5. 制作新媒体内容产品
☆新媒体将新媒体创意大纲制作成具体的内容产品（如短视频）。
☆企划部就新媒体制作的内容产品提出修改意见和建议。
6. 提交新媒体内容成果
☆新媒体向企划部提交已修改完成的新媒体内容成果。
☆企划部须对新媒体内容成果进行检查、审阅。</td></tr>
</table>

（续）

<table>
<tr><th>任务名称</th><th>执行程序、工作标准与考核指标</th></tr>
<tr><td rowspan="3">执行餐饮新媒体推广方案</td><td>7. 主流平台发布
新媒体在主流平台上发布新媒体内容成果。
工作重点
新媒体创意大纲必须紧紧围绕餐饮企业产品的特性和卖点进行撰写。</td></tr>
<tr><td>工作标准</td></tr>
<tr><td>☆质量标准：新媒体推广内容长短适宜、节奏匹配、文案生动、亮点突出、重点鲜明。
☆考核标准：新媒体推广内容平台播放总量不少于____次。</td></tr>
<tr><td rowspan="6">餐饮新媒体推广效果评估</td><td>执行程序</td></tr>
<tr><td>1. 评估新媒体推广效果
市场营销部须对餐饮新媒体推广效果进行评估，编制餐饮新媒体推广效果评估报告，并提交给主管副总审核，之后报总经理审批。
2. 改进工作
餐饮新媒体推广效果评估报告审批通过后，市场营销部应根据总经理的审批意见不断改进自身工作。
工作重点
餐饮新媒体推广效果评估报告的编制要规范。</td></tr>
<tr><td>工作标准</td></tr>
<tr><td>☆质量标准：餐饮新媒体推广效果评估报告内容客观、真实。
☆时间标准：市场营销部应在____个工作日内完成餐饮新媒体推广效果评估报告的编制工作。</td></tr>
<tr><td>考核指标</td></tr>
<tr><td>餐饮新媒体推广效果评估报告应一次性审批通过。</td></tr>
<tr><td colspan="2">执行规范</td></tr>
<tr><td colspan="2">“餐饮新媒体推广计划”“餐饮新媒体推广方案”“餐饮新媒体推广效果评估报告”。</td></tr>
</table>

4.6 餐饮广告管理流程设计与工作执行

4.6.1 餐饮广告管理流程设计

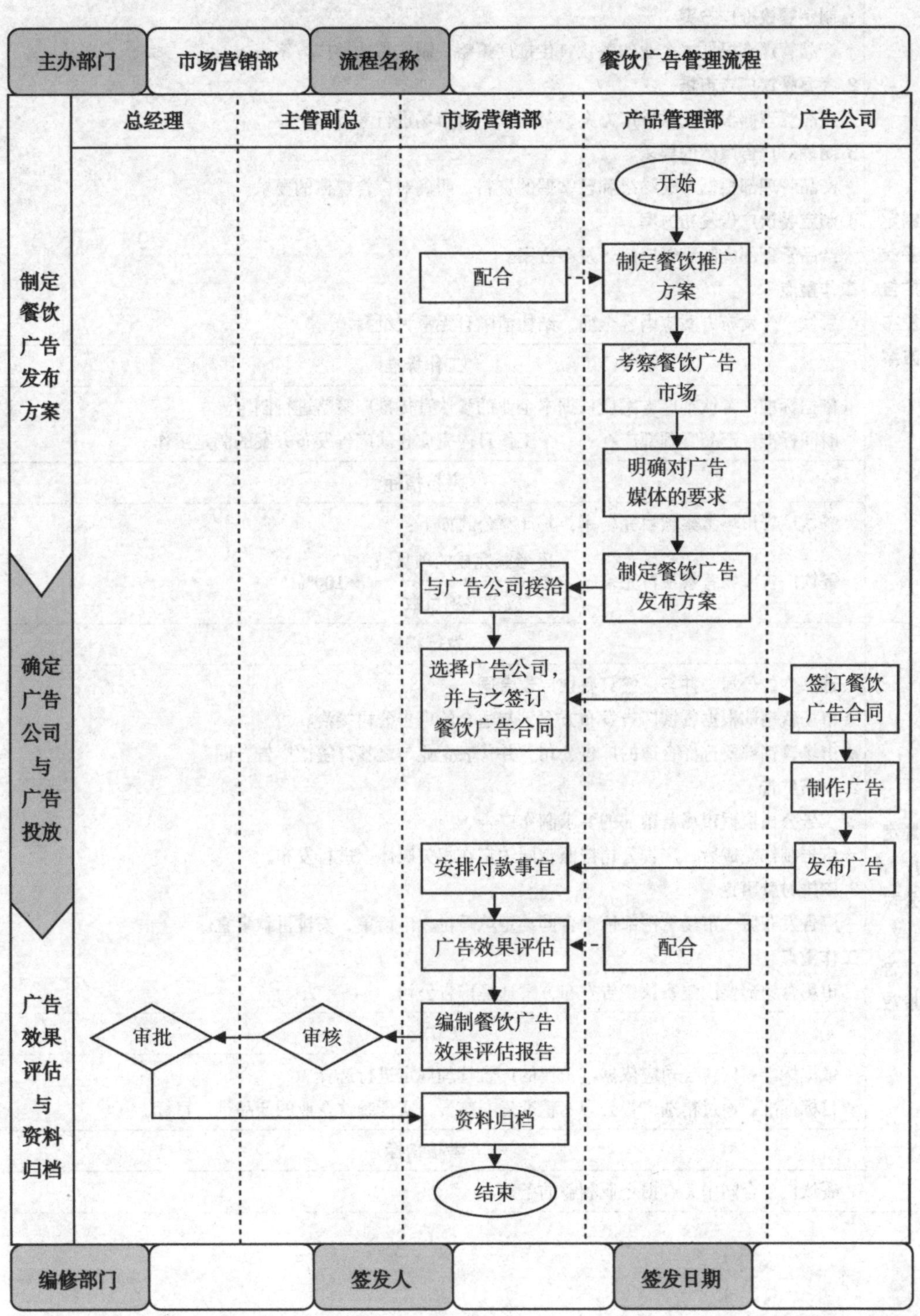

主办部门
市场营销部
流程名称
餐饮广告管理流程
总经理
主管副总
市场营销部
产品管理部
广告公司
制定餐饮广告发布方案
确定广告公司与广告投放
广告效果评估与资料归档
开始
配合
制定餐饮推广方案
考察餐饮广告市场
明确对广告媒体的要求
制定餐饮广告发布方案
与广告公司接洽
选择广告公司，并与之签订餐饮广告合同
签订餐饮广告合同
制作广告
发布广告
安排付款事宜
广告效果评估
配合
编制餐饮广告效果评估报告
审核
审批
资料归档
结束
编修部门
签发人
签发日期

4.6.2 餐饮广告管理流程执行程序、工作标准、考核指标、执行规范

任务名称	执行程序、工作标准与考核指标
制定餐饮广告发布方案	**执行程序**
	1. 制定餐饮推广方案 产品管理部根据本企业的餐饮宣传推广策略，制定餐饮推广方案。 **2. 考察餐饮广告市场** 产品管理部根据餐饮推广方案，对餐饮广告市场进行考察。 **3. 明确对广告媒体的要求** 产品管理部根据考察结果和已掌握的资料，明确对广告媒体的要求。 **4. 制定餐饮广告发布方案** 产品管理部应制定餐饮广告发布方案。 **工作重点** 餐饮广告发布方案应内容全面、结构清晰且无重大纰漏。
	工作标准
	☆依据标准：餐饮推广方案应依据本企业的餐饮宣传推广策略进行制定。 ☆时间标准：产品管理部应在____个工作日内完成餐饮广告发布方案的制定工作。
	考核指标
	餐饮广告市场考察项目完备率，其计算公式如下： $\text{餐饮广告市场考察项目完备率}=\frac{\text{已考察完成的项目数}}{\text{应考察项目数}}\times 100\%$
确定广告公司与广告投放	**执行程序**
	1. 选择广告公司，并与之签订餐饮广告合同 ☆市场营销部根据餐饮广告发布方案，与适合的广告公司接洽。 ☆市场营销部要选择合适的广告公司，并代表企业与之签订餐饮广告合同。 **2. 发布广告** ☆广告公司根据市场营销部的要求制作广告。 ☆广告制作完成后，广告公司按照合同约定在相关媒体上进行发布。 **3. 安排付款事宜** 广告发布后，市场营销部依据合同约定填写付款申请单，安排付款事宜。 **工作重点** 市场营销部要围绕餐饮广告发布方案选择广告公司。
	工作标准
	☆依据标准：广告公司应依据本企业的广告管理规定进行选择。 ☆目标标准：通过精选广告公司、精准发布广告，实现餐饮企业的产品推广目标。
	考核指标
	餐饮广告合同中无有损企业利益的条款。

（续）

<table>
<tr><th>任务名称</th><th>执行程序、工作标准与考核指标</th></tr>
<tr><td rowspan="6">广告效果评估与资料归档</td><td>执行程序</td></tr>
<tr><td>1. 广告效果评估
广告发布后，市场营销部要实时掌握客户与竞争对手的反应，以及产品的销售情况，并评估广告效果。
2. 编制餐饮广告效果评估报告
市场营销部应根据评估结果编制餐饮广告效果评估报告，并提交给主管副总审核，之后报总经理审批。
3. 资料归档
餐饮广告效果评估报告审批通过后，市场营销部应及时将餐饮广告管理过程中产生的相关资料归档。
工作重点
市场营销部在评估广告效果时要客观。</td></tr>
<tr><td>工作标准</td></tr>
<tr><td>☆质量标准：广告效果评估全面、客观。
☆时间标准：市场营销部应在____个工作日内完成餐饮广告效果评估报告的编制工作。</td></tr>
<tr><td>考核指标</td></tr>
<tr><td>餐饮广告效果评估报告应一次性审批通过。</td></tr>
<tr><td colspan="2">执行规范</td></tr>
<tr><td colspan="2">“餐饮推广方案”“餐饮广告发布方案”“餐饮广告合同”“付款申请单”“餐饮广告效果评估报告”“广告管理规定”。</td></tr>
</table>

第5章 餐饮促销与外卖订单管理

5.1 餐饮促销与外卖订单管理流程

5.1.1 流程设计的目的

餐饮企业设计餐饮促销与外卖订单管理流程的目的如下：

（1）围绕餐饮企业市场营销战略，进一步推动新产品迅速占领市场；

（2）加强对餐饮促销与外卖订单的管理，有效提升企业的餐饮管理水平；

（3）规范餐饮促销与外卖订单管理流程，安排好餐饮促销与外卖订单管理所需的人、财、物等各项资源。

5.1.2 流程结构设计

餐饮促销与外卖订单管理包括五大事项，我们可以就每个事项设计相应的流程，即餐饮促销管理流程、餐饮团购促销管理流程、餐饮节假日促销管理流程、餐饮新媒体促销管理流程和餐饮外卖订单管理流程，具体如图 5-1 所示。

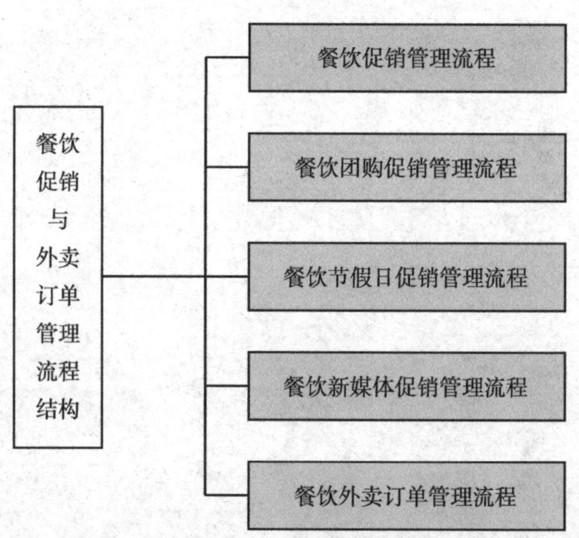
餐饮促销与外卖订单管理流程结构
餐饮促销管理流程
餐饮团购促销管理流程
餐饮节假日促销管理流程
餐饮新媒体促销管理流程
餐饮外卖订单管理流程

图 5-1 餐饮促销与外卖订单管理流程结构

5.2 餐饮促销管理流程设计与工作执行

5.2.1 餐饮促销管理流程设计

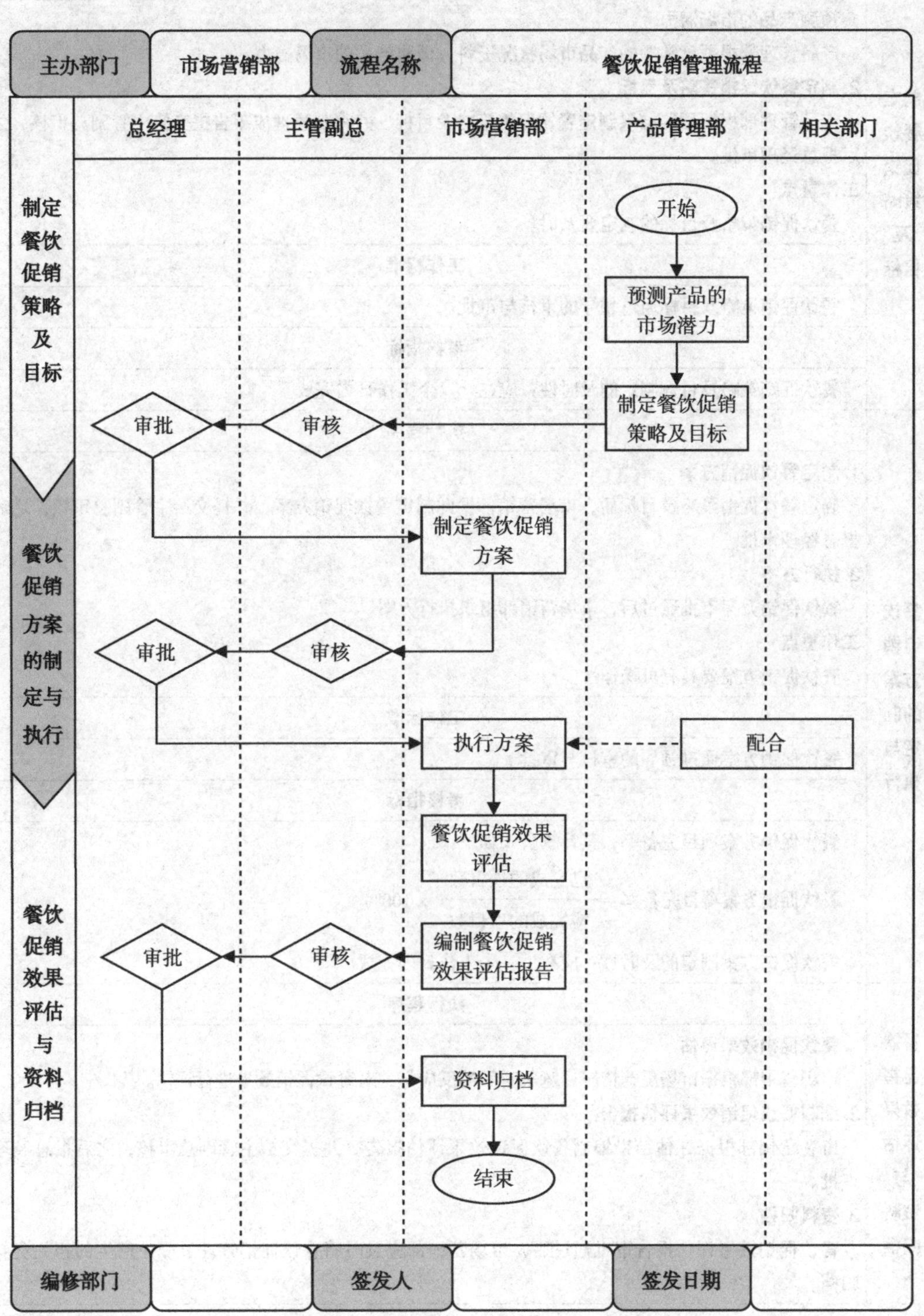
主办部门
市场营销部
流程名称
餐饮促销管理流程
总经理
主管副总
市场营销部
产品管理部
相关部门
制定餐饮促销策略及目标
开始
预测产品的市场潜力
制定餐饮促销策略及目标
审批
审核
制定餐饮促销方案
餐饮促销方案的制定与执行
审批
审核
执行方案
配合
餐饮促销效果评估
餐饮促销效果评估与资料归档
编制餐饮促销效果评估报告
审批
审核
资料归档
结束
编修部门
签发人
签发日期

5.2.2 餐饮促销管理执行程序、工作标准、考核指标、执行规范

<table>
<tr><th>任务名称</th><th>执行程序、工作标准与考核指标</th></tr>
<tr><td rowspan="6">制定餐饮促销策略及目标</td><td>执行程序</td></tr>
<tr><td>1. 预测产品的市场潜力
产品管理部根据已掌握的产品市场状况资料，预测产品的市场潜力。
2. 制定餐饮促销策略及目标
产品管理部根据预测结果制定餐饮促销策略及目标，并将其整理成报告提交给主管副总审核，之后报总经理审批。
工作重点
餐饮促销策略及目标的制定要及时。</td></tr>
<tr><td>工作标准</td></tr>
<tr><td>餐饮促销策略及目标通过领导的审核与审批。</td></tr>
<tr><td>考核指标</td></tr>
<tr><td>餐饮促销策略及目标制定的及时性：应在____个工作日内完成。</td></tr>
<tr><td rowspan="6">餐饮促销方案的制定与执行</td><td>执行程序</td></tr>
<tr><td>1. 制定餐饮促销方案
确定餐饮促销策略及目标后，市场营销部据此制定餐饮促销方案，并提交给主管副总审核，之后报总经理审批。
2. 执行方案
餐饮促销方案审批通过后，市场营销部组织执行方案。
工作重点
餐饮促销方案要具有可操作性。</td></tr>
<tr><td>工作标准</td></tr>
<tr><td>餐饮促销方案通过领导的审核与审批。</td></tr>
<tr><td>考核指标</td></tr>
<tr><td>☆餐饮促销方案项目完备率，其计算公式如下：
$$餐饮促销方案项目完备率=\frac{已完成的项目数}{应完成的项目数}\times 100\%$$
☆餐饮促销方案制定的及时性：应在____个工作日内完成。</td></tr>
<tr><td rowspan="2">餐饮促销效果评估与资料归档</td><td>执行程序</td></tr>
<tr><td>1. 餐饮促销效果评估
市场营销部根据市场反馈情况、竞争对手的反应等，对餐饮促销效果进行评估。
2. 编制餐饮促销效果评估报告
市场营销部根据评估结果编制餐饮促销效果评估报告，并提交给主管副总审核，之后报总经理审批。
3. 资料归档
餐饮促销效果评估报告审批通过后，市场营销部应及时将餐饮促销管理过程中产生的相关资料归档。</td></tr>
</table>

（续）

<table>
<tr><th>任务名称</th><th>执行程序、工作标准与考核指标</th></tr>
<tr><td rowspan="5">餐饮促销效果评估与资料归档</td><td>工作重点
☆市场营销部应客观地评估餐饮促销效果。
☆餐饮促销效果评估报告的编制要规范。</td></tr>
<tr><td>工作标准</td></tr>
<tr><td>餐饮促销效果评估报告通过领导的审核与审批。</td></tr>
<tr><td>考核指标</td></tr>
<tr><td>☆餐饮促销效果评估报告应一次性审批通过。
☆餐饮促销效果评估报告编制的及时性：应在____个工作日内完成。</td></tr>
<tr><td colspan="2">执行规范</td></tr>
<tr><td colspan="2">“餐饮促销策略及目标”“餐饮促销方案”“餐饮促销效果评估报告”。</td></tr>
</table>

5.3 餐饮团购促销管理流程设计与工作执行

5.3.1 餐饮团购促销管理流程设计

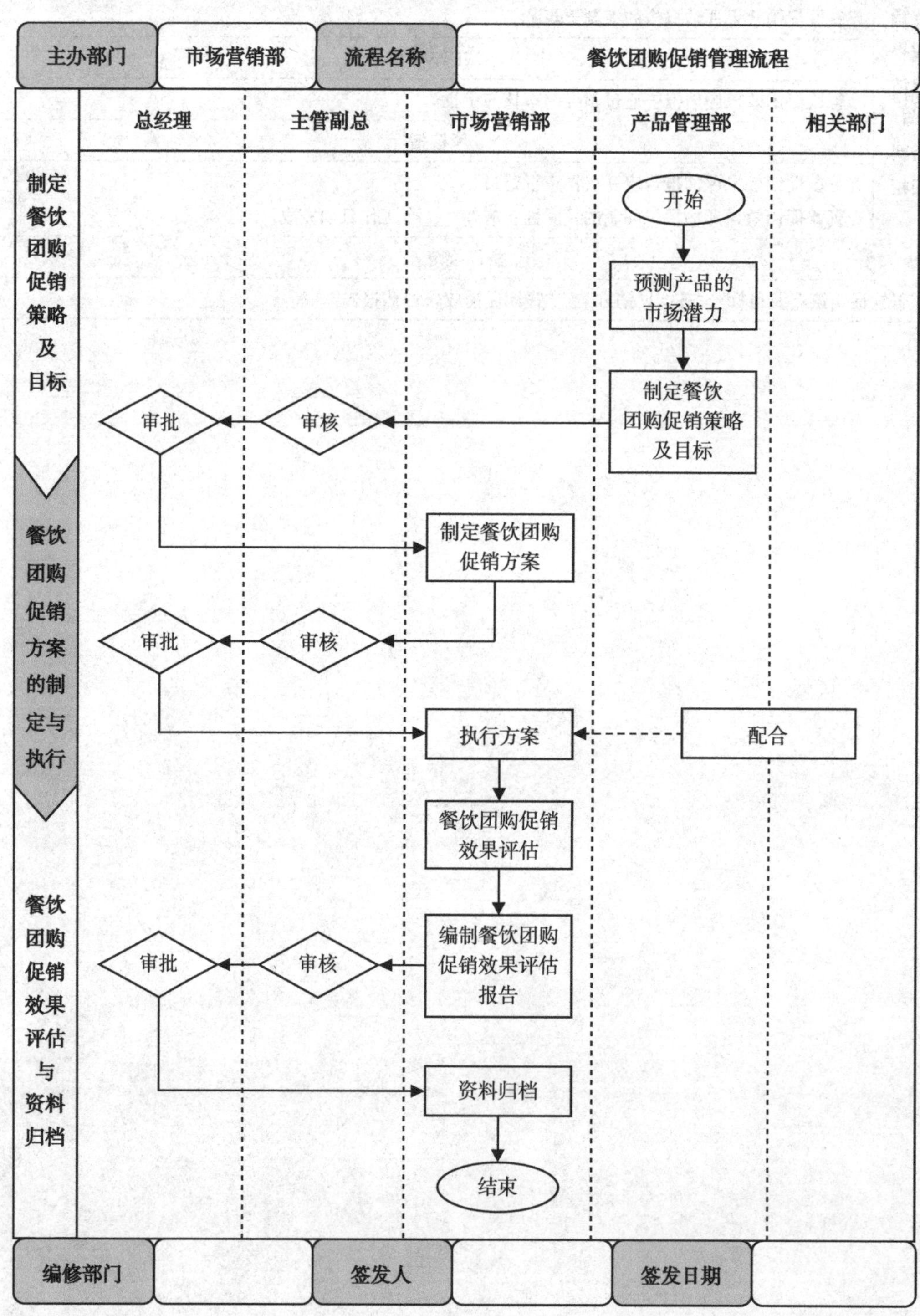

主办部门
市场营销部
流程名称
餐饮团购促销管理流程
总经理
主管副总
市场营销部
产品管理部
相关部门
制定餐饮团购促销策略及目标
餐饮团购促销方案的制定与执行
餐饮团购促销效果评估与资料归档
开始
预测产品的市场潜力
制定餐饮团购促销策略及目标
审核
审批
制定餐饮团购促销方案
审核
审批
执行方案
配合
餐饮团购促销效果评估
编制餐饮团购促销效果评估报告
审核
审批
资料归档
结束
编修部门
签发人
签发日期

5.3.2 餐饮团购促销管理执行程序、工作标准、考核指标、执行规范

<table>
<tr><th>任务名称</th><th>执行程序、工作标准与考核指标</th></tr>
<tr><td rowspan="6">制定餐饮团购促销策略及目标</td><td>执行程序</td></tr>
<tr><td>1. 预测产品的市场潜力
产品管理部根据已掌握的产品市场状况资料，预测产品的市场潜力。
2. 制定餐饮团购促销策略及目标
产品管理部根据预测结果制定餐饮团购促销策略及目标，并将其整理成报告提交给主管副总审核，之后报总经理审批。
工作重点
餐饮团购促销策略及目标的制定要及时。</td></tr>
<tr><td>工作标准</td></tr>
<tr><td>餐饮团购促销策略及目标通过领导的审核与审批。</td></tr>
<tr><td>考核指标</td></tr>
<tr><td>餐饮团购促销策略及目标制定的及时性：应在____个工作日内完成。</td></tr>
<tr><td rowspan="6">餐饮团购促销方案的制定与执行</td><td>执行程序</td></tr>
<tr><td>1. 制定餐饮团购促销方案
☆确定餐饮团购促销策略及目标后，市场营销部据此制定餐饮团购促销方案，并提交给主管副总审核，之后报总经理审批。
☆餐饮团购促销方案包括活动目的、活动对象、活动主题、活动方式、活动时间和地点等内容。
2. 执行方案
餐饮团购促销方案审批通过后，市场营销部组织执行方案。
工作重点
餐饮团购促销方案要具有可操作性。</td></tr>
<tr><td>工作标准</td></tr>
<tr><td>☆质量标准：餐饮团购促销方案通过领导的审核与审批。
☆目标标准：通过具体的团购促销活动，实现餐饮企业的促销目标。</td></tr>
<tr><td>考核指标</td></tr>
<tr><td>☆餐饮团购促销方案项目完备率，其计算公式如下：
$$餐饮团购促销方案项目完备率=\frac{已完成的项目数}{应完成的项目数}\times 100\%$$
☆餐饮团购促销方案制定的及时性：应在____个工作日内完成。</td></tr>
<tr><td rowspan="2">餐饮团购促销效果评估与资料归档</td><td>执行程序</td></tr>
<tr><td>1. 餐饮团购促销效果评估
市场营销部根据市场反馈情况、竞争对手的反应等，对餐饮团购促销效果进行评估。
2. 编制餐饮团购促销效果评估报告
市场营销部根据评估结果编制餐饮团购促销效果评估报告，并提交给主管副总审核，之后报总经理审批。</td></tr>
</table>

（续）

<table>
<tr><th>任务名称</th><th>执行程序、工作标准与考核指标</th></tr>
<tr><td rowspan="5">餐饮团购促销效果评估与资料归档</td><td>3. 资料归档
餐饮团购促销效果评估报告审批通过后，市场营销部应及时将餐饮团购促销管理过程中产生的相关资料归档。
工作重点
☆市场营销部应客观地评估餐饮团购促销效果。
☆餐饮团购促销结果评估报告的编制要规范。</td></tr>
<tr><td>工作标准</td></tr>
<tr><td>餐饮团队促销效果评估报告通过领导的审核与审批。</td></tr>
<tr><td>考核指标</td></tr>
<tr><td>☆餐饮团购促销效果评估报告应一次性审批通过。
☆餐饮团购促销效果评估报告编制的及时性：应在____个工作日内完成。</td></tr>
<tr><th colspan="2">执行规范</th></tr>
<tr><td colspan="2">“餐饮团购促销策略及目标”“餐饮团购促销方案”“餐饮团购促销效果评估报告”。</td></tr>
</table>

5.4 餐饮节假日促销管理流程设计与工作执行

5.4.1 餐饮节假日促销管理流程设计

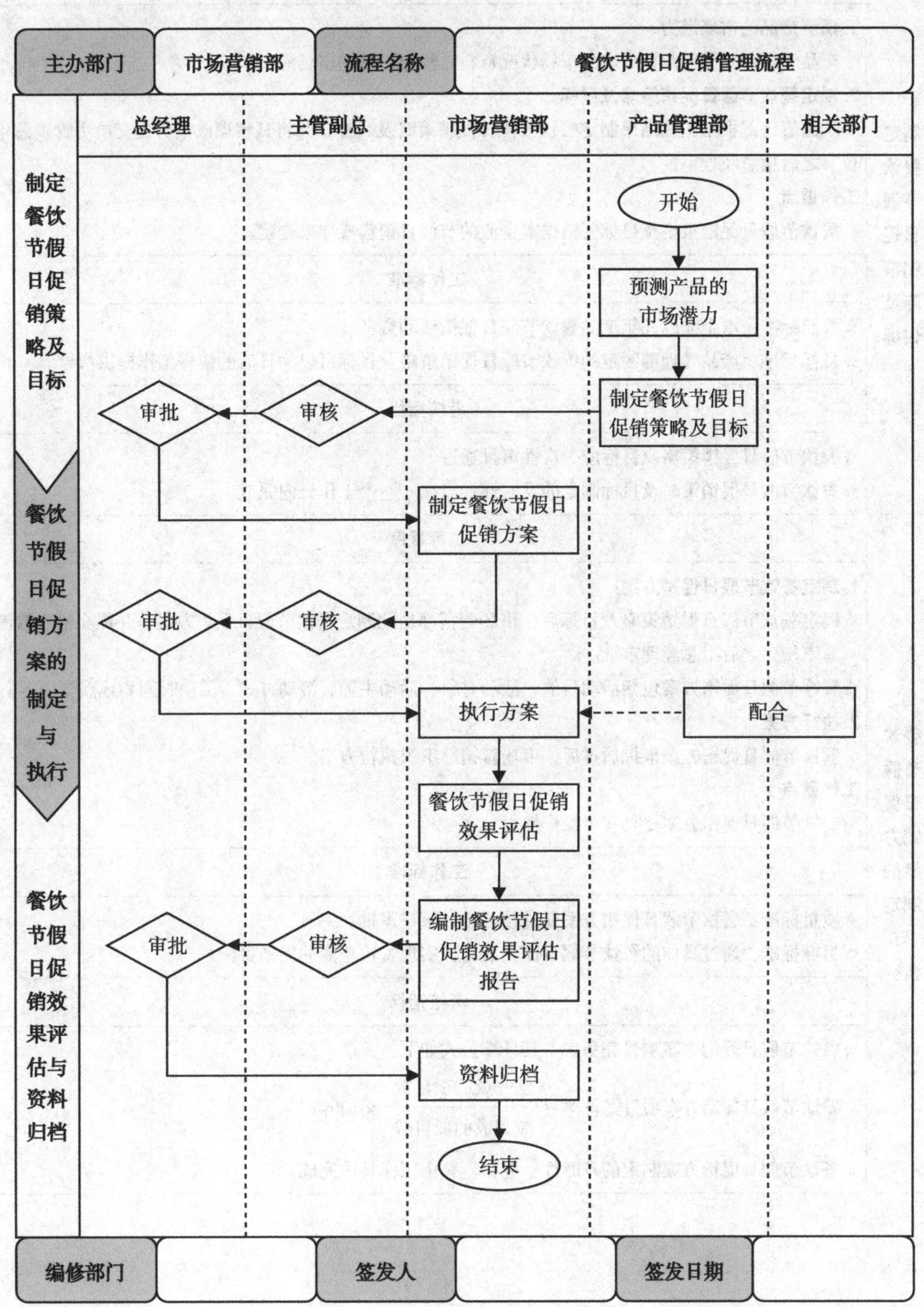
主办部门
市场营销部
流程名称
餐饮节假日促销管理流程
总经理
主管副总
市场营销部
产品管理部
相关部门
制定餐饮节假日促销策略及目标
开始
预测产品的市场潜力
制定餐饮节假日促销策略及目标
审核
审批
餐饮节假日促销方案的制定与执行
制定餐饮节假日促销方案
审核
审批
执行方案
配合
餐饮节假日促销效果评估
餐饮节假日促销效果评估与资料归档
编制餐饮节假日促销效果评估报告
审核
审批
资料归档
结束
编修部门
签发人
签发日期

5.4.2 餐饮节假日促销管理执行程序、工作标准、考核指标、执行规范

<table>
<tr><th>任务名称</th><th>执行程序、工作标准与考核指标</th></tr>
<tr><td rowspan="6">制定餐饮节假日促销策略及目标</td><td>执行程序</td></tr>
<tr><td>1. 预测产品的市场潜力
产品管理部根据已掌握的产品市场状况资料，预测产品的市场潜力。
2. 制定餐饮节假日促销策略及目标
产品管理部根据预测结果制定餐饮节假日促销策略及目标，并将其整理成报告提交给主管副总审核，之后报总经理审批。
工作重点
餐饮节假日促销策略及目标要根据本企业的节假日销售规律来制定。</td></tr>
<tr><td>工作标准</td></tr>
<tr><td>☆参照标准：本企业以往年度的餐饮节假日促销活动资料。
☆目标标准：产品管理部制定的餐饮节假日促销策略及目标可以为日后的销售工作提供指导。</td></tr>
<tr><td>考核指标</td></tr>
<tr><td>☆餐饮节假日促销策略及目标应一次性审批通过。
☆餐饮节假日促销策略及目标制定的及时性：应在____个工作日内完成。</td></tr>
<tr><td rowspan="6">餐饮节假日促销方案的制定与执行</td><td>执行程序</td></tr>
<tr><td>1. 制定餐饮节假日促销方案
☆确定餐饮节假日促销策略及目标后，市场营销部据此制定餐饮节假日促销方案，并提交给主管副总审核，之后报总经理审批。
☆餐饮节假日促销方案包括活动目的、活动对象、活动主题、活动方式、活动时间和地点等内容。
2. 执行方案
餐饮节假日促销方案审批通过后，市场营销部组织执行方案。
工作重点
餐饮节假日促销方案要具有可操作性。</td></tr>
<tr><td>工作标准</td></tr>
<tr><td>☆质量标准：餐饮节假日促销方案通过领导的审核与审批。
☆目标标准：通过具体的餐饮节假日促销活动，实现餐饮企业的促销目标。</td></tr>
<tr><td>考核指标</td></tr>
<tr><td>☆餐饮节假日促销方案项目完备率，其计算公式如下：
$$餐饮节假日促销方案项目完备率=\frac{已完成的项目数}{应完成的项目数}\times 100\%$$
☆餐饮节假日促销方案制定的及时性：应在____个工作日内完成。</td></tr>
</table>

（续）

<table>
<tr><th>任务名称</th><th>执行程序、工作标准与考核指标</th></tr>
<tr><td rowspan="6">餐饮节假日促销效果评估与资料归档</td><td>执行程序</td></tr>
<tr><td>1. 餐饮节假日促销效果评估
市场营销部根据市场反馈情况、竞争对手的反应等，对餐饮节假日促销效果进行评估。
2. 编制餐饮节假日促销效果评估报告
市场营销部根据评估结果编制餐饮节假日促销效果评估报告，并提交给主管副总审核，之后报总经理审批。
3. 资料归档
餐饮节假日促销效果评估报告审批通过后，市场营销部应及时将餐饮节假日促销管理过程中产生的相关资料归档。
工作重点
☆市场营销部应客观地评估餐饮节假日促销效果。
☆餐饮节假日促销效果评估报告的编制要规范。</td></tr>
<tr><td>工作标准</td></tr>
<tr><td>餐饮节假日促销效果评估报告通过领导的审核与审批。</td></tr>
<tr><td>考核指标</td></tr>
<tr><td>☆餐饮节假日促销效果评估报告应一次性审批通过。
☆餐饮节假日促销效果评估报告编制的及时性：应在____个工作日内完成。</td></tr>
<tr><td colspan="2">执行规范</td></tr>
<tr><td colspan="2">“餐饮节假日促销策略及目标”“餐饮节假日促销方案”“餐饮节假日促销效果评估报告”。</td></tr>
</table>

5.5 餐饮新媒体促销管理流程设计与工作执行

5.5.1 餐饮新媒体促销管理流程设计

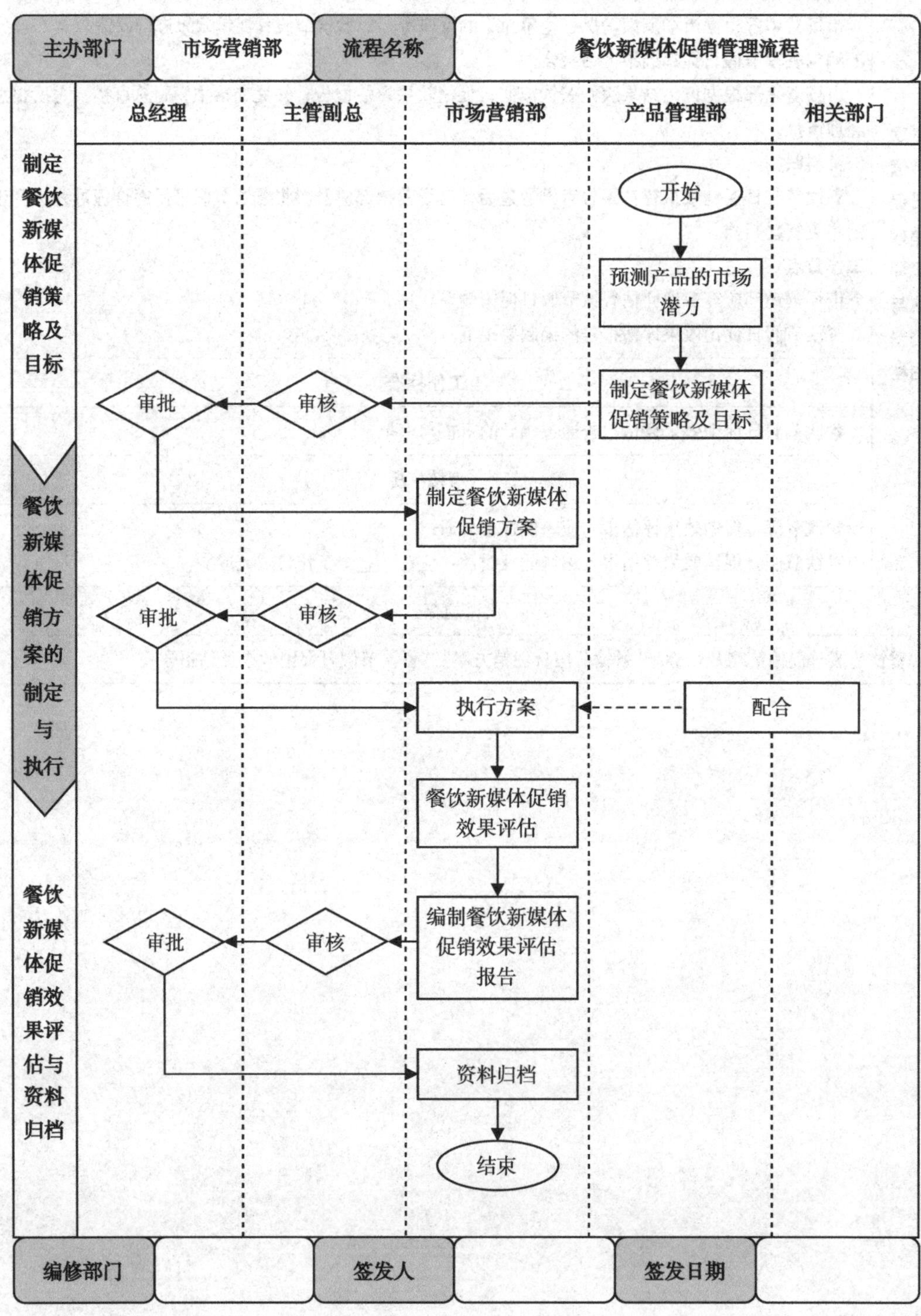

主办部门
市场营销部
流程名称
餐饮新媒体促销管理流程
总经理
主管副总
市场营销部
产品管理部
相关部门
制定餐饮新媒体促销策略及目标
开始
预测产品的市场潜力
制定餐饮新媒体促销策略及目标
审批
审核
餐饮新媒体促销方案的制定与执行
制定餐饮新媒体促销方案
审批
审核
执行方案
配合
餐饮新媒体促销效果评估
餐饮新媒体促销效果评估与资料归档
编制餐饮新媒体促销效果评估报告
审批
审核
资料归档
结束
编修部门
签发人
签发日期

5.5.2 餐饮新媒体促销管理执行程序、工作标准、考核指标、执行规范

<table>
<tr><th>任务名称</th><th>执行程序、工作标准与考核指标</th></tr>
<tr><td rowspan="6">制定餐饮新媒体促销策略及目标</td><td>执行程序</td></tr>
<tr><td>1. 预测产品的市场潜力
产品管理部根据已掌握的产品市场状况资料，预测产品的市场潜力。
2. 制定餐饮新媒体促销策略及目标
产品管理部根据预测结果制定餐饮新媒体促销策略及目标，并将其整理成报告提交给主管副总审核，之后报总经理审批。
工作重点
餐饮新媒体促销策略及目标的制定要及时。</td></tr>
<tr><td>工作标准</td></tr>
<tr><td>☆参照标准：本企业以往年度的餐饮新媒体促销活动资料。
☆目标标准：产品管理部制定的餐饮新媒体促销策略及目标可以为后续的销售工作提供指导。</td></tr>
<tr><td>考核指标</td></tr>
<tr><td>☆餐饮新媒体促销策略及目标应一次性审批通过。
☆餐饮新媒体促销策略及目标制定的及时性：应在____个工作日内完成。</td></tr>
<tr><td rowspan="6">餐饮新媒体促销方案的制定与执行</td><td>执行程序</td></tr>
<tr><td>1. 制定餐饮新媒体促销方案
☆确定餐饮新媒体促销策略及目标后，市场营销部据此制定餐饮新媒体促销方案，并提交给主管副总审核，之后报总经理审批。
☆餐饮新媒体促销方案包括活动目的、活动对象、活动主题、活动方式、活动时间和地点等内容。
☆常见的新媒体促销方式包括网上折扣、网上积分促销、注册送券、秒杀活动、购物送券和团购活动等。
2. 执行方案
餐饮新媒体促销方案审批通过后，市场营销部组织执行方案。
工作重点
☆在开展餐饮新媒体促销之前，市场营销部人员要提前策划活动内容。
☆餐饮新媒体促销方案要具有可操作性。</td></tr>
<tr><td>工作标准</td></tr>
<tr><td>☆质量标准：餐饮新媒体促销方案通过领导的审核与审批。
☆目标标准：通过具体的餐饮新媒体促销活动，实现餐饮企业的促销目标。</td></tr>
<tr><td>考核指标</td></tr>
<tr><td>☆餐饮新媒体促销方案项目完备率，其计算公式如下：
$$餐饮新媒体促销方案项目完备率=\frac{已完成的项目数}{应完成的项目数}\times 100\%$$
☆餐饮新媒体促销方案制定的及时性：应在____个工作日内完成。</td></tr>
</table>

（续）

任务名称	执行程序、工作标准与考核指标
餐饮新媒体促销效果评估与资料归档	**执行程序**
	1. 餐饮新媒体促销效果评估 市场营销部根据市场反馈情况、竞争对手的反应等，对餐饮新媒体的促销效果进行评估。 **2. 编制餐饮新媒体促销效果评估报告** 市场营销部根据评估效果编制餐饮新媒体促销效果评估报告，并提交给主管副总审核，之后报总经理审批。 **3. 资料归档** 餐饮新媒体促销效果评估报告审批通过后，市场营销部应及时将餐饮新媒体促销过程中产生的相关资料归档。 **工作重点** ☆市场营销部应客观地评估餐饮新媒体促销效果。 ☆餐饮新媒体促销效果评估报告的编制要规范。
	工作标准
	餐饮新媒体促销效果评估报告通过领导的审核与审批。
	考核指标
	☆餐饮新媒体促销效果评估报告应一次性审批通过。 ☆餐饮新媒体促销效果评估报告编制的及时性：应在____个工作日内完成。
执行规范	
“餐饮新媒体促销策略及目标”“餐饮新媒体促销方案”“餐饮新媒体促销效果评估报告”。	

5.6 餐饮外卖订单管理流程设计与工作执行

5.6.1 餐饮外卖订单管理流程设计

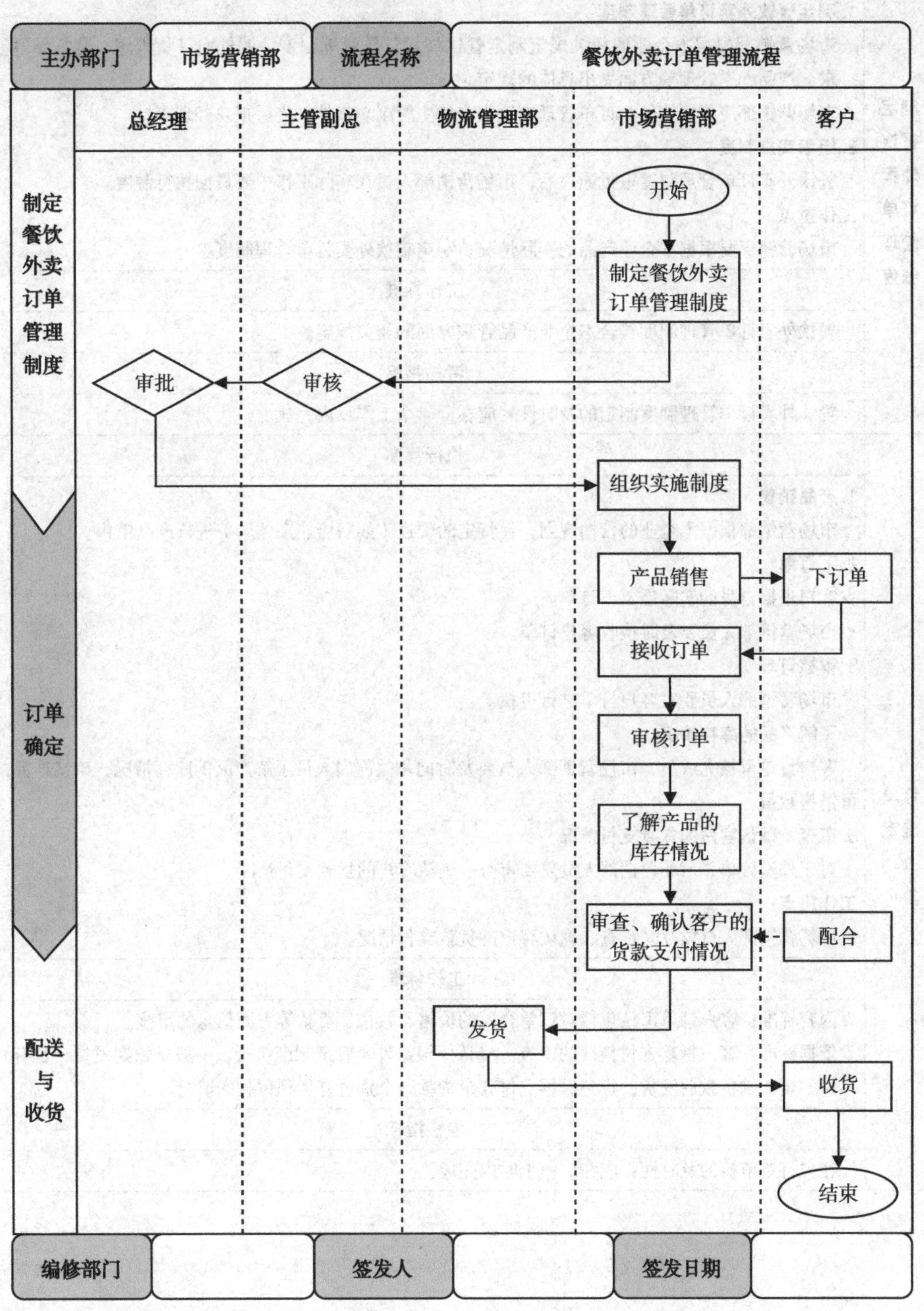

主办部门
市场营销部
流程名称
餐饮外卖订单管理流程
总经理
主管副总
物流管理部
市场营销部
客户
制定餐饮外卖订单管理制度
订单确定
配送与收货
开始
制定餐饮外卖订单管理制度
审批
审核
组织实施制度
产品销售
下订单
接收订单
审核订单
了解产品的库存情况
审查、确认客户的货款支付情况
配合
发货
收货
结束
编修部门
签发人
签发日期

5.6.2 餐饮外卖订单管理执行程序、工作标准、考核指标、执行规范

<table>
<tr><th>任务名称</th><th>执行程序、工作标准与考核指标</th></tr>
<tr><td rowspan="6">制定餐饮外卖订单管理制度</td><td>执行程序</td></tr>
<tr><td>1. 制定餐饮外卖订单管理制度
☆市场营销部根据本企业的相关规定制定餐饮外卖订单管理制度，就外卖订货程序、货款结算要求、产品配送管理等方面做出具体的规定。
☆市场营销部应将餐饮外卖订单管理制度提交给主管副总审核，之后报总经理审批。
2. 组织实施制度
餐饮外卖订单管理制度审批通过后，市场营销部人员在实际工作中要贯彻执行制度。
工作重点
市场营销部要根据本企业产品的实际情况，制定餐饮外卖订单管理制度。</td></tr>
<tr><td>工作标准</td></tr>
<tr><td>餐饮外卖订单管理制度符合本企业产品管理方面的相关规定。</td></tr>
<tr><td>考核指标</td></tr>
<tr><td>餐饮外卖订单管理制度制定的及时性：应在____个工作日内完成。</td></tr>
<tr><td rowspan="6">订单确定</td><td>执行程序</td></tr>
<tr><td>1. 产品销售
市场营销部根据本企业的营销规划，在特定的渠道（如网店、实体店）进行产品销售。
2. 下订单
☆客户根据自身的实际需要下订单。
☆市场营销部人员要及时接收客户订单。
3. 审核订单
市场营销部人员要对客户订单进行审核。
4. 了解产品的库存情况
客户订单审核完成后，市场营销部人员要及时向相关部门人员了解产品的库存情况，确认产品的可销售数量。
5. 审查、确认客户的货款支付情况
对于外卖订单，市场营销部人员需要审查、确认客户的货款支付情况。
工作重点
市场营销部人员须及时审查、确认客户的货款支付情况。</td></tr>
<tr><td>工作标准</td></tr>
<tr><td>☆内容标准：客户订单审核包括对订单合同的价格、数量、货款等方面信息的审核。
☆依据标准：客户货款支付情况的审查、确认要根据外卖管理制度执行，一般是款到发货，也有预付一定比例货款后发货，货到后再支付其余货款，个别也有货到付款的情况。</td></tr>
<tr><td>考核指标</td></tr>
<tr><td>客户订单审核的及时性：应在____小时内完成。</td></tr>
</table>

（续）

任务名称	执行程序、工作标准与考核指标
配送与收货	**执行程序**
	☆上述事宜都确认后，市场营销部通知物流管理部安排发货，并及时向客户发送配送通知。 ☆客户按时收到货物。 **工作重点** 物流管理部要及时为客户发货。
	工作标准
	发货之前，市场营销部人员需要进一步确认订单的数量、品类和金额等信息。
	考核指标
	发货的及时性：应在____小时内完成。
执行规范	
“餐饮外卖订单管理制度”。	

第6章 餐饮楼面管理

6.1 餐饮楼面管理流程

6.1.1 流程设计的目的

餐饮企业设计餐饮楼面管理流程的目的如下：

（1）围绕餐饮企业楼面管理战略，进一步推动餐饮企业的规范化管理；

（2）加强对餐饮楼面的管理，有效提升企业的餐饮楼面管理水平；

（3）规范楼面服务人员的人员考勤管理，以便对现有楼面管理细节进行改进。

6.1.2 流程结构设计

餐饮楼面管理包括五大事项，我们可以就每个事项设计相应的流程，即员工考勤管理流程、楼面督察巡查管理流程、员工仪容仪表管理流程、传菜管理流程和服务员管理流程，具体如图 6-1 所示。

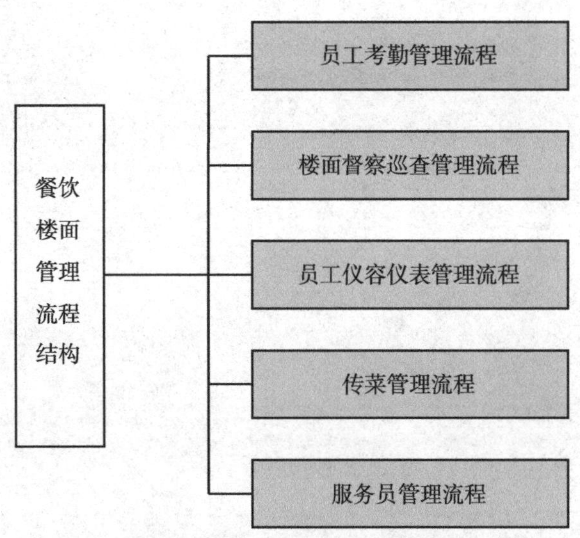
餐饮楼面管理流程结构
员工考勤管理流程
楼面督察巡查管理流程
员工仪容仪表管理流程
传菜管理流程
服务员管理流程

图 6-1 餐饮楼面管理流程结构

6.2 员工考勤管理流程设计与工作执行

6.2.1 员工考勤管理流程设计

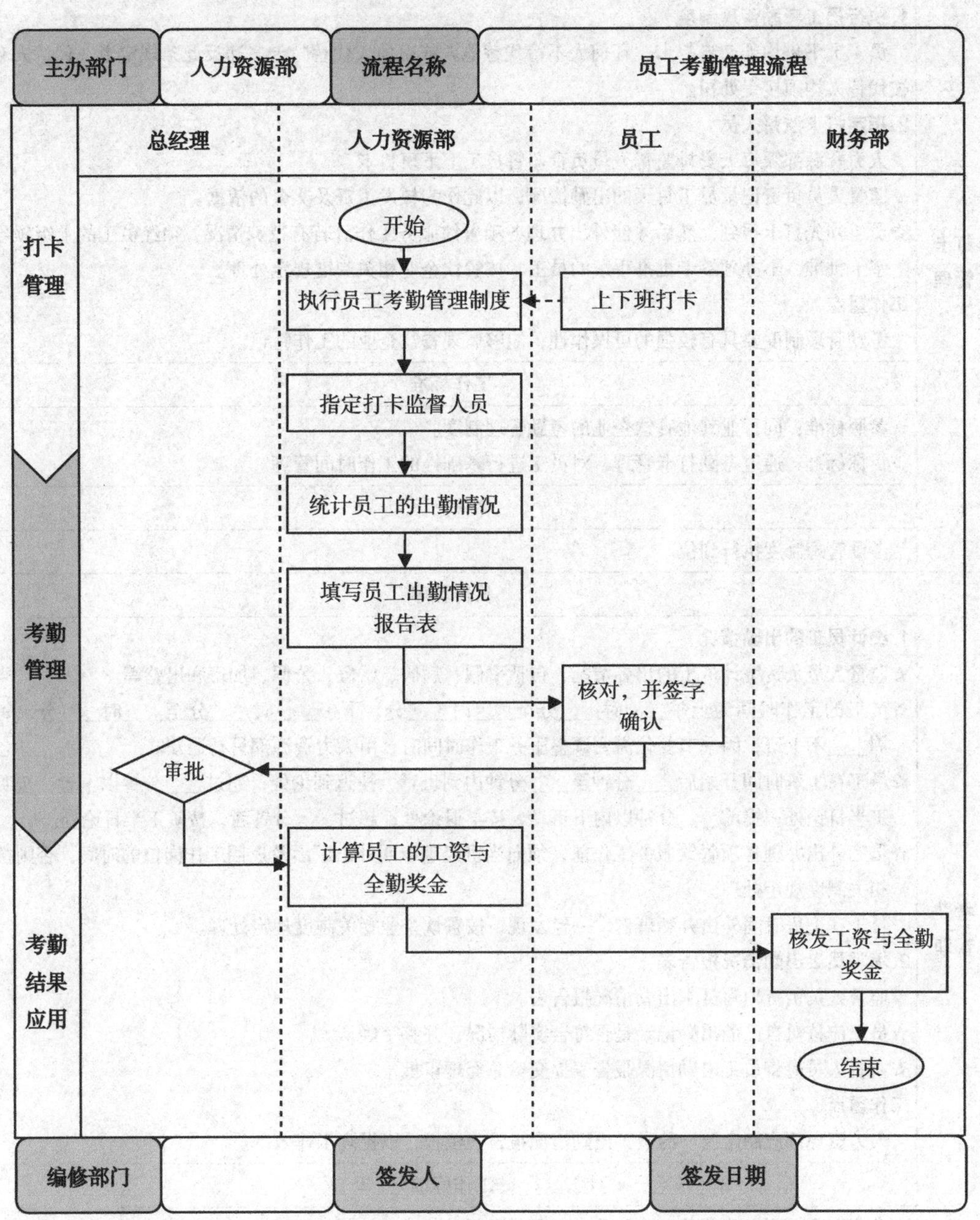

主办部门
人力资源部
流程名称
员工考勤管理流程
总经理
人力资源部
员工
财务部
打卡管理
考勤管理
考勤结果应用
开始
执行员工考勤管理制度
上下班打卡
指定打卡监督人员
统计员工的出勤情况
填写员工出勤情况报告表
核对，并签字确认
审批
计算员工的工资与全勤奖金
核发工资与全勤奖金
结束
编修部门
签发人
签发日期

6.2.2 员工考勤管理执行程序、工作标准、考核指标、执行规范

<table>
<tr><th>任务名称</th><th>执行程序、工作标准与考核指标</th></tr>
<tr><td rowspan="6">打卡管理</td><td>执行程序</td></tr>
<tr><td>1. 执行员工考勤管理制度
员工上下班均须亲自打卡，任何人不得代替他人或由他人代替打卡，违反此条规定者，代替人和被代替人均须接受处罚。
2. 指定打卡监督人员
☆人力资源部须每天安排监督人员负责监督员工上下班打卡。
☆监督人员负责记录员工每天的出勤情况，以此作为核发工资及奖金的依据。
☆员工须先打卡报到，然后才能外出办理各项餐饮服务工作。若有特殊情况，须经员工的上级领导签卡批准，不办理签卡批准手续的员工，按餐饮企业相关制度规定处理。
工作重点
考勤管理制度要具有较强的可操作性，能够体现餐饮企业的工作特色。</td></tr>
<tr><td>工作标准</td></tr>
<tr><td>☆参照标准：同行业其他餐饮企业的考勤管理制度。
☆目标标准：通过考勤打卡管理，对员工进行基础性的工作时间管理。</td></tr>
<tr><td>考核指标</td></tr>
<tr><td>考勤管理制度执行到位。</td></tr>
<tr><td rowspan="4">考勤管理</td><td>执行程序</td></tr>
<tr><td>1. 统计员工的出勤情况
☆监督人员负责统计员工的出勤情况，包括事假、病假、婚假、公假、加班和出差等。
☆员工的工作时间为上午____时____分至____时____分，下午____时____分至____时____分，每周____不上班，因季节变化需要调整服务工作时间时，由人力资源部另行通知。
☆员工在上班时间开始后____分钟至____分钟内到班者，按迟到论处；超过____分钟以上者，按旷工半日论处；提前____分钟以内下班者，按早退论处；超过____分钟者，按旷工半日论处。
☆员工外出办理各项餐饮服务工作前，须向当班经理申明外出原因及返回工作岗位的时间，否则按相关制度规定处理。
☆员工在上班时间外出办私事者，一经发现，按餐饮企业相关制度规定处理。
2. 填写员工出勤情况报告表
☆监督人员负责填写员工出勤情况报告表。
☆员工应核对自己的出勤记录是否符合实际情况，并签字确认。
☆监督人员应将员工出勤情况报告表提交给总经理审批。
工作重点
人力资源部应制定统一的员工出勤情况报告表模板，以提高工作效率。</td></tr>
<tr><td>工作标准</td></tr>
<tr><td>☆参照标准：同行业其他企业的员工出勤管理制度。
☆目标标准：通过出勤管理，保证员工的工作投入、工作态度和基本效果。</td></tr>
</table>

（续）

<table>
<tr><th>任务名称</th><th>执行程序、工作标准与考核指标</th></tr>
<tr><td rowspan="6">考勤结果应用</td><td>执行程序</td></tr>
<tr><td>1. 计算员工的工资与全勤奖金
☆人力资源部根据员工的考勤情况，计算员工的工资与全勤奖金。
☆员工一个月内迟到、早退累计 3 ~ 5 次者，扣发全勤奖金的 30% ~ 50%；累计 5 次及以上者，扣发全勤奖金的 80% ~ 100%，并给予相应的警告处分。
☆员工无故旷工半日者，扣发当月全勤奖金，并给予一次警告处分；每月累计旷工 3 天者，扣除当月工资，并给予一次记过处分；无故旷工达一周以上者，予以除名处理。
☆员工因公出差，凡过期或未填写服务人员出差登记表者，不再补发全勤奖金，不予报销出差费用，特殊情况须报总经理审批。
☆当月全勤的员工，可获得全勤奖金。
2. 核发工资与全勤奖金
财务部负责核发员工的工资与全勤奖金。
工作重点
☆考勤结果的具体应用方向有很多，但核心作用是激励员工努力工作。
☆工资和全勤奖金的发放要及时。</td></tr>
<tr><td>工作标准</td></tr>
<tr><td>☆目标标准：通过应用考勤结果，提升员工对本企业的满意度。
☆参照标准：同行业其他企业的员工全勤奖金发放情况。</td></tr>
<tr><td>考核指标</td></tr>
<tr><td>☆考勤结果应用公正、客观，不存在脱离事实、任意奖惩的现象。
☆核发工资与全勤奖金的及时性：应在____个工作日内完成。</td></tr>
<tr><td colspan="2">执行规范</td></tr>
<tr><td colspan="2">“员工考勤管理制度”“员工出勤情况报告表”“服务人员出差登记表”。</td></tr>
</table>

6.3 楼面督察巡查管理流程设计与工作执行

6.3.1 楼面督察巡查管理流程设计

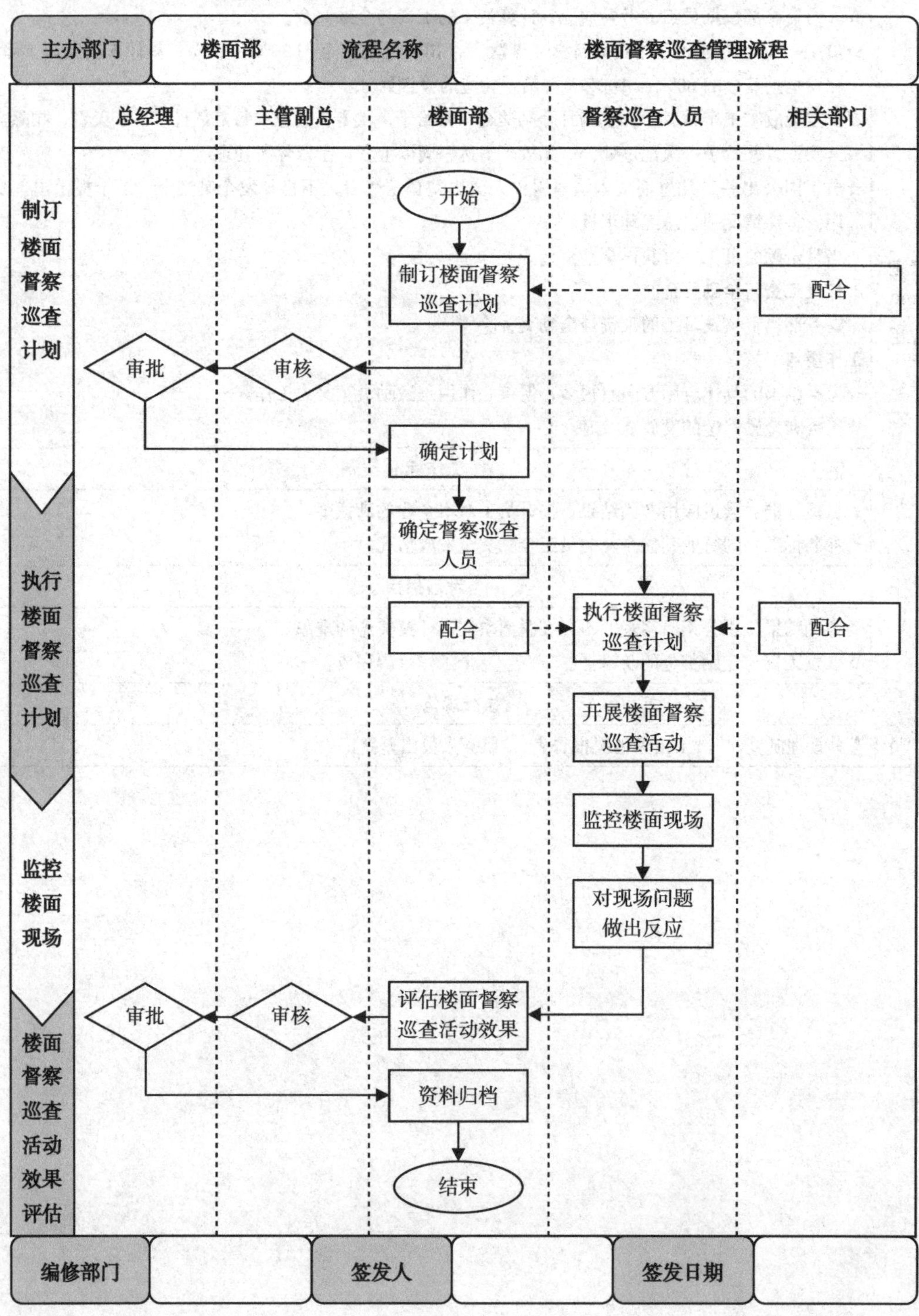

主办部门
楼面部
流程名称
楼面督察巡查管理流程
总经理
主管副总
楼面部
督察巡查人员
相关部门
制订楼面督察巡查计划
执行楼面督察巡查计划
监控楼面现场
楼面督察巡查活动效果评估
开始
制订楼面督察巡查计划
配合
审批
审核
确定计划
确定督察巡查人员
执行楼面督察巡查计划
配合
配合
开展楼面督察巡查活动
监控楼面现场
对现场问题做出反应
评估楼面督察巡查活动效果
审核
审批
资料归档
结束
编修部门
签发人
签发日期

6.3.2 楼面督察巡查管理执行程序、工作标准、考核指标、执行规范

任务名称	执行程序、工作标准与考核指标
制订楼面督察巡查计划	**执行程序**
	1. 制订楼面督察巡查计划 ☆楼面部在相关部门的配合下制订楼面督察巡查计划，计划内容包括督察巡查的时间、区域、方式及要求等。 ☆楼面部应将楼面督察巡查计划提交给主管副总审核，之后报总经理审批。 **2. 确定计划** 楼面部根据总经理的审批意见修订与完善楼面督察巡查计划，确定最终的计划。 **工作重点** 楼面督察巡查计划要具有可操作性。
	工作标准
	楼面督察巡查计划通过领导的审核与审批。
执行楼面督察巡查计划	**执行程序**
	1. 确定督察巡查人员 楼面部根据楼面督察巡查计划，确定督察巡查人员，并明确其责任和权限。 **2. 执行楼面督察巡查计划** 督察巡查人员要严格执行楼面督察巡查计划。 **3. 开展楼面督察巡查活动** 督察巡查人员根据楼面督察巡查计划的内容，开展楼面督察巡查活动。 **工作重点** 督察巡查人员在督察巡查的过程中，发现问题要及时处理。
	工作标准
	督察巡查人员须严格按照楼面督察巡查计划开展督察巡查活动。
	考核指标
	楼面督察巡查计划完成率，其计算公式如下： $楼面督察巡查计划完成率=\frac{已完成的项目数}{应完成的项目数}\times 100\%$
监控楼面现场	**执行程序**
	1. 监控楼面现场 ☆督察巡查人员须对楼面现场进行监控。 ☆楼面现场监控的内容包括楼面卫生是否达标、楼面工作是否有序、楼面现场活动是否有异常等。 **2. 对现场问题做出反应** ☆对在楼面现场发现的问题，督察巡查人员要及时做出反应。 ☆对在监控楼面现场过程中发现的问题，督察巡查人员要当场立即解决；督察巡查人员不能解决的，联系督察巡查负责人处理。 **工作重点** 督察巡查人员应根据楼面现场问题应急处理方案，处理楼面现场活动过程中出现的问题。

（续）

<table>
<tr><th>任务名称</th><th>执行程序、工作标准与考核指标</th></tr>
<tr><td rowspan="2">监控楼面现场</td><td>工作标准</td></tr>
<tr><td>督察巡查人员应妥善处理在监控楼面现场过程中发现的各种问题，保证企业经营活动顺利进行。</td></tr>
<tr><td rowspan="6">楼面督察巡查活动效果评估</td><td>执行程序</td></tr>
<tr><td>1. 评估楼面督察巡查活动效果
☆楼面督察巡查活动告一段落后，楼面部应对此次督察巡查活动的效果进行评估，编制督察巡查活动总结报告。
☆楼面部应将督察巡查活动总结报告提交给主管副总审核，之后报总经理审批。
2. 资料归档
楼面督察巡察活动总结报告审批通过后，楼面部应及时将楼面督察巡查管理过程中产生的相关资料归档，为日后的督察巡查活动提供依据。
工作重点
楼面督察巡查活动总结报告的编制要规范，报告应内容全面、结构清晰且无重大纰漏。</td></tr>
<tr><td>工作标准</td></tr>
<tr><td>☆目标标准：通过对楼面督察巡查活动的总结，为日后的督察巡查活动提供依据。
☆完成标准：楼面督察巡查活动总结报告通过总经理的审批。</td></tr>
<tr><td>考核指标</td></tr>
<tr><td>楼面督察巡查活动总结报告编制的及时性：应在____个工作日内完成。</td></tr>
<tr><td colspan="2">执行规范</td></tr>
<tr><td colspan="2">“楼面督察巡查计划”“楼面现场问题应急处理方案”“楼面督察巡查活动总结报告”。</td></tr>
</table>

6.4 员工仪容仪表管理流程与工作标准

6.4.1 员工仪容仪表管理流程设计

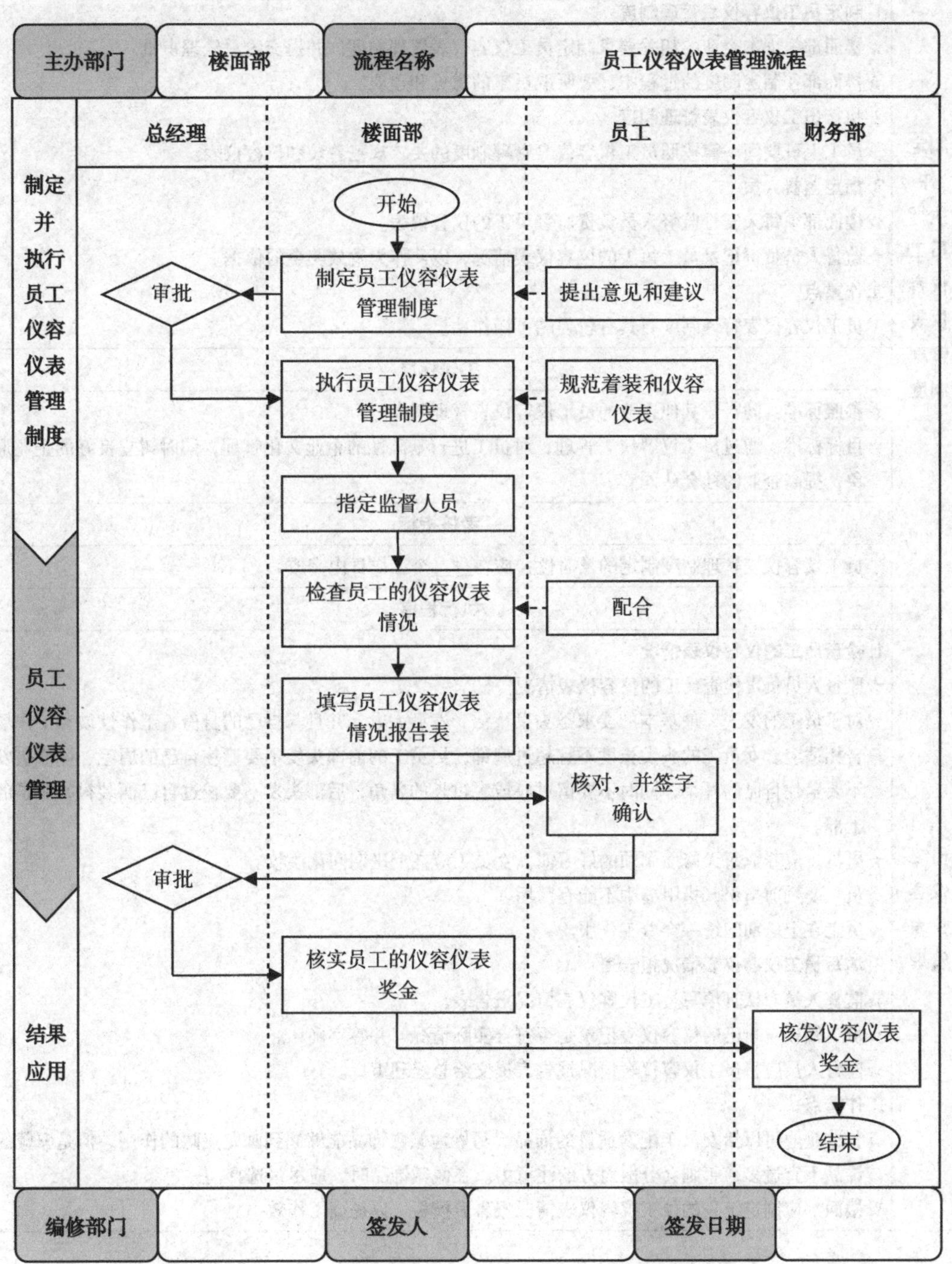
主办部门
楼面部
流程名称
员工仪容仪表管理流程
总经理
楼面部
员工
财务部
制定并执行员工仪容仪表管理制度
员工仪容仪表管理
结果应用
开始
制定员工仪容仪表管理制度
提出意见和建议
审批
执行员工仪容仪表管理制度
规范着装和仪容仪表
指定监督人员
检查员工的仪容仪表情况
配合
填写员工仪容仪表情况报告表
核对，并签字确认
审批
核实员工的仪容仪表奖金
核发仪容仪表奖金
结束
编修部门
签发人
签发日期

6.4.2 员工仪容仪表管理执行程序、工作标准、考核指标、执行规范

任务名称	执行程序、工作标准与考核指标
制定并执行员工仪容仪表管理制度	**执行程序** **1. 制定员工仪容仪表管理制度** ☆楼面部根据本企业的相关要求制定员工仪容仪表管理制度，并提交给总经理审批。 ☆楼面部在制定制度的过程中，要听取员工的意见和建议。 **2. 执行员工仪容仪表管理制度** 员工上班期间一律按照员工仪容仪表管理制度的要求规范着装和仪容仪表。 **3. 指定监督人员** ☆楼面部须每天安排监督人员负责监督员工的仪容仪表。 ☆监督人员负责记录员工每天的仪容仪表情况，以此作为发放奖金的依据。 **工作重点** 员工仪容仪表管理制度要具有较强的可操作性。 **工作标准** ☆参照标准：同行业其他企业的员工仪容仪表管理制度。 ☆目标标准：通过员工仪容仪表管理，对员工进行基础性的企业文化管理，同时树立良好的企业形象，提高企业的社会认同感。 **考核指标** 员工仪容仪表管理制度制定的及时性：应在____个工作日内完成。
员工仪容仪表管理	**执行程序** **1. 检查员工的仪容仪表情况** ☆监督人员负责检查员工的仪容仪表情况。 ☆对于员工的发式，最基本的要求是头发整洁、发型大方，并且与自己的身份、工作性质和工作场合相适应。女员工的头发长度不宜超过肩部；男员工的前部头发不要遮住自己的眉毛，侧部头发不要盖住自己的耳朵，同时不要留过厚或者过长的鬓角，后部头发不要长过自己西装衬衫领子的上部。 ☆男员工应养成每天修面剃须的好习惯，女员工应在上班期间化淡妆。 ☆员工要勤剪指甲，指甲缝中不能有污垢。 ☆员工在上班期间统一穿着工作服。 **2. 填写员工仪容仪表情况报告表** ☆监督人员应认真填写员工仪容仪表情况报告表。 ☆员工须核对自己的仪容仪表记录是否符合实际情况，并签字确认。 ☆监督人员应将员工仪容仪表情况报告表提交给总经理审批。 **工作重点** ☆餐饮企业可以给女员工配发适量的饰品。巧妙地佩戴饰品能够起到画龙点睛的作用，但是佩戴的饰品不宜过多，否则会分散对方的注意力。在佩戴饰品时，应尽量选择同一色系。 ☆楼面部应制定统一的员工仪容仪表情况报告表模板，以提高工作效率。

（续）

任务名称	执行程序、工作标准与考核指标
员工仪容仪表管理	**工作标准**
	☆参照标准：同行业其他企业的员工仪容仪表管理制度。 ☆目标标准：通过员工仪容仪表管理，保证员工的工作态度和基本效果，树立良好的企业形象，提升客户满意度。
	考核指标
	客户满意度：以接受随机调研的客户对本企业员工仪容仪表满意度评分的算术平均值来衡量。
结果应用	**执行程序**
	1. 核实员工的仪容仪表奖金 ☆楼面部根据员工仪容仪表情况报告表，核实员工的仪容仪表奖金。 ☆员工一个月内出现仪容仪表问题累计 3 ~ 5 次者，扣发仪容仪表奖金的 30% ~ 50%；累计 5 次及以上者，扣发仪容仪表奖金的 80% ~ 100%，并给予相应的警告处分。 ☆当月没有出现仪容仪表问题的员工，可获得仪容仪表奖金。 **2. 核发仪容仪表奖金** 财务部负责核发员工的仪容仪表奖金。 **工作重点** 仪容仪表奖金的发放要及时。
	工作标准
	可参照同行业其他企业的仪容仪表奖金发放情况。
	考核指标
	仪容仪表奖金发放的及时性：应在____个工作日内完成。
执行规范	
“员工仪容仪表管理制度”“员工仪容仪表情况报告表”。	

6.5 传菜管理流程设计与工作执行

6.5.1 传菜管理流程设计

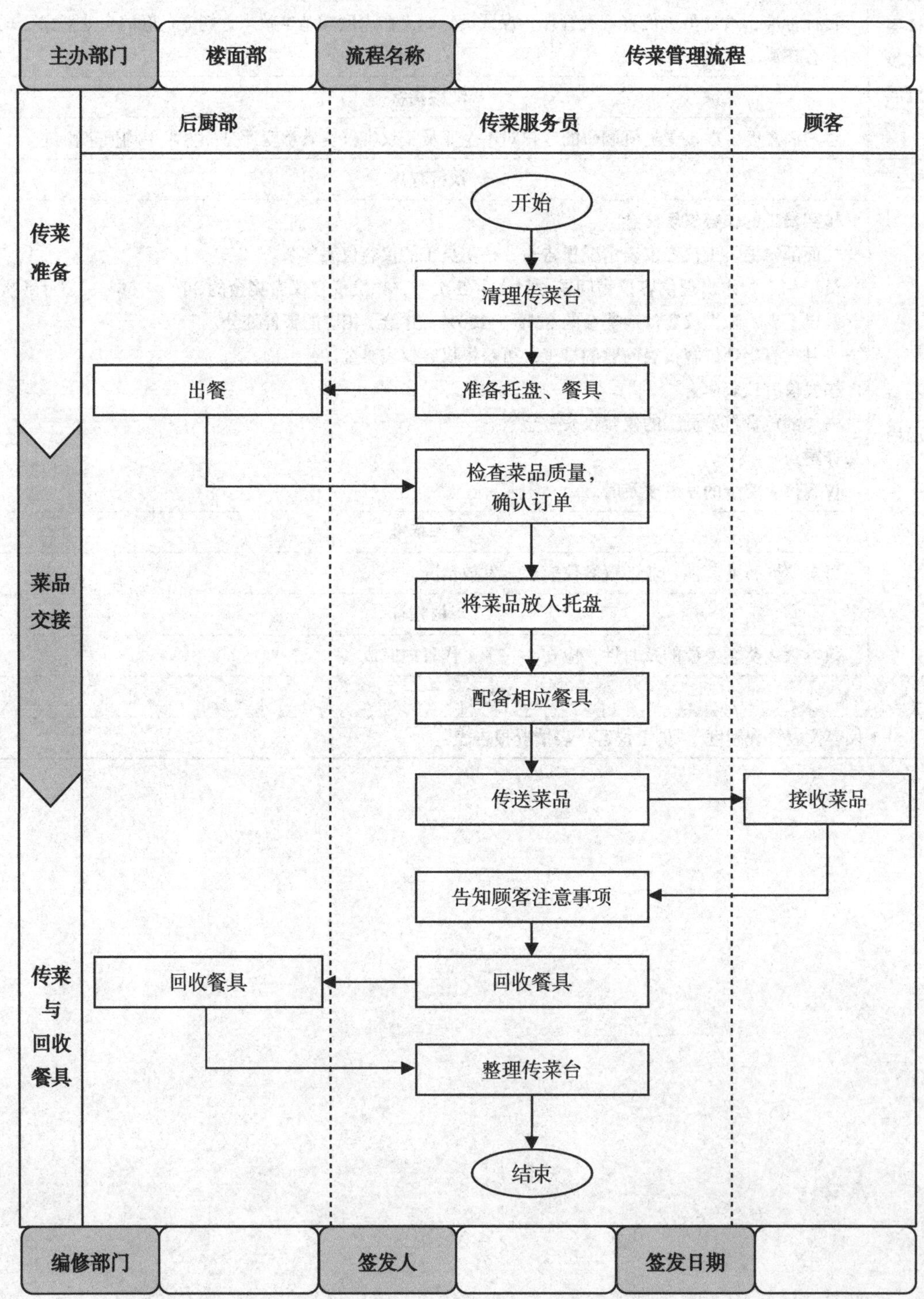
主办部门
楼面部
流程名称
传菜管理流程
后厨部
传菜服务员
顾客
传菜准备
菜品交接
传菜与回收餐具
开始
清理传菜台
准备托盘、餐具
出餐
检查菜品质量，确认订单
将菜品放入托盘
配备相应餐具
传送菜品
接收菜品
告知顾客注意事项
回收餐具
回收餐具
整理传菜台
结束
编修部门
签发人
签发日期

餐饮企业运营与管理全案

6.5.2 传菜管理执行程序、工作标准、考核指标、执行规范

<table>
<tr><th>任务名称</th><th>执行程序、工作标准与考核指标</th></tr>
<tr><td rowspan="4">传菜准备</td><td>执行程序</td></tr>
<tr><td>1. 清理传菜台
楼面部传菜服务员应时刻保持传菜台的干净整洁，每次传菜前及传菜后都应及时清理传菜台。
2. 准备托盘、餐具
传菜服务员在等待传菜时应把传菜托盘、餐具等工具提前准备齐全，以提高传菜的效率。
工作重点
并非所有菜品都需要使用托盘或者餐具，有些餐厅会将餐具事先在餐桌上准备齐全，具体要视餐厅风格和菜品品类而定。</td></tr>
<tr><td>工作标准</td></tr>
<tr><td>传菜台干净整洁，托盘、餐具等提前准备齐全。</td></tr>
<tr><td rowspan="6">菜品交接</td><td>执行程序</td></tr>
<tr><td>1. 检查菜品质量，确认订单
后厨部出餐后，传菜服务员应先检查菜品质量，然后确认订单，确保菜品与订单、菜品与顾客所在餐桌一一对应。
2. 将菜品放入托盘
☆传菜服务员直接接触菜品可能会被烫伤，一般情况下应将菜品放入托盘。
☆将菜品放入托盘，传菜时也能减少传菜服务员与菜品的直接接触，给顾客营造卫生、专业、重视服务的良好印象。
3. 配备相应餐具
传菜服务员应根据菜品需要，确定是否需要配备相应餐具。
工作重点
传菜服务员在传菜前必须检查菜品质量，避免菜品上桌后被顾客发现质量问题，影响餐厅形象。</td></tr>
<tr><td>工作标准</td></tr>
<tr><td>菜品和订单确认无误，传菜前所有工作准备完毕。</td></tr>
<tr><td>考核指标</td></tr>
<tr><td>菜品质量问题发现率：目标值为100%。</td></tr>
<tr><td rowspan="2">传菜与回收餐具</td><td>执行程序</td></tr>
<tr><td>1. 传送菜品
传菜服务员应及时、准确地将菜品传送至顾客所在餐桌。
2. 告知顾客注意事项
☆将菜品传送至餐桌后，传菜服务员应向顾客示好。
☆传菜服务员须将菜品食用注意事项告知顾客，避免发生顾客烫伤等情况，并根据实际情况确认顾客是否有其他需要。</td></tr>
</table>

（续）

<table>
<tr><th>任务名称</th><th>执行程序、工作标准与考核指标</th></tr>
<tr><td rowspan="5">传菜与回收餐具</td><td>3. 回收餐具
当次传菜结束后，传菜服务员应留意餐厅内其他餐桌是否有待回收餐具，若有，应及时清理餐桌，并将餐具回收至后厨部。
工作重点
菜品传送至顾客处时，传菜服务员要有服务意识，一般应对顾客表示“久等了”或“请您慢用”。</td></tr>
<tr><td>工作标准</td></tr>
<tr><td>菜品传送及时、准确。</td></tr>
<tr><td>考核指标</td></tr>
<tr><td>菜品传送的时间不宜超过____分钟。</td></tr>
<tr><td colspan="2">执行规范</td></tr>
<tr><td colspan="2">“楼面部传菜服务员工作规范”。</td></tr>
</table>

6.6 服务员管理流程设计与工作执行

6.6.1 服务员管理流程设计

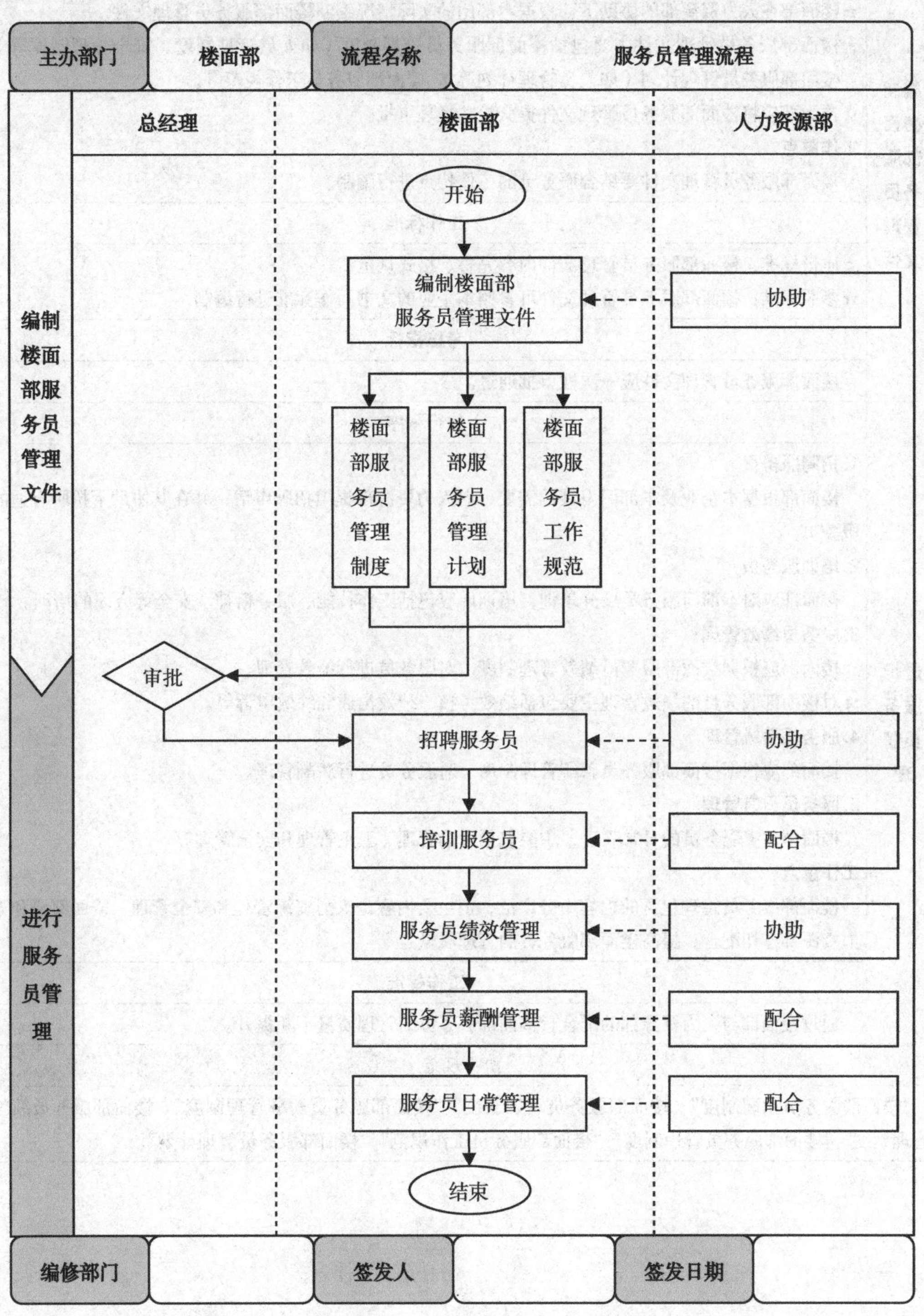

主办部门
楼面部
流程名称
服务员管理流程
总经理
楼面部
人力资源部
编制楼面部服务员管理文件
开始
编制楼面部服务员管理文件
协助
楼面部服务员管理制度
楼面部服务员管理计划
楼面部服务员工作规范
审批
进行服务员管理
招聘服务员
协助
培训服务员
配合
服务员绩效管理
协助
服务员薪酬管理
配合
服务员日常管理
配合
结束
编修部门
签发人
签发日期

6.6.2 服务员管理执行程序、工作标准、考核指标、执行规范

任务名称	执行程序、工作标准与考核指标
编制楼面部服务员管理文件	**执行程序** ☆楼面部在人力资源部的协助下，根据本部门的实际情况编制楼面部服务员管理文件。 ☆楼面部服务员管理文件主要包括楼面部服务员管理制度（如人员管理制度、安全管理制度等）、楼面部服务员管理计划（如人员管理计划等）、楼面部服务员工作规范等。 ☆楼面部应将楼面部服务员管理文件提交给总经理审批。 **工作重点** 楼面部服务员管理文件要结合服务员的工作特点进行编制。 **工作标准** ☆质量标准：楼面部服务员管理文件内容完整、格式规范。 ☆参照标准：楼面部服务员管理文件可参照本企业的文书写作标准进行编制。 **考核指标** 楼面部服务员管理文件应一次性审批通过。
进行服务员管理	**执行程序** **1. 招聘服务员** 楼面部根据本企业及本部门发展的需要，向人力资源部提出招聘申请，并在其协助下招聘合适的服务员。 **2. 培训服务员** 楼面部应对本部门服务员展开培训，培训内容包括工作技能、服务精神、安全等方面的培训。 **3. 服务员绩效管理** ☆楼面部应根据楼面部服务员绩效管理制度，对服务员进行绩效管理。 ☆对楼面部服务员的绩效管理主要包括绩效考核、绩效沟通和绩效申诉等。 **4. 服务员薪酬管理** 楼面部应根据楼面部服务员薪酬管理制度，对服务员进行薪酬管理。 **5. 服务员日常管理** 楼面部负责服务员的日常管理，主要包括考勤管理、卫生管理和安全管理等。 **工作重点** 楼面部服务员管理包含的内容十分广泛，但主要内容是人力资源管理和安全管理，楼面部要和人力资源部密切配合，提高楼面部服务员的管理质量。 **工作标准** 通过楼面部与人力资源部的配合，楼面部服务员的管理质量不断提升。
执行规范	
"楼面部服务员招聘制度""楼面部服务员培训制度""楼面部服务员薪酬管理制度""楼面部服务员绩效管理制度""楼面部服务员管理制度""楼面部服务员工作规范""楼面部服务员管理计划"。	

第7章 餐饮采购与仓储管理

7.1 餐饮采购与仓储管理流程

7.1.1 流程设计的目的

餐饮企业设计餐饮采购与仓储管理流程的目的如下：

（1）合理优化采购工作流程，规范各部门及人员的职责，确保采购工作顺利开展；

（2）指导仓储工作的开展，使仓储管理有章可循。

7.1.2 流程结构设计

餐饮采购与仓储管理包括十大事项，我们可以就每个事项设计相应的流程，即供应商选择管理流程、线上采购管理流程、采购计划管理流程、食品原料采购管理流程、酒水饮料采购管理流程、餐具设备采购管理流程、物资验收管理流程、物料入库与领用管理流程、仓储管理流程和采购结算管理流程，具体如图 7-1 所示。

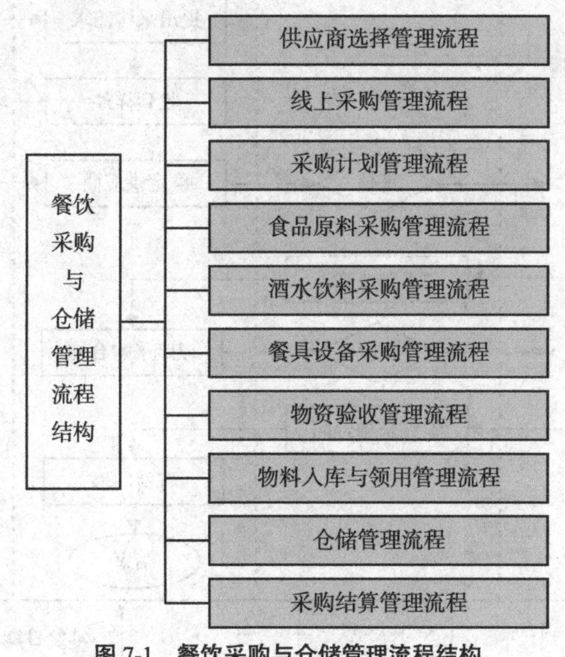

餐饮采购与仓储管理流程结构
供应商选择管理流程
线上采购管理流程
采购计划管理流程
食品原料采购管理流程
酒水饮料采购管理流程
餐具设备采购管理流程
物资验收管理流程
物料入库与领用管理流程
仓储管理流程
采购结算管理流程

图 7-1 餐饮采购与仓储管理流程结构

7.2 供应商选择管理流程设计与工作执行

7.2.1 供应商选择管理流程设计

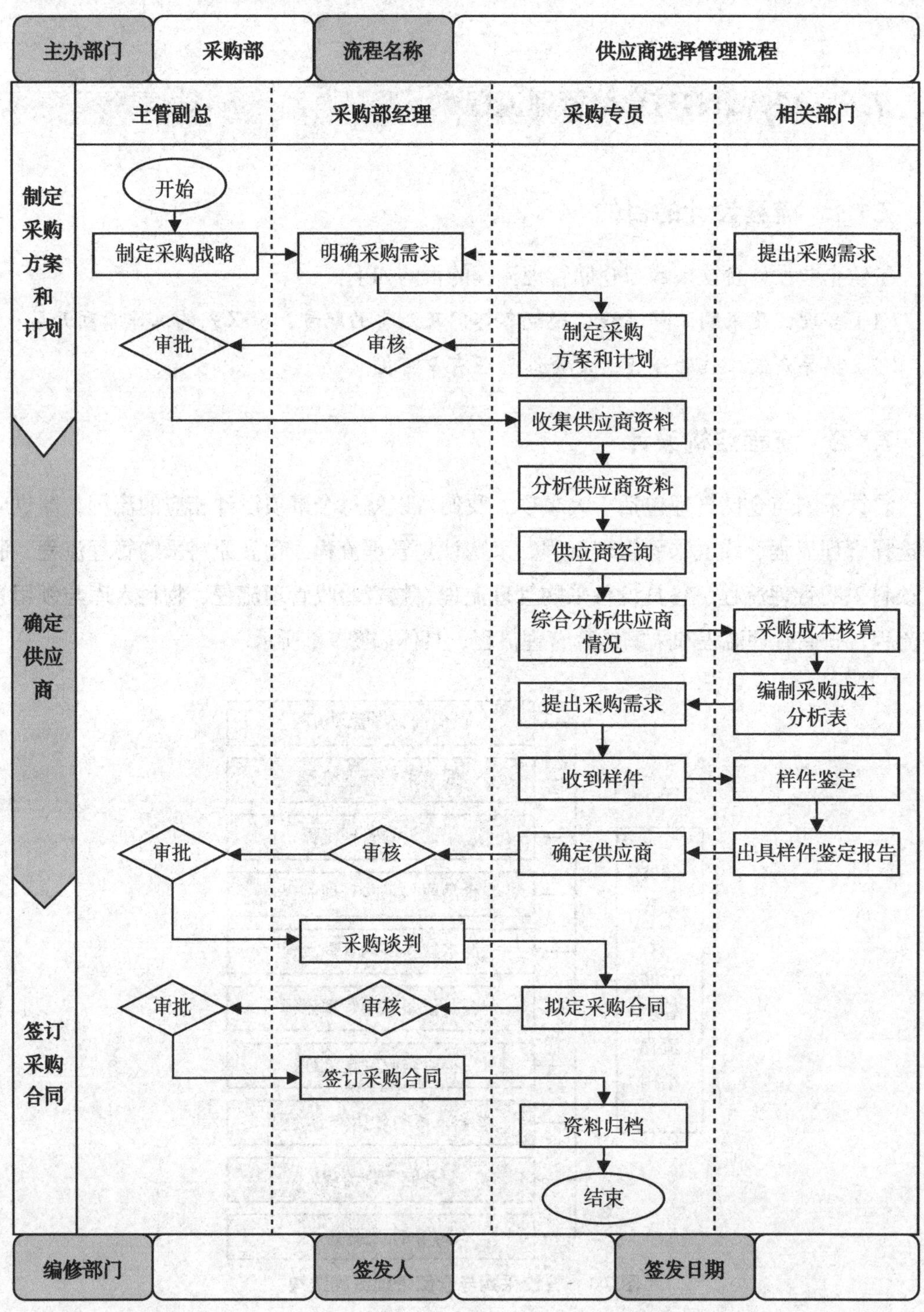

主办部门
采购部
流程名称
供应商选择管理流程
主管副总
采购部经理
采购专员
相关部门
制定采购方案和计划
确定供应商
签订采购合同
开始
制定采购战略
明确采购需求
提出采购需求
制定采购方案和计划
审批
审核
收集供应商资料
分析供应商资料
供应商咨询
综合分析供应商情况
采购成本核算
编制采购成本分析表
提出采购需求
收到样件
样件鉴定
出具样件鉴定报告
确定供应商
审核
审批
采购谈判
拟定采购合同
审核
审批
签订采购合同
资料归档
结束
编修部门
签发人
签发日期

7.2.2 供应商选择管理执行程序、工作标准、考核指标、执行规范

<table>
<tr><th>任务名称</th><th>执行程序、工作标准与考核指标</th></tr>
<tr><td rowspan="4">制定采购方案和计划</td><td>执行程序</td></tr>
<tr><td>1. 制定采购战略
主管副总根据本企业的年度总体销售战略，制定采购战略。
2. 明确采购需求
采购部经理根据采购战略及相关部门提出的采购需求，明确本企业在一段时间内的采购需求。
3. 制定采购方案和计划
☆采购专员根据本企业的发展状况及往年的采购情况，结合本年度企业的采购需求和市场变化情况制定采购方案和计划，并提交给采购部经理审核，之后报总经理审批。
☆采购方案和计划包括采购数量、采购货物价位、采购预算、采购途径、物流方式和风险防控措施等内容。
工作重点
采购方案和计划不仅要具有可操作性，而且要立足实际，便于企业后期实施和操作。</td></tr>
<tr><td>工作标准</td></tr>
<tr><td>可参照本企业过去年度的采购方案和计划。</td></tr>
<tr><td rowspan="2">确定供应商</td><td>执行程序</td></tr>
<tr><td>1. 收集供应商资料
☆采购专员根据采购方案和计划制定供应商选择标准，同时广泛收集供应商资料。
☆采购专员需要收集的资料包括潜在供应商所在地区的相关政策，如果是国际供应商，还要注意所在国的政治稳定性等因素；供应商的生产规模、技术水平、产品种类、生产能力、研发能力和质量标准等；供应商的负债情况、盈利情况等；供应商的质量认证、环境认证等。
☆采购专员收集资料的途径包括参加贸易展览会，行业报刊，政府、商会、贸易协会安排的内部代表团，大使馆的商业部门，以及网络等。
2. 分析供应商资料
采购专员须对收集到的供应商资料进行分析，筛选出符合企业要求的供应商。
3. 供应商咨询
如果存在疑问，采购专员应及时向供应商咨询，以进一步了解其产品情况。
4. 综合分析供应商情况
采购专员要对供应商情况进行综合分析。
5. 采购成本核算
相关部门根据供应商提供的初步报价，对采购成本进行核算，编制采购成本分析表，并提交给采购专员。
6. 提出采购需求
☆采购专员根据本企业的采购预算及采购成本核算分析表，提出具体的采购需求。
☆采购专员应向供应商通报本企业的具体采购需求，并向其发出样件鉴定通知。
7. 样件鉴定
采购专员组织相关部门人员对供应商提供的样件进行鉴定，并出具样件鉴定报告。</td></tr>
</table>

（续）

任务名称	执行程序、工作标准与考核指标
确定供应商	**8. 确定供应商** ☆采购专员根据供应商资料及样件鉴定结果，按照供应商评审标准对供应商进行综合评审，对各项指标进行评分并加权汇总，确定供应商。 ☆采购专员应将确定的供应商名单提交给采购部经理审核，之后报主管副总审批。 **工作重点** ☆供应商评审标准包括产品价格、供货能力、质量水平和信用状况等。 ☆企业可组建采购调查小组对供应商进行实地考察。采购调查小组须对供应商的管理体系及合同履行能力等方面进行现场评审和评分。
	工作标准
	供应商评审标准科学合理，供应商选择过程公开、透明、公正。
	考核指标
	供应商评审的规范性：严格按照本企业规定的程序、标准进行。
签订采购合同	**执行程序**
	1. 采购谈判 确定供应商后，采购专员应及时与之联系、接洽、谈判，以确定双方交易的条件、交易货品的价格及其他合作细节，以降低采购成本，保证企业利益最大化。 **2. 拟定采购合同** ☆采购谈判结束后，采购专员应根据谈判结果拟定采购合同。 ☆采购合同内容应明确具体，文字表述严谨，书写工整。另外，应使用汉语和供应商所在国官方语言作为文本合同的书写语言。 **3. 签订采购合同** ☆采购合同经采购部经理审核、主管副总审批通过后，由采购部经理代表企业与供应商代表签订合同。 ☆采购合同签订后，采购专员应及时将相关资料归档。 **工作重点** 要注意合同的合规性。通常情况下，合同初稿拟定完成后，企业的法务部应对合同初稿的内容进行全面审查。在审查的过程中，企业的相关部门既要对合同价款的形成依据、款项收取或支付条件等内容进行审查并提出意见，也要对合同内容的合法性及相关风险做出评估。
	工作标准
	双方正式签订采购合同并保持沟通。
	考核指标
	采购合同中无有损企业利益的条款。
执行规范	
“供应商选择标准”“采购方案和计划”“采购合同”“供应商评审标准”。	

7.3 线上采购管理流程设计与工作执行

7.3.1 线上采购管理流程设计

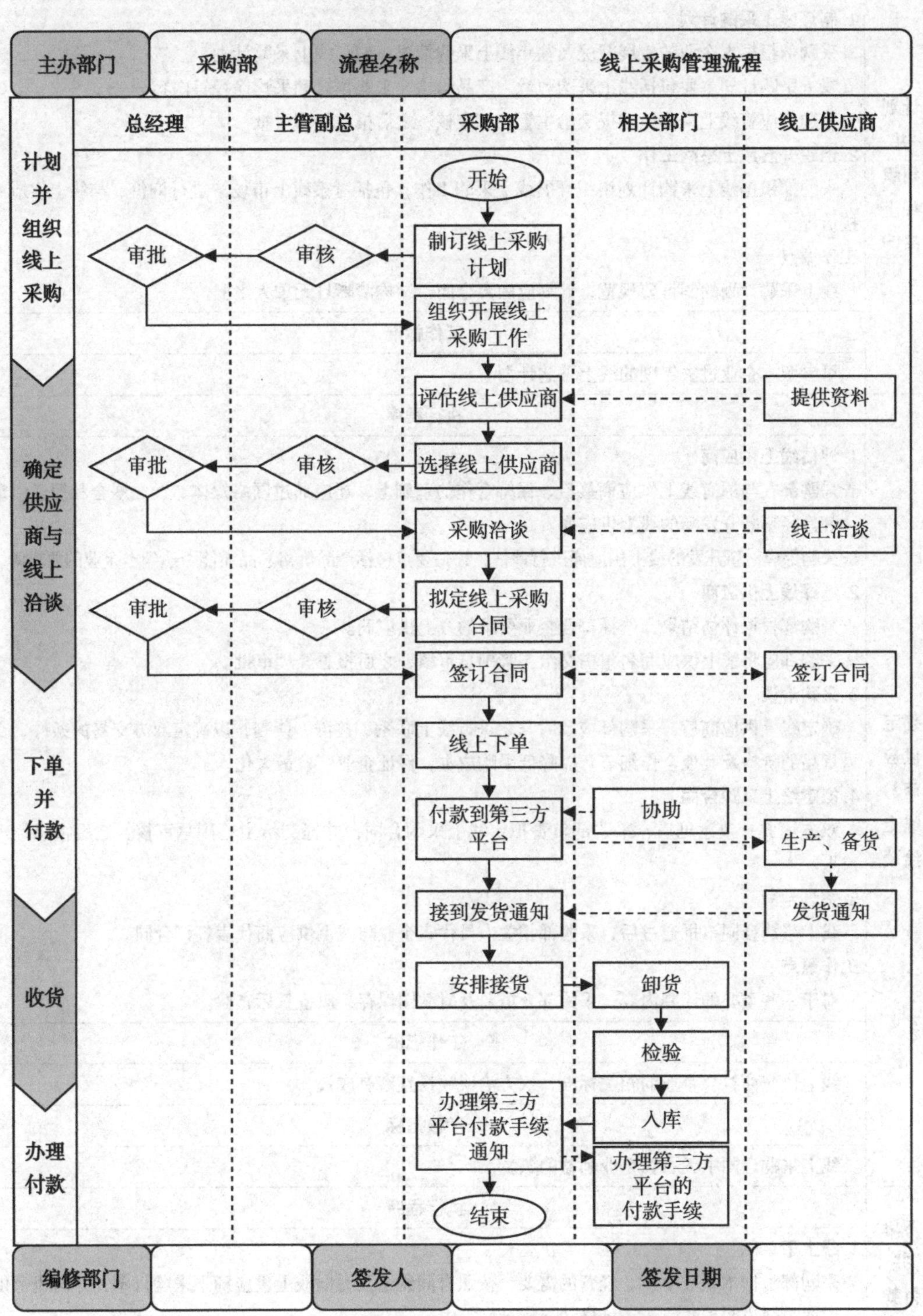
主办部门
采购部
流程名称
线上采购管理流程
总经理
主管副总
采购部
相关部门
线上供应商
计划并组织线上采购
确定供应商与线上洽谈
下单并付款
收货
办理付款
开始
制订线上采购计划
审核
审批
组织开展线上采购工作
评估线上供应商
提供资料
选择线上供应商
审核
审批
采购洽谈
线上洽谈
拟定线上采购合同
审核
审批
签订合同
签订合同
线上下单
付款到第三方平台
协助
生产、备货
接到发货通知
发货通知
安排接货
卸货
检验
入库
办理第三方平台付款手续通知
办理第三方平台的付款手续
结束
编修部门
签发人
签发日期

7.3.2 线上采购管理执行程序、工作标准、考核指标、执行规范

任务名称	执行程序、工作标准与考核指标
计划并组织线上采购	**执行程序** **1. 制订线上采购计划** ☆采购部根据本企业的发展状况及往年线上采购情况，制订线上采购计划。 ☆线上采购计划主要包括线上采购数量、产品价格、采购预算和采购途径等内容。 ☆采购部应将线上采购计划提交给主管副总审核，之后报总经理审批。 **2. 组织开展线上采购工作** 采购部根据线上采购计划组织开展线上采购工作，包括考察线上市场、进行询价、与线上供应商接洽等。 **工作重点** 线上采购计划的制订要规范，计划应内容全面、结构清晰且无重大纰漏。 **工作标准** 可参照本企业过去年度的线上采购计划。
确定供应商与线上洽谈	**执行程序** **1. 评估线上供应商** ☆采购部在与原有线上供应商接洽、保持合作的基础上，还应通过网络媒体、线上展会和搜索引擎等途径不断开发新的线上供应商。 ☆采购部应对新开发的线上供应商进行评估，评估要点包括产品价格、品质能否达到本企业的要求等。 **2. 选择线上供应商** ☆采购部根据评估结果，选择符合企业要求的线上供应商。 ☆采购部应将线上供应商名单提交给主管副总审核，之后报总经理审批。 **3. 采购洽谈** 确定线上供应商后，采购部应及时与之进行线上联系、接洽、谈判，以确定双方交易的条件、交易货品的价格及其他合作细节，以降低采购成本，保证企业利益最大化。 **4. 拟定线上采购合同** 双方达成一致意见后，采购部负责拟定线上采购合同，并提交给主管副总审核，之后报总经理审批。 **5. 签订合同** 线上采购合同审批通过后，采购部相关人员代表企业与线上供应商代表签订合同。 **工作重点** 对于一些重要的谈判内容，采购部人员要及时截图保存，以备日后查验。 **工作标准** 线上供应商符合企业的相关标准，双方洽谈顺畅且富有成效。 **考核指标** 线上采购合同中无有损企业利益的条款。
下单并付款	**执行程序** **1. 线上下单** ☆采购部根据本企业生产、经营的需要，按照合同约定及时向线上供应商下采购订单，并向线上供应商清楚说明采购数量、价格和交货日期等内容。

（续）

任务名称	执行程序、工作标准与考核指标
下单并付款	☆采购部对所需采购产品的其他相关要求应备注清楚。 **2. 付款到第三方平台** ☆为保证本企业的利益，使双方处于同等地位，采购部可协同财务部先付款到第三方平台。 ☆第三方平台会自动将相关信息传达给线上供应商，其收到信息后组织生产、备货，保证按时交货。 **工作重点** 采购部和财务部要注意付款到第三方平台的及时性。
	工作标准
	线上下单规范，付款到第三方平台及时。
收货	**执行程序**
	1. 发货通知 备货完成后，供应商按照合同约定日期发货，并向企业发出发货通知。 **2. 安排接货** 采购部接到发货通知后，根据合同约定，若由本企业负责运输，采购部应及时安排货物运输；若由供应商负责运输，采购部应及时掌握货物到达企业的日期，并安排相关部门准备接货。 **3. 卸货** ☆货物到达企业后，采购部、仓储部等部门要及时核对货物数量，如果发现短缺，应及时与供应商联系。 ☆质量部应及时对货物进行检验，保证货物的质量。检验过程中若发现问题，本企业有权要求损害赔偿甚至拒收货物。 **工作重点** 线上供应商多采用第三方物流企业，如有问题，采购部要及时与线上供应商沟通。
	工作标准
	采购部接货及时、准确。
办理付款	**执行程序**
	1. 入库 货物检验合格后，仓储部应及时办理入库手续。 **2. 办理第三方平台付款手续通知** 货物入库后，采购部应通知财务部办理第三方平台的付款手续。 **工作重点** 要注意保证单据的完整性。如果发生索赔，有关单证、发票、装箱单、重量明细单、品质说明书、使用说明书、产品图纸等技术资料、商务记录等均可作为重要依据。
	工作标准
	可参照本企业过去年度的货物付款资料。
执行规范	
“线上采购计划”“线上采购合同”。	

7.4 采购计划管理流程设计与工作执行

7.4.1 采购计划管理流程设计

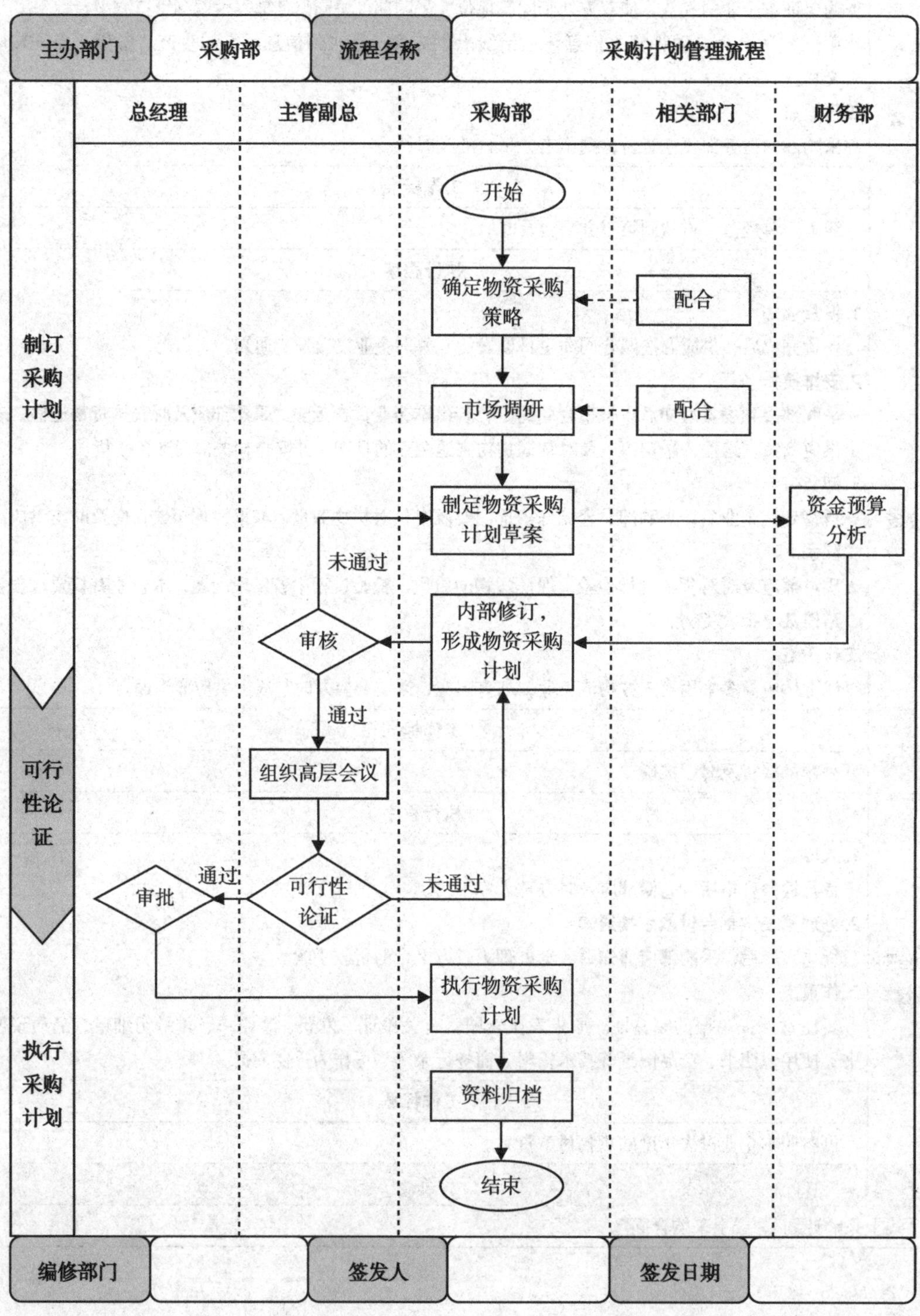

主办部门
采购部
流程名称
采购计划管理流程
总经理
主管副总
采购部
相关部门
财务部
制订采购计划
可行性论证
执行采购计划
开始
确定物资采购策略
配合
市场调研
配合
制定物资采购计划草案
资金预算分析
未通过
审核
内部修订，形成物资采购计划
通过
组织高层会议
通过
审批
可行性论证
未通过
执行物资采购计划
资料归档
结束
编修部门
签发人
签发日期

7.4.2 采购计划管理执行程序、工作标准、考核指标、执行规范

<table>
<tr><th>任务名称</th><th>执行程序、工作标准与考核指标</th></tr>
<tr><td rowspan="6">制订采购计划</td><td>执行程序</td></tr>
<tr><td>1. 确定物资采购策略
采购部根据本企业的采购战略及产品目标市场定位、产品特点等，确定物资采购策略。
2. 市场调研
确定物资采购策略后，采购部组织相关人员开展市场调研工作，了解当前同类物资的市场状况、竞争对手的物资采购情况等。
3. 制定物资采购计划草案
采购部根据市场调研结果，制定物资采购计划草案。
4. 资金预算分析
财务部相关人员须对物资采购计划草案进行资金预算分析。
5. 内部修订，形成物资采购计划
采购部根据资金预算分析结果修订物资采购计划，形成正式的物资采购计划，并提交给主管副总审核。若审核未通过，采购部须重新制定物资采购计划草案。
工作重点
物资采购计划应内容全面、结构清晰且无重大纰漏。</td></tr>
<tr><td>工作标准</td></tr>
<tr><td>☆参照标准：本企业过去年度的物资采购计划。
☆时间标准：采购部应在____个工作日内完成物资采购计划的修订工作。</td></tr>
<tr><td>考核指标</td></tr>
<tr><td>☆市场调研项目完备率，其计算公式如下：
$$市场调研项目完备率=\frac{已完成的项目数}{应完成的项目数}\times 100\%$$
☆物资采购计划应一次性审核通过。</td></tr>
<tr><td rowspan="6">可行性论证</td><td>执行程序</td></tr>
<tr><td>☆物资采购计划审核通过后，主管副总组织召开高层会议，从市场、财务等多个角度对物资采购计划的可行性进行论证。
☆若论证通过，采购部应将物资采购计划提交给总经理审批；若论证未通过，采购部应再次修订物资采购计划。
工作重点
主管副总应组织召开高层会议，对物资采购计划的必要性、可行性和科学性进行论证。</td></tr>
<tr><td>工作标准</td></tr>
<tr><td>☆质量标准：物资采购计划遵循市场规律，科学可行。
☆考核标准：采购部修订物资采购计划的次数不得超过____次。</td></tr>
<tr><td>考核指标</td></tr>
<tr><td>物资采购计划的完整性、可行性：计划中所有重要决策事项都有论据支撑，计划切实可行。</td></tr>
</table>

（续）

<table>
<tr><th>任务名称</th><th>执行程序、工作标准与考核指标</th></tr>
<tr><td rowspan="6">执行采购计划</td><td>执行程序</td></tr>
<tr><td>1. 执行物资采购计划
物资采购计划审批通过后，采购部组织执行计划。
2. 资料归档
采购部应及时将采购计划管理过程中产生的相关资料归档。
工作重点
采购部应严格组织执行物资采购计划。</td></tr>
<tr><td>工作标准</td></tr>
<tr><td>资料的归档可参照本企业的资料管理制度执行。</td></tr>
<tr><td>考核指标</td></tr>
<tr><td>物资采购计划执行到位。</td></tr>
<tr><td colspan="2">执行规范</td></tr>
<tr><td colspan="2">“物资采购计划”“物资采购计划草案”。</td></tr>
</table>

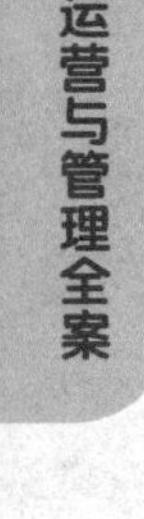

7.5 食品原料采购管理流程设计与工作执行

7.5.1 食品原料采购管理流程设计

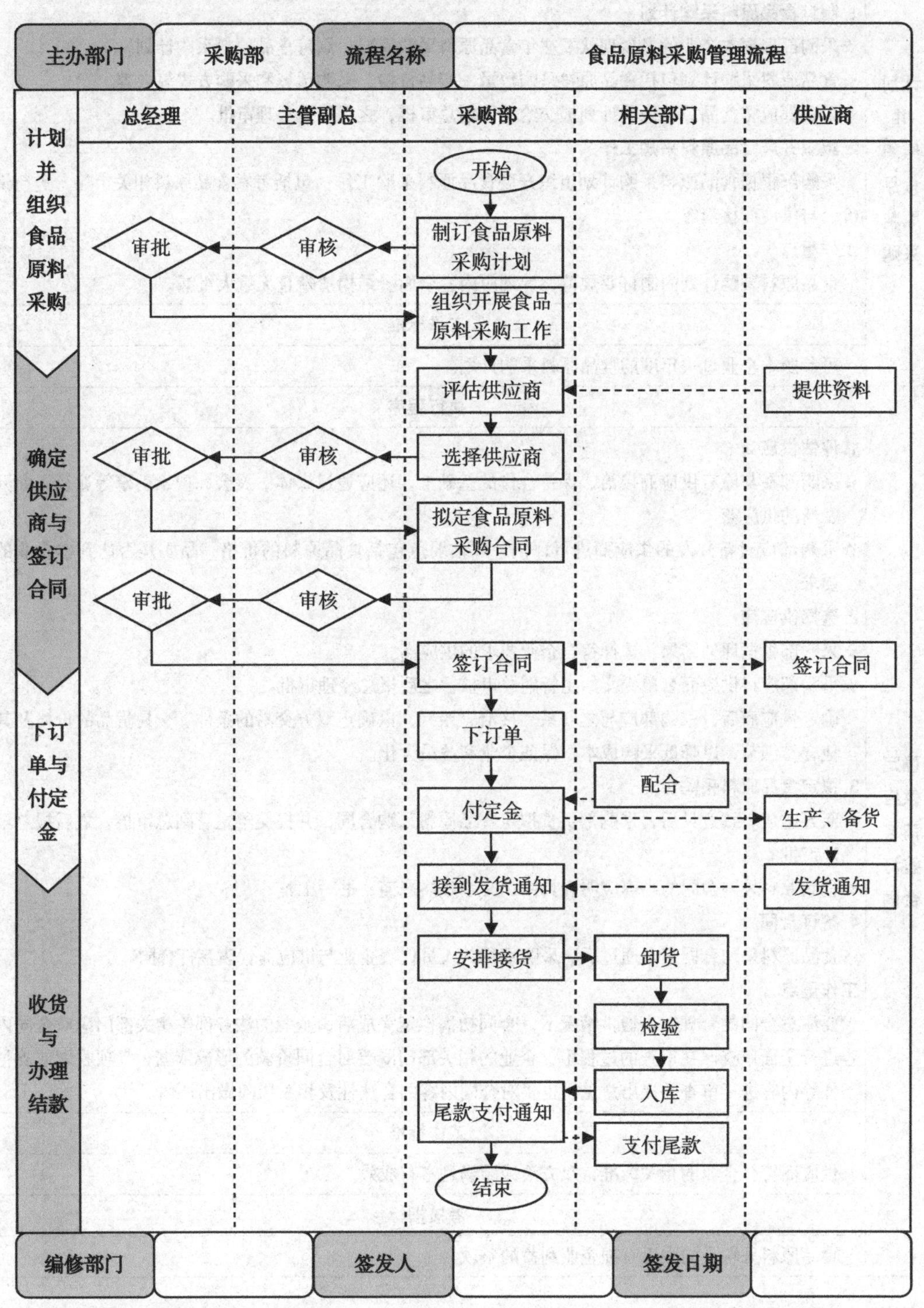

主办部门
采购部
流程名称
食品原料采购管理流程
总经理
主管副总
采购部
相关部门
供应商
计划并组织食品原料采购
确定供应商与签订合同
下订单与付定金
收货与办理结款
开始
制订食品原料采购计划
审核
审批
组织开展食品原料采购工作
评估供应商
提供资料
选择供应商
审核
审批
拟定食品原料采购合同
审核
审批
签订合同
签订合同
下订单
配合
付定金
生产、备货
发货通知
接到发货通知
安排接货
卸货
检验
入库
尾款支付通知
支付尾款
结束
编修部门
签发人
签发日期

第7章 餐饮采购与仓储管理

7.5.2 食品原料采购管理执行程序、工作标准、考核指标、执行规范

<table>
<tr><th>任务名称</th><th>执行程序、工作标准与考核指标</th></tr>
<tr><td rowspan="4">计划并组织食品原料采购</td><td>执行程序</td></tr>
<tr><td>1. 制订食品原料采购计划
☆采购部根据本企业的发展现状及往年食品原料采购情况，制订食品原料采购计划。
☆食品原料采购计划包括食品原料采购数量、产品价格、采购预算和采购方式等内容。
☆采购部应将食品原料采购计划提交给主管副总审核，之后报总经理审批。
2. 组织开展食品原料采购工作
采购部根据食品原料采购计划组织开展食品原料采购工作，包括考察食品原料相关市场、进行询价、与供应商接洽等。
工作重点
食品原料采购计划的制订要规范，计划应内容全面、结构清晰且无重大纰漏。</td></tr>
<tr><td>工作标准</td></tr>
<tr><td>可参照本企业过去年度的食品原料采购计划。</td></tr>
<tr><td rowspan="6">确定供应商与签订合同</td><td>执行程序</td></tr>
<tr><td>1. 评估供应商
☆采购部在与原有供应商接洽、保持合作的基础上，还应通过媒体、展会和搜索引擎等途径不断开发新的供应商。
☆采购部应对新开发的供应商进行评估，评估要点包括食品原料的价格、品质是否达到本企业的要求。
2. 选择供应商
☆采购部根据评估结果，选择符合企业要求的供应商。
☆采购部应将供应商名单提交给主管副总审核，之后报总经理审批。
☆确定供应商后，采购部应与之联系、接洽、谈判，以确定双方交易的条件、交易货品的价格及其他合作细节，以降低采购成本，保证企业利益最大化。
3. 拟定食品原料采购合同
☆双方达成一致意见后，采购部负责拟定食品原料采购合同，并提交给主管副总审核，之后报总经理审批。
☆食品原料采购合同的内容应明确具体，文字表述严谨，书写工整。
4. 签订合同
食品原料采购合同审批通过后，采购部相关人员代表企业与供应商代表签订合同。
工作重点
要注意合同的合规性。通常情况下，合同初稿拟定完成后，企业的法务部等相关部门应对合同内容进行全面审查。在审查的过程中，企业的相关部门既要对合同价款的形成依据、款项收取或支付条件等内容进行审查并提出意见，也要对合同内容的合法性及相关风险做出评估。</td></tr>
<tr><td>工作标准</td></tr>
<tr><td>供应商符合企业的相关标准，双方洽谈顺畅且富有成效。</td></tr>
<tr><td>考核指标</td></tr>
<tr><td>食品原料采购合同中无有损企业利益的条款。</td></tr>
</table>

（续）

<table>
<tr><th>任务名称</th><th>执行程序、工作标准与考核指标</th></tr>
<tr><td rowspan="4">下订单与付定金</td><td>执行程序</td></tr>
<tr><td>1. 下订单
采购部根据本企业生产、经营的需要，按照合同约定及时向供应商下采购订单，并向供应商清楚说明采购数量、价格、交货日期、特别食品原料的运输注意事项等内容。
2. 付定金
☆为保证双方的利益，采购部可协同财务部按照合同约定先向供应商付定金。
☆供应商收到定金后及时组织生产、备货，保证按时交货。
工作重点
采购部和财务部要注意定金支付的及时性。</td></tr>
<tr><td>工作标准</td></tr>
<tr><td>下单规范，付定金及时。</td></tr>
<tr><td rowspan="4">收货与办理结款</td><td>执行程序</td></tr>
<tr><td>1. 发货通知
备货完成后，供应商按照合同约定日期发货，并向企业发出发货通知。
2. 安排接货
采购部接到发货通知后，根据合同约定，若由本企业负责运输，采购部应及时安排运输；若由供应商负责运输，采购部应及时掌握货物到达企业的日期，并安排相关部门准备接货。
3. 卸货
☆货物到达企业后，采购部、仓储部等部门要及时核对货物数量，如果发现短缺，应及时与供应商联系。
☆质量部应对货物进行检验，保证货物的质量。检验过程中若发现问题，本企业有权要求损害赔偿甚至拒收货物。
4. 入库
货物检验合格后，仓储部应及时办理入库手续。
5. 尾款支付通知
货物入库后，采购部可通知财务部支付尾款。
工作重点
食品原料采购供应商多采用第三方物流企业，若有问题，采购部要及时与供应商沟通。</td></tr>
<tr><td>工作标准</td></tr>
<tr><td>☆参照标准：本企业过去年度的货物付款资料。
☆质量标准：采购部接货及时、准确。</td></tr>
<tr><td colspan="2">执行规范</td></tr>
<tr><td colspan="2">“食品原料采购计划”“食品原料采购合同”。</td></tr>
</table>

7.6 酒水饮料采购管理流程设计与工作执行

7.6.1 酒水饮料采购管理流程设计

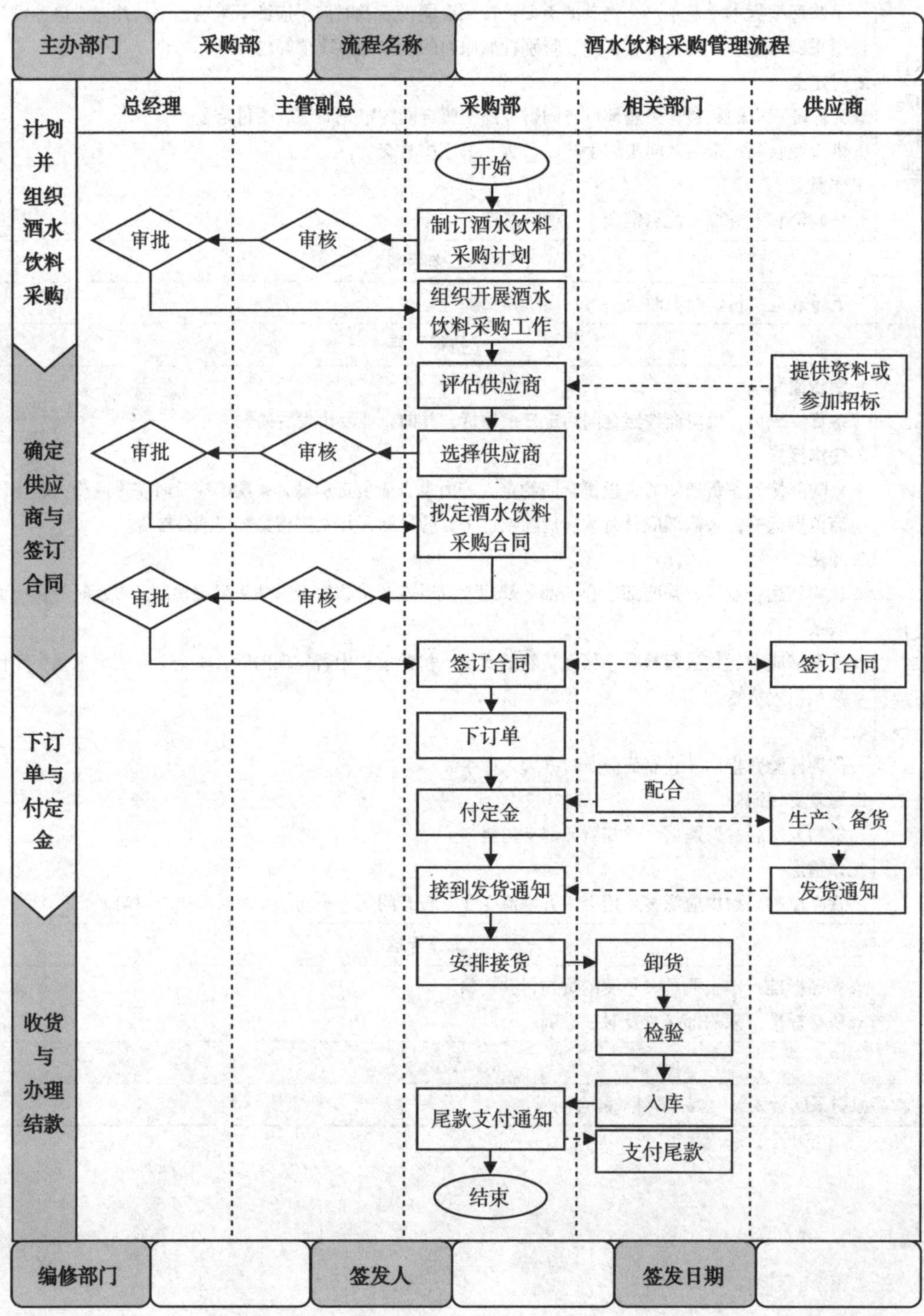

主办部门
采购部
流程名称
酒水饮料采购管理流程
总经理
主管副总
采购部
相关部门
供应商
计划并组织酒水饮料采购
开始
制订酒水饮料采购计划
审核
审批
组织开展酒水饮料采购工作
确定供应商与签订合同
评估供应商
提供资料或参加招标
选择供应商
审核
审批
拟定酒水饮料采购合同
审核
审批
签订合同
签订合同
下订单与付定金
下订单
配合
付定金
生产、备货
接到发货通知
发货通知
收货与办理结款
安排接货
卸货
检验
入库
尾款支付通知
支付尾款
结束
编修部门
签发人
签发日期

餐饮企业运营与管理全案

7.6.2 酒水饮料采购管理执行程序、工作标准、考核指标、执行规范

任务名称	执行程序、工作标准与考核指标
计划并组织酒水饮料采购	**执行程序** **1. 制订酒水饮料采购计划** ☆采购部根据本企业的发展现状及往年酒水饮料采购情况，制订酒水饮料采购计划。 ☆酒水饮料采购计划包括酒水饮料采购数量、产品价格、采购预算和采购方式等内容。 ☆本企业所需的酒水饮料主要分为普通酒水、饮料类和高档类酒水两大类。采购部可以采用招标、询价等方式选择供应商。 ☆如果采用招标采购，餐饮企业通常以一次性买断一年酒水供应权的方式择优选择供应商。 ☆采购部应将酒水饮料采购计划提交给主管副总审核，之后报总经理审批。 **2. 组织开展酒水饮料采购工作** 采购部根据酒水饮料采购计划组织开展酒水饮料采购工作，包括考察酒水饮料相关市场、进行询价、与供应商接洽等。 **工作重点** 酒水饮料采购计划的制订要规范，计划应内容全面、结构清晰且无重大纰漏。 **工作标准** ☆参照标准：本企业过去年度的酒水饮料采购计划。 ☆质量标准：酒水饮料采购计划符合本企业的实际情况，具有较强的可操作性。
确定供应商与签订合同	**执行程序** **1. 评估供应商** ☆采购部在与原有酒水饮料供应商接洽、保持合作的基础上，还应通过媒体、展会和搜索引擎等途径不断开发新的供应商。 ☆采购部应对新开发的酒水饮料供应商进行评估，评估要点包括酒水饮料的品牌、价格、品质能否达到本企业的要求等。 **2. 选择供应商** ☆采购部根据评估结果，选择符合企业要求的供应商。 ☆采购部应将供应商名单提交给主管副总审核，之后报总经理审批。 ☆确定供应商后，采购部应与之联系、接洽、谈判，以确定双方交易的条件、交易货品的价格及其他合作细节，以降低采购成本，保证企业利益最大化。 **3. 拟定酒水饮料采购合同** ☆双方达成一致意见后，采购部应拟定酒水饮料采购合同，并提交给主管副总审核，之后报总经理审批。 ☆采购合同条款应明确具体，文字表述严谨，书写工整。 **4. 签订合同** 酒水饮料采购合同审批通过后，采购部相关人员代表企业与供应商代表签订合同。 **工作重点** ☆要注意合同的合规性。通常情况下，合同初稿拟定完成后，企业的法务部等相关部门应对合同内容进行全面审查。在审查的过程中，企业的相关部门既要对合同价款的形成依据、款项收取或支付条件等内容进行审查并提出意见，也要对合同内容的合法性及相关风险做出评估。 ☆采购部应查看供应商的法人营业执照、税务登记证、酒类商品批发（经营）许可证、食品流通许可证、卫生许可证、法定代表人及委托代理人身份证等。

（续）

任务名称	执行程序、工作标准与考核指标
确定供应商与签订合同	☆如果采用招标采购，通常要注意三点：投标方选用的各类酒水的品牌、数量、规格等均需清单报价，投标报价应包括途中的运输费用、人工费用和税费，投标报价为最低、最终报价；投标方需提供符合国家质量检测标准或具有我国商检部门合格证明的各类酒水产品；中标的投标方需负责各营业部门所需的酒水饮品展示柜，并免费提供若干年的维修及保养服务。
	工作标准
	酒水饮料供应商符合企业的相关标准，双方洽谈顺畅且富有成效。
	考核指标
	☆酒水饮料采购合同中无有损企业利益的条款。 ☆供应商评估的及时性：应在____个工作日内完成。
下订单与付定金	**执行程序**
	1. 下订单 采购部根据本企业生产、经营的需要，按照合同约定及时向供应商下采购订单，并向供应商清楚说明采购数量、价格、交货日期、酒水饮料的运输注意事项等内容。 **2. 付定金** ☆为保证双方的利益，采购部可协同财务部按合同约定先向供应商付定金。 ☆供应商收到定金后及时组织生产、备货，保证按时交货。 **工作重点** 采购部和财务部要注意定金支付的及时性。
	工作标准
	下单规范，付定金及时。
收货与办理结款	**执行程序**
	1. 发货通知 备货完成后，供应商按照合同约定日期发货，并向企业发出发货通知。 **2. 安排接货** 采购部接到发货通知后，根据合同约定，若由本企业负责运输，采购部应及时安排运输；若由供应商负责运输，采购部应及时掌握货物到达企业的日期，并安排相关部门准备接货。 **3. 卸货** ☆货物到达企业后，采购部、仓储部等部门要及时核对货物数量，如果发现短缺，应及时与供应商联系。 ☆质量部须对货物进行检验，保证货物的质量。检验过程中若发现问题，本企业有权要求损害赔偿甚至拒收货物。 **4. 入库** 货物检验合格后，仓储部应及时办理入库手续。 **5. 尾款支付通知** 货物入库后，采购部可通知财务部支付尾款。 **工作重点** 酒水饮料采购供应商多采用第三方物流企业，若有问题，采购部要及时与供应商沟通。

（续）

<table>
<tr><th>任务名称</th><th>执行程序、工作标准与考核指标</th></tr>
<tr><td rowspan="4">收货与办理结款</td><td>工作标准</td></tr>
<tr><td>☆参照标准：本企业过去年度的货物付款资料。
☆质量标准：采购部接货及时、准确。</td></tr>
<tr><td>考核指标</td></tr>
<tr><td>酒水饮料采购计划完成率，其计算公式如下：
$$酒水饮料采购计划完成率=\frac{已完成的采购项目数}{应完成的采购项目数}\times 100\%$$</td></tr>
<tr><td colspan="2">执行规范</td></tr>
<tr><td colspan="2">“酒水饮料采购计划”“酒水饮料采购合同”。</td></tr>
</table>

7.7　餐具设备采购管理流程设计与工作执行

7.7.1　餐具设备采购管理流程设计

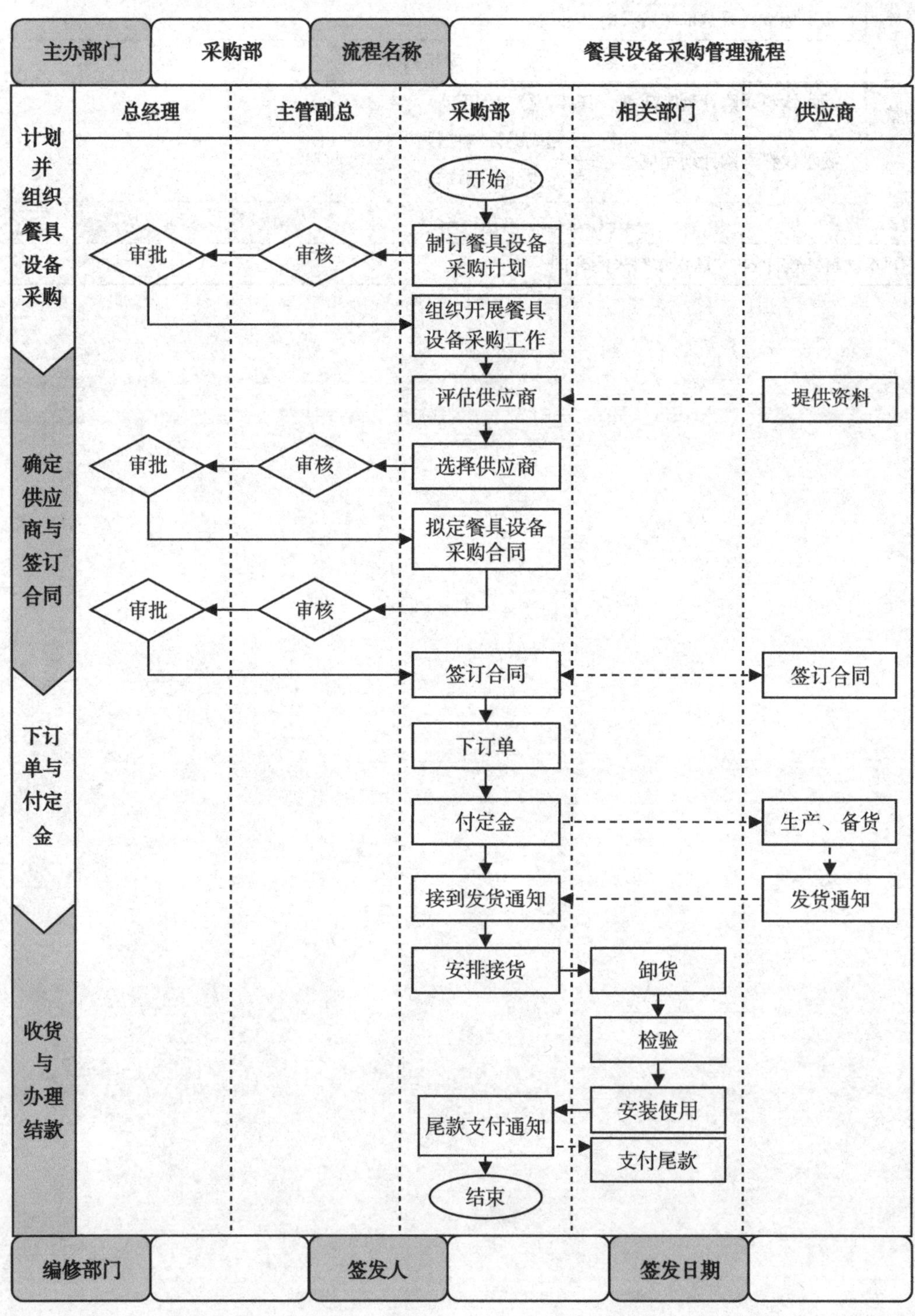

主办部门
采购部
流程名称
餐具设备采购管理流程
总经理
主管副总
采购部
相关部门
供应商
计划并组织餐具设备采购
开始
制订餐具设备采购计划
审核
审批
组织开展餐具设备采购工作
评估供应商
提供资料
确定供应商与签订合同
选择供应商
审核
审批
拟定餐具设备采购合同
审核
审批
签订合同
签订合同
下订单与付定金
下订单
付定金
生产、备货
接到发货通知
发货通知
收货与办理结款
安排接货
卸货
检验
安装使用
尾款支付通知
支付尾款
结束
编修部门
签发人
签发日期

7.7.2 餐具设备采购管理执行程序、工作标准、考核指标、执行规范

<table>
<tr><th>任务名称</th><th>执行程序、工作标准与考核指标</th></tr>
<tr><td rowspan="5">计划并组织餐具设备采购</td><td>执行程序</td></tr>
<tr><td>1. 制订餐具设备采购计划
采购部应制订餐具设备采购计划，并提交给主管副总审核，之后报总经理审批。
2. 组织开展餐具设备采购工作
采购部根据餐具设备采购计划，组织开展餐具设备采购工作。
工作重点
餐具设备采购计划的制订要规范。</td></tr>
<tr><td>工作标准</td></tr>
<tr><td>☆参照标准：本企业过去年度的餐具设备采购计划。
☆质量标准：餐具设备采购计划符合本企业的实际情况。</td></tr>
<tr><td></td></tr>
<tr><td rowspan="6">确定供应商与签订合同</td><td>执行程序</td></tr>
<tr><td>1. 评估供应商
☆采购部在与原有餐具设备供应商接洽、保持合作的基础上，还应通过媒体、展会和搜索引擎等途径不断开发新的供应商。
☆采购部应对新开发的餐具设备供应商进行评估，评估要点包括餐具设备的品牌、价格、品质能否达到本企业的要求等。
2. 选择供应商
☆采购部应根据评估结果，选择符合企业要求的供应商。
☆采购部应将供应商名单提交给主管副总审核，之后报总经理审批。
☆确定供应商后，采购部应与之联系、接洽、谈判，以确定双方交易的条件、交易货品的价格及其他合作细节，以降低采购成本，保证企业利益最大化。
3. 拟定餐具设备采购合同
☆双方达成一致意见后，采购部应拟定餐具设备采购合同，并提交给主管副总审核，之后报总经理审批。
☆餐具设备采购合同条款应明确具体，文字表述严谨，书写工整。
4. 签订合同
餐具设备采购合同审批通过后，采购部相关人员代表企业与供应商代表签订合同。
工作重点
要注意合同的合规性。通常情况下，合同初稿拟定完成后，企业的法务部等相关部门应对合同内容进行全面审查。在审查的过程中，企业的相关部门既要对合同价款的形成依据、款项收取或支付条件等内容进行审查并提出意见，也要对合同内容的合法性及相关风险做出评估。</td></tr>
<tr><td>工作标准</td></tr>
<tr><td>餐具设备供应商符合企业的相关标准，双方洽谈顺畅且富有成效。</td></tr>
<tr><td>考核指标</td></tr>
<tr><td>☆餐具设备采购合同中无有损企业利益的条款。
☆供应商评估的及时性：应在____个工作日内完成。</td></tr>
</table>

（续）

<table>
<tr><th>任务名称</th><th>执行程序、工作标准与考核指标</th></tr>
<tr><td rowspan="4">下订单与付定金</td><td>执行程序</td></tr>
<tr><td>1. 下订单
采购部根据本企业生产、经营的需要，按照合同约定及时向供应商下采购订单，并向供应商清楚说明采购数量、价格、交货日期、餐具设备的运输注意事项等内容。
2. 付定金
☆为保证双方的利益，采购部可协同财务部按合同约定先向供应商支付定金。
☆供应商收到定金后及时组织生产、备货，保证按时交货。
工作重点
采购部和财务部要注意定金支付的及时性。</td></tr>
<tr><td>工作标准</td></tr>
<tr><td>下单规范，付定金及时。</td></tr>
<tr><td rowspan="6">收货与办理结款</td><td>执行程序</td></tr>
<tr><td>1. 发货通知
备货完成后，供应商按照合同约定日期发货，并向企业发出发货通知。
2. 安排接货
采购部接到发货通知后，根据合同约定，若由本企业负责运输，采购部应及时安排运输；若由供应商负责运输，采购部应及时掌握货物到达企业的日期，并安排相关部门准备接货。
3. 卸货
☆货物到达企业后，采购部、仓储部等部门要及时核对货物数量，如果发现短缺，应及时与供应商联系。
☆质量部须对货物进行检验，保证货物质量。检验过程中若发现问题，本企业有权要求损害赔偿甚至拒收货物。
4. 安装使用
餐具设备使用部门按照规范对设备进行安装和调试，并检测设备的性能。
5. 尾款支付通知
餐具设备的性能确认无误后，采购部可通知财务部支付尾款。
工作重点
餐具设备采购供应商多采用第三方物流企业，若有问题，采购部要及时与供应商沟通。</td></tr>
<tr><td>工作标准</td></tr>
<tr><td>☆参照标准：本企业过去年度的货物付款资料。
☆质量标准：采购部接货及时、准确，餐具设备安装和调试顺利。</td></tr>
<tr><td>考核指标</td></tr>
<tr><td>餐具设备采购计划完成率，其计算公式如下：
$$餐具设备采购计划完成率=\frac{已完成的采购项目数}{应完成的采购项目数}\times 100\%$$</td></tr>
<tr><td colspan="2">执行规范</td></tr>
<tr><td colspan="2">“餐具设备采购合同”“餐具设备采购计划”。</td></tr>
</table>

7.8 物资验收管理流程设计与工作执行

7.8.1 物资验收管理流程设计

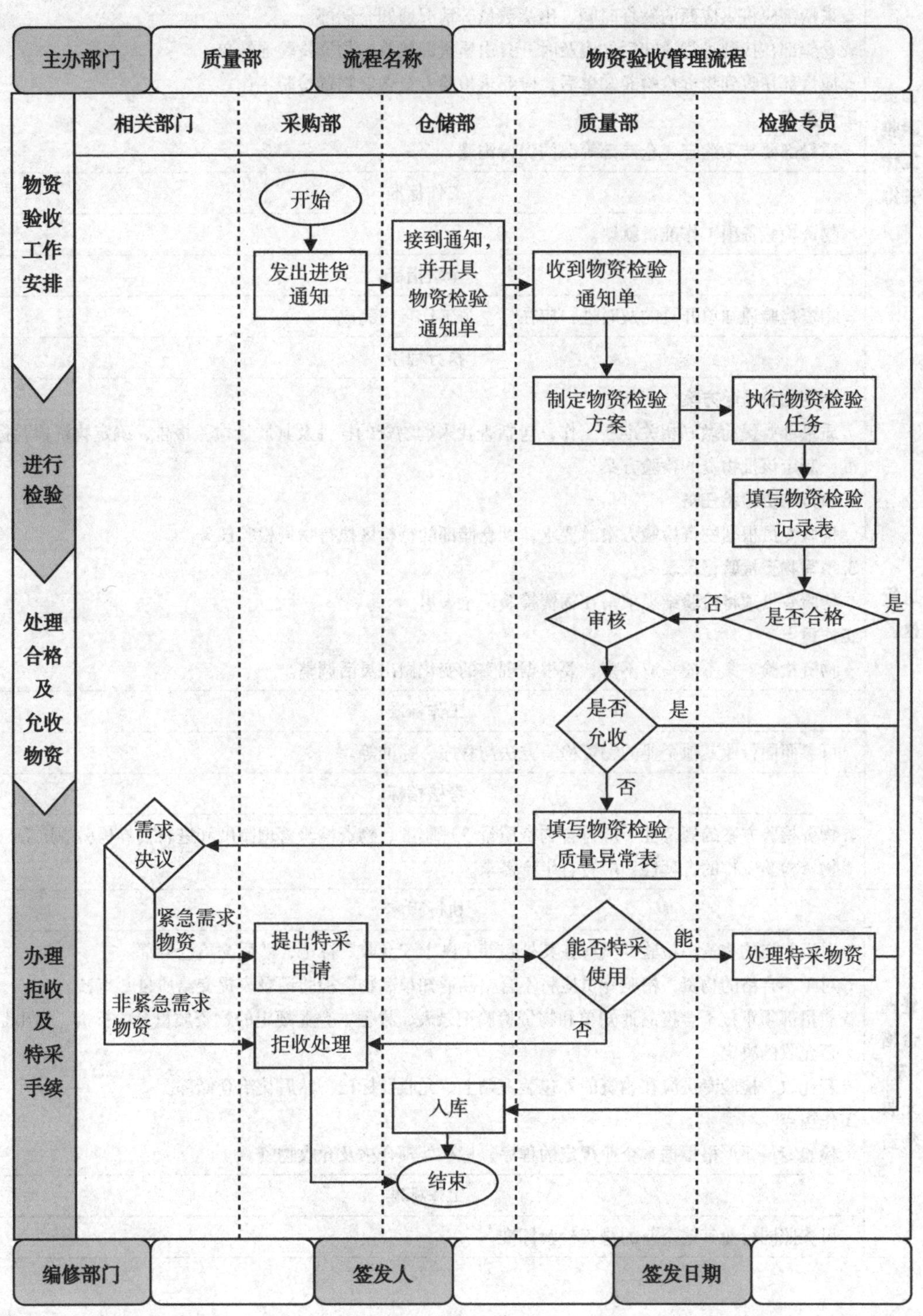

主办部门
质量部
流程名称
物资验收管理流程
相关部门
采购部
仓储部
质量部
检验专员
物资验收工作安排
进行检验
处理合格及允收物资
办理拒收及特采手续
开始
发出进货通知
接到通知，并开具物资检验通知单
收到物资检验通知单
制定物资检验方案
执行物资检验任务
填写物资检验记录表
是否合格
否
是
审核
是否允收
是
否
填写物资检验质量异常表
需求决议
紧急需求物资
非紧急需求物资
提出特采申请
能否特采使用
能
否
处理特采物资
拒收处理
入库
结束
编修部门
签发人
签发日期

7.8.2 物资验收管理执行程序、工作标准、考核指标、执行规范

任务名称	执行程序、工作标准与考核指标
物资验收工作安排	**执行程序** ☆采购部应将供应商的发货时间、出货数量等情况通知仓储部。 ☆仓储部在接到进货通知后，应及时开具由质量部接收的物资检验通知单。 ☆质量部在收到物资检验通知单后，应要求检验专员做好物资检验工作。 **工作重点** 质量部要与采购部、仓储部等部门保持沟通。 **工作标准** 物资检验各项工作准备就绪。 **考核指标** 物资检验通知单开具的及时性：应在____个工作日内完成。
进行检验	**执行程序** **1. 制定物资检验方案** 质量部要提前做好相关准备工作，包括查找采购物资的样件及其质量检验报告，确定物资检验标准，制定该批物资的检验方案。 **2. 执行物资检验任务** 检验专员根据物资检验方案的要求，到仓储部的待检区执行物资检验任务。 **3. 填写物资检验记录表** 检验专员须将检验结果填写在物资检验记录表里。 **工作重点** 物资检验方案不能一成不变，要根据现实的变化做出灵活调整。 **工作标准** 可参照同行业其他企业的物资检验方法与程序、标准等。 **考核指标** ☆物资检验方案的规范性：应符合物资质量管理制度、物资检验管理制度和进料抽样检验规定等。 ☆物资检验安排的合理性：应符合生产需求。
处理合格及允收物资	**执行程序** ☆对于合格的物资，检验专员应在其外包装上贴上“允收”标记，然后交给仓储部。 ☆对于不合格的物资，检验专员应将不合格品通知单和物资检验记录表提交给质量部审核。 ☆质量部须审核不合格品通知单和物资检验记录表，根据本企业规定的物资质量允收标准，做出是否允收的决定。 ☆若允收，检验专员应在物资的外包装上贴上“允收”标记，然后交给仓储部。 **工作重点** 检验专员要严格根据本企业规定的程序、标准处理合格及允收物资。 **工作标准** 可参照同行业其他企业的物资检验标准。

（续）

<table>
<tr><th>任务名称</th><th>执行程序、工作标准与考核指标</th></tr>
<tr><td rowspan="6">办理拒收及特采手续</td><td>执行程序</td></tr>
<tr><td>1. 填写物资检验质量异常表
对于不可允收的物资，质量部应填写物资检验质量异常表，并组织相关部门召开物资需求决议会议。
2. 能否特采使用
☆若为紧急需求物资，由采购部提出特采申请，并填写特采申请表。
☆质量部组织相关人员根据物资的不合格程度和质量要求，审定能否特采使用，对于能特采使用的物资，检验专员要按照不同的物资特采方式，分别处理。
3. 拒收处理
若为非紧急需求物资，由采购部做出拒收处理。
4. 入库
仓储部应及时为合格及允收物资办理入库手续。
工作重点
物资检验质量异常表的填写要规范。</td></tr>
<tr><td>工作标准</td></tr>
<tr><td>检验专员应将检验结果录入企业的物资质量信息管理系统。</td></tr>
<tr><td>考核指标</td></tr>
<tr><td>特采物资标识处理及时率：目标值为100%。</td></tr>
<tr><td colspan="2">执行规范</td></tr>
<tr><td colspan="2">“物资检验通知单”“物资检验标准”“物资检验方案”“物资检验记录表”“不合格品通知单”“物资检验质量异常表”“物资质量管理制度”“物资检验管理制度”“进料抽样检验规定”“特采申请表”。</td></tr>
</table>

7.9 物料入库与领用管理流程设计与工作执行

7.9.1 物料入库与领用管理流程设计

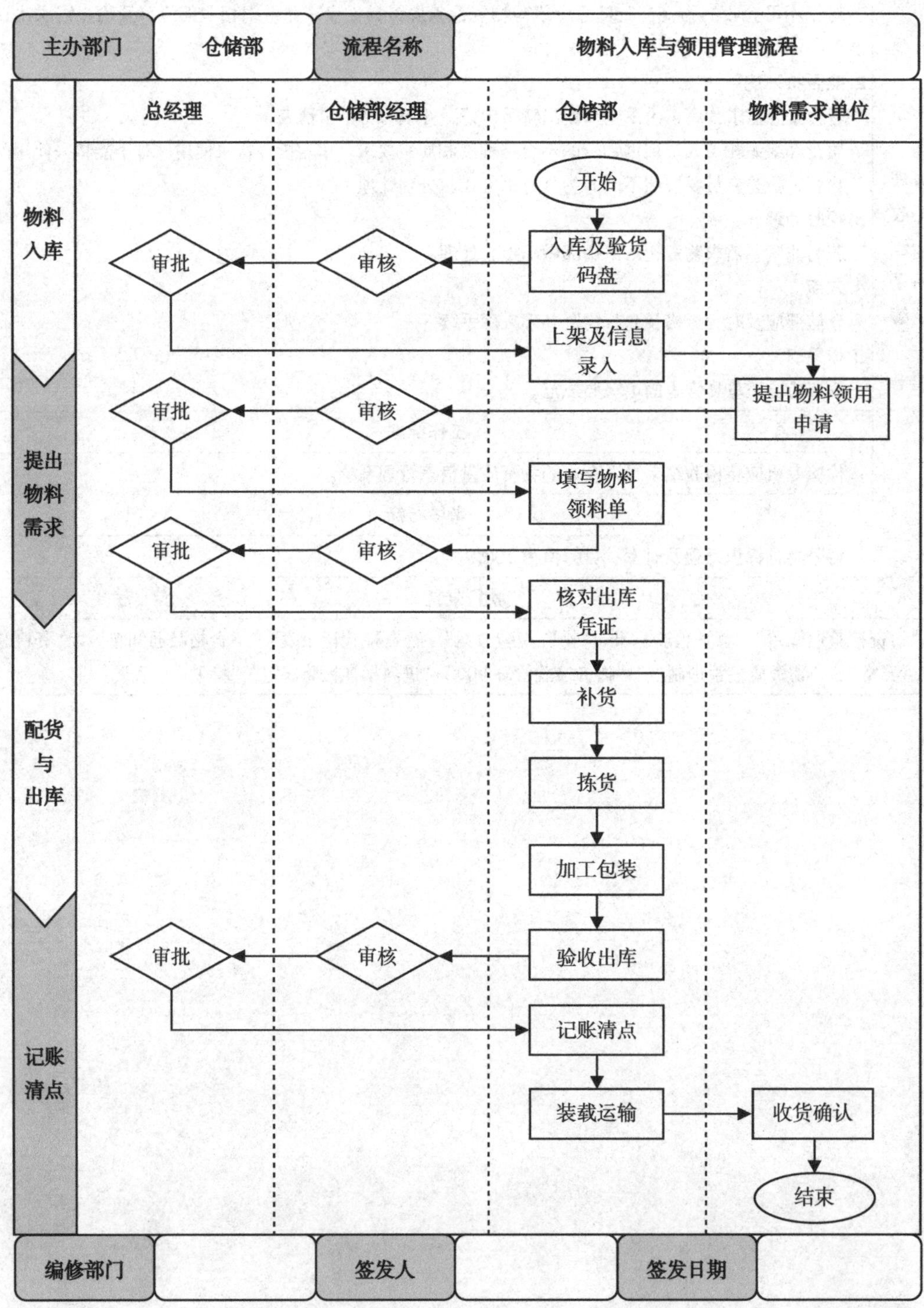
主办部门
仓储部
流程名称
物料入库与领用管理流程
总经理
仓储部经理
仓储部
物料需求单位
物料入库
提出物料需求
配货与出库
记账清点
开始
入库及验货码盘
审核
审批
上架及信息录入
提出物料领用申请
审核
审批
填写物料领料单
审核
审批
核对出库凭证
补货
拣货
加工包装
验收出库
审核
审批
记账清点
装载运输
收货确认
结束
编修部门
签发人
签发日期

7.9.2 物料入库与领用管理执行程序、工作标准、考核指标、执行规范

<table>
<tr><th>任务名称</th><th>执行程序、工作标准与考核指标</th></tr>
<tr><td rowspan="6">物料入库</td><td>执行程序</td></tr>
<tr><td>1. 入库及验货码盘
☆物料验收之后准备入库，仓储部须确定物料入库信息。
☆由堆高机配上 RF 终端至进货暂存区，用车载 RF 终端上的条码扫描机扫取货品条码，扫取资料由 RF 通信控制器传送至监控计算机上，由监控计算机确认，记录物料数据，再根据储位指派原则来决定储位位置（编码），经 RF 通信控制器传回车载 RF 终端，储位分析显示，仓储部应将验货码盘结果提交给仓储部经理审核，之后报总经理审批。
2. 上架及信息录入
☆验货码盘结果审批通过后，堆高机人员根据 RF 终端指示，将货品放到指定的储位上，确认储位条码，通过扫描货架上的储位条码，由 RF 通信控制器传回监控计算机完成确认，操作条码扫描仪及堆高机，入库上架完成。
☆物料入库上架完成，仓储部根据实际情况将物料入库信息录入储位管理数据库。
工作重点
物料信息录入须在入库作业完成后立即进行。</td></tr>
<tr><td>工作标准</td></tr>
<tr><td>验货码盘结果精确、有效，物料入库上架程序严密、结果准确、仓储安全。</td></tr>
<tr><td>考核指标</td></tr>
<tr><td>☆验货码盘准确率：目标值为 100%。
☆物料入库信息录入的及时性：应在____小时内完成。</td></tr>
<tr><td rowspan="6">提出物料需求</td><td>执行程序</td></tr>
<tr><td>1. 提出物料领用申请
☆物料需求单位根据本部门的实际需求，提出物料领用申请。
☆物料领用申请须经仓储部经理审核、总经理审批。
2. 填写物料领料单
物料领用申请审批通过后，仓储部应填写物料领料单，并提交给仓储部经理审核，之后报总经理审批。
工作重点
☆物料领料单的填写要规范。
☆如果物料领用事务过于繁杂，餐饮企业可以酌情放权，将物料分类，通常将其分为一般物料和重要物料，一般物料的领用须经仓储部经理审批，重要物料则须经总经理审批。</td></tr>
<tr><td>工作标准</td></tr>
<tr><td>物料领料单项目填写清楚，数据核对准确。</td></tr>
<tr><td>考核指标</td></tr>
<tr><td>物料领料单应一次性审批通过。</td></tr>
</table>

（续）

任务名称	执行程序、工作标准与考核指标
配货与出库	**执行程序** **1. 核对出库凭证** ☆仓储部人员根据物料领料单，核对出库凭证。 ☆出库凭证核对无误后，仓库管理员执行出库程序。 **2. 补货与拣货** 仓储部按照物料领料单准备物料，根据品类数量拣货，对所缺物料进行补货。 **3. 加工包装** 物料补货与拣货完成后，仓储部须对出库物料进行简易的加工包装，并做好标识。 **工作重点** 仓储部人员在核对出库凭证时要仔细、认真。 **工作标准** ☆内容标准：出库凭证核对项目包括出库物料的品名、规格和编号，物料所处的货区和库位编号。 ☆质量标准：出库凭证核对严格、认真、准确。 **考核指标** 补货与拣货的及时性：应在____小时内完成。
记账清点	**执行程序** **1. 验收出库** 物料加工包装完成后，仓储部应填写出库单据、办理出库手续，并将出库单据提交给仓储部经理审核，之后报总经理审批。 **2. 记账清点** 出库单据审批通过后，仓储部应详细记录仓库发货信息，登记台账。 **3. 装载运输** 物料装载上车，按照规范进行运输。 **4. 收货确认** 物料需求单位接到物料后，应及时确认物料，并通知相关单位。 **工作重点** 仓储部人员要注意记账清点的规范性。 **工作标准** 物料出库数量与出库凭证一致。 **考核指标** 记账清点的准确率：目标值为100%。
执行规范	
“物料领用管理办法”“物料出库明细”“物料领料单”。	

7.10 仓储管理流程设计与工作执行

7.10.1 仓储管理流程设计

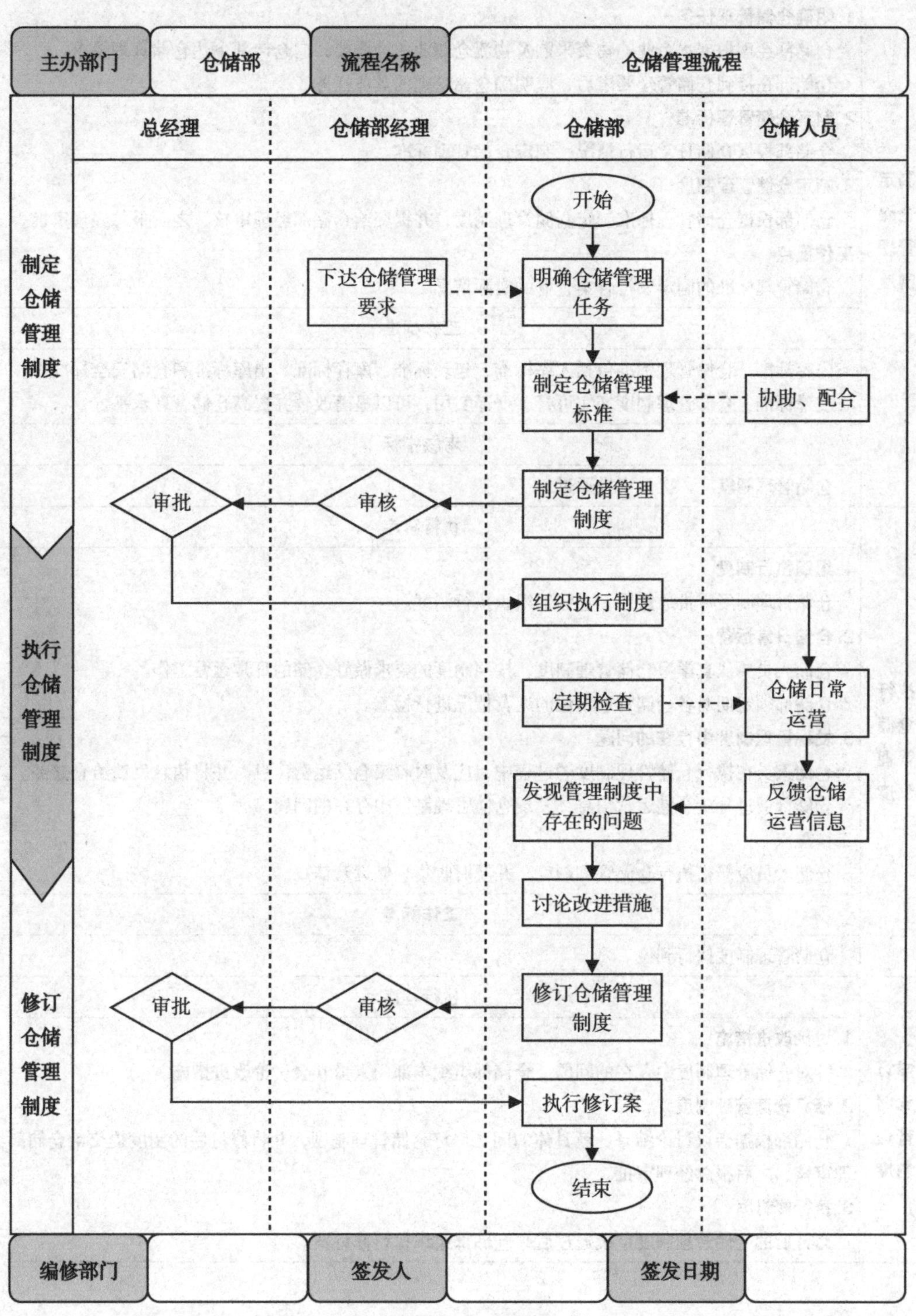

主办部门
仓储部
流程名称
仓储管理流程
总经理
仓储部经理
仓储部
仓储人员
制定仓储管理制度
执行仓储管理制度
修订仓储管理制度
开始
下达仓储管理要求
明确仓储管理任务
制定仓储管理标准
协助、配合
制定仓储管理制度
审核
审批
组织执行制度
仓储日常运营
定期检查
反馈仓储运营信息
发现管理制度中存在的问题
讨论改进措施
修订仓储管理制度
审核
审批
执行修订案
结束
编修部门
签发人
签发日期

7.10.2 仓储管理执行程序、工作标准、考核指标、执行规范

任务名称	执行程序、工作标准与考核指标
制定仓储管理制度	**执行程序**
	1. 明确仓储管理任务 ☆仓储部经理根据本企业的物资采购及物流仓储业务的需要，向仓储部下达仓储管理要求。 ☆仓储部在接到仓储管理要求后，应明确仓储管理的具体任务。 **2. 制定仓储管理标准** 仓储部根据仓储日常运行情况，制定仓储管理标准。 **3. 制定仓储管理制度** 仓储部根据仓储管理标准制定仓储管理制度，并提交给仓储部经理审核，之后报总经理审批。 **工作重点** 仓储管理标准的制定要符合本企业的实际情况。
	工作标准
	☆内容标准：仓储管理标准包括入库标准、包装标准、库存标准、出库标准和仓储安全标准等。 ☆质量标准：仓储管理制度切实可行、严谨实用，可以显著改善并提高仓储管理水平。
	考核指标
	仓储管理制度应一次性审批通过。
执行仓储管理制度	**执行程序**
	1. 组织执行制度 仓储管理制度审批通过后，仓储部组织执行制度。 **2. 仓储日常运营** ☆仓储人员要认真学习仓储管理制度，按照制度的要求做好仓储的日常运营工作。 ☆仓储部须定期对各仓储管理单位的运营情况进行检查。 **3. 发现管理制度中存在的问题** ☆仓储人员在执行仓储管理制度的过程中，应及时收集仓储运营信息，并将信息反馈给仓储部。 ☆仓储部通过分析仓储运营信息，发现仓储管理制度中存在的问题。 **工作重点** 仓储人员应严格执行仓储管理制度，并及时收集仓储运营信息。
	工作标准
	仓储管理制度执行到位。
修订仓储管理制度	**执行程序**
	1. 讨论改进措施 针对仓储管理制度中存在的问题，仓储部组织本部门人员开会讨论改进措施。 **2. 修订仓储管理制度** 仓储部根据会议讨论结果，就具体的问题修订仓储管理制度，并将修订后的制度提交给仓储部经理审核，之后报总经理审批。 **3. 执行修订案** 修订后的仓储管理制度审批通过后，仓储部组织执行修订案。

（续）

<table>
<tr><th>任务名称</th><th>执行程序、工作标准与考核指标</th></tr>
<tr><td rowspan="5">修订仓储管理制度</td><td>工作重点
仓储管理制度的修订要及时。</td></tr>
<tr><td>工作标准</td></tr>
<tr><td>通过修订仓储管理制度，进一步提高仓储管理水平。</td></tr>
<tr><td>考核指标</td></tr>
<tr><td>仓储管理制度修订的及时性：应在____个工作日内完成。</td></tr>
<tr><td colspan="2">执行规范</td></tr>
<tr><td colspan="2">“仓储管理标准”“仓储管理制度”“仓储日常运营记录”“仓储管理制度修订案”。</td></tr>
</table>

7.11 采购结算管理流程设计与工作执行

7.11.1 采购结算管理流程设计

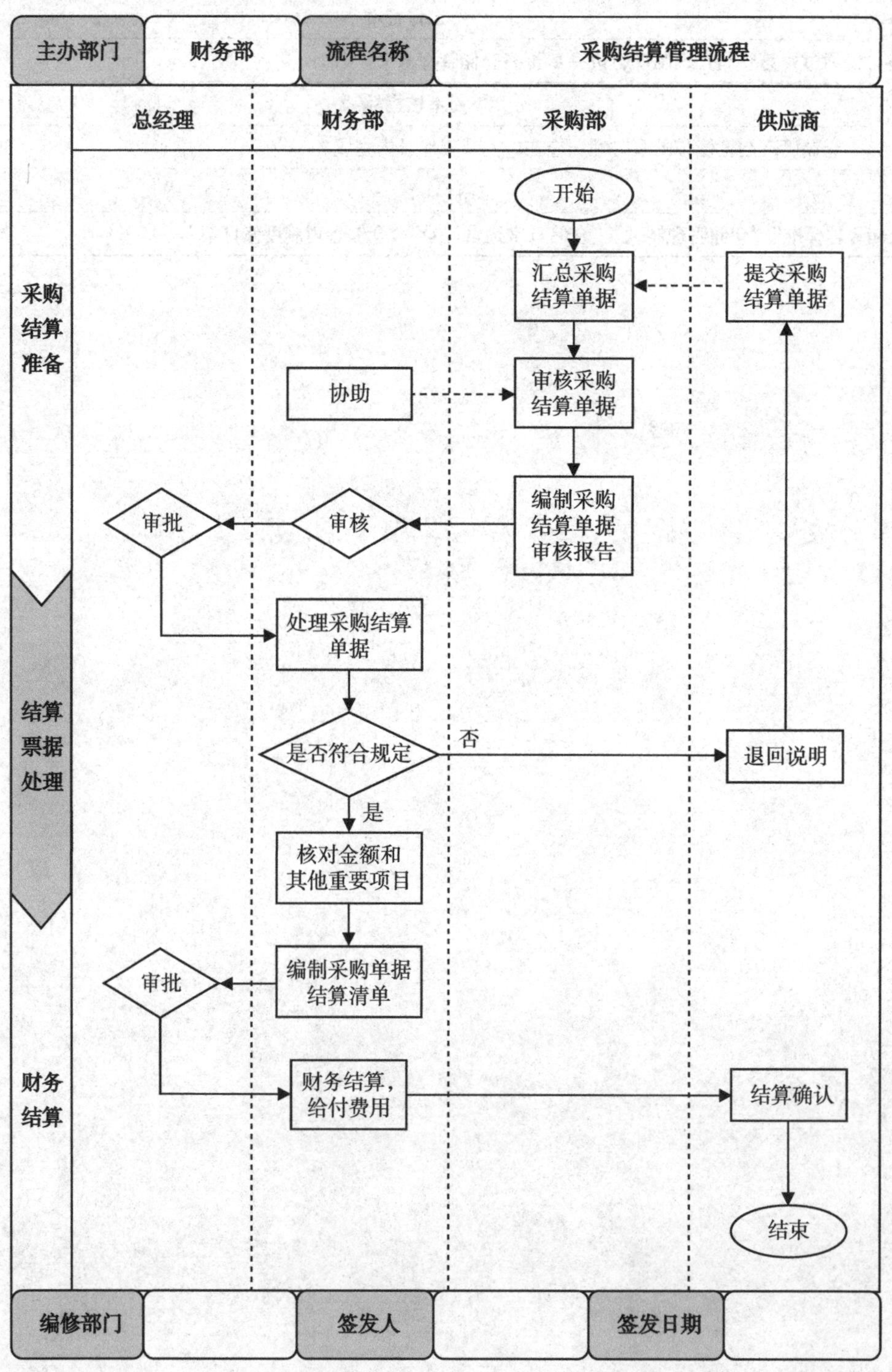

主办部门
财务部
流程名称
采购结算管理流程
总经理
财务部
采购部
供应商
采购结算准备
结算票据处理
财务结算
开始
汇总采购结算单据
提交采购结算单据
协助
审核采购结算单据
编制采购结算单据审核报告
审批
审核
处理采购结算单据
是否符合规定
否
是
退回说明
核对金额和其他重要项目
编制采购单据结算清单
审批
财务结算，给付费用
结算确认
结束
编修部门
签发人
签发日期

7.11.2 采购结算管理执行程序、工作标准、考核指标、执行规范

任务名称	执行程序、工作标准与考核指标
采购结算准备	**执行程序**
	1. 汇总采购结算单据 ☆供应商应定期整理手里的采购单据，并提交给企业采购部进行结算。 ☆采购部应及时汇总供应商提交的采购结算单据。 **2. 审核采购结算单据** 采购部协同财务部对采购结算单据进行审核。 **3. 编制采购结算单据审核报告** 采购结算单据审核完成后，采购部应编制采购结算单据审核报告，并提交给财务部审核，之后报总经理审批。 **工作重点** 采购部在审核采购结算单据时要仔细、认真。
	工作标准
	采购结算单据包括验收单、发票、增值税发票和销货清单等，采购结算单据的审核内容包括收款人、开票人、复核人、发票名称、数量、金额、税率、税额、价税合计和发票专用章等。
	考核指标
	采购结算单据审核报告编制的及时性：应在____个工作日内完成。
结算票据处理	**执行程序**
	1. 处理采购结算单据 采购结算单据审核报告审批通过后，财务部要及时处理采购结算单据，准备结算相关采购费用。 **2. 是否符合规定** ☆财务部根据采购结算单据审核报告，判定采购结算单据是否符合规定。 ☆对于不符合规定的采购结算单据，财务部应将单据退回供应商，并进行具体说明。 **3. 核对金额和其他重要项目** 对于符合规定的采购结算单据，财务部要核对单据金额和其他重要项目。 **工作重点** 财务部要按规定处理采购结算单据。
	工作标准
	☆质量标准：采购结算单据合规性判断结果准确，单据金额核对无误。 ☆目的标准：正确处理采购单据，维护企业合法利益。
	考核指标
	采购结算单据处理的及时性：应在____个工作日内完成。
财务结算	**执行程序**
	1. 编制采购单据结算清单 单据金额核对无误后，财务部应编制采购单据结算清单，并提交给总经理审批。

（续）

<table>
<tr><th>任务名称</th><th>执行程序、工作标准与考核指标</th></tr>
<tr><td rowspan="5">财务结算</td><td>2. 财务结算，给付费用
采购单据结算清单审批通过后，财务部依据采购单据进行费用，给付费用，供应商进行结算确认。
工作重点
财务部要按照合同约定结算采购费用。</td></tr>
<tr><td>工作标准</td></tr>
<tr><td>采购费用结算及时、准确。</td></tr>
<tr><td>考核指标</td></tr>
<tr><td>采购单据结算清单编制的及时性：应在____个工作日内完成。</td></tr>
<tr><td colspan="2">执行规范</td></tr>
<tr><td colspan="2">“采购结算单据审核报告”“采购结算单据退回说明”“采购单据结算清单”。</td></tr>
</table>

第8章 餐厅与后厨管理

8.1 餐厅与后厨管理流程

8.1.1 流程设计的目的

餐饮企业设计餐厅与后厨管理流程的目的如下：

（1）明确各部门及人员的工作职责，合理划分工作区域，确保员工对自己的工作内容清晰、明了，使工作井然有序；

（2）提高餐厅的服务水平，提升顾客满意度，不断提高员工的个人素养，促进餐厅销售。

8.1.2 流程结构设计

餐厅与后厨管理包括十大事项，我们可以就每个事项设计相应的流程，即菜单管理流程、订餐管理流程、顾客接待管理流程、菜品推销管理流程、晨会管理流程、餐前准备管理流程、餐中服务管理流程、餐后清洁管理流程、结账管理流程和突发事件处理流程，具体如图 8-1 所示。

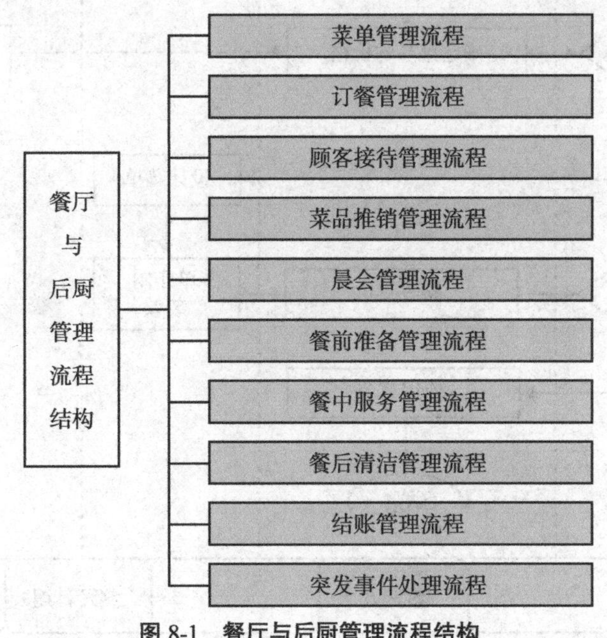

餐厅与后厨管理流程结构
菜单管理流程
订餐管理流程
顾客接待管理流程
菜品推销管理流程
晨会管理流程
餐前准备管理流程
餐中服务管理流程
餐后清洁管理流程
结账管理流程
突发事件处理流程

图 8-1　餐厅与后厨管理流程结构

8.2 菜单管理流程设计与工作执行

8.2.1 菜单管理流程设计

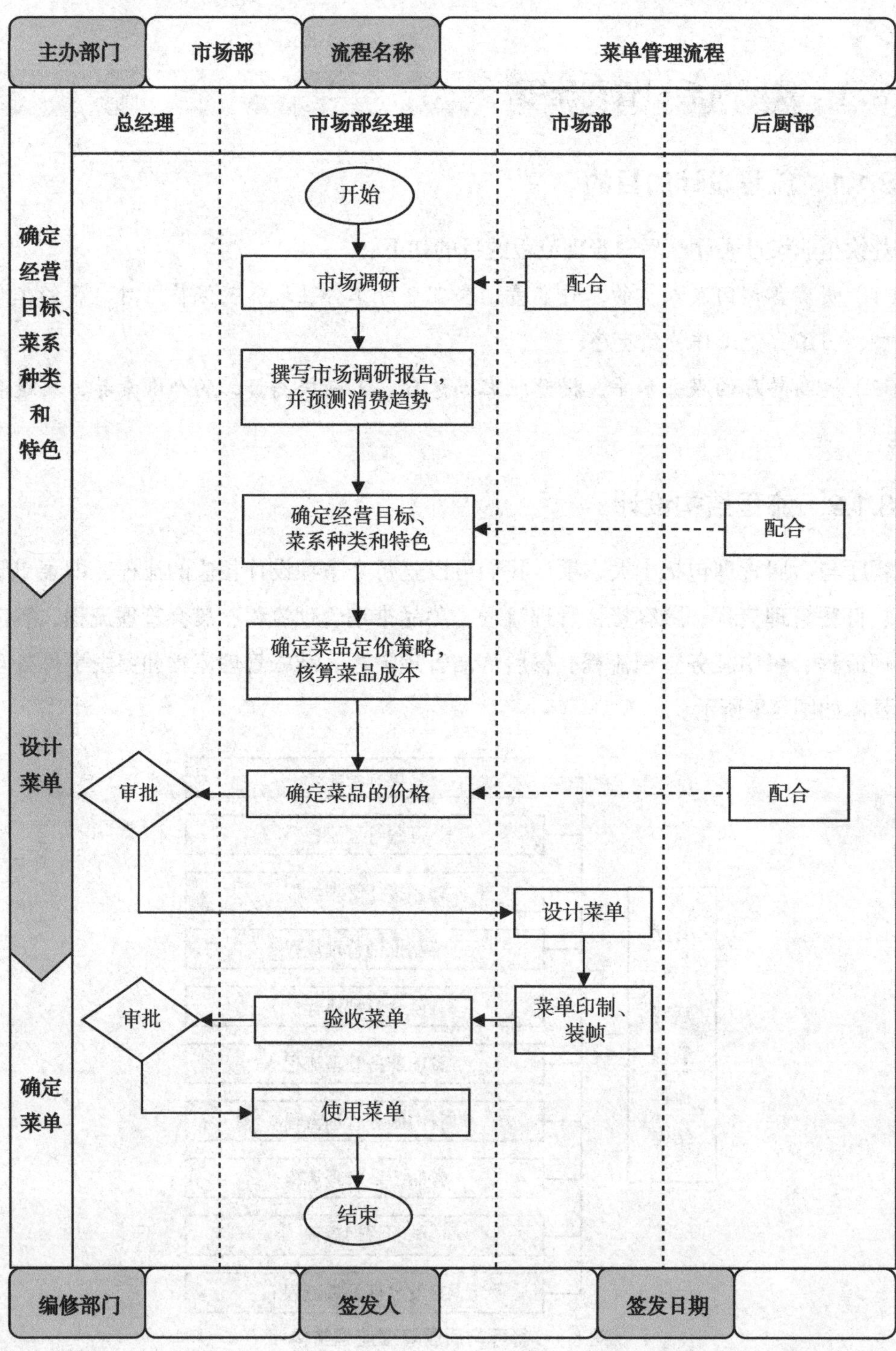

主办部门
市场部
流程名称
菜单管理流程
总经理
市场部经理
市场部
后厨部
确定经营目标、菜系种类和特色
设计菜单
确定菜单
开始
市场调研
配合
撰写市场调研报告，并预测消费趋势
确定经营目标、菜系种类和特色
配合
确定菜品定价策略，核算菜品成本
审批
确定菜品的价格
配合
设计菜单
菜单印制、装帧
审批
验收菜单
使用菜单
结束
编修部门
签发人
签发日期

8.2.2 菜单管理执行程序、工作标准、考核指标、执行规范

任务名称	执行程序、工作标准、考核指标与执行规范
确定经营目标、菜系种类和特色	**执行程序**
	1. 市场调研 市场部经理组织相关人员进行市场调研，了解当地消费情况、人群特点和风俗习惯等。 **2. 撰写市场调研报告，并预测消费趋势** 市场部经理根据市场调研结果撰写市场调研报告，并预测餐厅的消费趋势。 **3. 确定经营目标、菜系种类和特色** ☆市场部经理根据市场调研报告，确定餐厅的经营目标。 ☆市场部经理和后厨部相关人员商讨确定餐厅的菜系种类和特色。 **工作重点** 市场调研报告的内容要全面。
	工作标准
	☆参照标准：当地餐厅的菜系种类和特色。 ☆质量标准：确定的菜系种类和特色可实施，能够满足当地顾客的需求。
	考核指标
	市场调研的及时性：应在____个工作日内完成。
设计菜单	**执行程序**
	1. 确定菜品定价策略，核算菜品成本 ☆市场部经理根据市场行情，确定菜品的定价策略。 ☆市场部经理根据原材料的市场价格，对确定的菜品进行成本核算。 **2. 确定菜品的价格** ☆市场部经理和后厨部相关人员根据菜品成本核算结果，确定菜品的价格。 ☆市场部经理应将菜品的价格整理成报告提交给总经理审批。 **3. 设计菜单** 市场部员工根据餐厅的特色和本企业文化进行菜单设计。 **工作重点** 市场部经理要掌握菜品成本的核算方法、菜品定价的方法与技巧，并能根据当地平均消费水平进行菜品定价。
	工作标准
	☆成本标准：菜品成本须在餐厅成本预算范围内，不能超支。 ☆质量标准：设计的菜单符合餐厅定位。
确定菜单	**执行程序**
	1. 菜单印制、装帧 市场部员工负责菜单的印制、装帧。 **2. 验收菜单** 市场部经理须对市场部员工设计出的菜单进行验收，验收合格后提交给总经理审批。 **3. 使用菜单** 菜单审批通过后，市场部经理将其投入实际使用。

（续）

任务名称	执行程序、工作标准、考核指标与执行规范
确定菜单	**工作重点** 在选择制作菜单的材料时应考虑全面，既要节约成本，又要防污、耐磨、不易折断，同时还要具有观赏性。
	工作标准
	菜单印制成本在餐厅成本预算范围内。
执行规范	
“餐厅成本管理制度”“菜品定价管理制度”。	

8.3 订餐管理流程设计与工作执行

8.3.1 订餐管理流程设计

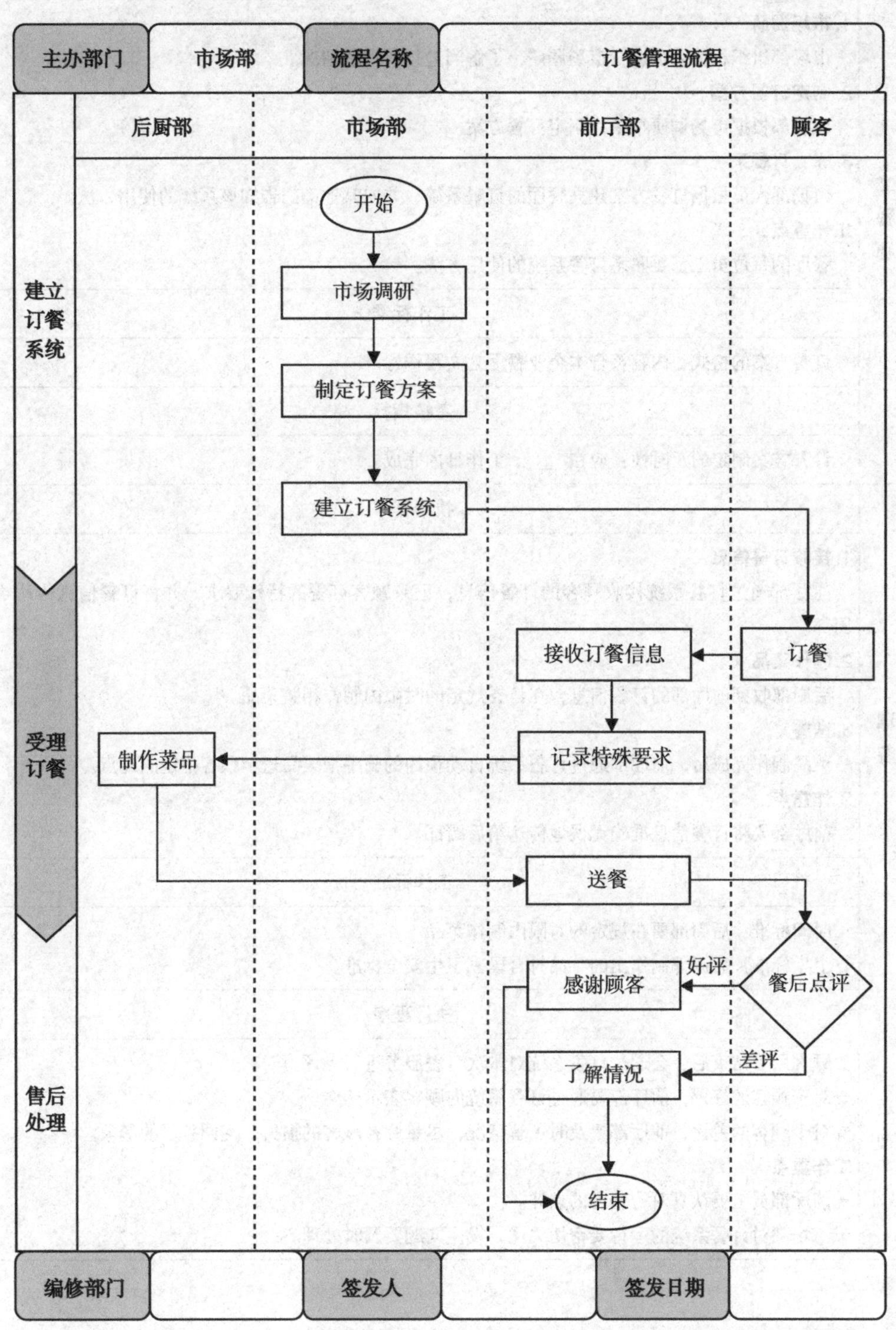

主办部门
市场部
流程名称
订餐管理流程
后厨部
市场部
前厅部
顾客
建立订餐系统
受理订餐
售后处理
开始
市场调研
制定订餐方案
建立订餐系统
订餐
接收订餐信息
记录特殊要求
制作菜品
送餐
餐后点评
好评
感谢顾客
差评
了解情况
结束
编修部门
签发人
签发日期

8.3.2 订餐管理执行程序、工作标准、考核指标、执行规范

任务名称	执行程序、工作标准与考核指标
建立订餐系统	**执行程序**
	1. 市场调研 市场部组织相关人员进行市场调研，了解当地订餐渠道情况。 **2. 制定订餐方案** 市场部根据市场调研结果，制定订餐方案。 **3. 建立订餐系统** 市场部人员根据订餐方案建立餐厅的订餐系统，并向其他部门告知该系统的使用方法。 **工作重点** 餐厅的每位员工都要熟悉订餐系统的使用方法。
	工作标准
	订餐方案的格式、内容符合本企业餐厅公文写作标准。
	考核指标
	订餐方案制定的及时性：应在____个工作日内完成。
受理订餐	**执行程序**
	1. 接收订餐信息 前厅部通过订餐系统接收顾客的订餐信息，记录顾客订餐的特殊要求，并将订餐信息传达给后厨部。 **2. 制作菜品** 后厨部收到前厅部的订餐信息，在订餐规定的时限内制作相关菜品。 **3. 送餐** 菜品制作完成后，前厅部通过订餐系统自动预约的骑手把菜品送至顾客指定的地点。 **工作重点** 前厅部要将订餐信息准确无误地传达给后厨部。
	工作标准
	☆时间标准：后厨部要在规定的时限内制作菜品。 ☆卫生标准：后厨部制作出的菜品符合国家卫生安全标准。
售后处理	**执行程序**
	☆顾客用餐结束后，会通过订餐系统对本次订餐服务进行点评。 ☆对于顾客的好评，前厅部要通过订餐系统向顾客表示感谢。 ☆对于顾客的差评，前厅部要及时了解情况，尽量弥补顾客的损失，挽回餐厅的形象。 **工作重点** ☆前厅部员工要认真对待顾客的点评。 ☆市场部对订餐系统的运行要密切关注，发生问题要及时处理。

（续）

<table>
<tr><th>任务名称</th><th>执行程序、工作标准与考核指标</th></tr>
<tr><td rowspan="4">售后处理</td><td>工作标准</td></tr>
<tr><td>前厅部员工需要逐条回复顾客的点评。</td></tr>
<tr><td>考核标准</td></tr>
<tr><td>顾客好评率：应达到____%以上。</td></tr>
<tr><td colspan="2">执行规范</td></tr>
<tr><td colspan="2">“订餐方案”。</td></tr>
</table>

8.4 顾客接待管理流程设计与工作执行

8.4.1 顾客接待管理流程设计

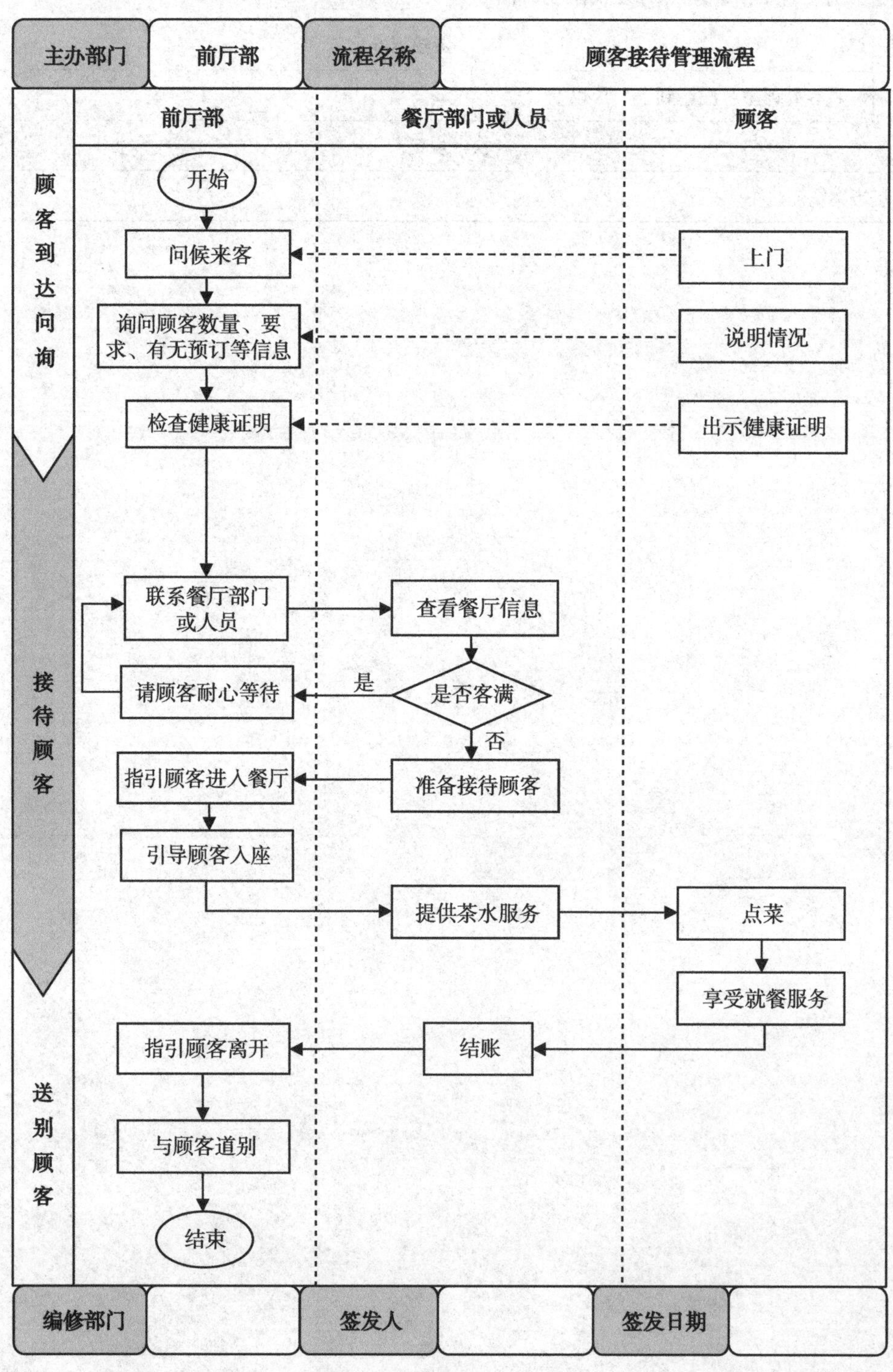

主办部门
前厅部
流程名称
顾客接待管理流程
前厅部
餐厅部门或人员
顾客
顾客到达问询
接待顾客
送别顾客
开始
问候来客
上门
询问顾客数量、要求、有无预订等信息
说明情况
检查健康证明
出示健康证明
联系餐厅部门或人员
查看餐厅信息
是否客满
是
否
请顾客耐心等待
指引顾客进入餐厅
准备接待顾客
引导顾客入座
提供茶水服务
点菜
享受就餐服务
结账
指引顾客离开
与顾客道别
结束
编修部门
签发人
签发日期

8.4.2 顾客接待管理执行程序、工作标准、考核指标、执行规范

<table>
<tr><th>任务名称</th><th>执行程序、工作标准与考核指标</th></tr>
<tr><td rowspan="6">顾客到达问询</td><td>执行程序</td></tr>
<tr><td>1. 询问顾客数量、要求、有无预订等信息
☆前厅部接待人员要礼貌问候来客。
☆前厅部接待人员要请顾客详细说明顾客数量、要求、有无预订等信息。
2. 检查健康证明
☆前厅部接待人员须请顾客出示有效健康证明。
☆前厅部接待人员须认真、仔细查看顾客的健康证明。
工作重点
若顾客拒绝出示健康证明，前厅部接待人员应向上级领导确认后礼貌请顾客离开。</td></tr>
<tr><td>工作标准</td></tr>
<tr><td>☆质量标准：问询须符合礼仪规范，态度温和。
☆目标准备：通过问询，了解顾客的基本信息。</td></tr>
<tr><td>考核指标</td></tr>
<tr><td>查证准确率：目标值为100%。</td></tr>
<tr><td rowspan="4">接待顾客</td><td>执行程序</td></tr>
<tr><td>1. 联系餐厅部门或人员
☆顾客健康信息查明真实有效的，前厅部接待人员应联系餐厅部门或人员。
☆餐厅部门或人员查看餐厅信息，并将信息反馈给前厅部接待人员。
☆如果餐厅现在因为客满暂时无法接待顾客的话，前厅部接待人员要请顾客耐心等待。
☆如果餐厅接待条件充足的话，餐厅部门或人员准备接待顾客。
2. 引导顾客入座
前厅部接待人员指引顾客进入餐厅后，餐厅服务员引导其入座。
3. 提供茶水服务
顾客入座后，餐厅服务员应及时为其提供茶水服务。
4. 点菜
餐厅服务员与顾客沟通菜单内容，顾客根据个人口味、喜好等点菜。
5. 享受就餐服务
餐厅按要求上菜，顾客享受就餐服务。
工作重点
顾客在点菜时，餐厅服务员要注意以下几点：根据顾客的心理需求，尽力向顾客介绍时令菜、特色菜、招牌菜和畅销菜；顾客点菜过多或在原料、口味上重复时，应站在顾客的角度及时提醒顾客；顾客已点菜品估清时，应及时告知顾客换菜，并推荐与估清菜品相似的菜品；应尽力推销餐厅的急推菜品，以最大限度地减少餐厅的损失；禁止恶意推销菜品。</td></tr>
<tr><td>工作标准</td></tr>
<tr><td>☆质量标准：前厅部接待人员在联系餐厅部门或人员时，务必向其讲明顾客信息。
☆完成标准：顾客接待符合企业的服务质量要求，顾客满意度较高。</td></tr>
</table>

（续）

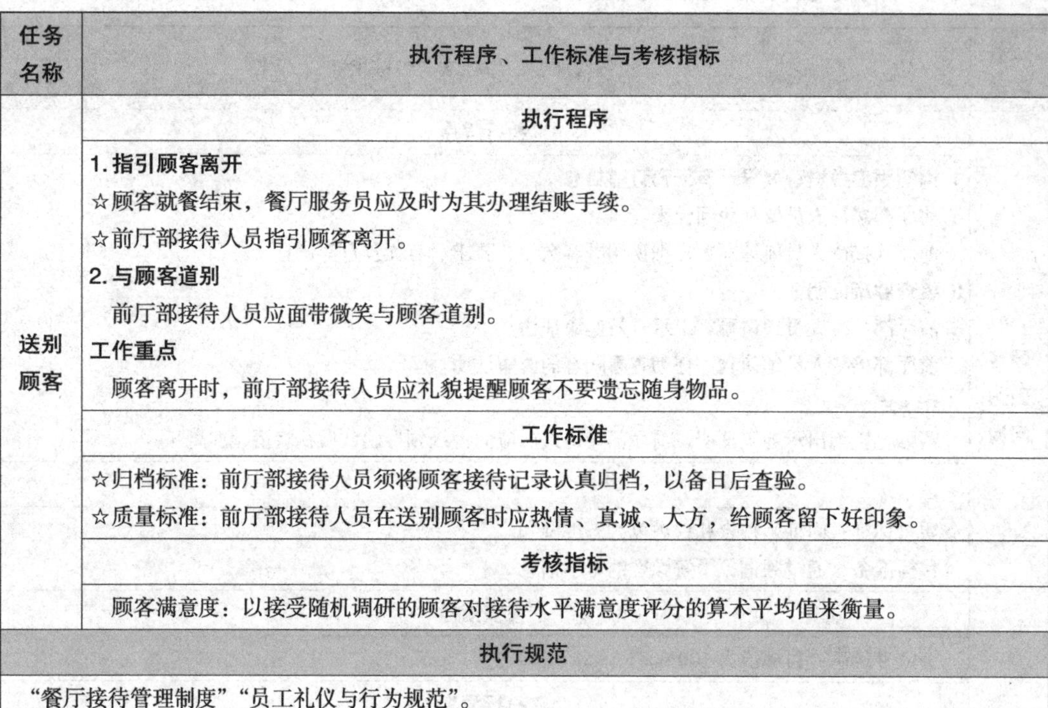

<table>
<tr><th>任务名称</th><th>执行程序、工作标准与考核指标</th></tr>
<tr><td rowspan="6">送别顾客</td><td>执行程序</td></tr>
<tr><td>1. 指引顾客离开
☆顾客就餐结束，餐厅服务员应及时为其办理结账手续。
☆前厅部接待人员指引顾客离开。
2. 与顾客道别
前厅部接待人员应面带微笑与顾客道别。
工作重点
顾客离开时，前厅部接待人员应礼貌提醒顾客不要遗忘随身物品。</td></tr>
<tr><td>工作标准</td></tr>
<tr><td>☆归档标准：前厅部接待人员须将顾客接待记录认真归档，以备日后查验。
☆质量标准：前厅部接待人员在送别顾客时应热情、真诚、大方，给顾客留下好印象。</td></tr>
<tr><td>考核指标</td></tr>
<tr><td>顾客满意度：以接受随机调研的顾客对接待水平满意度评分的算术平均值来衡量。</td></tr>
<tr><td colspan="2">执行规范</td></tr>
<tr><td colspan="2">“餐厅接待管理制度”“员工礼仪与行为规范”。</td></tr>
</table>

8.5 菜品推销管理流程设计与工作执行

8.5.1 菜品推销管理流程设计

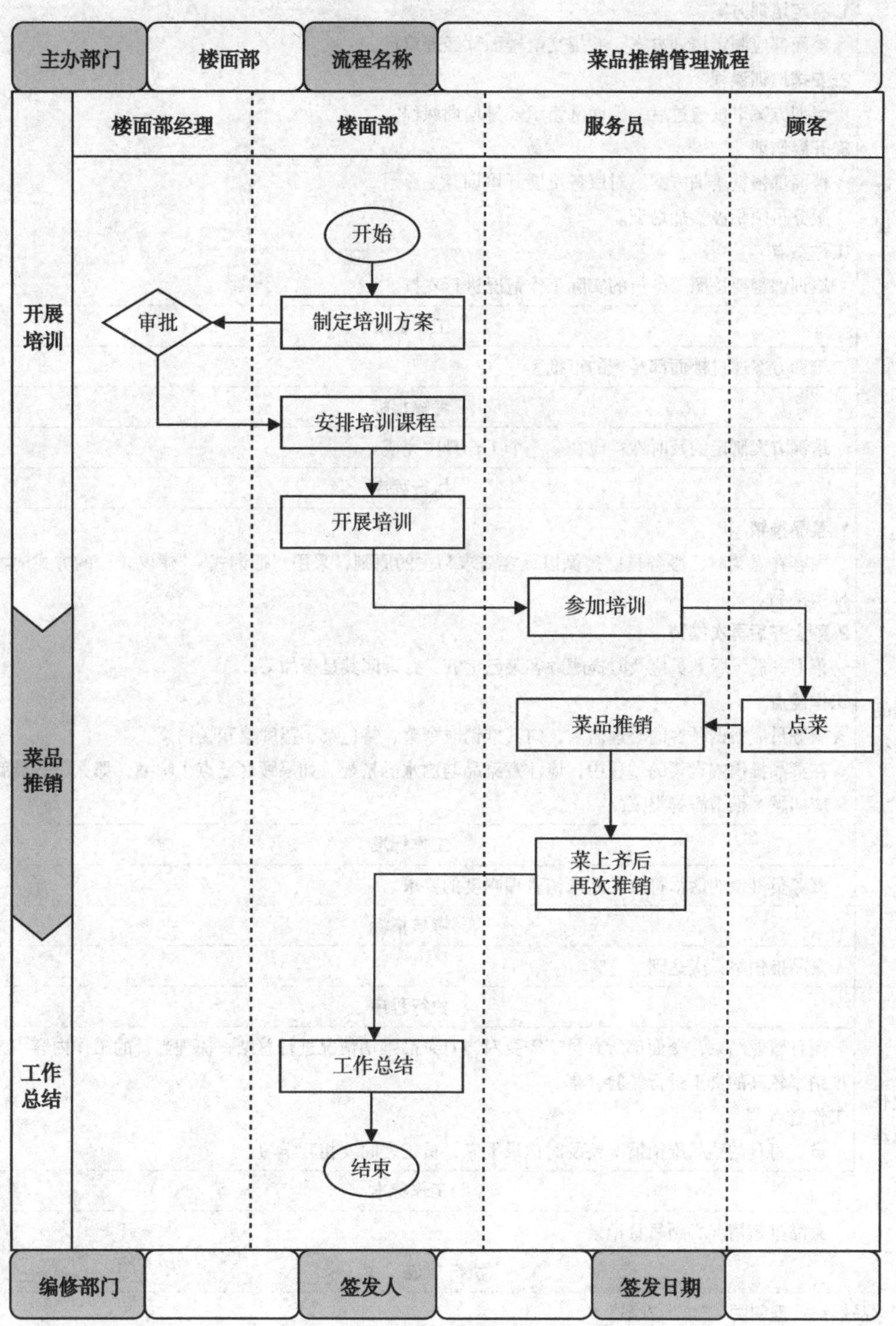

主办部门
楼面部
流程名称
菜品推销管理流程
楼面部经理
楼面部
服务员
顾客
开展培训
菜品推销
工作总结
开始
制定培训方案
审批
安排培训课程
开展培训
参加培训
点菜
菜品推销
菜上齐后再次推销
工作总结
结束
编修部门
签发人
签发日期

8.5.2 菜品推销管理执行程序、工作标准、考核指标、执行规范

任务名称	执行程序、工作标准与考核指标
开展培训	**执行程序**
	1. 制定培训方案 楼面部应制定培训方案，并提交给楼面部经理审批。 **2. 安排培训课程** 培训方案审批通过后，楼面部组织安排培训课程。 **3. 开展培训** ☆楼面部根据培训方案，对服务员展开培训。 ☆服务员须积极参加培训。 **工作重点** 培训课程要按照服务员的实际工作情况进行安排。
	工作标准
	培训方案通过楼面部经理的审批。
	考核指标
	培训方案制定的及时性：应在____个工作日内完成。
菜品推销	**执行程序**
	1. 菜品推销 顾客在点菜时，服务员应遵循以顾客需求为主的原则，采用“征询式”“建议式”的方式向顾客推销菜品。 **2. 菜上齐后再次推销** 菜上齐后，服务员应及时提醒顾客菜已上齐，并询问其是否加菜。 **工作重点** ☆服务员应根据顾客的心理需求，向其推销时令菜、特色菜、招牌菜和畅销菜。 ☆在菜品推销或点菜的过程中，应注意菜品与酒水的搭配，如果顾客已点了啤酒，那么服务员就不应向顾客推销海鲜类菜品。
	工作标准
	服务员推销的话术符合菜品推销管理制度的要求。
	考核指标
	菜品推销率：应达到____%。
工作总结	**执行程序**
	当日营业结束，楼面部所有员工需要对当日菜品推销情况进行总结，梳理当日的工作内容，菜品推销率较高的员工进行经验分享。 **工作重点** 员工每日的菜品推销情况要及时记录下来，员工之间要相互学习。
	工作标准
	菜品推销情况必须每日记录。
执行规范	
“菜品推销管理制度”“培训方案”。	

8.6 餐前准备管理流程设计与工作执行

8.6.1 餐前准备管理流程设计

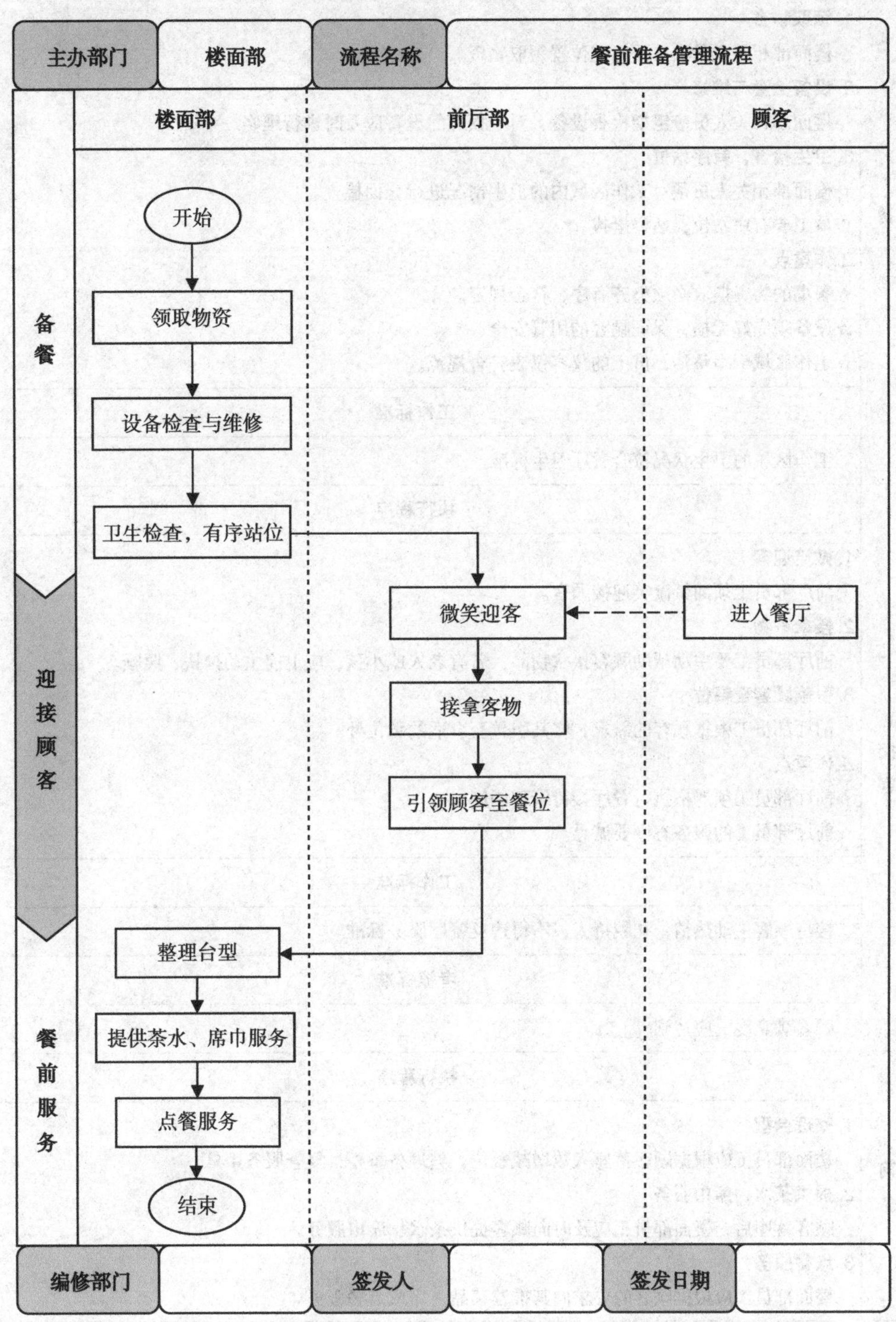

主办部门
楼面部
流程名称
餐前准备管理流程
楼面部
前厅部
顾客
备餐
迎接顾客
餐前服务
开始
领取物资
设备检查与维修
卫生检查，有序站位
微笑迎客
进入餐厅
接拿客物
引领顾客至餐位
整理台型
提供茶水、席巾服务
点餐服务
结束
编修部门
签发人
签发日期

8.6.2 餐前准备管理执行程序、工作标准、考核指标、执行规范

<table>
<tr><th>任务名称</th><th>执行程序、工作标准与考核指标</th></tr>
<tr><td rowspan="4">备餐</td><td>执行程序</td></tr>
<tr><td>1. 领取物资
楼面部相关人员在餐厅指定位置领取物资。
2. 设备检查与维修
楼面部相关人员应定期检查设备，对于损坏的设备应及时进行维修。
3. 卫生检查，有序站位
☆楼面部相关人员须对工作区域内的卫生情况进行全面检查。
☆员工要有序站位，站姿挺拔。
工作重点
☆餐桌的物资摆放必须整齐有序，符合规定。
☆设备须完好无损，保证顾客的用餐安全。
☆工作区域干净整洁，员工的仪容仪表符合规范。</td></tr>
<tr><td>工作标准</td></tr>
<tr><td>工作区域的卫生状况符合餐厅卫生标准。</td></tr>
<tr><td rowspan="6">迎接顾客</td><td>执行程序</td></tr>
<tr><td>1. 微笑迎客
前厅部员工须面带微笑迎接顾客。
2. 接拿客物
前厅部员工要主动帮助顾客接拿物品，若有老人或小孩，应上前主动搀扶、照顾。
3. 引领顾客至餐位
前厅部员工根据顾客的需求，将其引领至合适的餐位处。
工作重点
☆前厅部员工须严格执行餐厅接待管理制度。
☆前厅部员工的服务态度要诚恳。</td></tr>
<tr><td>工作标准</td></tr>
<tr><td>接待顾客主动热情，礼貌待人，不得违反餐厅服务标准。</td></tr>
<tr><td>考核标准</td></tr>
<tr><td>顾客满意度：应达到____%。</td></tr>
<tr><td rowspan="2">餐前服务</td><td>执行程序</td></tr>
<tr><td>1. 整理台型
楼面部员工应根据顾客落座人数增减餐位，整理备餐柜，复查服务用具。
2. 提供茶水、席巾服务
顾客落座后，楼面部员工应及时向顾客提供茶水、席巾服务。
3. 点餐服务
楼面部员工应根据顾客的要求向其推荐菜品，完成点餐服务。</td></tr>
</table>

（续）

任务名称	执行程序、工作标准与考核指标
餐前服务	**工作重点** ☆台型要根据顾客的实际情况进行调整。 ☆楼面部员工在为顾客提供茶水服务时要细致认真，忌将茶水洒到顾客身上。
	工作标准
	员工接待、服务顾客符合餐厅服务标准。
执行规范	
“餐厅服务标准”“餐厅接待管理制度”。	

8.7 餐中服务管理流程设计与工作执行

8.7.1 餐中服务管理流程设计

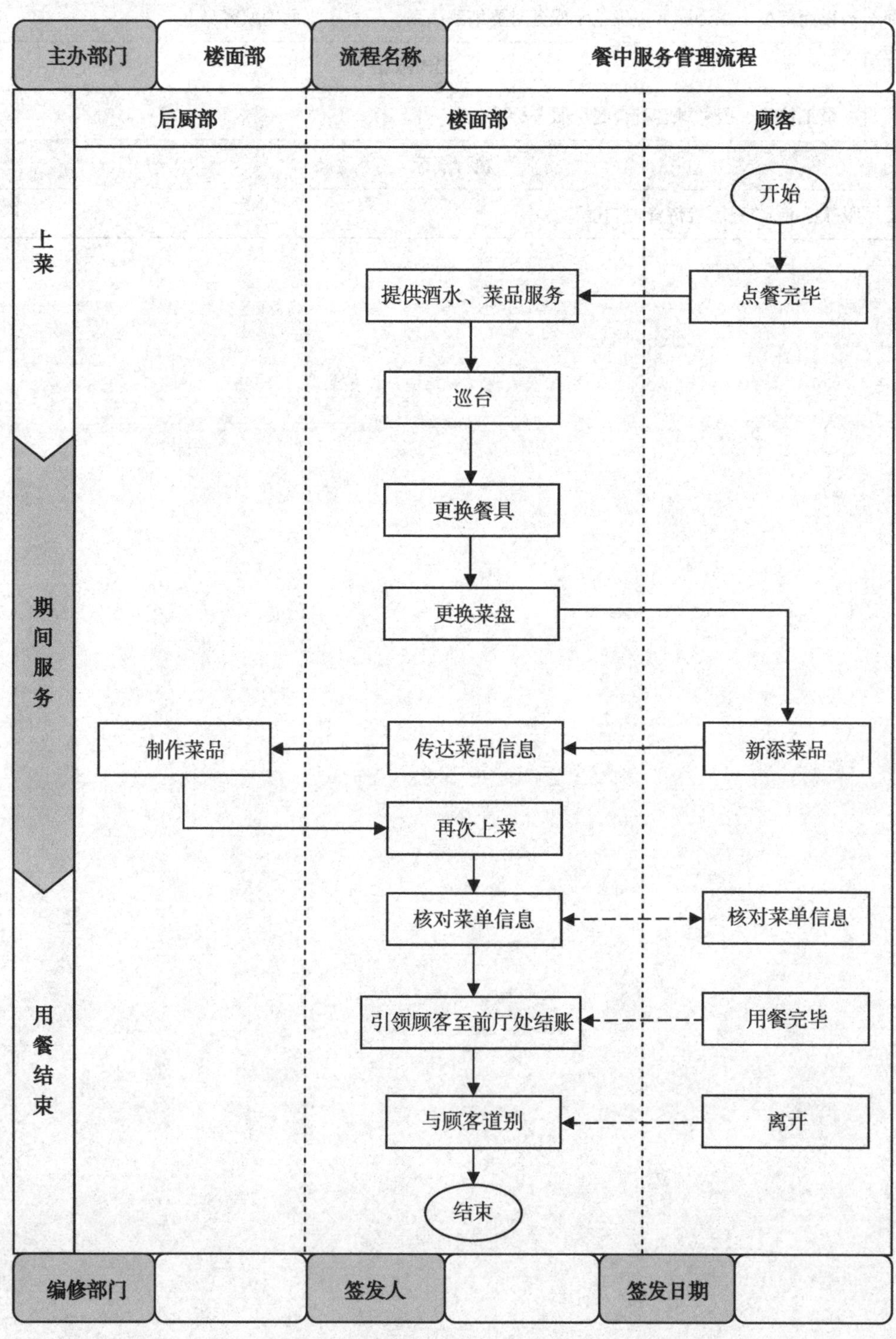

主办部门
楼面部
流程名称
餐中服务管理流程
后厨部
楼面部
顾客
上菜
期间服务
用餐结束
开始
点餐完毕
提供酒水、菜品服务
巡台
更换餐具
更换菜盘
新添菜品
传达菜品信息
制作菜品
再次上菜
核对菜单信息
核对菜单信息
用餐完毕
引领顾客至前厅处结账
离开
与顾客道别
结束
编修部门
签发人
签发日期

8.7.2 餐中服务管理执行程序、工作标准、考核指标、执行规范

任务名称	执行程序、工作标准与考核指标
上菜	**执行程序**
	1. 提供酒水、菜品服务 顾客点餐完毕后，楼面部员工应及时为顾客提供酒水、菜品服务。 **2. 巡台** 顾客点的菜上齐后，员工应及时离开，在工作区域内定时巡台。 **工作重点** ☆酒水、菜品服务应按照顾客的实际需求提供。 ☆员工在为顾客服务时不能打扰顾客用餐，要轻说话、轻走路、轻操作。
	工作标准
	员工提供的服务符合餐厅服务标准。
期间服务	**执行程序**
	1. 更换餐具 正常情况下，每上一道菜，就应更换一次骨碟，每餐必须更换三次或三次以上骨碟。 **2. 更换菜盘** 员工在更换菜盘时，应遵循贵重菜换、摆不下换的原则。 **3. 新添菜品** 顾客在用餐期间需要新添菜品时，员工须及时受理顾客需求，将菜品信息准确无误地传达给后厨部。 **工作重点** ☆更换餐具、菜盘须严格按照餐厅相关规定执行。 ☆员工须及时响应顾客需求。
	工作标准
	餐具、菜盘更换及时。
	考核标准
	顾客满意度：应达到____%。
用餐结束	**执行程序**
	1. 核对菜单信息 在确定所有菜品、酒水上齐且顾客不再增加菜品和酒水之后，员工可打印菜单，与顾客核对菜单信息。 **2. 引领顾客至前厅处结账** 顾客用餐完毕后，员工要主动引领顾客至前厅处结账，并礼貌与顾客道别。 **工作重点** 员工在核对菜单信息时须认真、仔细。
	工作标准
	员工接待、服务顾客符合餐厅服务标准。
执行规范	
“餐厅服务标准”“餐厅接待管理制度”。	

8.8 餐后清洁管理流程设计与工作执行

8.8.1 餐后清洁管理流程设计

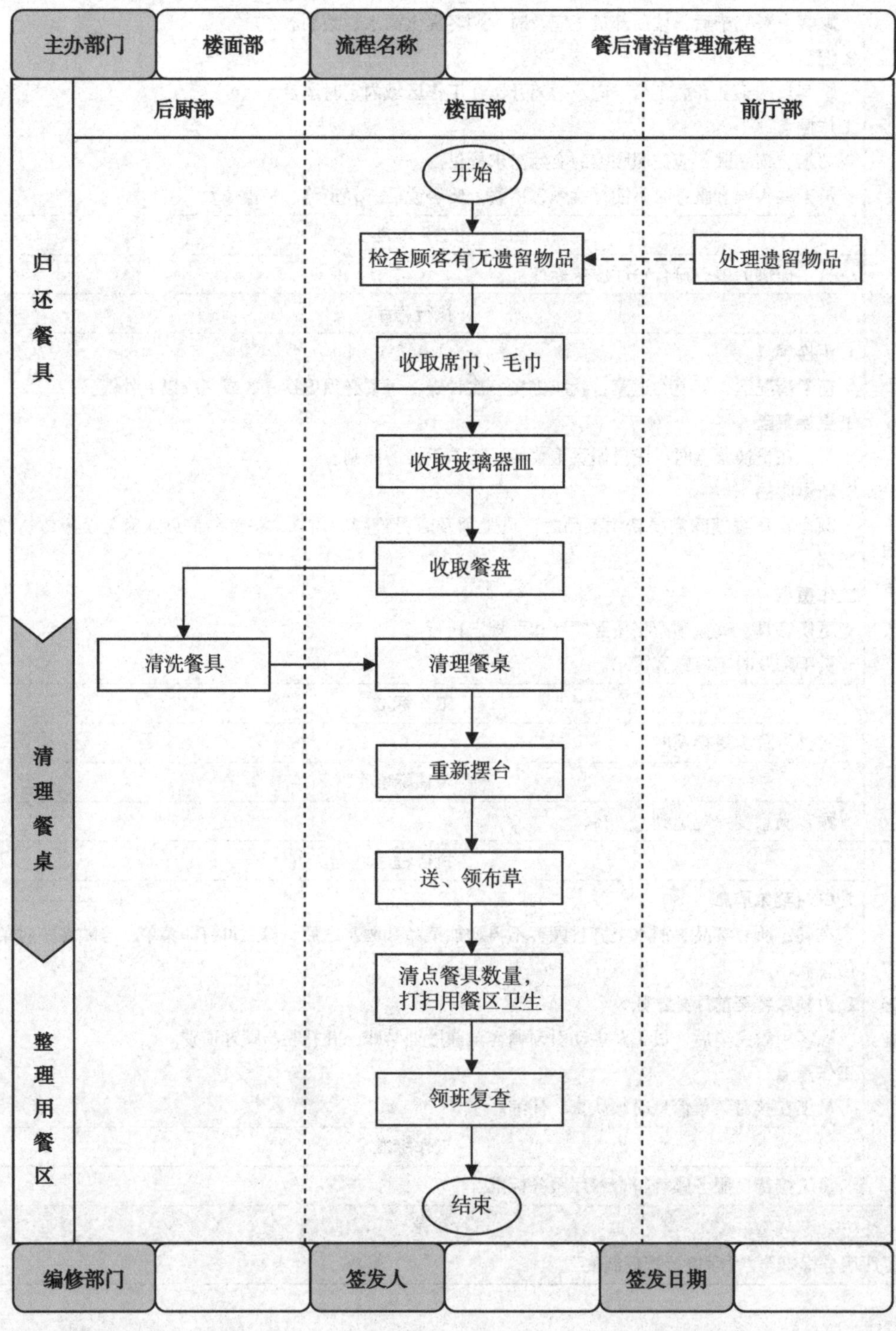

主办部门
楼面部
流程名称
餐后清洁管理流程
后厨部
楼面部
前厅部
归还餐具
清理餐桌
整理用餐区
开始
检查顾客有无遗留物品
处理遗留物品
收取席巾、毛巾
收取玻璃器皿
收取餐盘
清洗餐具
清理餐桌
重新摆台
送、领布草
清点餐具数量，打扫用餐区卫生
领班复查
结束
编修部门
签发人
签发日期

8.8.2 餐后清洁管理执行程序、工作标准、考核指标、执行规范

<table>
<tr><th>任务名称</th><th>执行程序、工作标准与考核指标</th></tr>
<tr><td rowspan="4">归还餐具</td><td>执行程序</td></tr>
<tr><td>1. 检查顾客有无遗留物品
顾客用餐结束后，楼面部员工应检查顾客有无遗留物品，若有，应及时归还顾客；若顾客已离开，应将物品交由前厅部处理。
2. 收取席巾、毛巾，以及玻璃器皿和餐盘
☆楼面部员工在收拾餐桌之前，应先收取席巾、小毛巾和玻璃器皿，再收取小餐盘。
☆大餐盘的收取顺序是：先大后小，先厚后薄，玻璃大盘、铁盘和异性盘分框收取，然后将大餐具送至后厨部。
工作重点
☆在收拾餐桌前，楼面部员工要仔细检查顾客是否有遗留物品，如有，应及时归还顾客。
☆楼面部员工应分类收取餐盘，每种餐盘有对应的洗涤方法。</td></tr>
<tr><td>工作标准</td></tr>
<tr><td>餐盘的收取应严格按照本企业餐厅的相关规定执行。</td></tr>
<tr><td rowspan="6">清理餐桌</td><td>执行程序</td></tr>
<tr><td>1. 清洗餐具
后厨部员工按照相关制度的要求清洗餐具。
2. 清理餐桌，重新摆台
楼面部员工按照餐厅清理管理制度清理餐桌，并重新摆台。
3. 送、领布草
楼面部员工应将脏的台布及口布折叠好送至库房。
工作重点
☆厨房部员工须严格按照餐厅清洗管理制度清洗餐具。
☆台面应干净，摆台要有序，布草要妥善保管。</td></tr>
<tr><td>工作标准</td></tr>
<tr><td>餐具的清洗应按照餐厅清洗管理制度执行。</td></tr>
<tr><td>考核标准</td></tr>
<tr><td>餐具破损率：应低于____%。</td></tr>
<tr><td rowspan="2">整理用餐区</td><td>执行程序</td></tr>
<tr><td>1. 清点餐具数量，打扫用餐区卫生
楼面部员工要及时清点当日的餐具数量，未使用的餐具放到指定位置，并做好用餐区的卫生打扫工作。
2. 领班复查
楼面部员工完成餐后清洁工作后，领班需要对其工作进行复查。</td></tr>
</table>

（续）

<table>
<tr><th>任务名称</th><th>执行程序、工作标准与考核指标</th></tr>
<tr><td rowspan="3">整理用餐区</td><td>**工作重点**
☆餐具数量要及时清点，避免发生餐具缺失的情况。
☆领班在复查时须认真、仔细，不能遗漏每一处细节。</td></tr>
<tr><td>**工作标准**</td></tr>
<tr><td>用餐区卫生打扫符合餐厅卫生标准。</td></tr>
<tr><td colspan="2">**执行规范**</td></tr>
<tr><td colspan="2">“餐具清洗管理制度”“餐厅卫生标准”“餐厅清理管理制度”。</td></tr>
</table>

8.9 结账管理流程设计与工作执行

8.9.1 结账管理流程设计

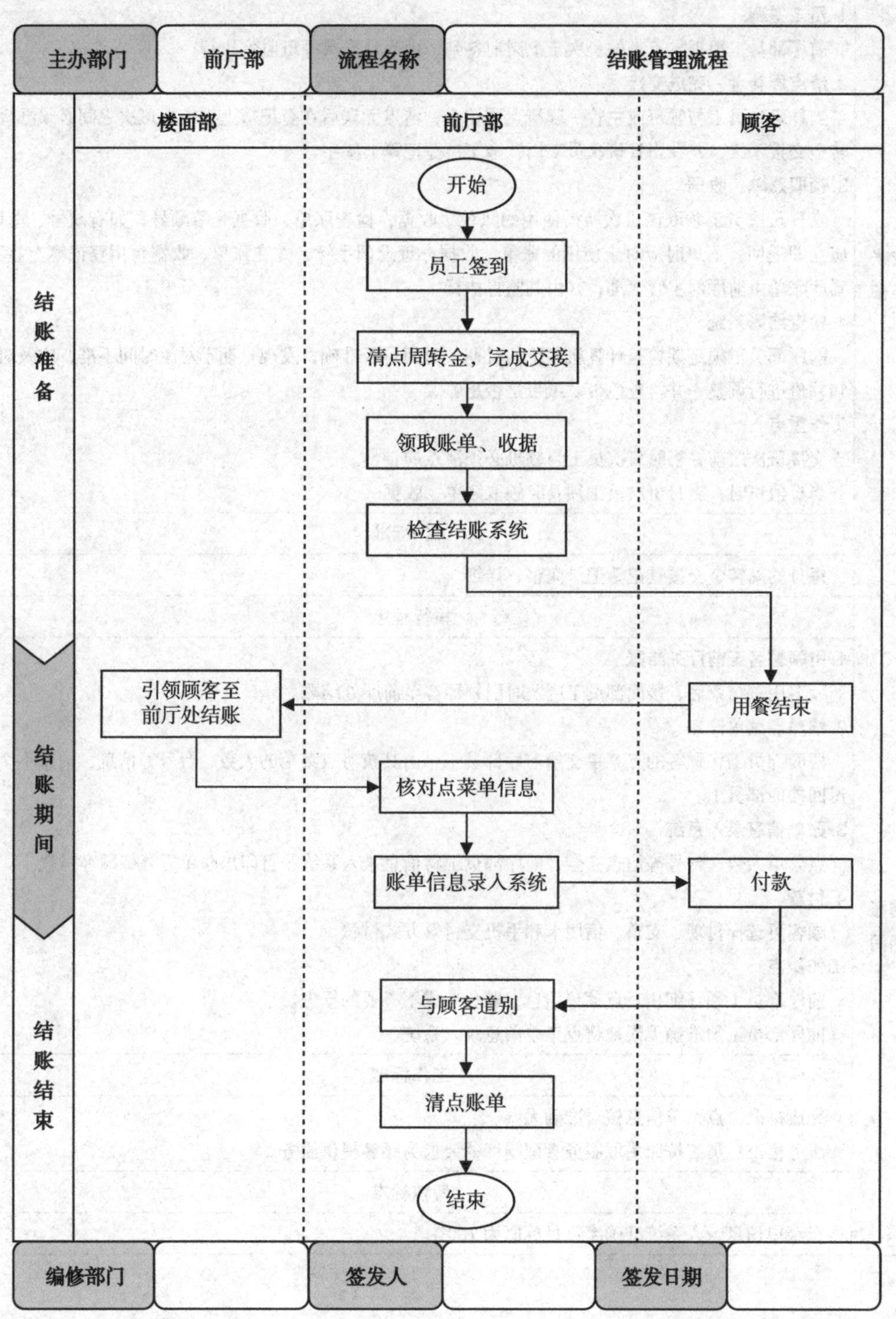

主办部门
前厅部
流程名称
结账管理流程
楼面部
前厅部
顾客
结账准备
结账期间
结账结束
开始
员工签到
清点周转金，完成交接
领取账单、收据
检查结账系统
用餐结束
引领顾客至前厅处结账
核对点菜单信息
账单信息录入系统
付款
与顾客道别
清点账单
结束
编修部门
签发人
签发日期

第8章 餐厅与后厨管理

8.9.2 结账管理执行程序、工作标准、考核指标、执行规范

任务名称	执行程序、工作标准与考核指标
结账准备	**执行程序**
	1. 员工签到 前厅部员工根据排班表的班次于上岗前签到，由当日班次领班监督执行。 **2. 清点周转金，完成交接** 当日班次员工与领班或主管一起清点周转金，清点无误后在登记簿上签字，班次之间必须办理周转金交接手续，并在当日班次员工周转金交接登记簿上签字。 **3. 领取账单、收据** 当日班次员工领取该班次所需使用的账单、收据，检查账单、收据是否顺号，如有缺号、短联，应立即退回，下班时应对未使用的账单、收据办理退回手续，并在账单、收据领用登记簿上签字，餐厅账单由前厅部主管管理，并由其监督执行。 **4. 检查结账系统** 前厅部员工须定期检查计算机系统的日期、时间是否准确，发现日期不对或时间不准，应及时通知领班进行调整，并检查色带、纸带是否足够。 **工作重点** ☆交接班次之前，当时班次员工与领班必须清点周转金。 ☆当日值班时，当日班次员工须及时领取账单、收据。
	工作标准
	每日的周转金交接登记簿记录完整、详细。
结账期间	**执行程序**
	1. 引领顾客至前厅处结账 顾客用餐结束后，楼面部员工应及时引领顾客至前厅处结账。 **2. 核对点菜单信息** 楼面部员工将顾客的点菜单交给前厅部员工，由其核对点菜单的人数、台号等信息，信息不全须退回楼面部员工。 **3. 账单信息录入系统** 点菜单人数、台号等信息齐全，前厅部员工将信息录入系统，打印出账单后等待顾客付款。 **4. 付款** 顾客可选择付现、支票、信用卡和手机支付等方式付款。 **工作重点** ☆前厅部员工须仔细核对点菜单信息，避免造成不必要的损失。 ☆前厅部员工须准确无误地将点菜单信息录入系统。
	工作标准
	☆完成标准：点菜单信息核对准确无误。 ☆服务标准：员工按照餐厅服务管理制度的要求为顾客提供服务。
	考核标准
	点菜单信息录入系统准确率：目标值为100%。

（续）

任务名称	执行程序、工作标准与考核指标
结账结束	**执行程序**
	1. 与顾客道别 顾客结账后，前厅部员工要礼貌地与顾客道别。 **2. 清点账单** 前厅部员工当日班次结束后，须清点当日所有账单。 **工作重点** 账单清点应及时、准确、无遗漏。
	工作标准
	员工应面带微笑送别顾客。
执行规范	
“周转金交接登记簿”“餐厅服务管理制度”“账单、收据领用登记簿”。	

8.10 突发事件处理流程设计与工作执行

8.10.1 突发事件处理流程设计

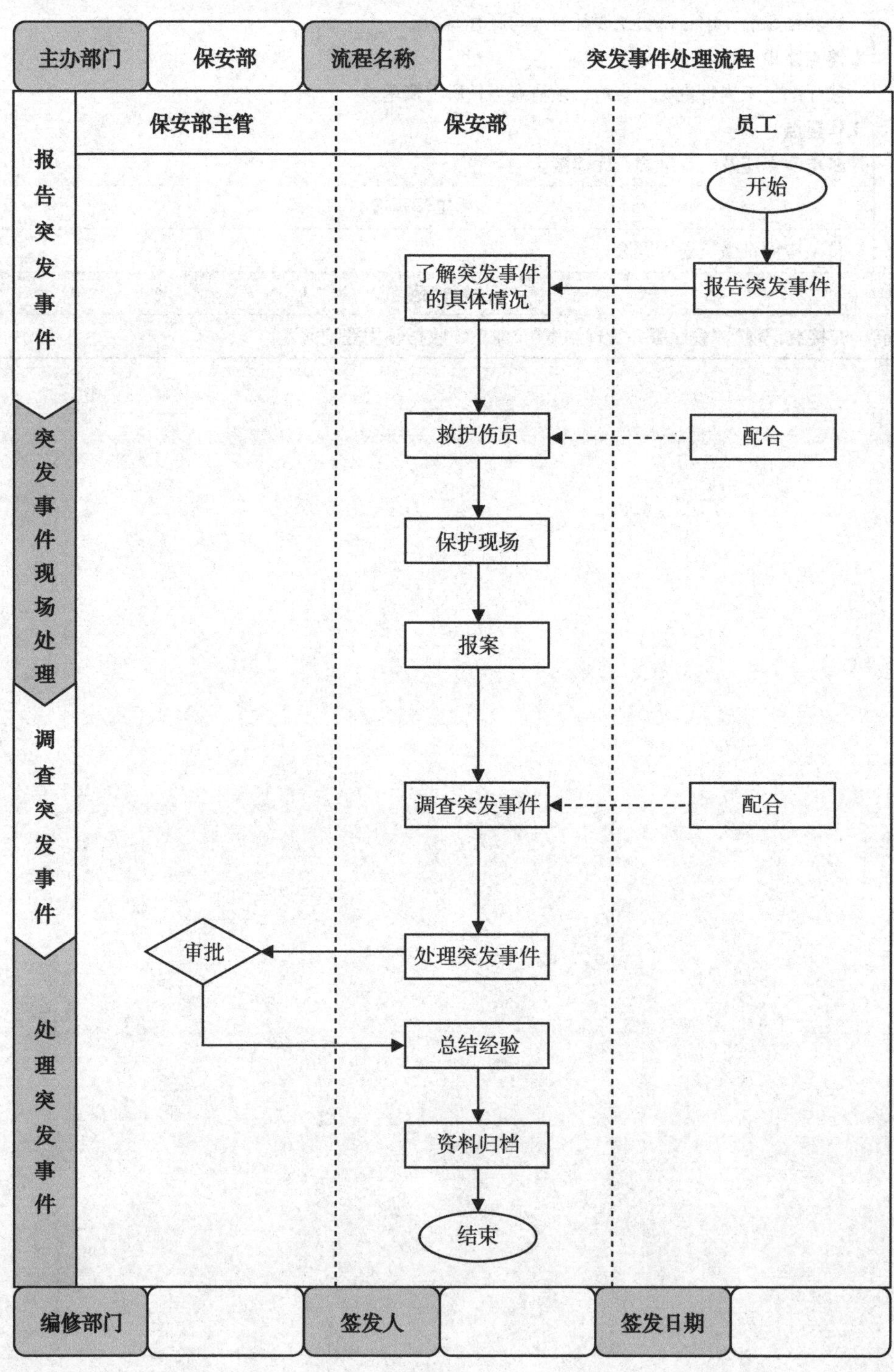

主办部门
保安部
流程名称
突发事件处理流程
保安部主管
保安部
员工
报告突发事件
突发事件现场处理
调查突发事件
处理突发事件
开始
报告突发事件
了解突发事件的具体情况
救护伤员
配合
保护现场
报案
调查突发事件
配合
处理突发事件
审批
总结经验
资料归档
结束
编修部门
签发人
签发日期

8.10.2 突发事件处理执行程序、工作标准、考核指标、执行规范

任务名称	执行程序、工作标准与考核指标
报告突发事件	**执行程序**
	☆员工发现涉及餐厅人员的突发事件，并及时将相关情况报告给保安部。 ☆保安部要详细了解突发事件的具体情况。 **工作重点** 突发事件报告要及时。
	工作标准
	突发事件报告的及时性：应在突发事件发生后____小时内报告完成。
突发事件现场处理	**执行程序**
	1. 保护现场 ☆保安部相关人员迅速到达事件现场，根据现场情况救护伤员。 ☆保安部应安排专人保护事件现场，维护现场秩序，避免现场证据被破坏。 **2. 报案** 保安部相关人员根据突发事件的性质和严重程度，以及事件是否在本企业的处理范围和能力之内决定是否报案。 **工作重点** 保安部要保护好事件现场。
	工作标准
	☆依据标准：保安部相关人员依据治安管理条例、安全事故管理制度和突发事件应急预案等做出正确的决策。 ☆质量标准：现场保护完整，报案合理并及时，现场处理符合规定。
调查突发事件	**执 行 程 序**
	☆保安部相关人员须对此次突发事件的全过程进行调查、研究，明确事件发生的原因和责任人。 ☆突发事件报警处理的，保安部、涉事员工和现场员工等须配合公安机关人员进行调查取证等工作。 **工作重点** 突发事件调查应及时。
	工作标准
	突发事件调查内容全面、客观。
处理突发事件	**执行程序**
	1. 处理突发事件 突发事件的具体情况调查清楚后，保安部相关人员根据调查取证的情况向相关责任人进行追责，按照餐厅管理制度下达处理决定，并将处理决定整理成报告提交给保安部主管审批。

（续）

任务名称	执行程序、工作标准与考核指标
处理突发事件	**2. 总结经验** 突发事件处理完毕后，保安部相关人员应回顾整个事件的处理过程，及时总结经验。 **3. 资料归档** 保安部相关人员应将突发事件处理过程中产生的相关资料归档，以备查考。 **工作重点** 保安部相关人员在处理突发事件时须向上级领导请示。
	工作标准
	突发事件处理及时。
	考核指标
	突发事件处理满意度：应达到____%。
执行规范	
“突发事件处理报告”“突发事件处理办法”“餐厅管理制度”“治安管理条例”“安全事故管理制度”“突发事件应急预案”。	

第9章 厨房管理

9.1 厨房管理流程

9.1.1 流程设计的目的

餐饮企业设计厨房管理流程的目的如下：

（1）确保厨房从接收订单到成菜出品全过程可控，保证厨房成菜的速度和质量；

（2）提高厨房各岗位人员的工作效率，减少人员失误率，提升厨房管理水平；

（3）确保厨房管理中各项工作安排妥当，人员职责分工明确，井然有序。

9.1.2 流程结构设计

厨房管理包括十一大事项，我们可以就每个事项设计相应的流程，即厨房规划管理流程、中餐冷菜制作管理流程、中餐切配管理流程、中餐炉灶操作管理流程、中餐蒸灶操作管理流程、西餐冷盘制作管理流程、西餐糕点制作管理流程、厨户原料管理流程、厨房作业安全管理流程、厨房人员安全管理流程和厨房垃圾处理流程，具体如图9-1所示。

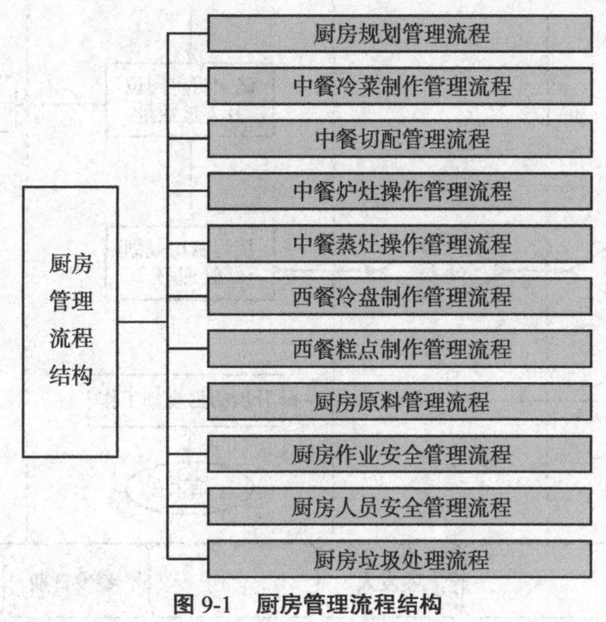
厨房管理流程结构
厨房规划管理流程
中餐冷菜制作管理流程
中餐切配管理流程
中餐炉灶操作管理流程
中餐蒸灶操作管理流程
西餐冷盘制作管理流程
西餐糕点制作管理流程
厨房原料管理流程
厨房作业安全管理流程
厨房人员安全管理流程
厨房垃圾处理流程

图9-1 厨房管理流程结构

9.2 厨房规划管理流程设计与工作执行

9.2.1 厨房规划管理流程设计

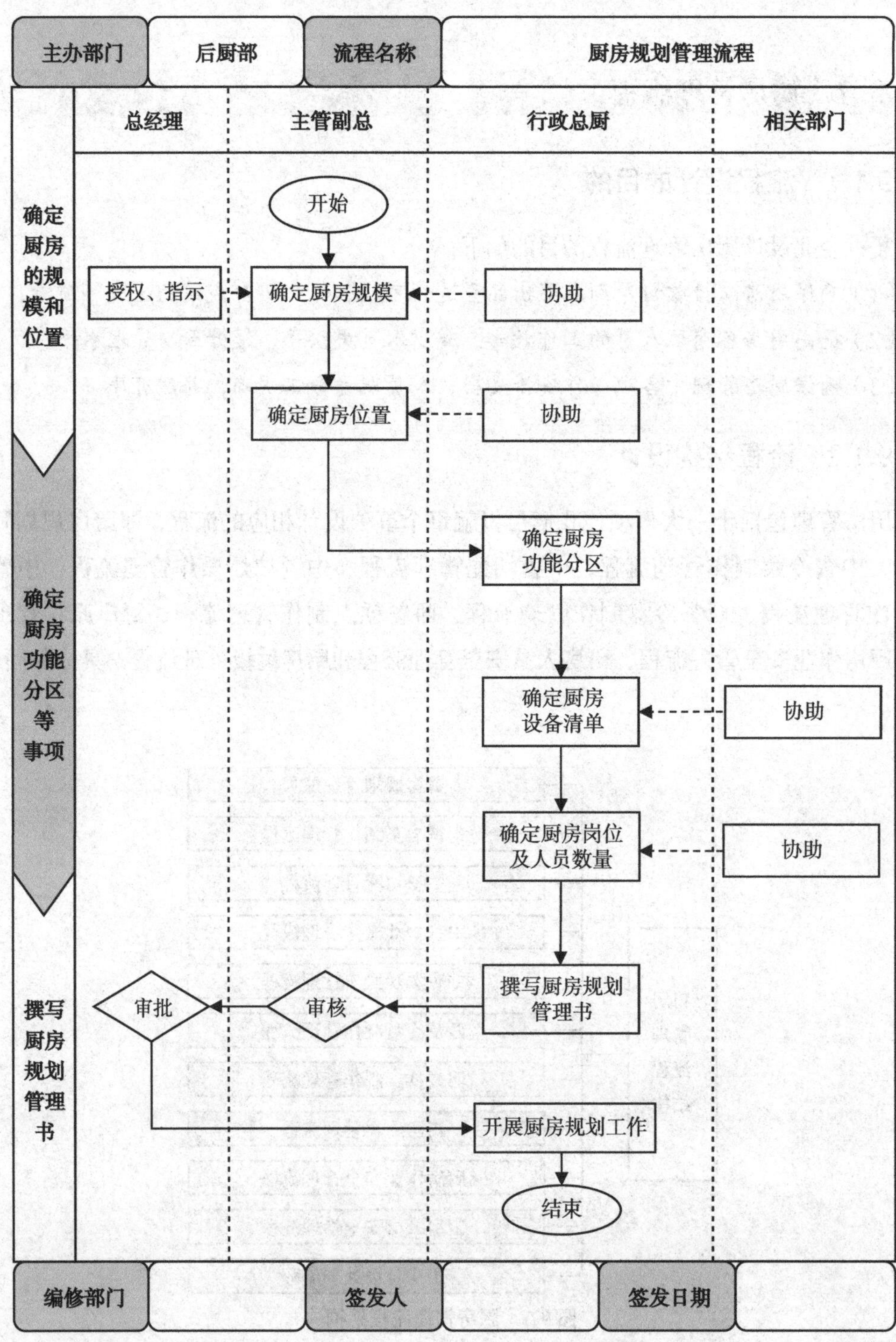

主办部门
后厨部
流程名称
厨房规划管理流程
总经理
主管副总
行政总厨
相关部门
确定厨房的规模和位置
确定厨房功能分区等事项
撰写厨房规划管理书
开始
授权、指示
确定厨房规模
协助
确定厨房位置
协助
确定厨房功能分区
确定厨房设备清单
协助
确定厨房岗位及人员数量
协助
撰写厨房规划管理书
审核
审批
开展厨房规划工作
结束
编修部门
签发人
签发日期

9.2.2 厨房规划管理执行程序、工作标准、考核指标、执行规范

<table>
<tr><th>任务名称</th><th>执行程序、工作标准与考核指标</th></tr>
<tr><td rowspan="6">确定厨房的规模和位置</td><td>执行程序</td></tr>
<tr><td>1. 确定厨房规模
☆主管副总在总经理的授权和指示下，准备对厨房进行规划。
☆主管副总首先要考虑厨房的规模，在此基础上考虑后续事宜。
2. 确定厨房位置
主管副总根据本企业的实际情况，结合地理位置、规模大小、菜品传送等因素，确定厨房的具体位置。
工作重点
厨房的规模和位置是根据本企业经济实力和建筑布局而定的。在确定厨房的位置时，主管副总要考虑食材运输、菜品呈送及废弃物处理等因素。</td></tr>
<tr><td>工作标准</td></tr>
<tr><td>主管副总在行政总厨的协助下完成厨房的规模和位置的确定工作。</td></tr>
<tr><td>考核指标</td></tr>
<tr><td>厨房的规模和位置确定的及时性：应在____个工作日内完成。</td></tr>
<tr><td rowspan="6">确定厨房功能分区等事项</td><td>执行程序</td></tr>
<tr><td>1. 确定厨房功能分区
☆行政总厨负责确定厨房功能分区，包括中餐操作区、西餐操作区，还包括灶台区、切配区、洗碗区和厨余垃圾区等细分区。
☆行政总厨还需确定厨房各功能分区的比重（主要指中西餐分区），以及各功能分区的具体布局（各类细分区）。
2. 确定厨房设备清单
☆行政总厨应与采购部相关人员进行充分沟通，了解市场上厨房相关设备的价格，根据厨房具体用途确定厨房设备清单。
☆厨房设备主要有炉灶、油烟机、冷冻设备和烤箱等常规厨房用品，还包括水电、照明设备等。
3. 确定厨房岗位及人员数量
☆行政总厨根据厨房规模和功能分区，确定厨房所需岗位及人员数量，并与人力资源部充分沟通，确定人员编制事宜及招聘事宜。
☆厨房岗位主要包括炉头、砧板、上什、烧腊、点心、打荷和水台等。
工作重点
厨房各功能分区的布局关乎厨房实际建立后各岗位的合作效率。科学合理的功能分区布局不仅有利于各分区之间协同合作，保证厨房成菜的速度和质量，还有利于厨房资源的合理利用及厨余垃圾的妥善处理。</td></tr>
<tr><td>工作标准</td></tr>
<tr><td>行政总厨将厨房功能分区、所需设备及厨房岗位人员等事宜都规划完毕。</td></tr>
<tr><td>考核指标</td></tr>
<tr><td>厨房功能分区等工作确定的及时性：应在____个工作日内完成。</td></tr>
</table>

（续）

任务名称	执行程序、工作标准与考核指标
撰写厨房规划管理书	**执行程序**
	1. 撰写厨房规划管理书 上述事宜确认完毕后，行政总厨负责撰写厨房规划管理书，并提交给主管副总审核，之后报总经理审批。 **2. 开展厨房规划工作** 厨房规划管理书审批通过后，行政总厨组织相关人员开展厨房规划工作。 **工作重点** 厨房规划管理书的撰写要规范。
	工作标准
	厨房规划管理书通过领导的审核与审批。
	考核指标
	☆厨房规划管理书撰写的及时性：应在____个工作日内完成。 ☆厨房规划管理书应一次性审批通过。
执行规范	
“厨房规划管理书”。	

9.3 中餐冷菜制作管理流程设计与工作执行

9.3.1 中餐冷菜制作管理流程设计

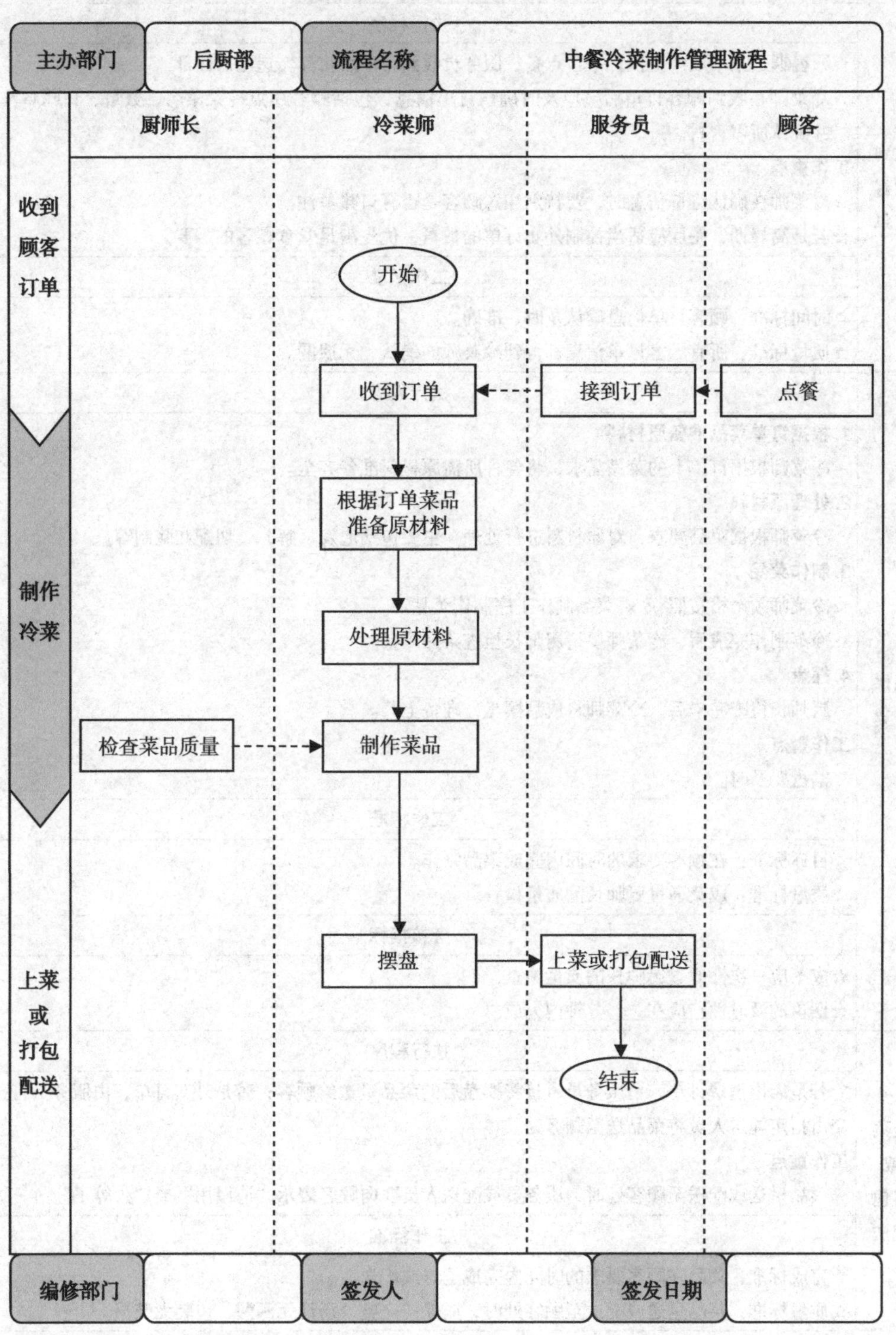

主办部门
后厨部
流程名称
中餐冷菜制作管理流程
厨师长
冷菜师
服务员
顾客
收到顾客订单
开始
收到订单
接到订单
点餐
制作冷菜
根据订单菜品准备原材料
处理原材料
检查菜品质量
制作菜品
上菜或打包配送
摆盘
上菜或打包配送
结束
编修部门
签发人
签发日期

9.3.2 中餐冷菜制作管理流程执行程序、工作标准、考核指标、执行规范

任务名称	执行程序、工作标准与考核指标
收到顾客订单	**执行程序** ☆顾客通过菜单或线上预订平台点餐，服务员收到订单后将其转递至后厨部。 ☆冷菜师在收到顾客订单后，应及时确认订单信息，包括顾客所点冷菜菜名、数量、口味备注等，并确认所需食材。 **工作重点** ☆冷菜师在确认订单信息时，要特别注意顾客是否有口味备注。 ☆若是高峰期，餐厅应适当控制外卖订单的数量，优先满足堂食顾客的需要。
	工作标准 ☆时间标准：顾客订单信息确认及时、准确。 ☆质量标准：所有顾客订单信息都得到冷菜师的确认，无遗漏。
制作冷菜	**执行程序** **1. 根据订单菜品准备原材料** 冷菜师根据订单上的菜品需求，将各种所需原材料准备齐全。 **2. 处理原材料** 冷菜师根据菜品要求，对原材料进行处理，主要包括泡发、解冻、切配和腌制等。 **3. 制作菜品** ☆冷菜师须严格按照 ×× 菜品制作工序制作菜品。 ☆冷菜制作完成后，冷菜师要请厨师长检查菜品质量。 **4. 摆盘** 厨师长检查完毕后，冷菜师将成品摆盘，准备上菜。 **工作重点** 摆盘要及时。
	工作标准 ☆目标标准：在顾客要求的时间内完成菜品制作。 ☆质量标准：成菜通过厨师长的质量检查。
	考核指标 ☆成菜应一次性通过厨师长的质量检查。 ☆摆盘的及时性：应在____分钟内完成。
上菜或打包配送	**执行程序** 若是店内消费订单，请服务员直接将摆盘后的菜品呈送给顾客；若是外卖订单，由服务员打包后交由指定配送人员将菜品送至顾客处。 **工作重点** 菜品呈送或配送至顾客处时，服务员或配送人员要向顾客表示“请慢用”或“久等了”。
	工作标准 ☆完成标准：菜品在顾客要求的时间内完成呈送或配送。 ☆质量标准：菜品呈送或配送至顾客处时，应保持完整，汤汁无洒漏，包装无破损。

（续）

任务名称	执行程序、工作标准与考核指标
上菜或打包配送	**考核指标**
	☆菜品呈送或配送的时间不超过____分钟。 ☆顾客对菜品的投诉次数：目标值为 0。
执行规范	
“×× 菜品制作工序”。	

9.4 中餐切配管理流程设计与工作执行

9.4.1 中餐切配管理流程设计

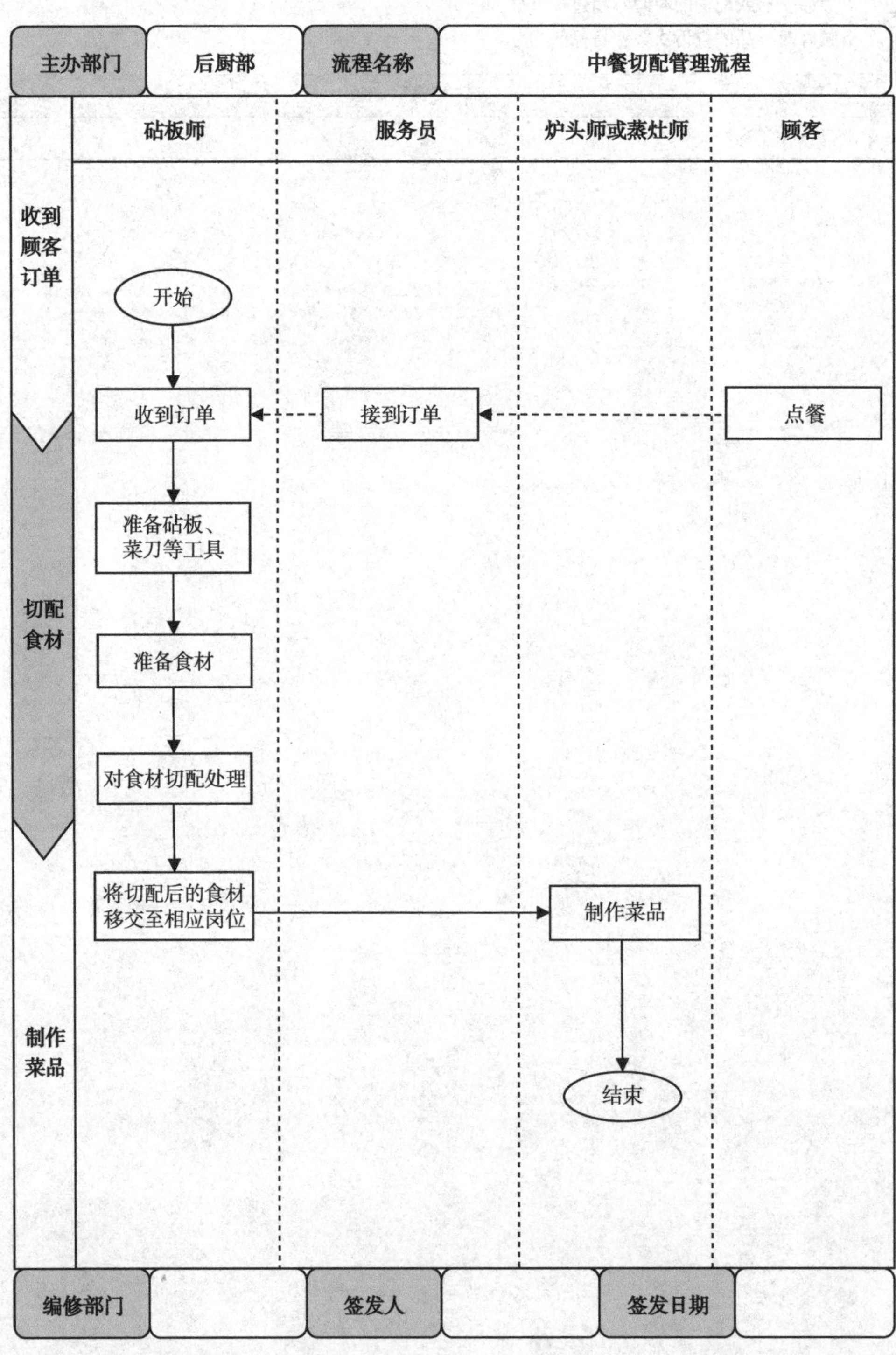
主办部门
后厨部
流程名称
中餐切配管理流程
砧板师
服务员
炉头师或蒸灶师
顾客
收到顾客订单
切配食材
制作菜品
开始
收到订单
接到订单
点餐
准备砧板、菜刀等工具
准备食材
对食材切配处理
将切配后的食材移交至相应岗位
制作菜品
结束
编修部门
签发人
签发日期

9.4.2　中餐切配管理流程执行程序、工作标准、考核指标、执行规范

任务名称	执行程序、工作标准与考核指标
收到顾客订单	**执行程序**
	☆顾客通过菜单或线上预订平台点餐，服务员接到顾客订单后将其转递至后厨部。 ☆砧板师在收到顾客订单后，应及时确认订单信息，明确需要切配哪些原材料。 **工作重点** ☆砧板师在确认订单信息时要认真、仔细。 ☆若顾客所点菜品所需食材临时不足，服务员应及时与顾客联系，请其更换菜品或取消订单。
	工作标准
	☆完成标准：顾客订单信息确认无误。 ☆质量标准：所有顾客订单信息都得到砧板师的确认，无遗漏。
切配食材	**执行程序**
	1. 准备砧板、菜刀等工具 砧板师根据订单上菜品的成菜需求，准备砧板、菜刀等工具。 **2. 准备食材** 砧板师根据订单上菜品的成菜需求，准备相应食材。 **3. 对食材切配处理** 砧板师根据厨房切菜配菜标准，对所有食材进行切配处理。 **工作重点** 砧板师在切菜时要注意生熟食材应分砧板处理。
	工作标准
	☆完成标准：砧板师在规定的时间内完成所有食材的切配工作。 ☆质量标准：食材切配符合厨房要求，无重大失误。
	考核指标
	食材切配的及时性：应在____分钟内完成。
制作菜品	**执行程序**
	1. 将切配后的食材移交至相应岗位 食材切配完成后，砧板师应将其分类整理好，然后请炉头师或蒸灶师进行后续处理。 **2. 制作菜品** 炉头师或蒸灶师按照 ×× 菜品制作工序，在顾客要求的时间内制作菜品。 **工作重点** 炉头师或蒸灶师在制作菜品时要注意顾客订单上备注的口味要求。
	工作标准
	☆完成标准：菜品在顾客要求的时间内制作完成。 ☆质量标准：成菜色香味俱全，符合顾客要求。
	考核指标
	☆菜品制作时间不超过____分钟。 ☆顾客投诉次数：目标值为0。
执行规范	
“厨房切菜配菜标准”“×× 菜品制作工序”。	

9.5 中餐炉灶操作管理流程设计与工作执行

9.5.1 中餐炉灶操作管理流程设计

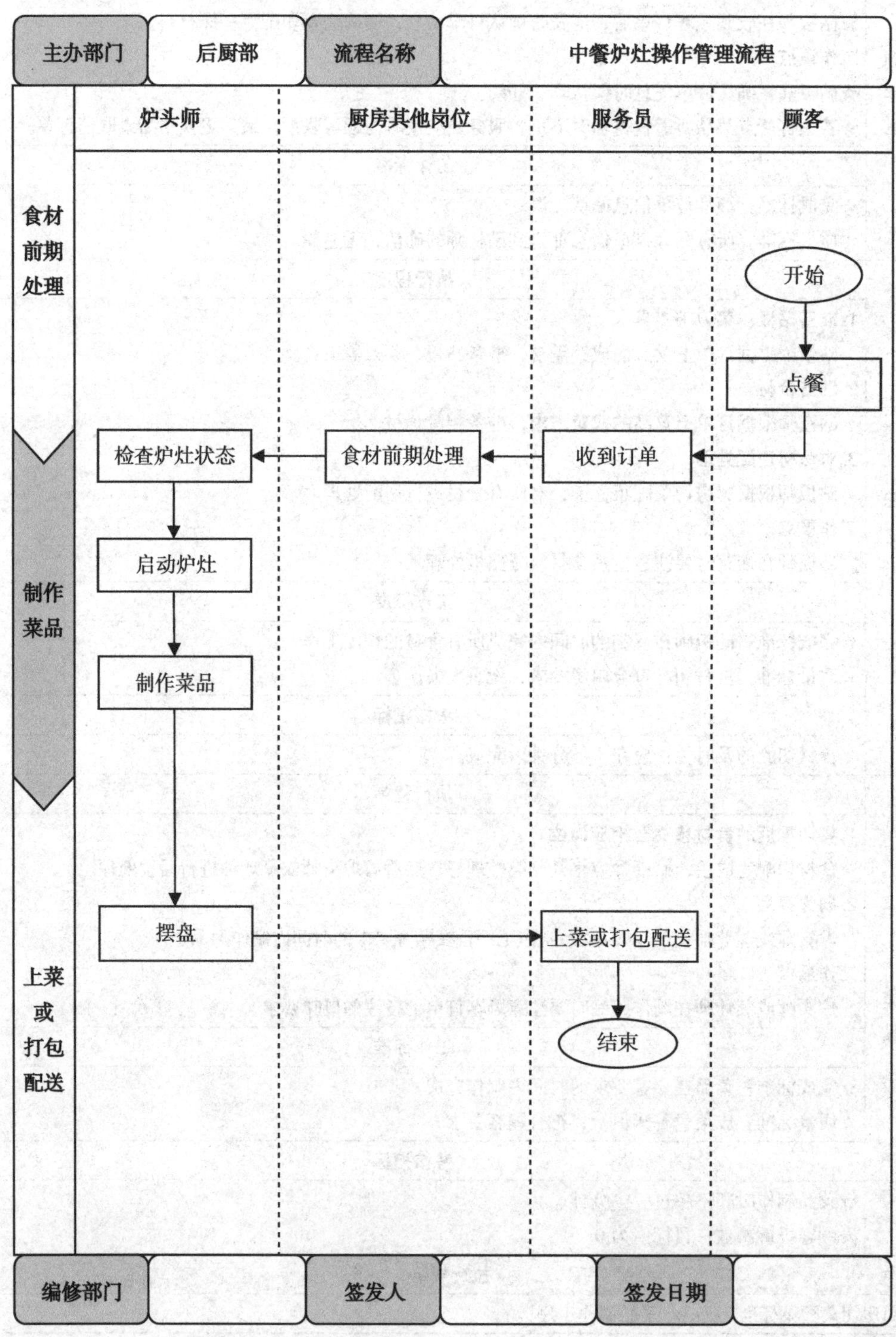
主办部门
后厨部
流程名称
中餐炉灶操作管理流程
炉头师
厨房其他岗位
服务员
顾客
食材前期处理
制作菜品
上菜或打包配送
开始
点餐
收到订单
食材前期处理
检查炉灶状态
启动炉灶
制作菜品
摆盘
上菜或打包配送
结束
编修部门
签发人
签发日期

9.5.2　中餐炉灶操作管理执行程序、工作标准、考核指标、执行规范

<table>
<tr><th>任务名称</th><th>执行程序、工作标准与考核指标</th></tr>
<tr><td rowspan="4">食材前期处理</td><td>执行程序</td></tr>
<tr><td>1. 收到订单
顾客通过菜单或线上预订平台点餐，服务员收到顾客订单后将其转递至后厨部。
2. 食材前期处理
厨房其他岗位人员根据订单上的菜品要求准备食材，并对食材进行切配、腌制等前期处理。
工作重点
☆切配、腌制食材时要注意时间。切配是越快越好，而腌制要保证合适的时间，以达到去除异味的目的。
☆若临时发现食材不足或售罄，服务员应及时与顾客联系，请其更换菜品或取消订单。</td></tr>
<tr><td>工作标准</td></tr>
<tr><td>☆完成标准：食材前期处理妥当。
☆质量标准：食材的前期处理如切配、腌制、泡发等工序符合厨房统一标准。</td></tr>
<tr><td rowspan="6">制作菜品</td><td>执行程序</td></tr>
<tr><td>1. 检查炉灶状态
炉头师在开火前，要仔细检查炉灶状态，确认燃气无泄漏。
2. 启动炉灶
炉头师要严格按照厨房炉灶使用规范启动炉灶，禁止因违规操作而引发安全事故。
3. 制作菜品
☆炉头师根据 ×× 菜品制作工序制作菜品。
☆炉头师要注意顾客订单上是否备注了口味要求，若有，必须满足顾客需求。
4. 摆盘
菜品制作完成后，炉头师将菜品摆盘，准备上菜。
工作重点
炉头师在启动炉灶前一定要仔细检查炉灶状态，若存在老化、气体泄漏等情况，要及时向领导反映，以防发生安全事故。</td></tr>
<tr><td>工作标准</td></tr>
<tr><td>☆完成标准：炉头师在规定的时间内将所有菜品制作完成。
☆质量标准：成菜符合厨房要求，色香味俱佳。</td></tr>
<tr><td>考核指标</td></tr>
<tr><td>菜品制作的及时性：应在____分钟内完成。</td></tr>
<tr><td rowspan="2">上菜或打包配送</td><td>执行程序</td></tr>
<tr><td>若是店内消费订单，请服务员直接将摆盘完毕的菜品呈送给顾客；若是外卖订单，由服务员打包后交由指定配送人员将菜品配送至顾客处。
工作重点
菜品的呈送或配送须及时。</td></tr>
</table>

（续）

任务名称	执行程序、工作标准与考核指标
上菜或打包配送	**工作标准**
	☆完成标准：菜品在顾客要求的时间内完成呈送或配送。 ☆质量标准：菜品在呈送或配送至顾客处时应保持完整，汤汁无洒漏，包装无破损。
	考核指标
	☆菜品呈送或配送的时间不超过____分钟。 ☆顾客投诉次数：目标值为 0。
执行规范	
“厨房炉灶使用规范”“×× 菜品制作工序”。	

9.6 中餐蒸灶操作管理流程设计与工作执行

9.6.1 中餐蒸灶操作管理流程设计

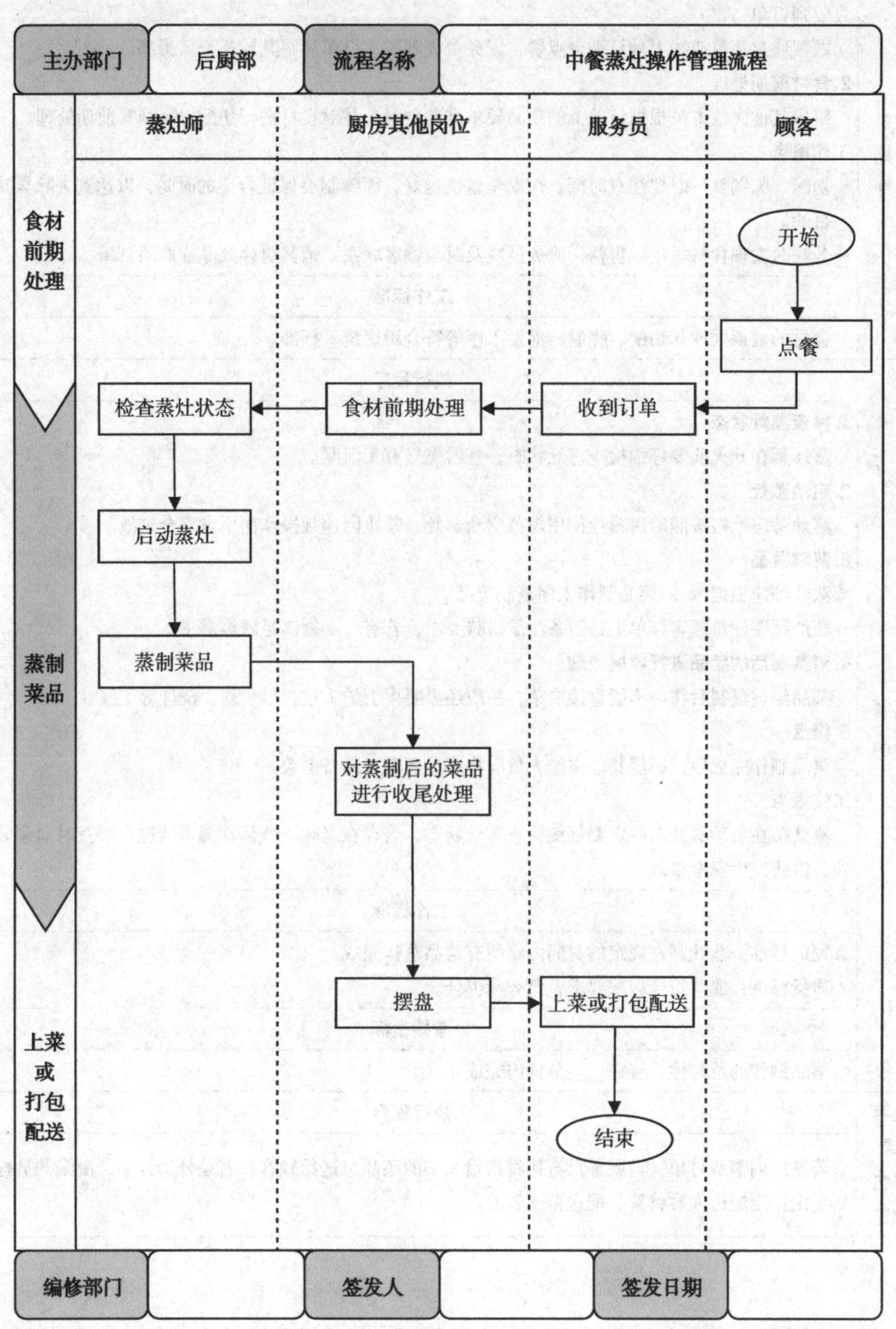

主办部门
后厨部
流程名称
中餐蒸灶操作管理流程
蒸灶师
厨房其他岗位
服务员
顾客
食材前期处理
蒸制菜品
上菜或打包配送
开始
点餐
收到订单
食材前期处理
检查蒸灶状态
启动蒸灶
蒸制菜品
对蒸制后的菜品进行收尾处理
摆盘
上菜或打包配送
结束
编修部门
签发人
签发日期

9.6.2 中餐蒸灶操作管理执行程序、工作标准、考核指标、执行规范

<table>
<tr><th>任务名称</th><th>执行程序、工作标准与考核指标</th></tr>
<tr><td rowspan="4">食材前期处理</td><td>执行程序</td></tr>
<tr><td>1. 收到订单
顾客通过菜单或线上预订平台点餐，服务员收到顾客订单后将其转递至后厨部。
2. 食材前期处理
厨房其他岗位人员根据订单上的菜品要求准备食材，并对食材进行切配、腌制等前期处理。
工作重点
☆切配、腌制食材时要注意时间。切配是越快越好，而腌制要保证合适的时间，以达到去除异味的目的。
☆若临时发现食材不足或售罄，服务员应及时与顾客联系，请其更换菜品或取消订单。</td></tr>
<tr><td>工作标准</td></tr>
<tr><td>食材的前期处理如切配、腌制、泡发工序等符合厨房统一标准。</td></tr>
<tr><td rowspan="6">蒸制菜品</td><td>执行程序</td></tr>
<tr><td>1. 检查蒸灶状态
蒸灶师在开火前要仔细检查蒸灶状态，查看燃气有无泄漏。
2. 启动蒸灶
蒸灶师应严格按照厨房蒸灶使用规范启动蒸灶，禁止因违规操作而引发安全事故。
3. 蒸制菜品
☆蒸灶师应根据 ×× 菜品制作工序蒸制菜品。
☆蒸灶师要注意顾客订单上是否备注了口味要求，若有，必须满足顾客需求。
4. 对蒸制后的菜品进行收尾处理
菜品经过蒸制后往往不能直接成菜，一般还需要再上炉头进行炒、炸、浇汁等工序。
5. 摆盘
菜品制作完成后，厨房其他岗位人员应将成品摆盘，准备上菜。
工作重点
蒸灶师在启动蒸灶前一定要仔细检查蒸灶状态，若存在老化、气体泄漏等情况，要及时向领导反映，以防发生安全事故。</td></tr>
<tr><td>工作标准</td></tr>
<tr><td>☆完成标准：蒸灶师在规定的时间内将所有菜品蒸作完成。
☆质量标准：成菜符合厨房要求，色香味俱佳。</td></tr>
<tr><td>考核指标</td></tr>
<tr><td>菜品制作的及时性：应在____分钟内完成。</td></tr>
<tr><td rowspan="2">上菜或打包配送</td><td>执行程序</td></tr>
<tr><td>若是店内消费订单，请服务员直接将摆盘完毕的菜品呈送给顾客；若是外卖订单，由服务员打包后交由指定配送人员将菜品配送至顾客处。</td></tr>
</table>

（续）

<table>
<tr><th>任务名称</th><th>执行程序、工作标准与考核指标</th></tr>
<tr><td rowspan="6">上菜或打包配送</td><td>工作重点
菜品呈送或配送须及时。</td></tr>
<tr><td>工作标准</td></tr>
<tr><td>☆完成标准：菜品在顾客要求的时间内完成呈送或配送。
☆质量标准：菜品在呈送或配送至顾客处时应保持完整，汤汁无洒漏，包装无破损。</td></tr>
<tr><td>考核指标</td></tr>
<tr><td>☆菜品呈送或配送的时间不超过____分钟。
☆顾客投诉次数：目标值为 0。</td></tr>
<tr><td></td></tr>
<tr><td colspan="2">执行规范</td></tr>
<tr><td colspan="2">“厨房蒸灶使用规范”“× × 菜品制作工序”。</td></tr>
</table>

9.7 西餐冷盘制作管理流程设计与工作执行

9.7.1 西餐冷盘制作管理流程设计

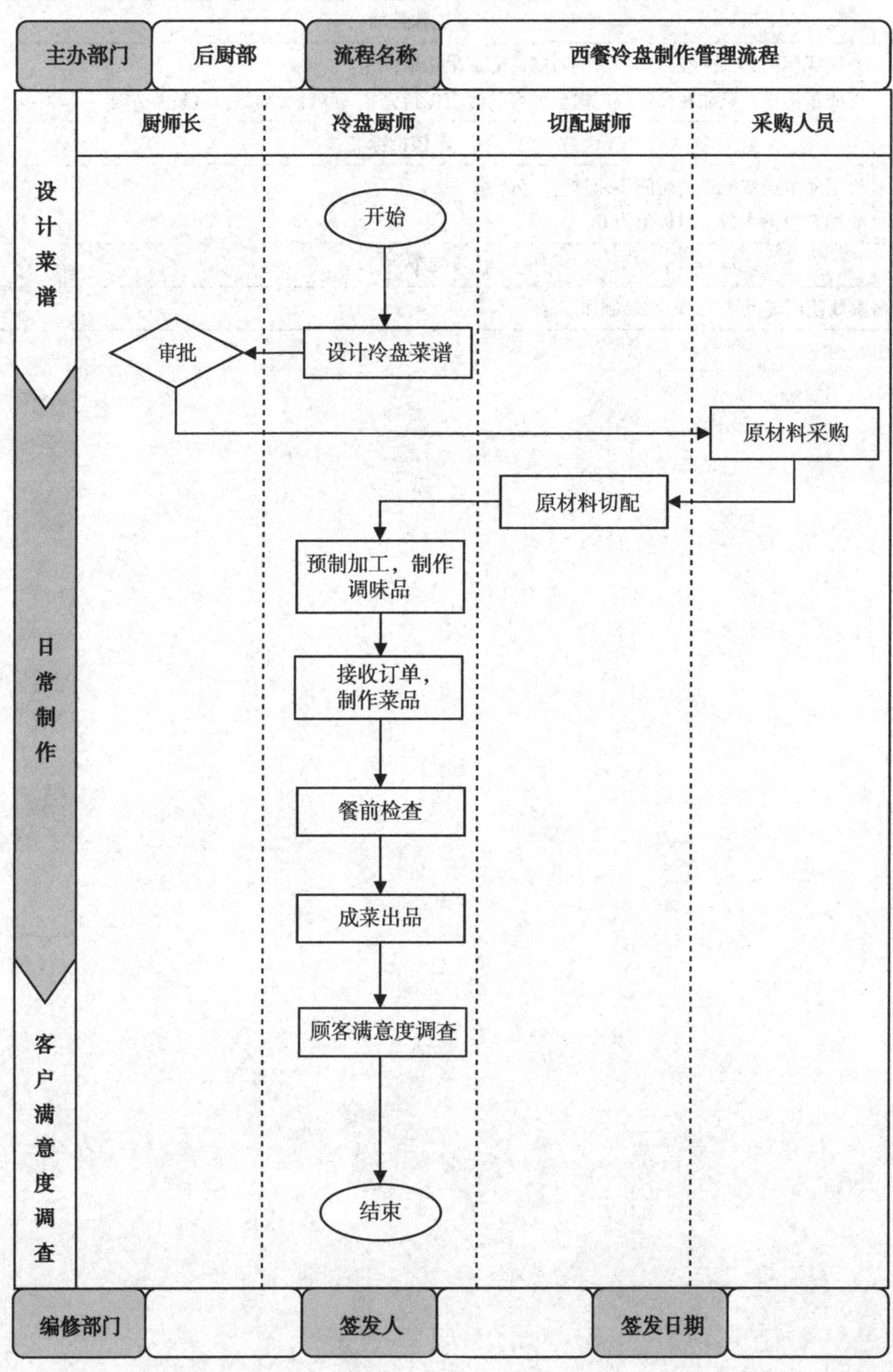

主办部门
后厨部
流程名称
西餐冷盘制作管理流程
厨师长
冷盘厨师
切配厨师
采购人员
设计菜谱
日常制作
客户满意度调查
开始
设计冷盘菜谱
审批
原材料采购
原材料切配
预制加工，制作调味品
接收订单，制作菜品
餐前检查
成菜出品
顾客满意度调查
结束
编修部门
签发人
签发日期

9.7.2 西餐冷盘制作管理执行程序、工作标准、考核指标、执行规范

任务名称	执行程序、工作标准与考核指标
设计菜谱	**执行程序** ☆冷盘厨师负责设计冷盘菜谱。 ☆冷盘厨师应将冷盘菜谱提交给厨师长审批。 **工作重点** 冷盘菜谱设计需要注意菜品易操作、易复制，同时还要注意关键环节的保密性。 **工作标准** 冷盘菜谱通过厨师长的审批。
日常制作	**执行程序** **1. 原材料采购** 采购人员根据冷盘菜谱中的食材搭配，进行相应的原材料采购。 **2. 原材料切配** 切配厨师根据冷盘菜谱进行原材料的切配工作，以备后续加工。 **3. 预制加工，制作调味品** 冷盘厨师对切配好的原材料进行预制加工，并制作需要的调味品。 **4. 接收订单，制作菜品** 冷盘厨师应根据顾客订单信息，制作相应的菜品。 **5. 餐前检查** 在打荷小工传菜前，冷盘厨师须对菜品进行餐前检查，避免出现异物及制作差错。 **6. 成菜出品** 餐前检查完毕后，由打荷小工进行传菜或订单包装。 **工作重点** ☆在制作调味品时，冷盘厨师要根据菜品特色适当突出酸、甜、辣、咸、烟熏等不同的口味特点。 ☆菜品在装盘时，要尽可能色彩搭配美观、主辅协调、色泽鲜艳、造型美观；冷盘菜品的温度以10℃ ~ 12℃为宜。 **工作标准** 菜品的制作严格按照冷盘菜谱的要求进行操作，保证菜品的口感和味道。 **考核指标** 配菜出错率：目标值为0。
客户满意度调查	**执行程序** 顾客食用菜品后，企业应采取适当的方式调查顾客对菜品的满意度。 **工作重点** 顾客满意度调查需要在合适的情况下进行，如通过线上点评或结账时询问。 **工作标准** 顾客满意度调查应在____个工作日内完成。
执行规范	
“冷盘菜谱”。	

9.8 西餐糕点制作管理流程设计与工作执行

9.8.1 西餐糕点制作管理流程设计

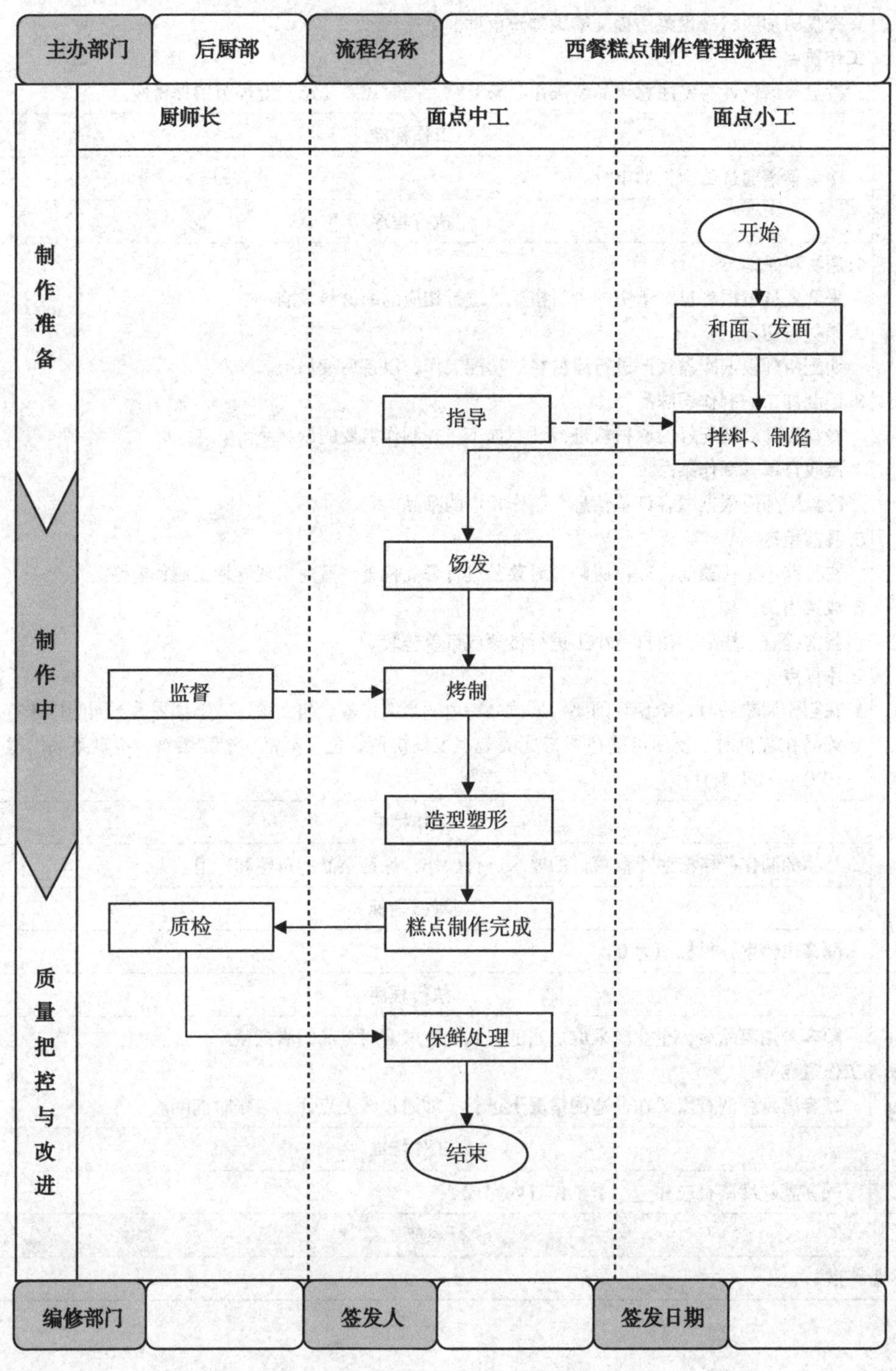

主办部门
后厨部
流程名称
西餐糕点制作管理流程
厨师长
面点中工
面点小工
制作准备
制作中
质量把控与改进
开始
和面、发面
指导
拌料、制馅
饧发
监督
烤制
造型塑形
质检
糕点制作完成
保鲜处理
结束
编修部门
签发人
签发日期

9.8.2 西餐糕点制作管理执行程序、工作标准、考核指标、执行规范

<table>
<tr><th>任务名称</th><th>执行程序、工作标准与考核指标</th></tr>
<tr><td rowspan="4">制作准备</td><td>执行程序</td></tr>
<tr><td>1. 和面、发面
☆面点小工根据糕点制作需求进行和面。
☆面点小工根据糕点制作要求，按比例进行发面。
☆面点小工还要做好其他糕点原材料的准备工作。
2. 拌料、制馅
☆在面点中工的指导下，面点小工按照后厨标准菜谱进行拌料。
☆在面点中工的指导下，面点小工制作相应的馅料。
工作重点
☆面点小工应根据各种糕点制作的需要，分别制作发酵面团、水调面团、油酥面团、蛋和面团、米粉面团和糕面。
☆面点小工应将发酵完成的面料放入涂有植物油或垫有锡箔的烤盒内，以便其成型。</td></tr>
<tr><td>工作标准</td></tr>
<tr><td>面点小工应根据标准菜谱进行和面、发面。</td></tr>
<tr><td rowspan="4">制作中</td><td>执行程序</td></tr>
<tr><td>1. 饧发
面点中工负责进行面团的二次醒发和定型，将其加工成可以直接烤制的面胚。
2. 烤制
☆面点中工在厨师长的监督下，将加工好的面胚按照标准菜谱分批次进行烤制。
☆在烤制的过程中，面点中工要按照要求进行翻面和刷油等。
3. 造型塑形
☆面点中工应按订单要求准备奶油、水果和巧克力等配料。
☆面点中工应将烤制好的糕点按照菜谱的要求进行造型塑形。
☆有造型需求的糕点，面点中工应对其进行特殊化处理。
工作重点
面团的二次醒发需要在烤制前进行，时间的把控上应注意夏季与冬季因气温的变化导致发酵速度的变化。</td></tr>
<tr><td>工作标准</td></tr>
<tr><td>糕点成品与菜谱中要求的原料、制作工艺及成品样式一致。</td></tr>
<tr><td rowspan="2">质量把控与改进</td><td>执行程序</td></tr>
<tr><td>1. 质检
厨师长须对面点中工制作的糕点进行质检。
2. 保鲜处理
☆面点中工将制作好的糕点放入展示柜展示。
☆面点中工将需要冷藏存放的糕点包装后，放入冷藏室或冷藏柜。
☆面点中工将需要常温存放的糕点放在通风处。</td></tr>
</table>

（续）

任务名称	执行程序、工作标准与考核指标
质量把控与改进	**工作重点** ☆保鲜柜或保鲜库应保持干燥，面点中工应根据糕点售卖情况制作糕点。 ☆蛋糕与饼干应分开存放，避免饼干受潮。
	工作标准
	糕点制作完成后，面点中工应立即对其进行保鲜处理。
	考核指标
	糕点质检合格率：目标值为 100%。
执行规范	
“西餐管理制度”“后厨部管理制度”“标准菜谱”。	

9.9 厨房原料管理流程设计与工作执行

9.9.1 厨房原料管理流程设计

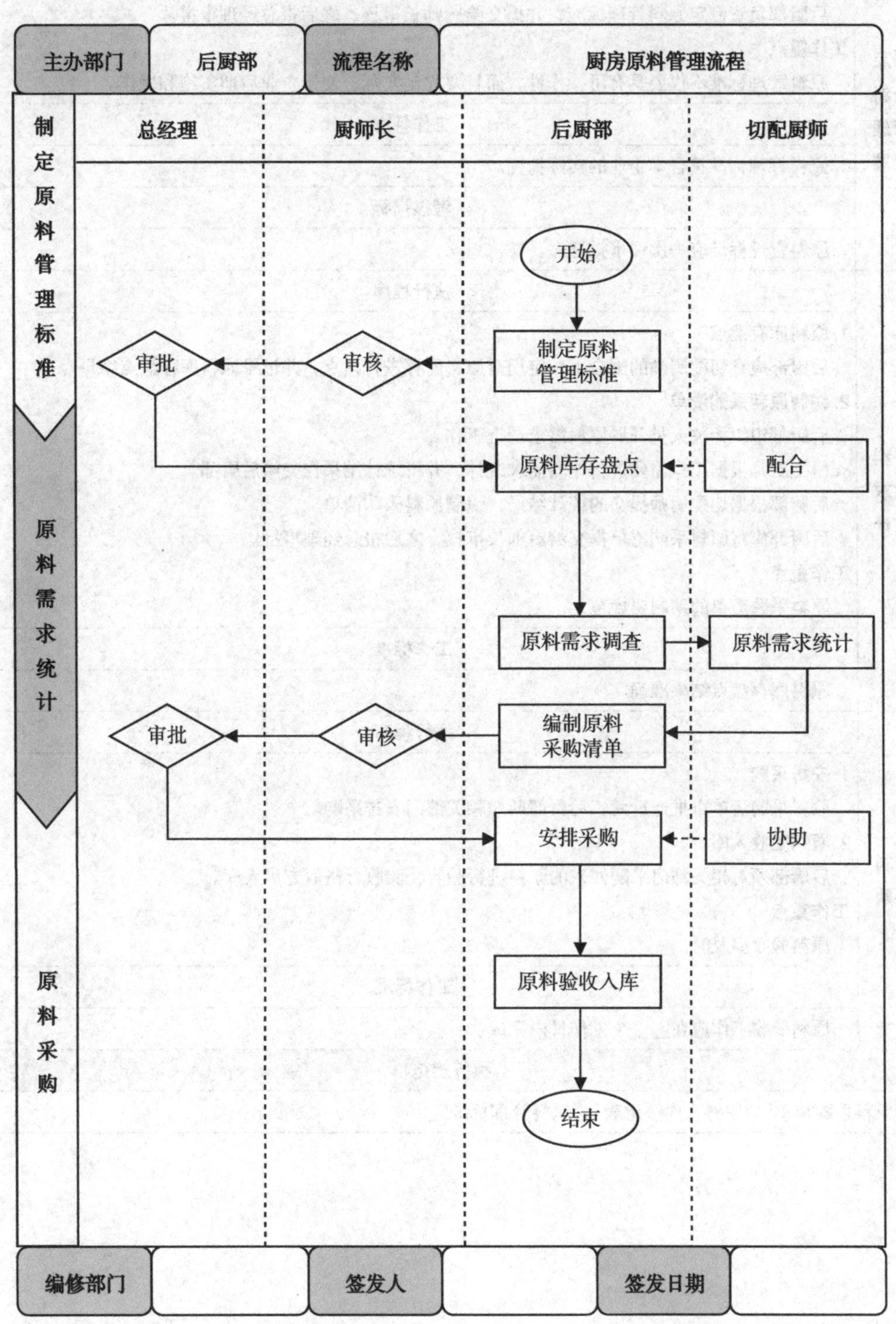

主办部门
后厨部
流程名称
厨房原料管理流程
制定原料管理标准
原料需求统计
原料采购
总经理
厨师长
后厨部
切配厨师
开始
制定原料管理标准
审核
审批
原料库存盘点
配合
原料需求调查
原料需求统计
编制原料采购清单
审核
审批
安排采购
协助
原料验收入库
结束
编修部门
签发人
签发日期

9.9.2 厨房原料管理执行程序、工作标准、考核指标、执行规范

<table>
<tr><th>任务名称</th><th>执行程序、工作标准与考核指标</th></tr>
<tr><td rowspan="6">制定原料管理标准</td><td>执行程序</td></tr>
<tr><td>后厨部负责制定原料管理标准，并提交给厨师长审核，之后报总经理审批。
工作重点
原料管理标准不仅要具有可操作性，而且要立足实际，便于企业后期实施和操作。</td></tr>
<tr><td>工作标准</td></tr>
<tr><td>原料管理标准符合本企业的实际情况。</td></tr>
<tr><td>考核指标</td></tr>
<tr><td>原料管理标准应一次性审批通过。</td></tr>
<tr><td rowspan="4">原料需求统计</td><td>执行程序</td></tr>
<tr><td>1. 原料库存盘点
后厨部应在切配厨师的配合下，定期对原料库存进行盘点，并记录原料库存盘点结果。
2. 编制原料采购清单
☆后厨部组织相关人员开展原料需求调查工作。
☆协配厨师根据工作需要进行原料需求统计，并将统计结果提交给后厨部。
☆后厨部根据切配厨师提交的统计结果，编制原料采购清单。
☆后厨部应将原料采购清单提交给厨师长审核，之后报总经理审批。
工作重点
原料采购清单的编制要规范。</td></tr>
<tr><td>工作标准</td></tr>
<tr><td>原料库存盘点结果准确。</td></tr>
<tr><td rowspan="4">原料采购</td><td>执行程序</td></tr>
<tr><td>1. 安排采购
原料采购清单审批通过后，后厨部通知相关部门安排采购。
2. 原料验收入库
后厨部须对相关部门采购回来的原料进行验收，验收合格后方可入库。
工作重点
原料验收应及时。</td></tr>
<tr><td>工作标准</td></tr>
<tr><td>原料验收工作应在____个工作日内完成。</td></tr>
<tr><td colspan="2">执行规范</td></tr>
<tr><td colspan="2">“原料采购清单”“原料入库登记表”“原料管理标准”。</td></tr>
</table>

9.10 厨房作业安全管理流程设计与工作执行

9.10.1 厨房作业安全管理流程设计

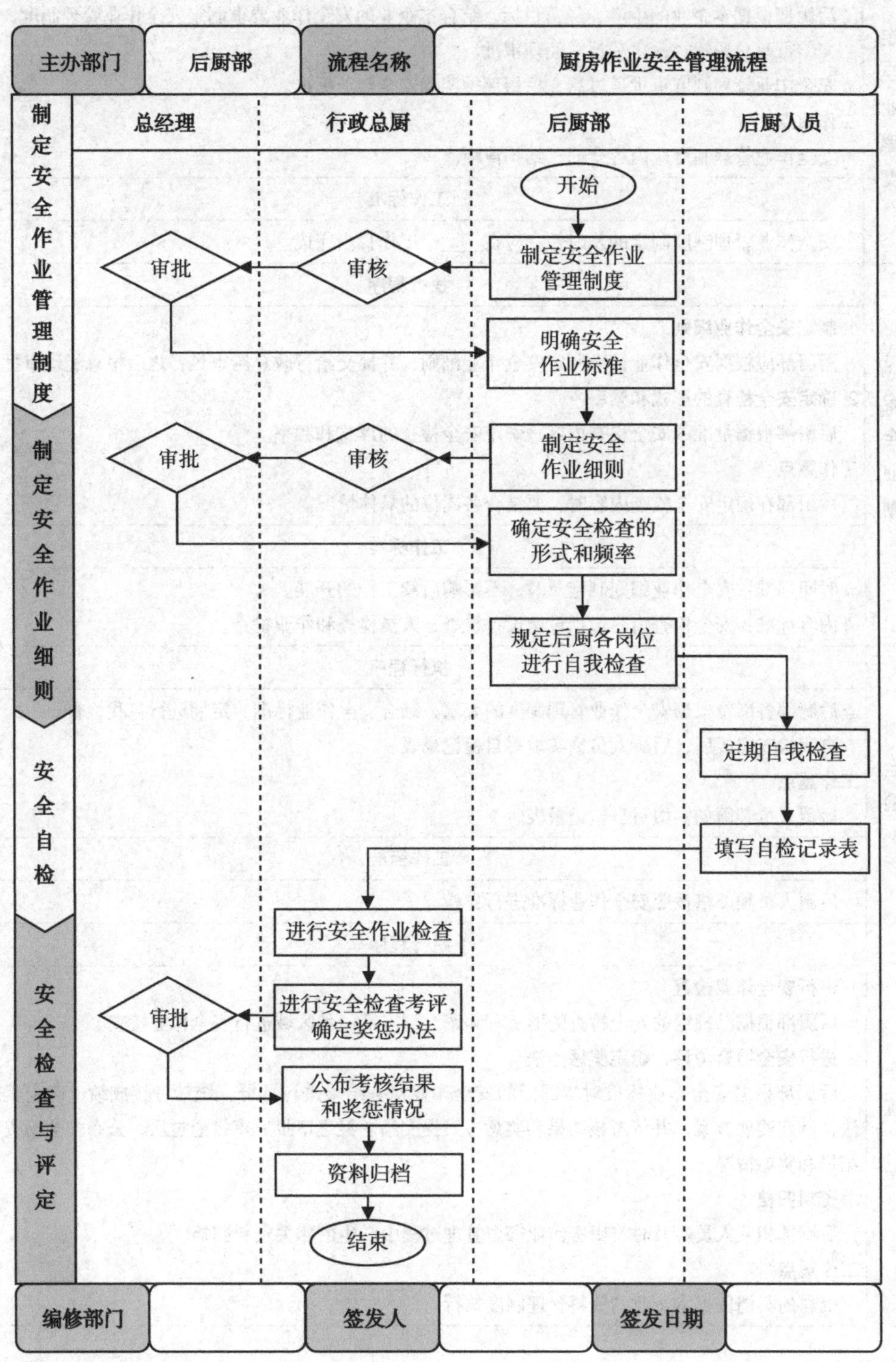

主办部门
后厨部
流程名称
厨房作业安全管理流程
制定安全作业管理制度
制定安全作业细则
安全自检
安全检查与评定
总经理
行政总厨
后厨部
后厨人员
开始
审批
审核
制定安全作业管理制度
明确安全作业标准
审批
审核
制定安全作业细则
确定安全检查的形式和频率
规定后厨各岗位进行自我检查
定期自我检查
填写自检记录表
进行安全作业检查
审批
进行安全检查考评，确定奖惩办法
公布考核结果和奖惩情况
资料归档
结束
编修部门
签发人
签发日期

第9章 厨房管理

9.10.2 厨房作业安全管理执行程序、工作标准、考核指标、执行规范

任务名称	执行程序、工作标准与考核指标
制定安全作业管理制度	**执行程序** ☆后厨部根据本企业的生产、经营目标，结合本企业的安全作业要求制定安全作业管理制度，并提交给行政总厨审核，之后报总经理审批。 ☆安全作业管理制度审批通过后，后厨部须明确安全作业标准。 **工作重点** 安全作业管理制度应内容全面、结构清晰。 **工作标准** 安全作业管理制度制定的及时性：应在____个工作日内完成。
制定安全作业细则	**执行程序** **1. 制定安全作业细则** 后厨部应根据安全作业标准制定安全作业细则，并提交给行政总厨审核，之后报总经理审批。 **2. 确定安全检查的形式和频率** 后厨部根据批准的安全检查内容，确定安全检查的形式和频率。 **工作重点** 后厨部在确定安全检查内容时，要结合各岗位的具体情况。 **工作标准** ☆时间标准：安全作业细则制定及时，不影响后续工作的开展。 ☆内容标准：安全检查内容包括设施设备检查、人员检查和作业检查。
安全自检	**执行程序** ☆后厨部各岗位根据安全作业管理制度的要求，结合安全作业标准，定期进行自我检查。 ☆自我检查完成后，后厨人员据实填写自检记录表。 **工作重点** 后厨人员必须如实填写自检记录表。 **工作标准** 后厨人员须严格按照安全作业标准进行自检。
安全检查与评定	**执行程序** **1. 进行安全作业检查** 后厨部根据已确定的安全检查的形式和频率，对本部门各区域进行安全作业检查。 **2. 进行安全检查考评，确定奖惩办法** 后厨部根据安全作业标准对本部门的安全作业检查结果进行评分，统计考核成绩，确定奖惩办法，制定奖惩方案，并将考核结果和奖惩方案提交给总经理审批，审批通过后，公布安全检查考核结果和奖惩情况。 **3. 资料归档** 后厨部相关人员应及时将厨房作业安全管理过程中产生的相关资料归档。 **工作重点** 资料的归档依据本企业的资料管理制度执行。

（续）

任务名称	执行程序、工作标准与考核指标
安全检查与评定	**工作标准**
	安全作业检查结果客观、真实。
	考核指标
	安全作业检查结果公布的及时性：应在____个工作日内完成。
执行规范	
“安全作业管理制度”“安全作业标准”“安全作业细则”“安全检查自检记录表”“安全检查奖惩方案”。	

9.11 厨房人员安全管理流程设计与工作执行

9.11.1 厨房人员安全管理流程设计

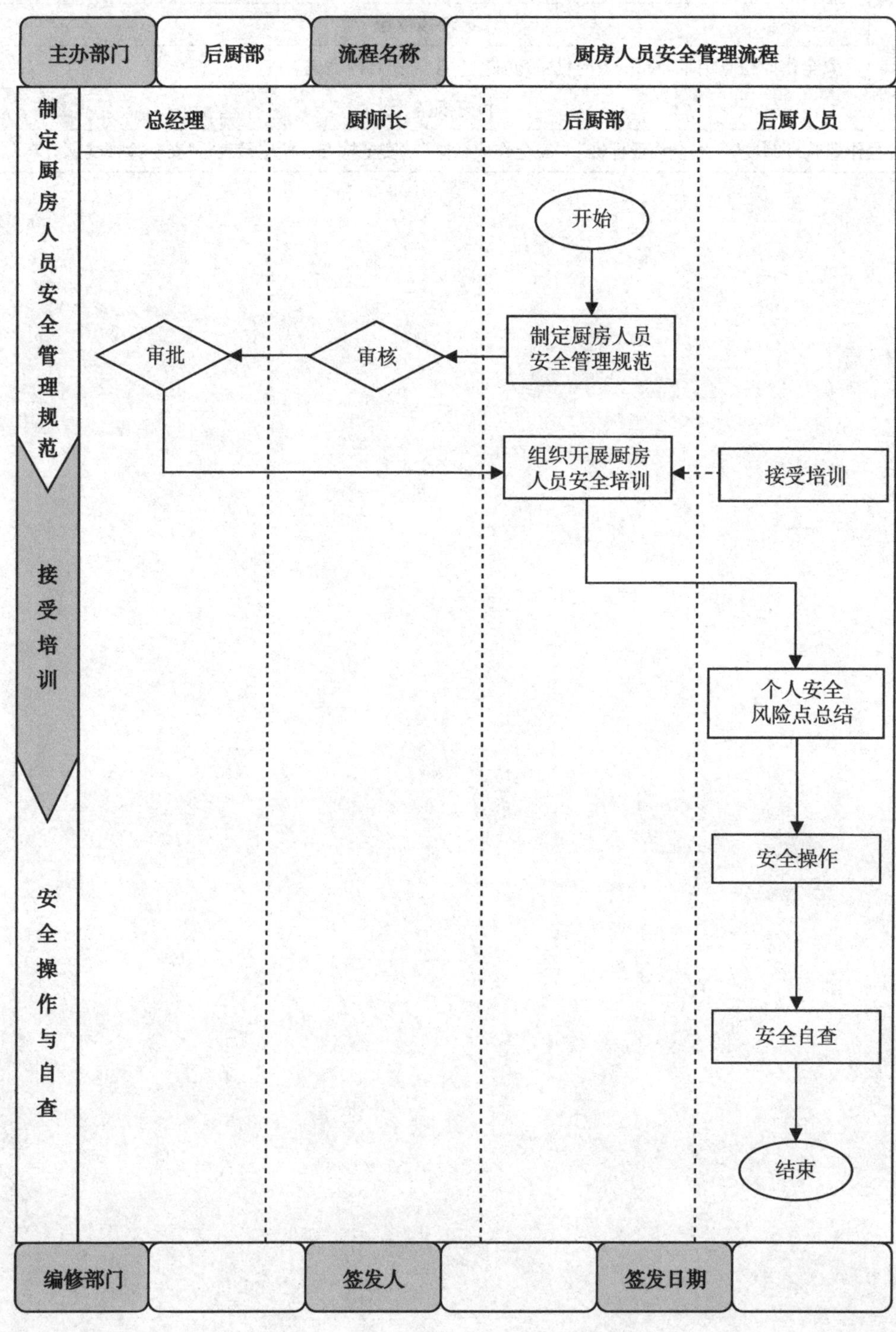

主办部门
后厨部
流程名称
厨房人员安全管理流程
制定厨房人员安全管理规范
接受培训
安全操作与自查
总经理
厨师长
后厨部
后厨人员
开始
制定厨房人员安全管理规范
审核
审批
组织开展厨房人员安全培训
接受培训
个人安全风险点总结
安全操作
安全自查
结束
编修部门
签发人
签发日期

9.11.2 厨房人员安全管理执行程序、工作标准、考核指标、执行规范

<table>
<tr><th>任务名称</th><th>执行程序、工作标准与考核指标</th></tr>
<tr><td rowspan="4">制定厨房人员安全管理规范</td><td>执行程序</td></tr>
<tr><td>后厨部应根据后厨人员的工作岗位情况制定厨房人员安全管理规范，并提交给厨师长审核，之后报总经理审批。
工作重点
后厨部经理应明确各岗位人员职责，避免工作中出现相互推诿的现象。</td></tr>
<tr><td>工作标准</td></tr>
<tr><td>后厨部应根据本企业的实际情况，将厨房人员安全制度完善化、厨房人员安全职权明晰化、厨房人员安全流程规范化、厨房人员安全标准精确化。</td></tr>
<tr><td rowspan="4">接受培训</td><td>执行程序</td></tr>
<tr><td>1. 组织开展厨房人员安全培训
☆厨房人员安全管理规范审批通过后，后厨部相关人员应及时将其装订成册。
☆后厨部组织开展厨房人员安全培训。
2. 个人安全风险点总结
厨房人员通过学习安全管理规范和接受安全培训，重新审视自己的安全风险点，进行安全风险防控总结。
工作重点
企业要让员工由“要我安全”型员工成长为“我要安全”型员工。</td></tr>
<tr><td>工作标准</td></tr>
<tr><td>厨房人员安全培训内容包括突发事件应急预案、应急逃生等。</td></tr>
<tr><td rowspan="4">安全操作与自查</td><td>执行程序</td></tr>
<tr><td>1. 安全操作
☆后厨人员根据安全管理规范的要求，在工作时进行安全操作。
☆初次使用厨房设备时，后厨人员须先仔细阅读设备操作说明，了解安全操作规程，再进行安全操作。
2. 安全自查
☆后厨人员根据安全管理规范的要求，结合安全检查标准，定期进行自我检查。
☆后厨人员须对各类安全标识进行定期检查、定期清洗，发现有变形、损坏、变色、图形符号脱落等现象时，及时更换或修理安全标识。
工作重点
☆自查过程中发现工作区域有暴露的铁皮角、金属丝头等尖锐物品，要及时将其敲掉或取下，以免划伤人。
☆厨房地面要保持清洁、干燥，防止人员滑倒。
☆安全标识牌有破损、字迹模糊、严重褪色等情况时应进行报废处理。</td></tr>
<tr><td>工作标准</td></tr>
<tr><td>安全自查须遵循日常检查和定期检查相结合的原则，以及先整改、再上报的原则 。</td></tr>
<tr><td colspan="2">执行规范</td></tr>
<tr><td colspan="2">“厨房人员安全管理规范”“厨房人员安全自查表”。</td></tr>
</table>

9.12 厨房垃圾处理流程设计与工作执行

9.12.1 厨房垃圾处理流程设计

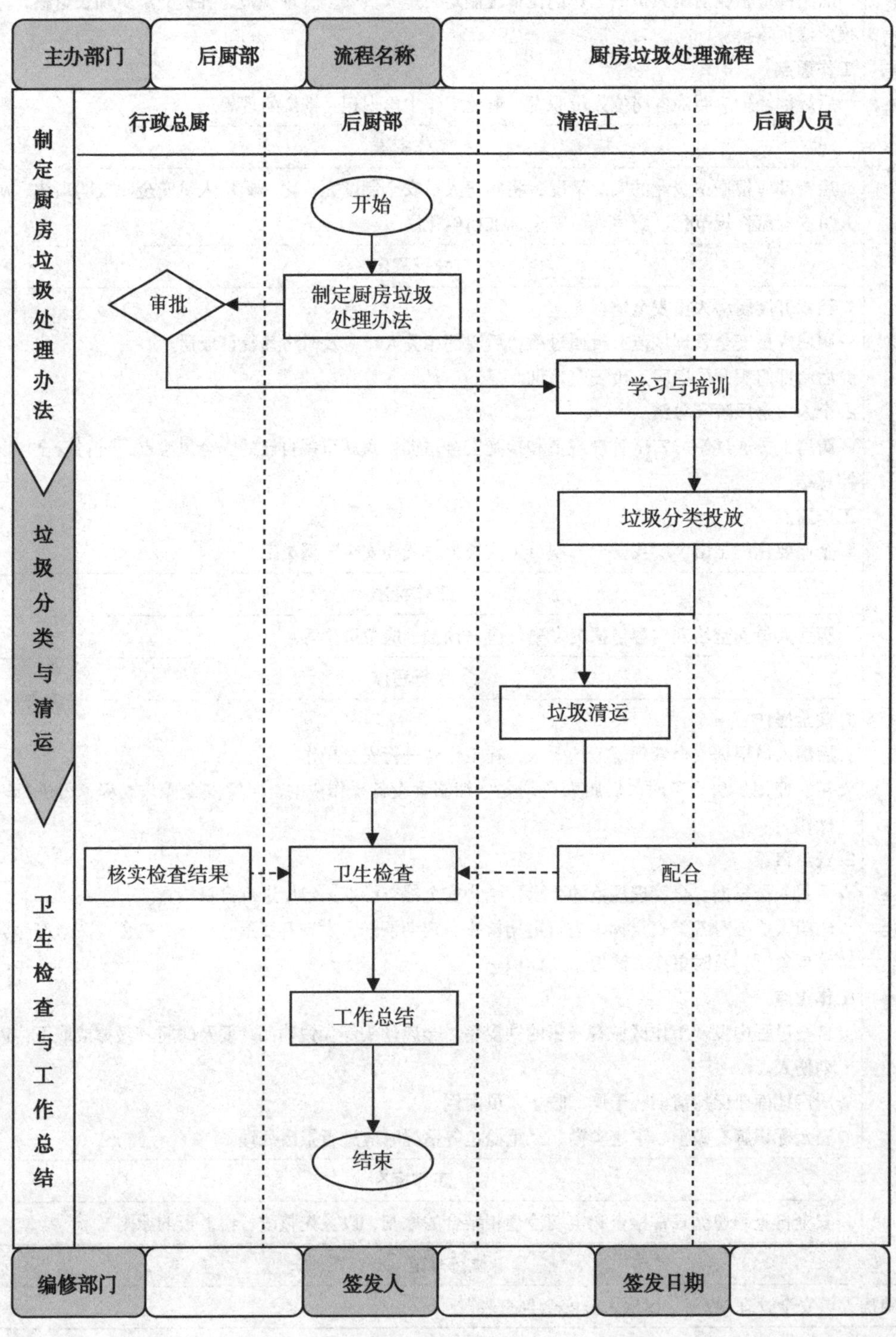

主办部门
后厨部
流程名称
厨房垃圾处理流程
制定厨房垃圾处理办法
垃圾分类与清运
卫生检查与工作总结
行政总厨
后厨部
清洁工
后厨人员
开始
制定厨房垃圾处理办法
审批
学习与培训
垃圾分类投放
垃圾清运
核实检查结果
卫生检查
配合
工作总结
结束
编修部门
签发人
签发日期

9.12.2 厨房垃圾处理执行程序、工作标准、考核指标、执行规范

<table>
<tr><th>任务名称</th><th>执行程序、工作标准与考核指标</th></tr>
<tr><td rowspan="4">制定厨房垃圾处理办法</td><td>执行程序</td></tr>
<tr><td>1. 制定厨房垃圾处理办法
☆后厨部根据厨房垃圾处理的具体情况，结合卫生管理的要求制定厨房垃圾处理办法。
☆后厨部应将厨房垃圾处理办法提交给行政总厨审批。
2. 学习与培训
后厨部应统一安排后厨人员和清洁工进行厨房垃圾管理办法的学习与培训。
工作重点
厨房垃圾处理办法的制定要规范。</td></tr>
<tr><td>工作标准</td></tr>
<tr><td>厨房垃圾处理办法包括垃圾的处理要求、处理时限和处理方法等内容。</td></tr>
<tr><td rowspan="6">垃圾分类与清运</td><td>执行程序</td></tr>
<tr><td>1. 垃圾分类投放
后厨人员和清洁工应根据厨房垃圾处理办法的规定，进行垃圾分类投放。
2. 垃圾清运
☆清洁工定时对垃圾进行清运。
☆清洁工在清运完垃圾后，应及时填写垃圾清运表。
工作重点
☆垃圾必须按垃圾处理办法的规定分类堆置，做到每日清扫，定期清理。
☆后厨人员和清洁工在工作期间看到任何地方有垃圾、脏物、杂物和积水等不卫生现象，应随见随清。</td></tr>
<tr><td>工作标准</td></tr>
<tr><td>垃圾处理和清运的过程应干净卫生，避免影响厨房的正常工作。</td></tr>
<tr><td>考核指标</td></tr>
<tr><td>垃圾分类投放准确率：应达到____%。</td></tr>
<tr><td rowspan="6">卫生检查与工作总结</td><td>执行程序</td></tr>
<tr><td>1. 卫生检查
☆后厨部根据卫生标准，定期进行卫生检查。
☆行政总厨负责核实检查结果，划分卫生奖惩等级，确定奖罚办法。
2. 工作总结
厨房垃圾管理工作告一段落后，后厨部须对之前的工作进行总结，以指导后续的厨房垃圾处理工作。
工作重点
在检查卫生的过程中，发现不合格的岗位或区域应立即进行整改。</td></tr>
<tr><td>工作标准</td></tr>
<tr><td>厨房内部必须保持干净整洁。</td></tr>
<tr><td>考核指标</td></tr>
<tr><td>卫生检查合格率：应达到100%。</td></tr>
<tr><td colspan="2">执行规范</td></tr>
<tr><td colspan="2">“厨房垃圾处理办法”“垃圾清运表”。</td></tr>
</table>

第10章 餐饮食品安全管理

10.1 餐饮食品安全管理流程

10.1.1 流程设计的目的

餐饮企业设计餐饮食品安全管理流程的目的如下：

（1）加强对餐饮食品的安全管理，有效降低食品安全风险；

（2）规范餐饮食品安全管理各个环节的工作程序，提升服务质量；

（3）适应新时代餐饮服务食品安全监管工作的需要。

10.1.2 流程结构设计

餐饮食品安全管理包括十大事项，我们可以就每个事项设计相应的流程，即从业人员健康管理流程、食材采购安全管理流程、食材验收管理流程、食品原料储存管理流程、食品安全培训管理流程、厨房作业卫生管理流程、厨房个人卫生管理流程、餐具用具消毒管理流程、食品安全检查抽查管理流程和生熟食品交叉污染控制管理流程，具体如图10-1所示。

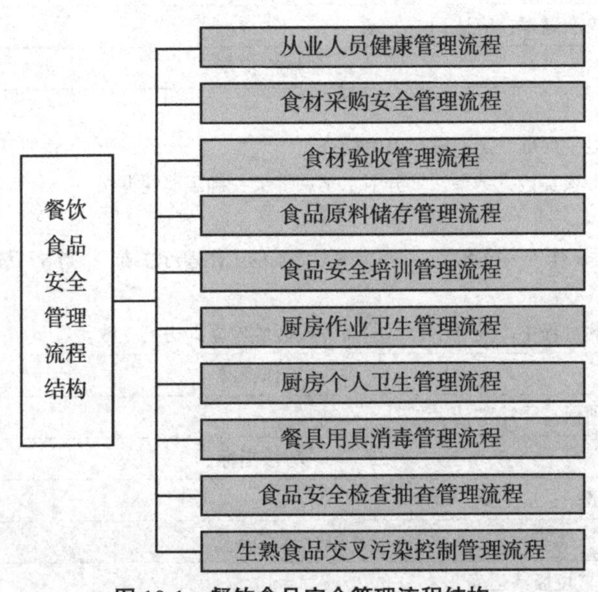
餐饮食品安全管理流程结构
从业人员健康管理流程
食材采购安全管理流程
食材验收管理流程
食品原料储存管理流程
食品安全培训管理流程
厨房作业卫生管理流程
厨房个人卫生管理流程
餐具用具消毒管理流程
食品安全检查抽查管理流程
生熟食品交叉污染控制管理流程

图10-1 餐饮食品安全管理流程结构

10.2 从业人员健康管理流程设计与工作执行

10.2.1 从业人员健康管理流程设计

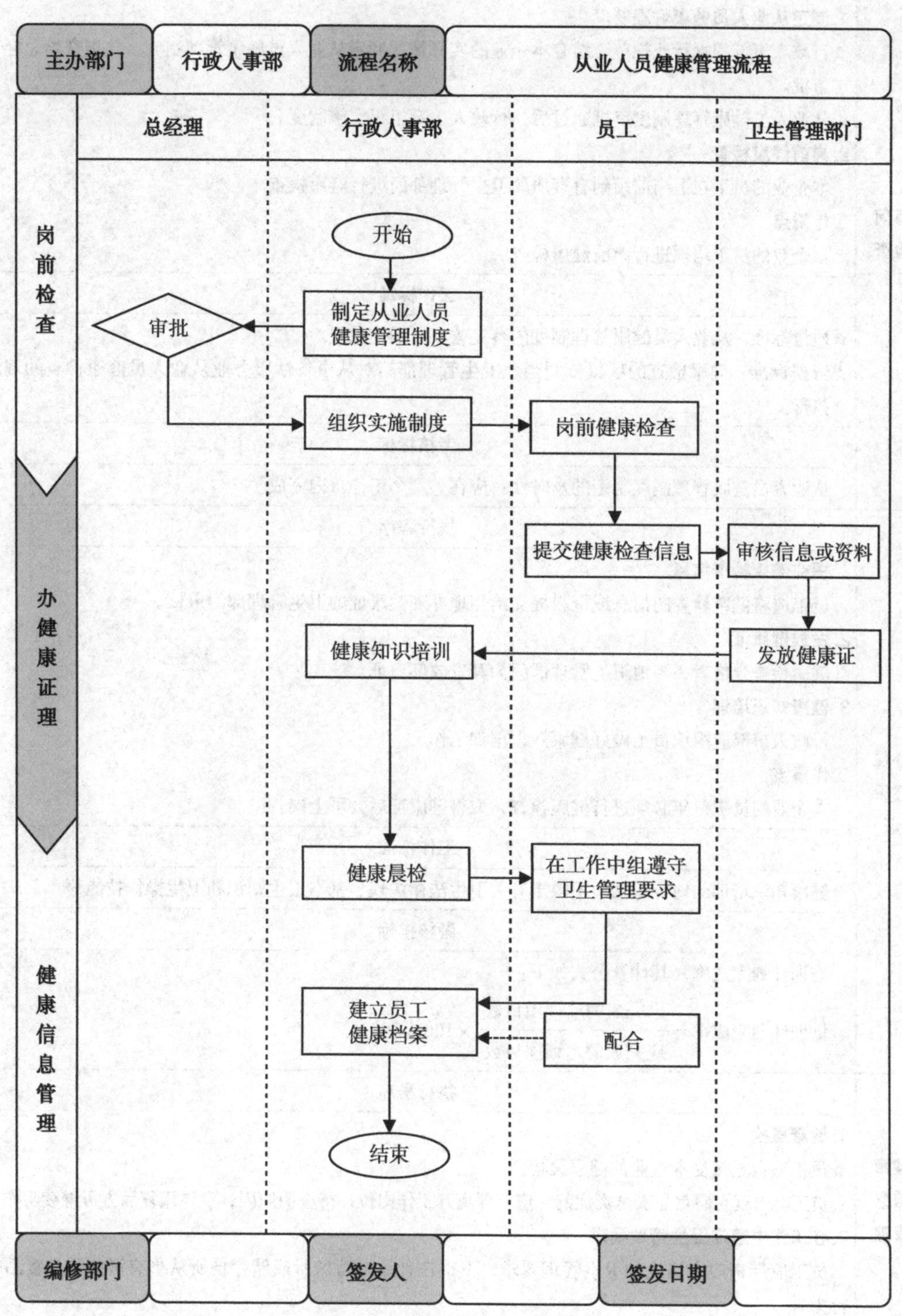

主办部门
行政人事部
流程名称
从业人员健康管理流程
总经理
行政人事部
员工
卫生管理部门
岗前检查
办健康证理
健康信息管理
开始
制定从业人员健康管理制度
审批
组织实施制度
岗前健康检查
提交健康检查信息
审核信息或资料
发放健康证
健康知识培训
健康晨检
在工作中组遵守卫生管理要求
建立员工健康档案
配合
结束
编修部门
签发人
签发日期

10.2.2 从业人员健康管理执行程序、工作标准、考核指标、执行规范

任务名称	执行程序、工作标准与考核指标
岗前检查	**执行程序** **1. 制定从业人员健康管理制度** ☆行政人事部根据行业规范，结合本企业的实际情况制定从业人员健康管理制度，并提交给总经理审批。 ☆从业人员健康管理制度审批通过后，行政人事部组织实施制度。 **2. 岗前健康检查** 本企业的员工在上岗前须到有资质的卫生管理部门进行健康检查。 **工作重点** 本企业的员工均须进行岗前健康检查。 **工作标准** ☆质量标准：从业人员健康管理制度内容完善、可操作性强。 ☆依据标准：健康检查的项目依照当地卫生管理部门对从事餐饮服务业从业人员健康检查的规定执行。 **考核指标** 从业人员健康管理制度制定的及时性：应在____个工作日内完成。
办理健康证	**执行程序** **1. 提交健康检查信息** 员工应将健康检查的信息或资料提交给当地办理健康证的卫生管理部门审核。 **2. 发放健康证** 健康检查合格者，当地卫生管理部门为其发放健康证。 **3. 健康知识培训** 行政人事部应组织员工做好健康知识培训工作。 **工作重点** 本企业的员工每年必须进行健康检查，取得健康证后方可上岗。 **工作标准** 健康知识培训的内容包括但不限于有关卫生法律法规、基本卫生知识和卫生操作技能等。 **考核指标** 培训计划完成率，其计算公式如下： $培训计划完成率=\frac{已完成的培训项目数}{应完成的培训项目数}\times 100\%$
健康信息管理	**执行程序** **1. 健康晨检** ☆员工须自觉接受本企业的健康晨检。 ☆员工有出现有碍食品安全炎症的，应立即离开工作岗位，待查明原因，身体康复后方可继续工作。 **2. 在工作中遵守卫生管理要求** 员工应严格遵守岗位的卫生管理要求，不得在食品经营场所或储存场所从事有可能污染食品的行为。

（续）

任务名称	执行程序、工作标准与考核指标
健康信息管理	**3. 建立员工健康档案** 行政人事部应为员工建立健康档案。 **工作重点** 行政人事部要妥善保管员工健康档案。
	工作标准
	☆质量标准：员工健康档案不得随意涂改。 ☆时间标准：员工健康档案的保管期限不少于____年。
执行规范	
卫生管理部门的“健康证”及企业的“从业人员健康管理制度”。	

10.3 食材采购安全管理流程设计与工作执行

10.3.1 食材采购安全管理流程设计

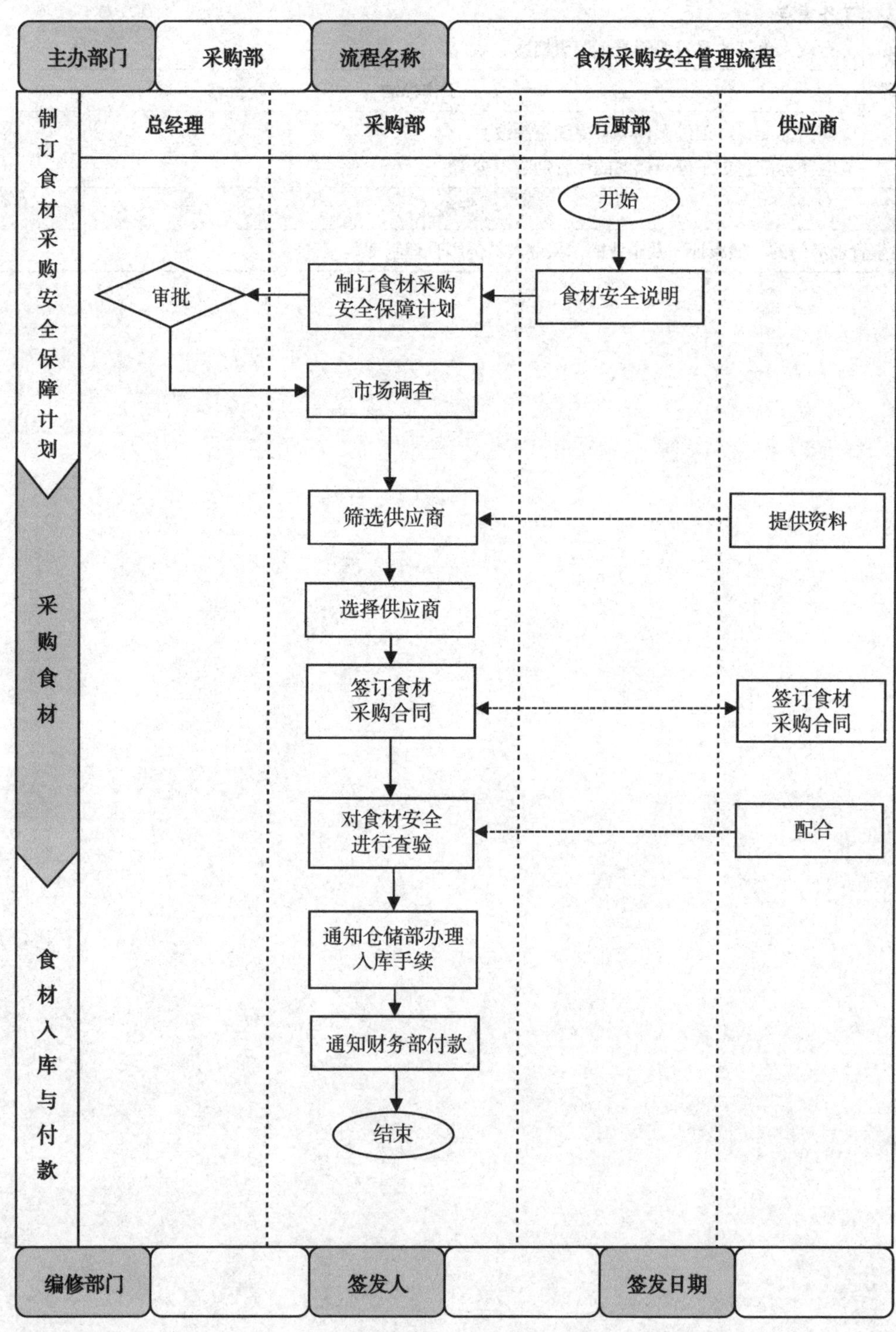

主办部门
采购部
流程名称
食材采购安全管理流程
总经理
采购部
后厨部
供应商
制订食材采购安全保障计划
开始
食材安全说明
制订食材采购安全保障计划
审批
市场调查
采购食材
筛选供应商
提供资料
选择供应商
签订食材采购合同
签订食材采购合同
对食材安全进行查验
配合
食材入库与付款
通知仓储部办理入库手续
通知财务部付款
结束
编修部门
签发人
签发日期

10.3.2 食材采购安全管理执行程序、工作标准、考核指标、执行规范

<table>
<tr><th>任务名称</th><th>执行程序、工作标准与考核指标</th></tr>
<tr><td rowspan="4">制订食材采购安全保障计划</td><td>执行程序</td></tr>
<tr><td>1. 食材安全说明
后厨部依据行业规定，需要对食材的新鲜度、安全性等进行说明，便于采购部开展采购工作。
2. 制订食材采购安全保障计划
☆采购部根据后厨部的工作需要，制订食材采购安全保障计划。
☆采购部应将食材采购安全保障计划提交给总经理审批。
☆食材采购安全保障计划审批通过后，采购部根据总经理的审批意见组织开展市场调查工作，广泛收集供应商信息。
工作重点
每一类食材都要形成单独的食材安全说明。</td></tr>
<tr><td>工作标准</td></tr>
<tr><td>☆内容标准：食材安全说明的内容包括食材的物理 / 化学特性、配料辅料的组成、产地、包装、储存方式等安全保障方面的要求和标准。
☆时间标准：采购部应于每月____日前对库存的食材进行盘点。</td></tr>
<tr><td rowspan="6">采购食材</td><td>执行程序</td></tr>
<tr><td>1. 筛选供应商
采购部根据供应商提供的资料及从其他渠道获得的信息，筛选供应商。
2. 选择供应商
采购部人员通过沟通、实地考察等方式，选择合适的供应商。
3. 签订食材采购合同
采购部与供应商达成一致意见后，双方签订食材采购合同。
4. 对食材安全进行查验
采购部须对供货商提供的食材进行安全检测，并做好详细记录。
工作重点
食材采购合同中须对出现食材安全问题时双方的责任和义务进行具体说明。</td></tr>
<tr><td>工作标准</td></tr>
<tr><td>采购部依据食材安全说明对供应商提供的食材进行查验。</td></tr>
<tr><td>考核指标</td></tr>
<tr><td>☆食材采购合同签订的及时性：应在____个工作日内完成。
☆采购计划完成率，其计算公式如下：
$$采购计划完成率=\frac{已完成的采购项目数}{应完成的采购项目数}\times 100\%$$</td></tr>
<tr><td rowspan="2">食材入库与付款</td><td>执行程序</td></tr>
<tr><td>1. 通知仓储部办理入库手续
食材查验合格后，采购部通知仓储部办理入库手续。
2. 通知财务部付款
采购款项须按食材采购合同约定的时间由财务部统一支付。</td></tr>
</table>

（续）

任务名称	执行程序、工作标准与考核指标
食材入库与付款	**工作重点** 仓储部须依照入库程序对采购回来的食材进行存放。
	工作标准
	食材应在____个工作日内入库完成。
	考核指标
	付款差错次数：目标值为0。
执行规范	
“食材采购安全保障计划”“食材采购合同”“食材采购计划”。	

10.4 食材验收管理流程设计与工作执行

10.4.1 食材验收管理流程设计

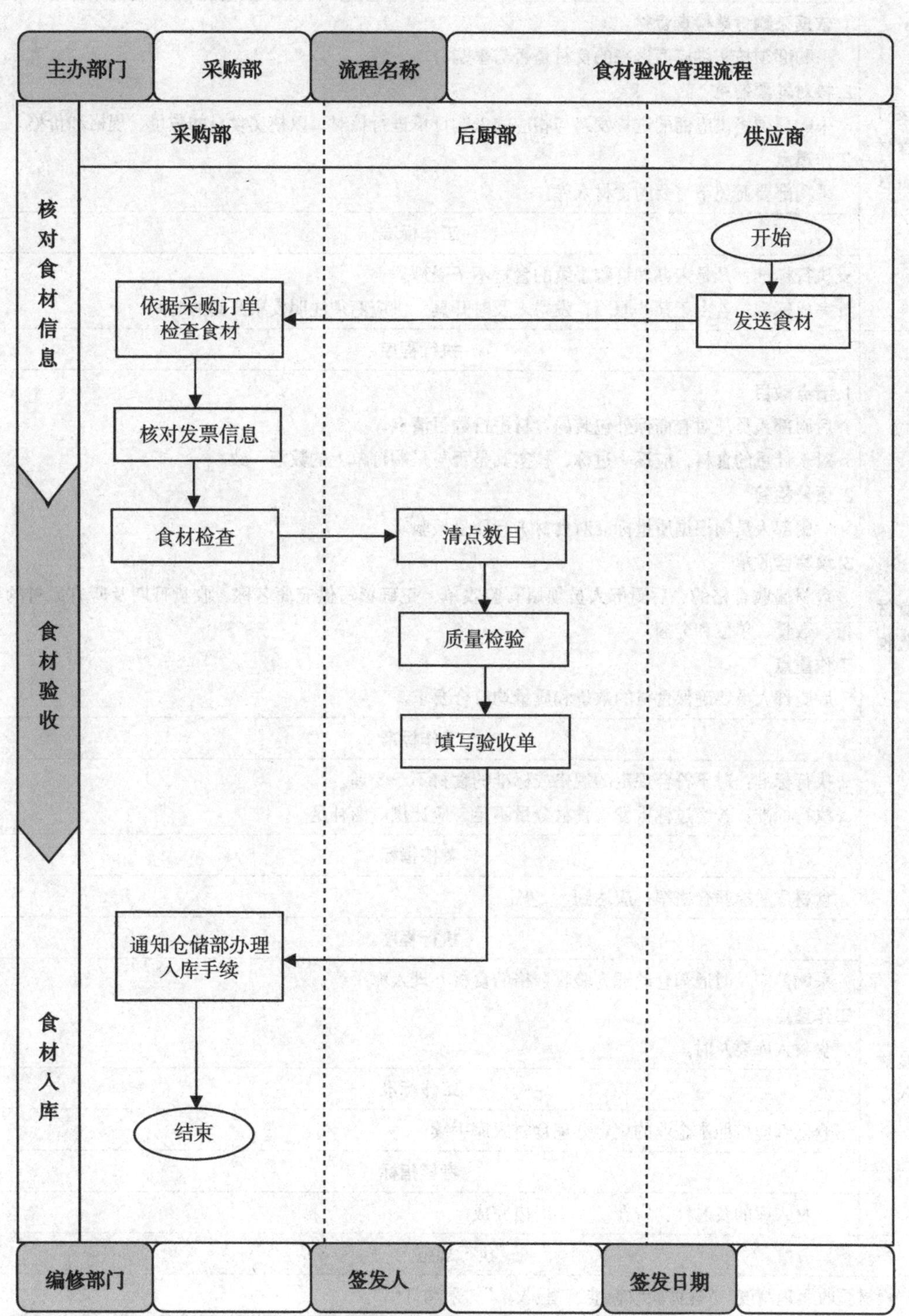

主办部门
采购部
流程名称
食材验收管理流程
采购部
后厨部
供应商
核对食材信息
食材验收
食材入库
开始
发送食材
依据采购订单检查食材
核对发票信息
食材检查
清点数目
质量检验
填写验收单
通知仓储部办理入库手续
结束
编修部门
签发人
签发日期

10.4.2 食材验收管理执行程序、工作标准、考核指标、执行规范

<table>
<tr><th>任务名称</th><th>执行程序、工作标准与考核指标</th></tr>
<tr><td rowspan="4">核对食材信息</td><td>执行程序</td></tr>
<tr><td>1. 依据采购订单检查食材
采购部须核实供应商送来的食材是否与采购订单一致。
2. 核对发票信息
采购部须将供应商的送货发票与相应的采购订单进行核对，以核实食材的数量、规格和价格。
工作重点
采购部要避免不需要的食材入库。</td></tr>
<tr><td>工作标准</td></tr>
<tr><td>☆执行标准：凡是未办理订购手续的食材不予受理。
☆完成标准：若由于某些原因，发票未及时开具，供应商须注明发票开具的时间。</td></tr>
<tr><td rowspan="6">食材验收</td><td>执行程序</td></tr>
<tr><td>1. 清点数目
☆后厨部人员须对有商标外包装的食材进行数目清点。
☆对于计重的食材，应逐一过称，核实其是否与采购订单上的数额一致。
2. 质量检验
后厨部人员须根据质量标准对食材进行质量检验。
3. 填写验收单
食材验收合格的，后厨部人员须填写验收单，正确填写供应商名称、收货日期及所有原料的重量、数量、单位和金额。
工作重点
后厨部人员要确保食材的数量和质量均符合要求。</td></tr>
<tr><td>工作标准</td></tr>
<tr><td>☆执行标准：对不符合规定的规格或标准的食材不予受理。
☆执行标准：若经过称重发现食材分量不足，应让供应商补足。</td></tr>
<tr><td>考核指标</td></tr>
<tr><td>食材质量检验合格率：应达到____%。</td></tr>
<tr><td rowspan="6">食材入库</td><td>执行程序</td></tr>
<tr><td>采购部应及时通知仓储部为验收合格的食材办理入库手续。
工作重点
食材入库要及时。</td></tr>
<tr><td>工作标准</td></tr>
<tr><td>仓储部应按照本企业的规定办理食材入库手续。</td></tr>
<tr><td>考核指标</td></tr>
<tr><td>食材入库的及时性：应在____小时内完成。</td></tr>
<tr><td colspan="2">执行规范</td></tr>
<tr><td colspan="2">“食材验收管理制度”“食材验收标准”“验收单”“采购订单”。</td></tr>
</table>

10.5 食品原料储存管理流程设计与工作执行

10.5.1 食品原料储存管理流程设计

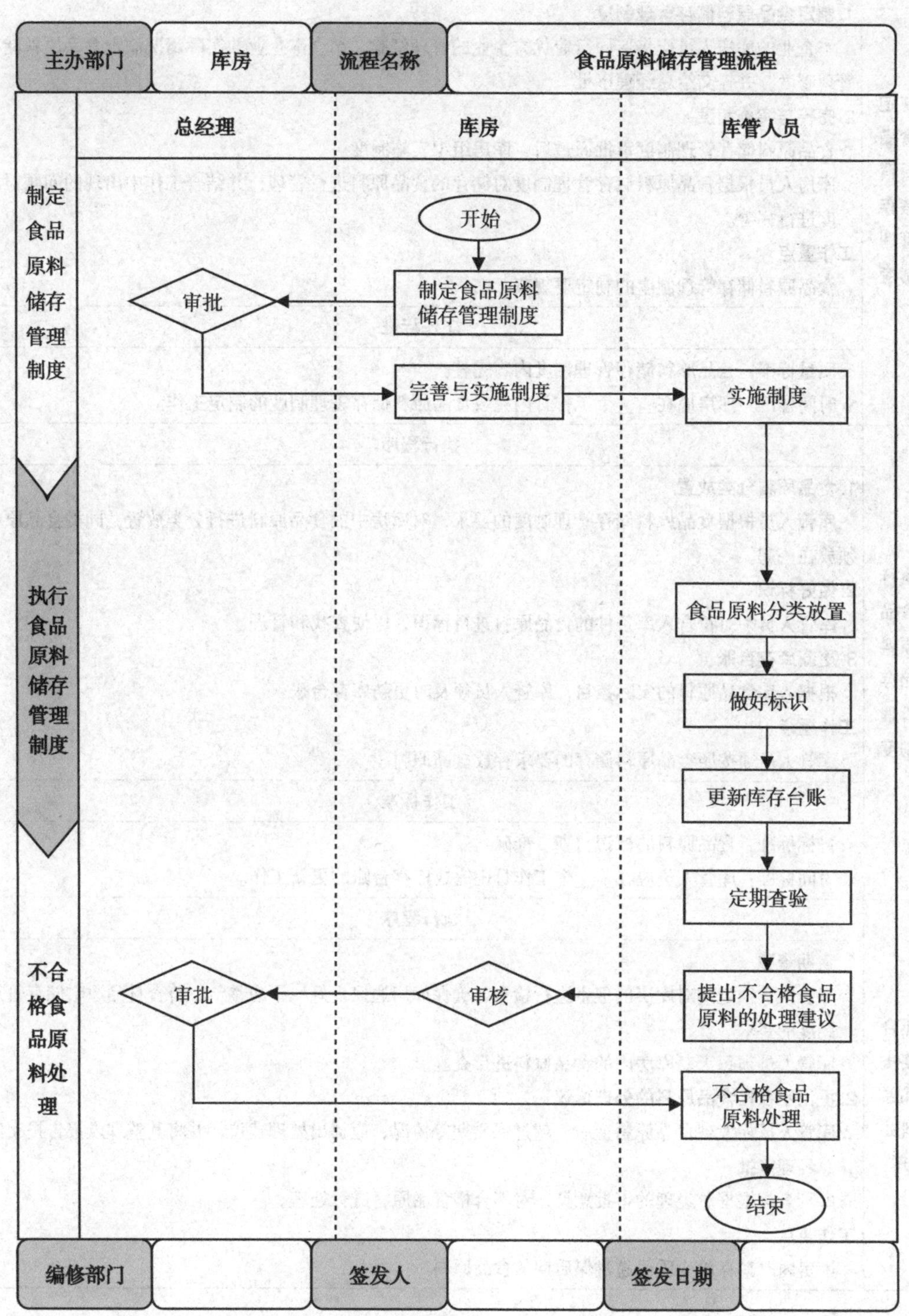
主办部门
库房
流程名称
食品原料储存管理流程
总经理
库房
库管人员
制定食品原料储存管理制度
执行食品原料储存管理制度
不合格食品原料处理
开始
制定食品原料储存管理制度
审批
完善与实施制度
实施制度
食品原料分类放置
做好标识
更新库存台账
定期查验
提出不合格食品原料的处理建议
审核
审批
不合格食品原料处理
结束
编修部门
签发人
签发日期

10.5.2 食品原料储存管理执行程序、工作标准、考核指标、执行规范

任务名称	执行程序、工作标准与考核指标
制定食品原料储存管理制度	**执行程序** **1. 制定食品原料储存管理制度** 本企业的库房人员应借鉴同行业优秀企业的管理经验，结合本企业的实际情况制定食品原料储存管理制度，并提交给总经理审批。 **2. 完善与实施制度** ☆食品原料储存管理制度审批通过后，库房组织实施制度。 ☆库房人员根据食品原料储存管理制度对储存的食品原料进行管理，并结合工作中出现的问题对制度进行完善。 **工作重点** 食品原料储存管理制度的制定要规范。
	工作标准 ☆质量标准：食品原料储存管理制度内容完整。 ☆时间标准：库房应在____个工作日内完成食品原料储存管理制度的制定工作。
执行食品原料储存管理制度	**执行程序** **1. 食品原料分类放置** 库管人员根据食品原料储存管理制度的要求，对库房中的食品原料进行分类放置，同类食品原料须放在一起。 **2. 做好标识** 库管人员须对符合入库条件的食品原料进行标识，以便查找和管理。 **3. 更新库存台账** 根据入库食品原料的实际数目，库管人员须及时更新库存台账。 **工作重点** 库管人员须按照食品原料储存的要求存放食品原料。
	工作标准 ☆目标标准：食品原料的标识清晰、准确。 ☆时间标准：库管人员应在____个工作日内完成库存台账的更新工作。
不合格食品原料处理	**执行程序** **1. 定期查验** ☆库管人员须定期对库房的卫生进行检查，确保库房通风良好、干净整洁，符合食品原料储存管理制度的要求。 ☆库管人员须每天对库房内的食品原料进行查验。 **2. 提出不合格食品原料的处理建议** ☆库管人员如发现食品原料变质、超过保质期等情况，应提出处理建议，并将其整理成报告提交给总经理审批。 ☆库管人员根据总经理的审批意见，对不合格食品原料进行处理。 **工作重点** 库房内严禁存放变质或超过保质期的食品原料。

（续）

<table>
<tr><th>任务名称</th><th>执行程序、工作标准与考核指标</th></tr>
<tr><td rowspan="4">不合格食品原料处理</td><td>工作标准</td></tr>
<tr><td>☆时间标准：库房卫生检查的频率为____天一次。
☆质量标准：库房应定期清洁，做到无积尘、无食品残渣。</td></tr>
<tr><td>考核指标</td></tr>
<tr><td>不合格食品原料处理的及时性：应在____个工作日内完成。</td></tr>
<tr><td colspan="2">执行规范</td></tr>
<tr><td colspan="2">“食品原料储存管理制度”“食品原料入库登记表”“不合格食品原料处理单”“库房卫生检查表”。</td></tr>
</table>

10.6 食品安全培训管理流程设计与工作执行

10.6.1 食品安全培训管理流程设计

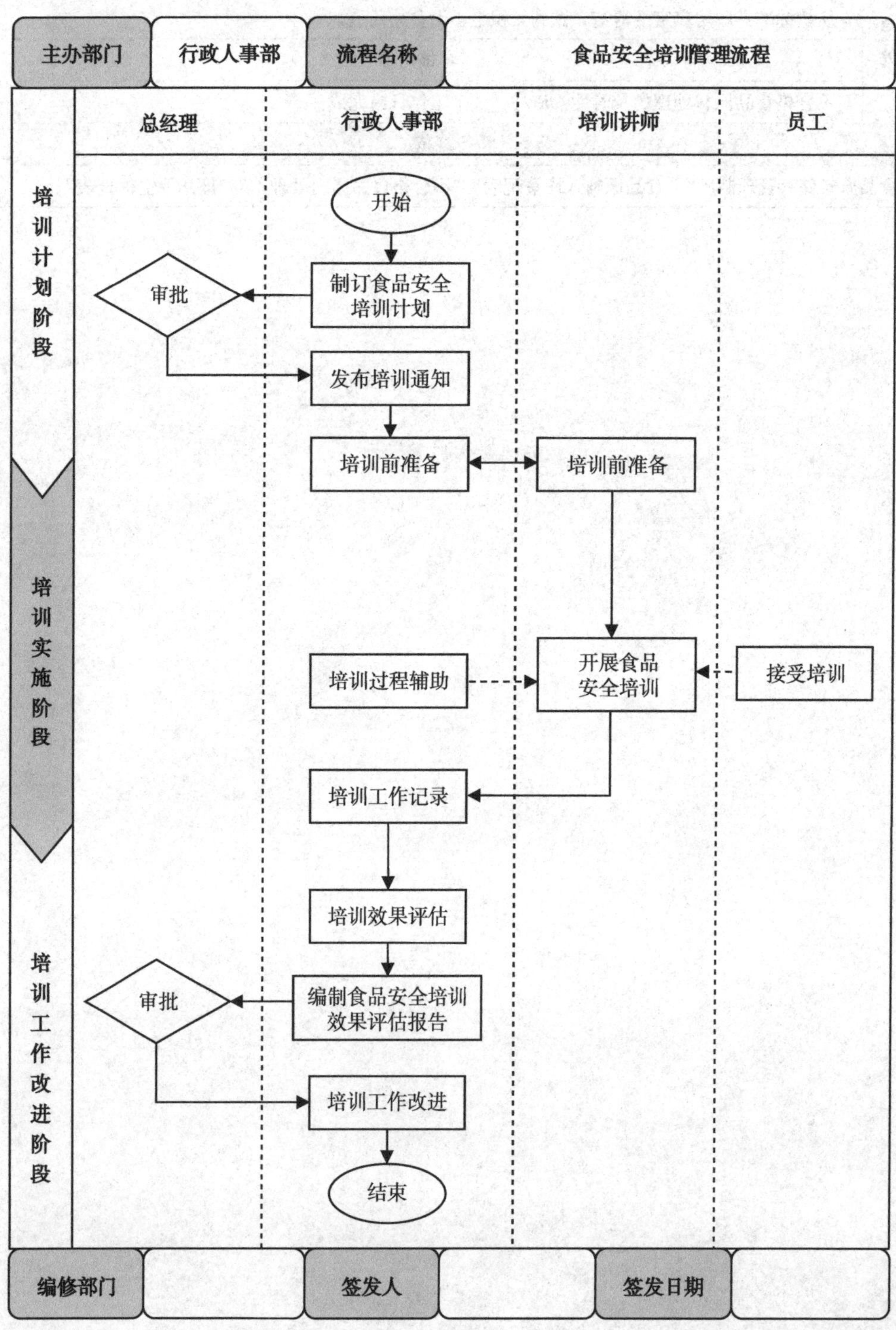

主办部门
行政人事部
流程名称
食品安全培训管理流程
总经理
行政人事部
培训讲师
员工
培训计划阶段
培训实施阶段
培训工作改进阶段
开始
制订食品安全培训计划
审批
发布培训通知
培训前准备
培训前准备
开展食品安全培训
培训过程辅助
接受培训
培训工作记录
培训效果评估
编制食品安全培训效果评估报告
审批
培训工作改进
结束
编修部门
签发人
签发日期

10.6.2 食品安全培训管理执行程序、工作标准、考核指标、执行规范

<table>
<tr><th>任务名称</th><th>执行程序、工作标准与考核指标</th></tr>
<tr><td rowspan="6">培训计划阶段</td><td>执行程序</td></tr>
<tr><td>1. 制订食品安全培训计划
☆行政人事部应制订食品安全培训计划，并提交给总经理审批。
☆计划审批通过后，行政人事部正式发布培训通知。
2. 培训前准备
☆行政人事部根据食品安全培训计划，做好培训开展前的准备工作。
☆培训讲师根据食品安全培训计划，做好培训讲义、培训素材等方面的准备工作。
工作重点
☆行政人事部负责确定哪些岗位及人员需要接受食品安全培训。
☆培训目标与实际需求须匹配。</td></tr>
<tr><td>工作标准</td></tr>
<tr><td>食品安全培训计划应包括培训地点、培训时间和培训目标等内容。</td></tr>
<tr><td>考核指标</td></tr>
<tr><td>食品安全培训计划制订的及时性：应在____个工作日内完成。</td></tr>
<tr><td rowspan="6">培训实施阶段</td><td>执行程序</td></tr>
<tr><td>1. 开展食品安全培训
☆行政人事部负责组织相关部门及人员进行培训。
☆培训讲师根据食品安全培训计划，对员工开展食品安全培训。
2. 培训过程辅助
对培训过程中出现的问题，行政人事部须及时处理，确保培训工作顺利实施。
3. 培训工作记录
行政人事部应指派专人做好培训记录。
工作重点
培训讲师须注意培训课程内容各模块之间的衔接性。</td></tr>
<tr><td>工作标准</td></tr>
<tr><td>培训课程的设计符合培训目标，内容实用，呈现方式有吸引力。</td></tr>
<tr><td>考核指标</td></tr>
<tr><td>食品安全培训计划完成率，其计算公式如下：
$$\text{食品安全培训计划完成率}=\frac{\text{已完成的培训项目数}}{\text{应完成的培训项目数}}\times 100\%$$</td></tr>
<tr><td rowspan="2">培训工作改进阶段</td><td>执行程序</td></tr>
<tr><td>1. 培训效果评估
培训结束后，行政人事部须对此次培训效果进行评估，编制食品安全培训效果评估报告，并提交给总经理审批。
2. 培训工作改进
食品安全培训效果评估报告审批通过后，行政人事部应根据总经理的审批意见不断改进培训工作。</td></tr>
</table>

（续）

<table>
<tr><th>任务名称</th><th>执行程序、工作标准与考核指标</th></tr>
<tr><td rowspan="5">培训工作改进阶段</td><td>工作重点
行政人事部须明确下一阶段培训工作的改进方向。</td></tr>
<tr><td>工作标准</td></tr>
<tr><td>☆时间标准：食品安全培训效果评估报告应在____个工作日内编制完成。
☆质量标准：行政人事部制定出的下一阶段培训工作的改进措施符合本企业的实际情况，可执行性强。</td></tr>
<tr><td>考核指标</td></tr>
<tr><td>食品安全培训效果评估报告应一次性审批通过。</td></tr>
<tr><td colspan="2">执行规范</td></tr>
<tr><td colspan="2">“食品安全培训效果评估报告”“食品安全培训计划”。</td></tr>
</table>

10.7 厨房作业卫生管理流程设计与工作执行

10.7.1 厨房作业卫生管理流程设计

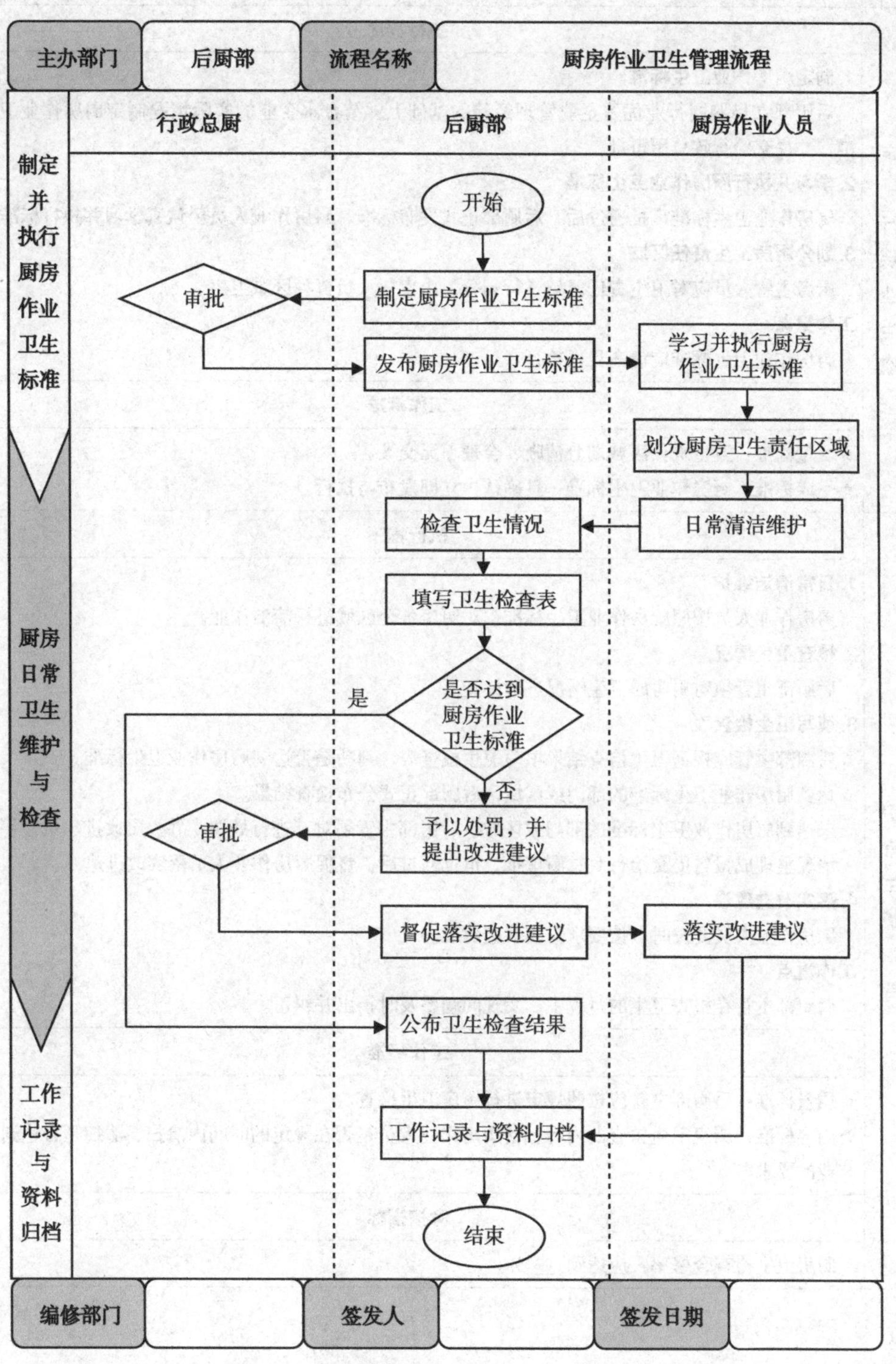

主办部门
后厨部
流程名称
厨房作业卫生管理流程
行政总厨
后厨部
厨房作业人员
制定并执行厨房作业卫生标准
开始
审批
制定厨房作业卫生标准
发布厨房作业卫生标准
学习并执行厨房作业卫生标准
划分厨房卫生责任区域
厨房日常卫生维护与检查
检查卫生情况
日常清洁维护
填写卫生检查表
是
是否达到厨房作业卫生标准
否
审批
予以处罚，并提出改进建议
督促落实改进建议
落实改进建议
公布卫生检查结果
工作记录与资料归档
工作记录与资料归档
结束
编修部门
签发人
签发日期

10.7.2 厨房作业卫生管理管理执行程序、工作标准、考核指标、执行规范

任务名称	执行程序、工作标准与考核指标
制定并执行厨房作业卫生标准	**执行程序**
	1. 制定厨房作业卫生标准 后厨部在借鉴同行业优秀企业管理经验的基础上，结合本企业的实际情况制定厨房作业卫生标准，并提交给行政总厨审批。 **2. 学习并执行厨房作业卫生标准** 厨房作业卫生标准审批通过后，后厨部正式发布标准，厨房作业人员要认真学习并执行标准。 **3. 划分厨房卫生责任区域** 厨房主管人员应对卫生责任区域进行划分，由责任人负责各区域卫生。 **工作重点** 厨房作业卫生标准应清晰且可执行。
	工作标准
	☆质量标准：卫生责任区域划分清晰、合理、无交叉。 ☆完成标准：厨房作业卫生标准一旦确认，立即发布与执行。
厨房日常卫生维护与检查	**执行程序**
	1. 日常清洁维护 厨房作业人员按照厨房作业卫生标准，对厨房各个区域进行清洁作业。 **2. 检查卫生情况** 后厨部主管须对厨房的卫生情况进行检查。 **3. 填写卫生检查表** ☆后厨部主管应根据卫生检查结果填写卫生检查表，判断是否达到厨房作业卫生标准。 ☆达到厨房作业卫生标准的部门或区域，后厨部正式公布检查结果。 ☆未达到厨房作业卫生标准的部门或区域，后厨部主管须对其进行处罚，并提出改进建议，将相关情况整理成报告提交给行政总厨审批，审批通过后，督促厨房作业人员落实改进建议。 **4. 落实改进建议** 厨房作业人员要及时、按要求落实改进建议。 **工作重点** 后厨部主管在检查卫生的过程中，发现问题要及时指出并纠正。
	工作标准
	☆质量标准：后厨部主管应按照规定进行厨房卫生检查。 ☆内容标准：厨房卫生检查的内容包括厨房作业人员是否在规定的时间内清扫、清扫是否达到本企业的要求等。
	考核指标
	厨房卫生检查合格率：应达到____%。

（续）

任务名称	执行程序、工作标准与考核指标
工作记录与资料归档	**执行程序**
	后厨部应指定专人对厨房作业卫生管理工作过程中的内容进行记录，并将相关资料归档。 **工作重点** 工作记录要完整、准确。
	工作标准
	厨房作业卫生管理过程中产生的各种资料及时归档。
执行规范	
“厨房作业卫生管理制度”“厨房作业卫生标准”“厨房卫生区域划分表”。	

10.8 厨房个人卫生管理流程设计与工作执行

10.8.1 厨房个人卫生管理流程设计

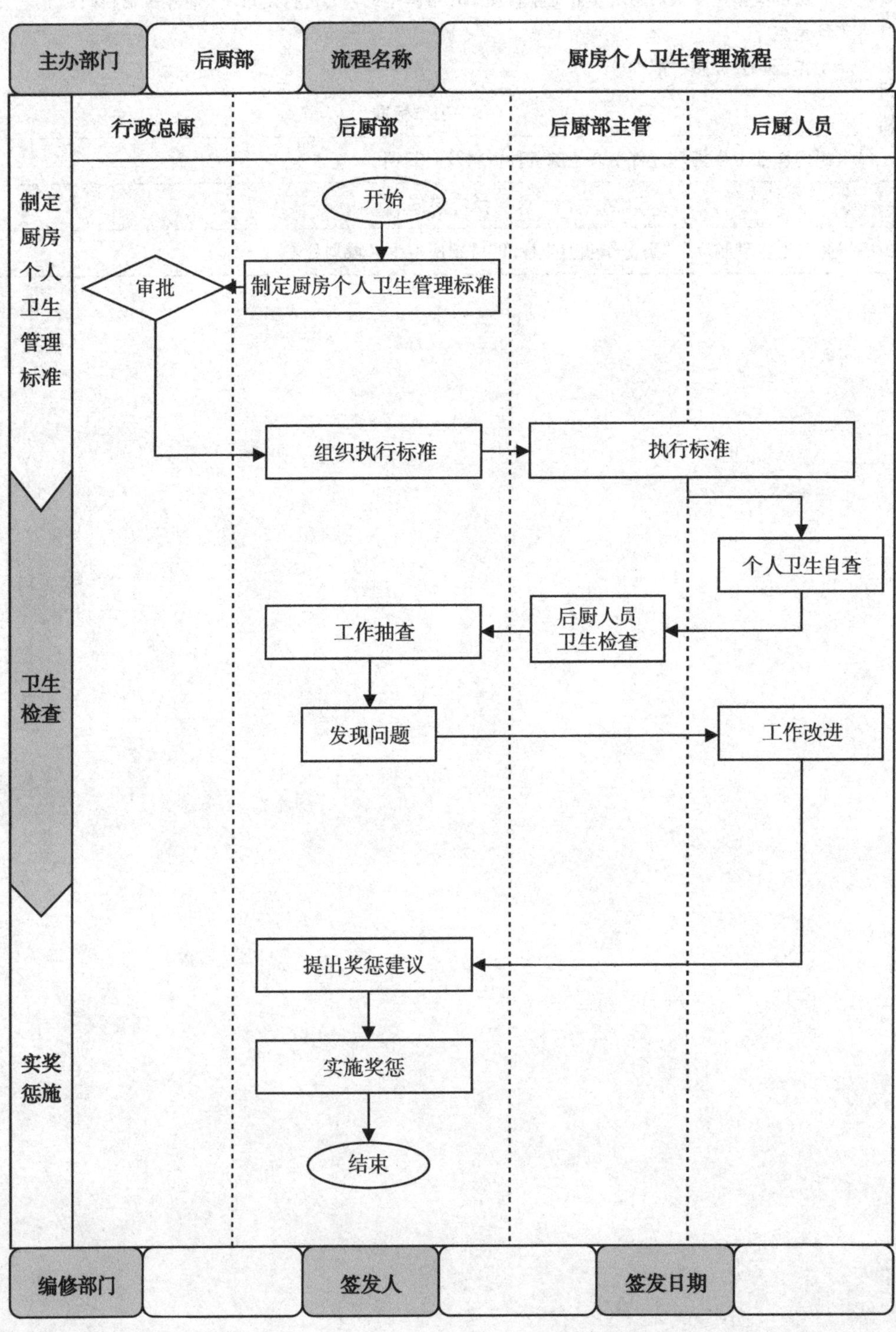
主办部门
后厨部
流程名称
厨房个人卫生管理流程
行政总厨
后厨部
后厨部主管
后厨人员
制定厨房个人卫生管理标准
卫生检查
实奖惩施
开始
审批
制定厨房个人卫生管理标准
组织执行标准
执行标准
个人卫生自查
工作抽查
后厨人员卫生检查
发现问题
工作改进
提出奖惩建议
实施奖惩
结束
编修部门
签发人
签发日期

10.8.2 厨房个人卫生管理执行程序、工作标准、考核指标、执行规范

任务名称	执行程序、工作标准与考核指标
制定厨房个人卫生管理标准	**执行程序**
	1. 制定厨房个人卫生管理标准 后厨部在借鉴同行业优秀企业管理经验的基础上，结合本企业的实际情况制定厨房个人卫生管理标准，并提交给行政总厨审批。 **2. 组织执行标准** 厨房个人卫生管理标准审批通过后，后厨部组织执行标准。 **工作重点** 后厨部制定的厨房个人卫生管理标准应清晰且可执行。
	工作标准
	☆时间标准：后厨部应在____个工作日内完成厨房个人卫生管理标准的制定工作。 ☆质量标准：厨房个人卫生管理标准内容全面、合理。
卫生检查	**执行程序**
	1. 个人卫生自查 上岗前，后厨人员须根据厨房个人卫生管理标准的要求，对个人卫生情况进行自查。 **2. 后厨人员卫生检查** 后厨部主管须每日对后厨人员的个人卫生情况进行检查。 **3. 工作抽查** ☆后厨部经理须定期或不定期地对后厨人员的个人卫生情况进行抽查。 ☆在抽查的过程中，后厨部经理发现问题要及时指出，并督促后厨人员改进。 **工作重点** 后厨人员须依据厨房个人卫生管理标准进行自查。
	工作标准
	☆内容标准：个人卫生自查的内容包括仪容仪表、健康状况等方面。 ☆时间标准：后厨部经理每月抽查的次数不少于____次。
	考核指标
	个人卫生自查的及时性：应在____个工作日内完成。
实施奖惩	**执行程序**
	1. 提出奖惩建议 后厨部根据卫生检查结果，对后厨人员的卫生情况进行评分，并据此提出奖惩建议。 **2. 实施奖惩** 后厨部依照本企业的相关制度，对卫生检查结果优秀的后厨人员进行奖励；对卫生不达标的后厨人员进行处罚，并限期改正。 **工作重点** 奖惩力度要适中。
	工作标准
	☆操作标准：奖惩标准清晰、合理。 ☆时间标准：后厨部应在____个工作日内兑现奖惩。
执行规范	
“厨房个人卫生检查管理标准”“厨房个人卫生检查评分表”。	

10.9 餐具用具消毒管理流程设计与工作执行

10.9.1 餐具用具消毒管理流程设计

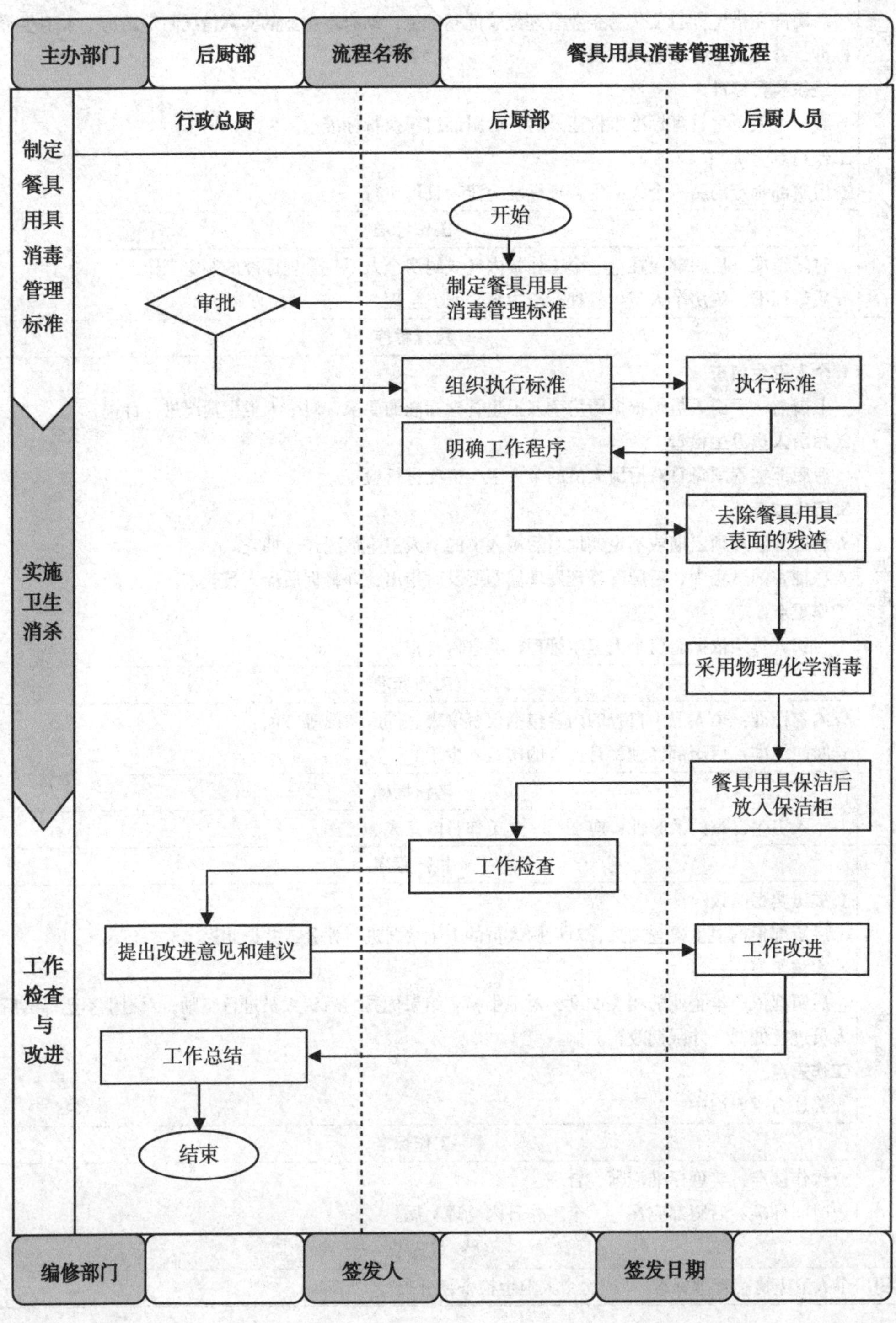

主办部门
后厨部
流程名称
餐具用具消毒管理流程
行政总厨
后厨部
后厨人员
制定餐具用具消毒管理标准
开始
审批
制定餐具用具消毒管理标准
组织执行标准
执行标准
明确工作程序
实施卫生消杀
去除餐具用具表面的残渣
采用物理/化学消毒
餐具用具保洁后放入保洁柜
工作检查
工作检查与改进
提出改进意见和建议
工作改进
工作总结
结束
编修部门
签发人
签发日期

10.9.2 餐具用具消毒管理执行程序、工作标准、考核指标、执行规范

<table>
<tr><th>任务名称</th><th>执行程序、工作标准与考核指标</th></tr>
<tr><td rowspan="4">制定餐具用具消毒管理标准</td><td>执行程序</td></tr>
<tr><td>1. 制定餐具用具消毒管理标准
后厨部根据本企业的实际情况制定餐具用具消毒管理标准，并提交给行政总厨审批。
2. 组织执行标准
餐具用具消毒管理标准审批通过后，后厨部组织执行标准。
工作重点
后厨部制定的餐具用具消毒管理标准应清晰、明确。</td></tr>
<tr><td>工作标准</td></tr>
<tr><td>餐具用具消毒管理标准通过行政总厨的审批。</td></tr>
<tr><td rowspan="4">实施卫生消杀</td><td>执行程序</td></tr>
<tr><td>1. 明确工作程序
后厨部主管应将餐具用具消毒程序即“一洗、二刷、三冲、四消毒、五保洁”清晰地告知后厨人员。
2. 去除餐具用具表面的残渣
餐具用具消毒前，后厨人员应先将餐具用具清洗干净，去除表面的残渣。
3. 采用物理 / 化学消毒
☆后厨人员根据本企业的规定，采用物理方法对餐具用具进行消毒。
☆后厨人员采用符合卫生标准的消毒剂对餐具用具进行消毒。
☆已消毒和未消毒的餐具用具应分开存放，存放柜应有明显标识。
4. 餐具用具保洁后放入保洁柜
☆消毒后的餐具用具进行再次保洁后，后厨人员应将其放入专用保洁柜中备用。
☆保洁柜应有明显标识，餐具用具保洁柜内禁止存放其他物品。
工作重点
☆后厨人员应采用合适的消毒方法消毒餐具用具。
☆后厨人员应严格依照程序对餐具用具进行消毒。</td></tr>
<tr><td>工作标准</td></tr>
<tr><td>☆操作标准：餐具用具必须在专用水池里清洗。
☆管理标准：保洁柜应定期清洁消毒。</td></tr>
<tr><td rowspan="2">工作检查与改进</td><td>执行程序</td></tr>
<tr><td>1. 工作检查
后厨部主管须定期或不定期地对本部门的餐具用具消毒情况进行检查。
2. 工作改进
☆行政总厨根据后厨部主管的工作汇报情况，针对餐具用具消毒工作提出改进意见和建议。
☆后厨人员根据行政总厨提出的意见和建议，对餐具用具的消毒工作进行改进。</td></tr>
</table>

（续）

<table>
<tr><th>任务名称</th><th>执行程序、工作标准与考核指标</th></tr>
<tr><td rowspan="3">工作检查与改进</td><td>工作重点
在检查餐具用具消毒情况的过程中，后厨部主管若发现问题，要及时指出并纠正。</td></tr>
<tr><td>工作标准</td></tr>
<tr><td>清洗与消毒后的餐具用具应表面光洁、无油渍、无异味、无药液残留。</td></tr>
<tr><td colspan="2">执行规范</td></tr>
<tr><td colspan="2">“餐具用具消毒管理标准”“餐具用具消毒检查记录表”。</td></tr>
</table>

10.10 食品安全抽检管理流程设计与工作执行

10.10.1 食品安全抽检管理流程设计

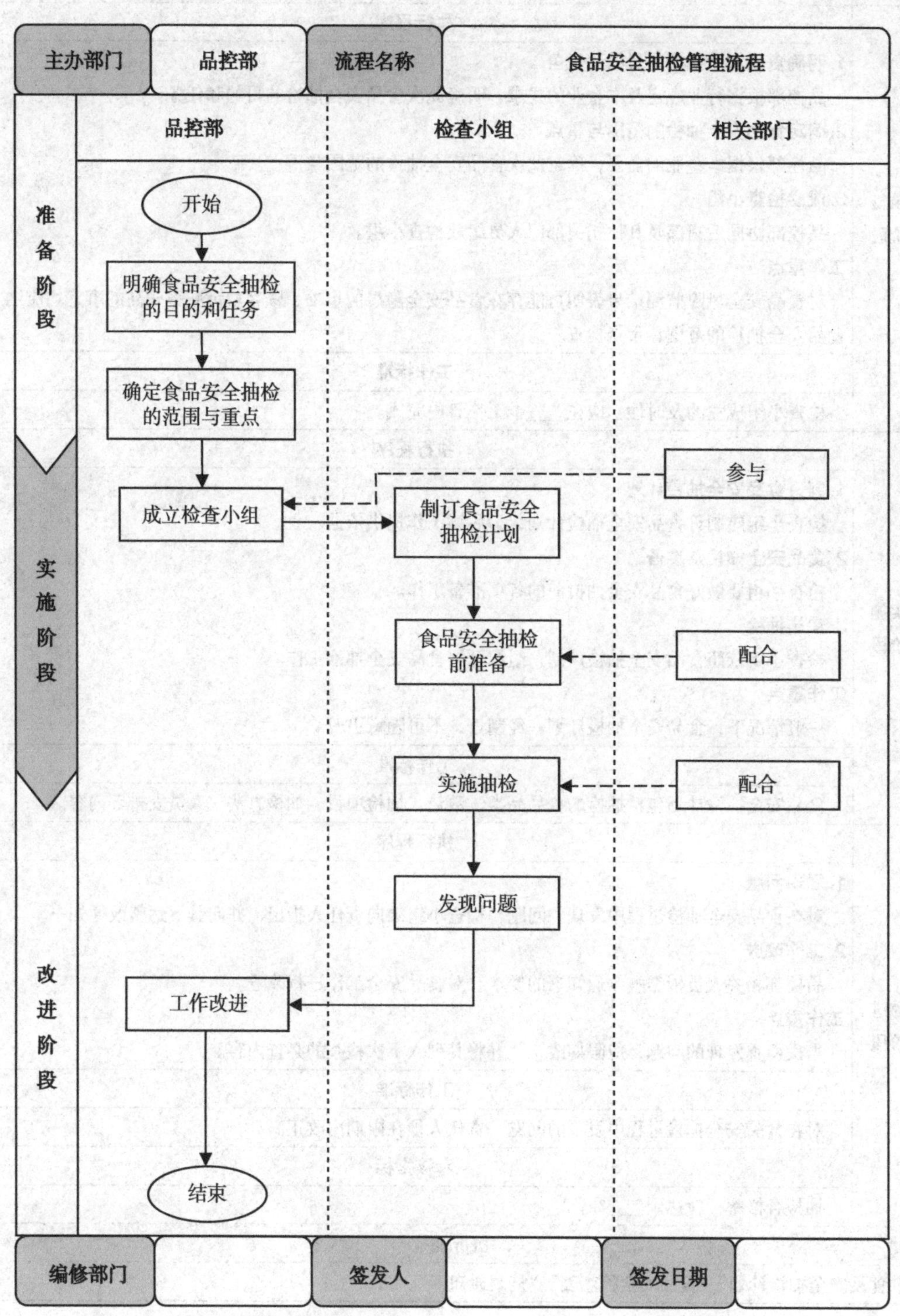

主办部门
品控部
流程名称
食品安全抽检管理流程
品控部
检查小组
相关部门
准备阶段
实施阶段
改进阶段
开始
明确食品安全抽检的目的和任务
确定食品安全抽检的范围与重点
成立检查小组
参与
制订食品安全抽检计划
食品安全抽检前准备
配合
实施抽检
配合
发现问题
工作改进
结束
编修部门
签发人
签发日期

10.10.2 食品安全抽检管理执行程序、工作标准、考核指标、执行规范

<table>
<tr><th>任务名称</th><th>执行程序、工作标准与考核指标</th></tr>
<tr><td rowspan="4">准备阶段</td><td>执行程序</td></tr>
<tr><td>1. 明确食品安全抽检的目的和任务
品控部根据行业规定及本企业的要求，明确此次食品安全抽检的目的和任务。
2. 确定食品安全抽检的范围与重点
品控部根据本企业的需要，确定此次食品安全抽检的范围与重点。
3. 成立检查小组
品控部协同后厨部及其他相关部门人员组成检查小组。
工作重点
对食品安全风险监测结果表明可能存在食品安全隐患的事项、顾客投诉频率较高的事宜均应纳入食品安全抽检的范围，重点检查。</td></tr>
<tr><td>工作标准</td></tr>
<tr><td>检查小组成立的及时性：应在____个工作日内完成。</td></tr>
<tr><td rowspan="4">实施阶段</td><td>执行程序</td></tr>
<tr><td>1. 制订食品安全抽检计划
检查小组应制订食品安全抽检计划，为后续工作提供依据。
2. 食品安全抽检前准备
检查小组要做好食品安全抽检前的各项准备工作。
3. 实施抽检
检查小组依照食品安全抽检计划，组织开展食品安全抽检工作。
工作重点
一般情况下，食品安全抽检计划一经制订，不可随意更改。</td></tr>
<tr><td>工作标准</td></tr>
<tr><td>食品安全抽检计划包括抽检的食品品类、数量，抽检项目、抽检方法、人员安排等内容。</td></tr>
<tr><td rowspan="6">改进阶段</td><td>执行程序</td></tr>
<tr><td>1. 发现问题
对在食品安全抽检过程中发现的问题，检查小组须向责任人指出，并向其下达整改通知书。
2. 工作改进
品控部相关人员依据整改通知书的要求，对食品安全工作进行改进。
工作重点
当次检查发现的问题，应限期改正，并将其列入下次检查的必查内容。</td></tr>
<tr><td>工作标准</td></tr>
<tr><td>对在食品安全抽检过程中发现的问题，责任人须在限期内改正。</td></tr>
<tr><td>考核指标</td></tr>
<tr><td>抽检合格率：应达到____%。</td></tr>
<tr><td colspan="2">执行规范</td></tr>
<tr><td colspan="2">“食品安全抽检计划”“食品安全检查表”“整改通知书”。</td></tr>
</table>

10.11 生熟食品交叉污染控制管理流程设计与工作执行

10.11.1 生熟食品交叉污染控制管理流程设计

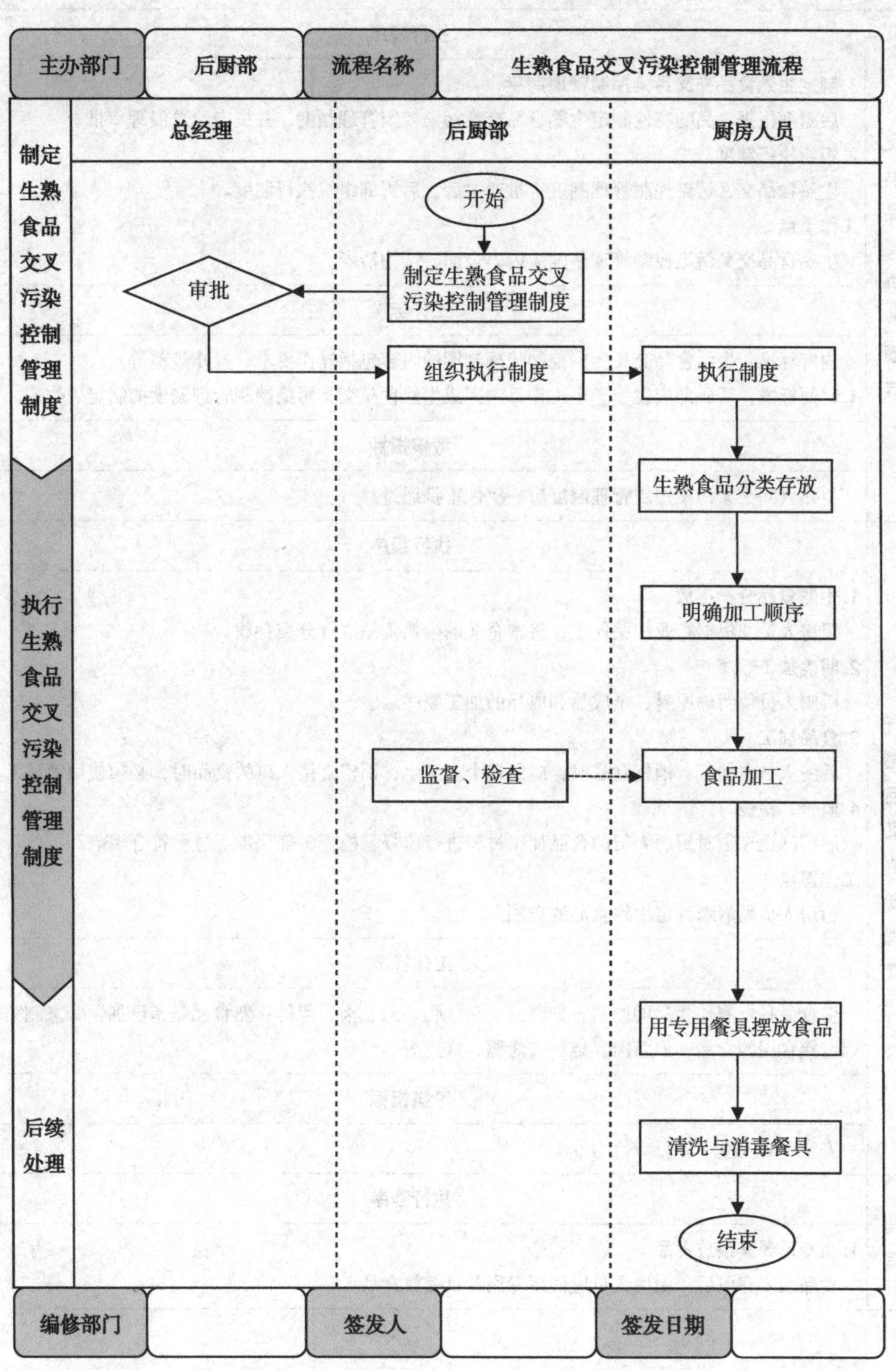

主办部门
后厨部
流程名称
生熟食品交叉污染控制管理流程
制定生熟食品交叉污染控制管理制度
执行生熟食品交叉污染控制管理制度
后续处理
总经理
后厨部
厨房人员
开始
制定生熟食品交叉污染控制管理制度
审批
组织执行制度
执行制度
生熟食品分类存放
明确加工顺序
监督、检查
食品加工
用专用餐具摆放食品
清洗与消毒餐具
结束
编修部门
签发人
签发日期

10.11.2 生熟食品交叉污染控制管理执行程序、工作标准、考核指标、执行规范

<table>
<tr><th>任务名称</th><th>执行程序、工作标准与考核指标</th></tr>
<tr><td rowspan="6">制定生熟食品交叉污染控制管理制度</td><td>执行程序</td></tr>
<tr><td>1. 制定生熟食品交叉污染控制管理制度
后厨部根据食品的特性制定生熟食品交叉污染控制管理制度，并提交给总经理审批。
2. 组织执行制度
生熟食品交叉污染控制管理制度审批通过后，后厨部组织执行制度。
工作重点
生熟食品交叉污染控制管理制度应内容全面、结构清晰。</td></tr>
<tr><td>工作标准</td></tr>
<tr><td>☆内容标准：生熟食品交叉污染控制管理制度的内容包括操作要求、操作规范等。
☆时间标准：后厨部应在____个工作日内完成生熟食品交叉污染控制管理制度的制定工作。</td></tr>
<tr><td>考核指标</td></tr>
<tr><td>生熟食品交叉污染控制管理制度应一次性审批通过。</td></tr>
<tr><td rowspan="6">执行生熟食品交叉污染控制管理制度</td><td>执行程序</td></tr>
<tr><td>1. 生熟食品分类存放
厨房人员须根据行业相关规定，将本企业的生熟食品进行分类存放。
2. 明确加工顺序
后厨人员须明确原料、半成品和成品的加工顺序。
3. 食品加工
后厨人员在加工、销售食品时，应保持个人卫生；销售直接入口的食品时，必须使用销售工具。
4. 监督、检查
后厨部经理须对厨房人员的食品加工过程进行监督、检查，确保加工过程符合规范。
工作重点
厨房人员须清晰界定生熟食品的类别。</td></tr>
<tr><td>工作标准</td></tr>
<tr><td>生食品是指制作食品的原料，如蔬菜、鸡、鸭、鱼、肉、蛋等；熟食品是指已加工、烹制完成可以直接食用的食品，如熟肉、烧鸡、烤鸭、糕点等。</td></tr>
<tr><td>考核指标</td></tr>
<tr><td>安全事故发生率：目标值为 0。</td></tr>
<tr><td rowspan="2">后续处理</td><td>执行程序</td></tr>
<tr><td>1. 用专用餐具摆放食品
食品加工完成后，厨房人员应使用专用餐具摆放食品。</td></tr>
</table>

（续）

<table>
<tr><th>任务名称</th><th colspan="1">执行程序、工作标准与考核指标</th></tr>
<tr><td rowspan="3">后续处理</td><td>2. 清洗与消毒餐具
盛放食品的餐具用过之后必须进行清洗与消毒。
工作重点
厨房人员须按照本企业的规定清洗与消毒餐具。</td></tr>
<tr><td>工作标准</td></tr>
<tr><td>餐具使用后清洗干净、全面消毒。</td></tr>
<tr><td colspan="2">执行规范</td></tr>
<tr><td colspan="2">"生熟食品交叉污染控制管理制度""食品加工操作规范""食品加工操作规程"。</td></tr>
</table>

第11章 餐饮产品与服务质量管理

11.1 餐饮产品与服务质量管理流程

11.1.1 流程设计的目的

餐饮企业设计餐饮产品与服务质量管理流程的目的如下：

（1）确保餐饮产品与服务质量管理各项工作安排妥当，人员职责分工明确，井然有序；

（2）提高餐饮产品与服务的质量水平，提升客户满意度，促进产品销售，保证销售目标的顺利达成；

（3）不断改进、完善餐饮产品与服务质量管理体系，提高客户服务水平，为餐饮企业的发展提供保障。

11.1.2 流程结构设计

餐饮产品与服务质量管理包括十大事项，我们可以就每个事项设计相应的流程，即食材质量管理流程、原料加工品质量管理流程、菜品烹调质量管理流程、配菜质量管理流程、客户服务质量评估管理流程、中餐服务质量管理流程、西餐服务质量管理流程、咖啡厅服务质量管理流程、酒吧服务质量管理流程和宴会服务质量管理流程，具体如图 11-1 所示。

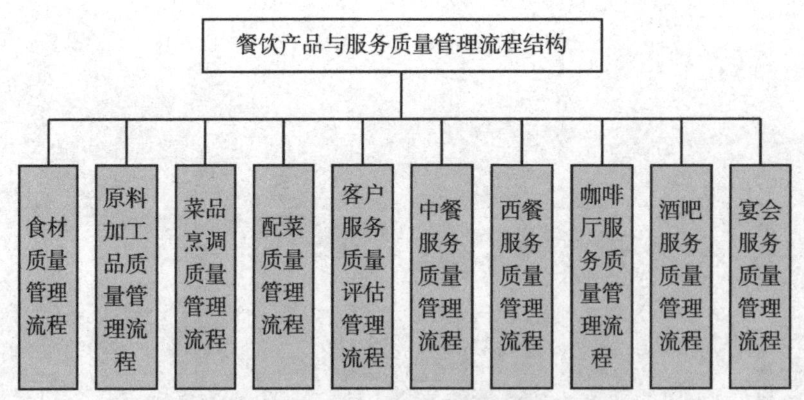
餐饮产品与服务质量管理流程结构
食材质量管理流程
原料加工品质量管理流程
菜品烹调质量管理流程
配菜质量管理流程
客户服务质量评估管理流程
中餐服务质量管理流程
西餐服务质量管理流程
咖啡厅服务质量管理流程
酒吧服务质量管理流程
宴会服务质量管理流程

图 11-1 餐饮产品与服务质量管理流程结构

11.2 食材质量管理流程设计与工作执行

11.2.1 食材质量管理流程设计

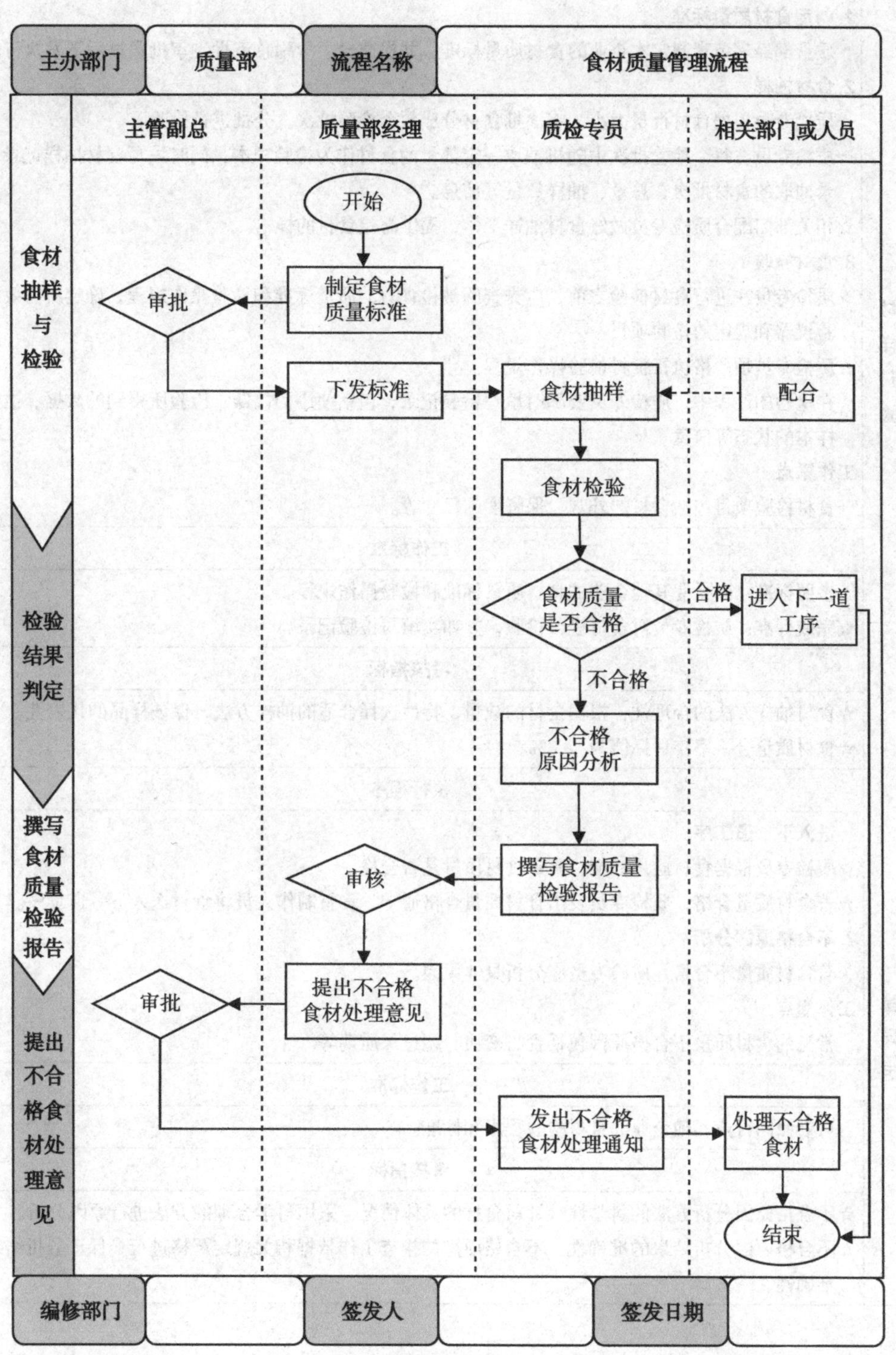

主办部门
质量部
流程名称
食材质量管理流程
主管副总
质量部经理
质检专员
相关部门或人员
食材抽样与检验
检验结果判定
撰写食材质量检验报告
提出不合格食材处理意见
开始
制定食材质量标准
审批
下发标准
食材抽样
配合
食材检验
食材质量是否合格
合格
进入下一道工序
不合格
不合格原因分析
撰写食材质量检验报告
审核
提出不合格食材处理意见
审批
发出不合格食材处理通知
处理不合格食材
结束
编修部门
签发人
签发日期

11.2.2 食材质量管理执行程序、工作标准、考核指标、执行规范

<table>
<tr><th>任务名称</th><th>执行程序、工作标准与考核指标</th></tr>
<tr><td rowspan="6">食材抽样与检验</td><td>执行程序</td></tr>
<tr><td>1. 制定食材质量标准
质量部经理负责制定本企业的食材质量标准，并提交给主管副总审批，审批通过后下发执行。
2. 食材抽样
☆质检专员根据食材批量大小，将该批食材分成数个检验批次，分批进行检验。
☆质检专员在每个检验批次中随机抽取一定数量的食材作为检验样本，同时填写食材抽样记录，记录抽取的食材批次、总量、抽样数量等信息。
☆相关部门配合质检专员做好食材抽样工作，提供需检食材的样本。
3. 食材检验
☆质检专员在进行食材检验之前，应先查阅被检食材的质量标准和检验操作规程，确定所需要的检验仪器和规定的检验项目。
☆质检专员须严格执行食材检验操作规程。
☆在检验的过程中，质检专员要随时填写检验记录，包括使用的仪器、检验所得到的数据、被检验样本的状态等信息。
工作重点
食材检验项目包括食材的外观、保鲜度、尺寸等。</td></tr>
<tr><td>工作标准</td></tr>
<tr><td>☆参照标准：同行业其他企业的食材质量标准和检验操作规程。
☆完成标准：质检专员对食材进行检验，并如实填写检验记录。</td></tr>
<tr><td>考核指标</td></tr>
<tr><td>☆食材抽样方法的合理性：根据食材的数量、特性选择合适的抽样方法，保证样品的代表性。
☆食材质量合格率：目标值为____%。</td></tr>
<tr><td rowspan="6">检验结果判定</td><td>执行程序</td></tr>
<tr><td>1. 进入下一道工序
☆质检专员根据食材质量标准，判定食材质量是否合格。
☆若食材质量合格，质检专员发出食材质量合格通知，食材制作人员将食材送入下一道工序。
2. 不合格原因分析
若食材质量不合格，质检专员应分析具体原因。
工作重点
常见的食材质量不合格原因包括食材变质、超过保质期等。</td></tr>
<tr><td>工作标准</td></tr>
<tr><td>可参照同行业其他企业的食材检验程序和标准。</td></tr>
<tr><td>考核指标</td></tr>
<tr><td>☆不合格原因分析方法的科学性：针对食材的具体情况，采用科学合理的方法进行原因分析。
☆不合格原因分析结果的准确性：不合格原因的排查工作依据相关规定严格进行，保证分析结果的准确性。</td></tr>
</table>

（续）

任务名称	执行程序、工作标准与考核指标
撰写食材质量检验报告	**执行程序** 质检专员根据不合格原因分析结果撰写食材质量检验报告，并提交给质量部经理审核。 **工作重点** 食材质量检验报告的撰写要规范，报告内容应包括检验项目、检验器具、参照标准、检验流程、检验时间、检验人员和检验结论等。 **工作标准** ☆完成标准：食材质量检验报告通过质量部经理的审核。 ☆质量标准：食材质量检验报告符合规范。 **考核指标** 食材质量检验报告撰写的及时性：应在____个工作日内完成。
提出不合格食材处理意见	**执行程序** **1. 提出不合格食材处理意见** ☆质量部经理根据食材质量检验报告，提出对不合格食材的处理意见，并将其整理成报告提交给主管副总审批。 ☆不合格食材处理意见审批通过后，由质检专员发出不合格食材处理通知。 **2. 处理不合格食材** 相关部门接到不合格食材处理通知后，应及时处理不合格食材。 **工作重点** 不合格食材处理意见要具有较强的可操作性，意见内容能付诸实际操作，程序无逻辑错误。 **工作标准** 相关部门应按照不合格食材处理意见处理不合格食材。 **考核指标** 不合格食材处理意见的合理性：符合食材质量管理制度的要求，符合现有的食材管理情况，能够保障企业的利益。
执行规范	
"食材质量标准""食材检验操作规程""食材质量检验报告"。	

11.3 原料加工品质量管理流程设计与工作执行

11.3.1 原料加工品质量管理流程设计

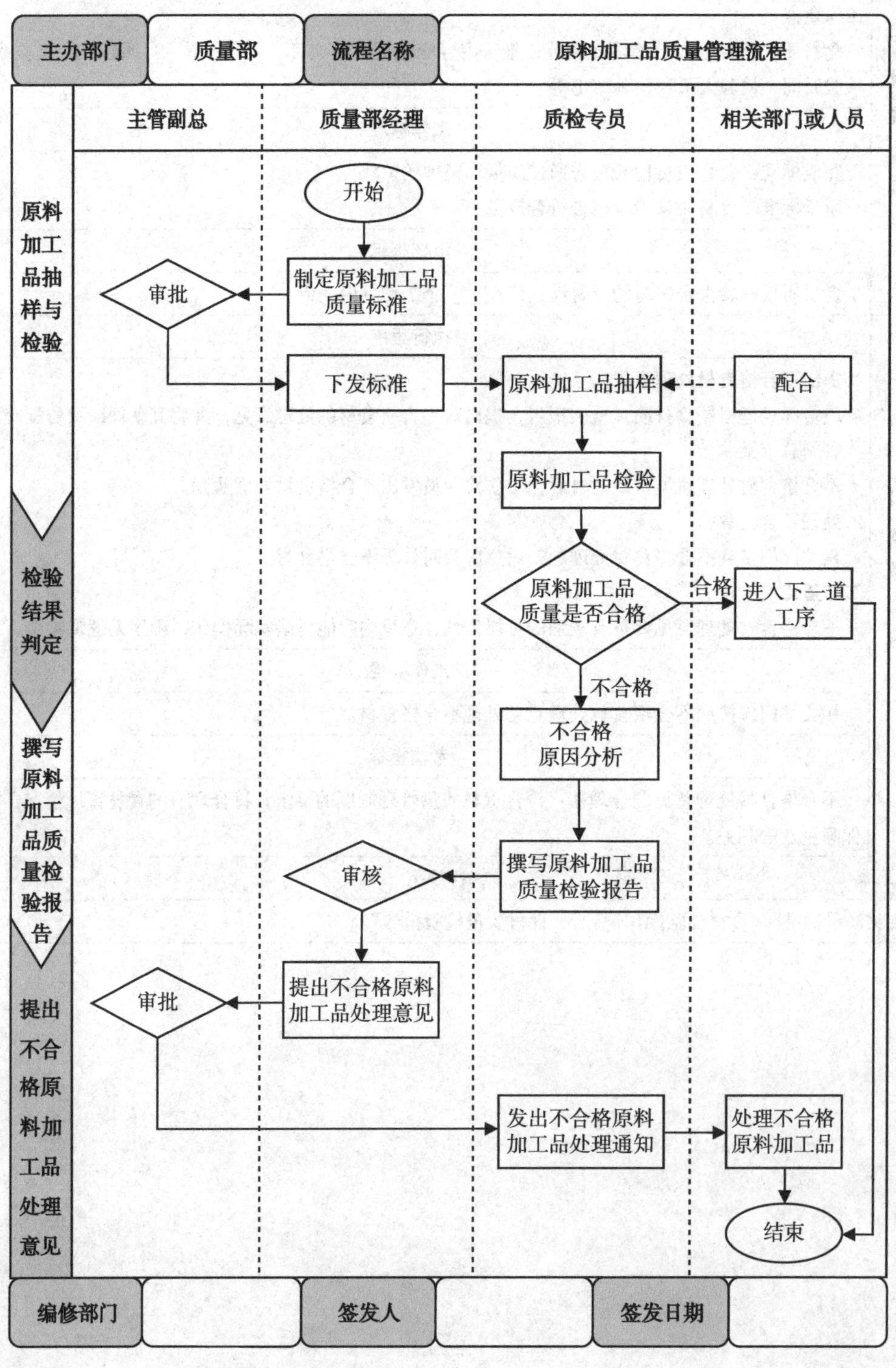

主办部门
质量部
流程名称
原料加工品质量管理流程
主管副总
质量部经理
质检专员
相关部门或人员
原料加工品抽样与检验
开始
制定原料加工品质量标准
审批
下发标准
原料加工品抽样
配合
原料加工品检验
检验结果判定
原料加工品质量是否合格
合格
进入下一道工序
不合格
不合格原因分析
撰写原料加工品质量检验报告
撰写原料加工品质量检验报告
审核
提出不合格原料加工品处理意见
提出不合格原料加工品处理意见
审批
发出不合格原料加工品处理通知
处理不合格原料加工品
结束
编修部门
签发人
签发日期

11.3.2 原料加工品质量管理执行程序、工作标准、考核指标、执行规范

<table>
<tr><th>任务名称</th><th>执行程序、工作标准与考核指标</th></tr>
<tr><td rowspan="6">原料加工品抽样与检验</td><td>执行程序</td></tr>
<tr><td>1. 制定原料加工品质量标准
质量部经理负责制定本企业的原料加工品质量标准，并提交给主管副总审批，审批通过后下发执行。
2. 原料加工品抽样
☆质检专员根据原料加工品批量大小，将该批原料加工品分成数个检验批次，分批进行检验。
☆质检专员在每个检验批次中随机抽取一定数量的原料加工品作为检验样本，同时填写原料加工品抽样记录，记录抽取的原料加工品批次、总量、抽样数量等信息。
☆相关部门配合质检专员做好原料加工品的抽样工作，提供需检原料加工品的样本。
3. 原料加工品检验
☆质检专员在进行原料加工品检验之前，应先查阅被检原料加工品的质量标准和检验操作规程，确定所需要的检验仪器和规定的检验项目。
☆质检专员须严格执行检验操作规程。
☆在检验的过程中，质检专员要随时填写检验记录，包括使用的仪器、检验所得到的数据、被检验样本的状态等信息。
工作重点
☆原料加工品检验项目应包括原料加工品的各种具体要求，管理人员要将该要求广泛宣传，并将核心要求张贴在显眼处，以提醒相关人员。
☆对企业自制的卤制品，要严格按照企业的卤制品加工规范进行处理，去除腥味和异味，增加原料加工品的口感和卖相；对企业购买的半成品，虽然已经有五六分熟，但也要按照企业的相关规范进行加工处理，通常要经过余水、清水浸泡后再进行后续操作。</td></tr>
<tr><td>工作标准</td></tr>
<tr><td>☆参照标准：同行业其他企业的原料加工品质量标准和检验操作规程。
☆完成标准：质检专员对原料加工品进行检验，并如实填写检验记录。</td></tr>
<tr><td>考核指标</td></tr>
<tr><td>☆原料加工品抽样方法的合理性：根据原料加工品的数量、特性选择合适的抽样方法，保证样品的代表性。
☆原料加工品质量合格率：目标值为____%。</td></tr>
<tr><td rowspan="2">检验结果判定</td><td>执行程序</td></tr>
<tr><td>1. 进入下一道工序
☆质检专员根据原料加工品质量标准，判定原料加工品质量是否合格。
☆若原料加工品质量合格，质检专员应发出原料加工品质量合格通知，原料加工人员将原料加工品送入下一道工序。
2. 不合格原因分析
若原料加工品质量不合格，质检专员应分析具体原因。
工作重点
常见的原料加工品质量不合格原因包括原料不符合质量标准、原料加工方法不标准等。</td></tr>
</table>

（续）

<table>
<tr><th>任务名称</th><th>执行程序、工作标准与考核指标</th></tr>
<tr><td rowspan="4">检验结果判定</td><td>工作标准</td></tr>
<tr><td>可参照同行业其他企业的原料加工品检验程序和标准。</td></tr>
<tr><td>考核指标</td></tr>
<tr><td>☆不合格原因分析方法的科学性：针对原料加工品的具体情况，采用科学合理的方法进行原因分析。
☆不合格原因分析结果的准确性：不合格原因的排查工作依据相关规定严格进行，保证分析结果的准确性。</td></tr>
<tr><td rowspan="6">撰写原料加工品质量检验报告</td><td>执行程序</td></tr>
<tr><td>质检专员根据不合格原因分析结果撰写原料加工品质量检验报告，并提交给质量部经理审核。
工作重点
原料加工品质量检验报告的撰写要规范，报告内容应包括检验项目、检验器具、参照标准、检验流程、检验时间、检验人员和检验结论等。</td></tr>
<tr><td>工作标准</td></tr>
<tr><td>☆完成标准：原料加工品质量检验报告通过质量部经理的审核。
☆质量标准：原料加工品质量检验报告符合规范。</td></tr>
<tr><td>考核指标</td></tr>
<tr><td>原料加工品质量检验报告撰写的及时性：应在____个工作日内完成。</td></tr>
<tr><td rowspan="6">提出不合格原料加工品处理意见</td><td>执行程序</td></tr>
<tr><td>1. 提出不合格原料加工品处理意见
☆质量部经理根据原料加工品质量检验报告，提出对不合格原料加工品的处理意见，并将其整理成报告提交给主管副总审批。
☆不合格原料加工品处理意见审批通过后，由质检专员发出不合格原料加工品处理通知。
2. 处理不合格原料加工品
相关部门接到不合格原料加工品处理通知后，应及时处理不合格原料加工品。
工作重点
不合格原料加工品处理意见要具有较强的可操作性，意见内容能付诸实际操作，程序无逻辑错误。</td></tr>
<tr><td>工作标准</td></tr>
<tr><td>相关部门应按照不合格原料加工品处理意见对不合格原料加工品进行处理。</td></tr>
<tr><td>考核指标</td></tr>
<tr><td>不合格原料加工品处理意见的合理性：符合质量管理制度的要求，符合现有原料加工品管理情况，能够保障企业的利益。</td></tr>
<tr><th colspan="2">执行规范</th></tr>
<tr><td colspan="2">“原料加工品质量标准”“原料加工品检验操作规程”“原料加工品质量检验报告”。</td></tr>
</table>

11.4 菜品烹调质量管理流程设计与工作执行

11.4.1 菜品烹调质量管理流程设计

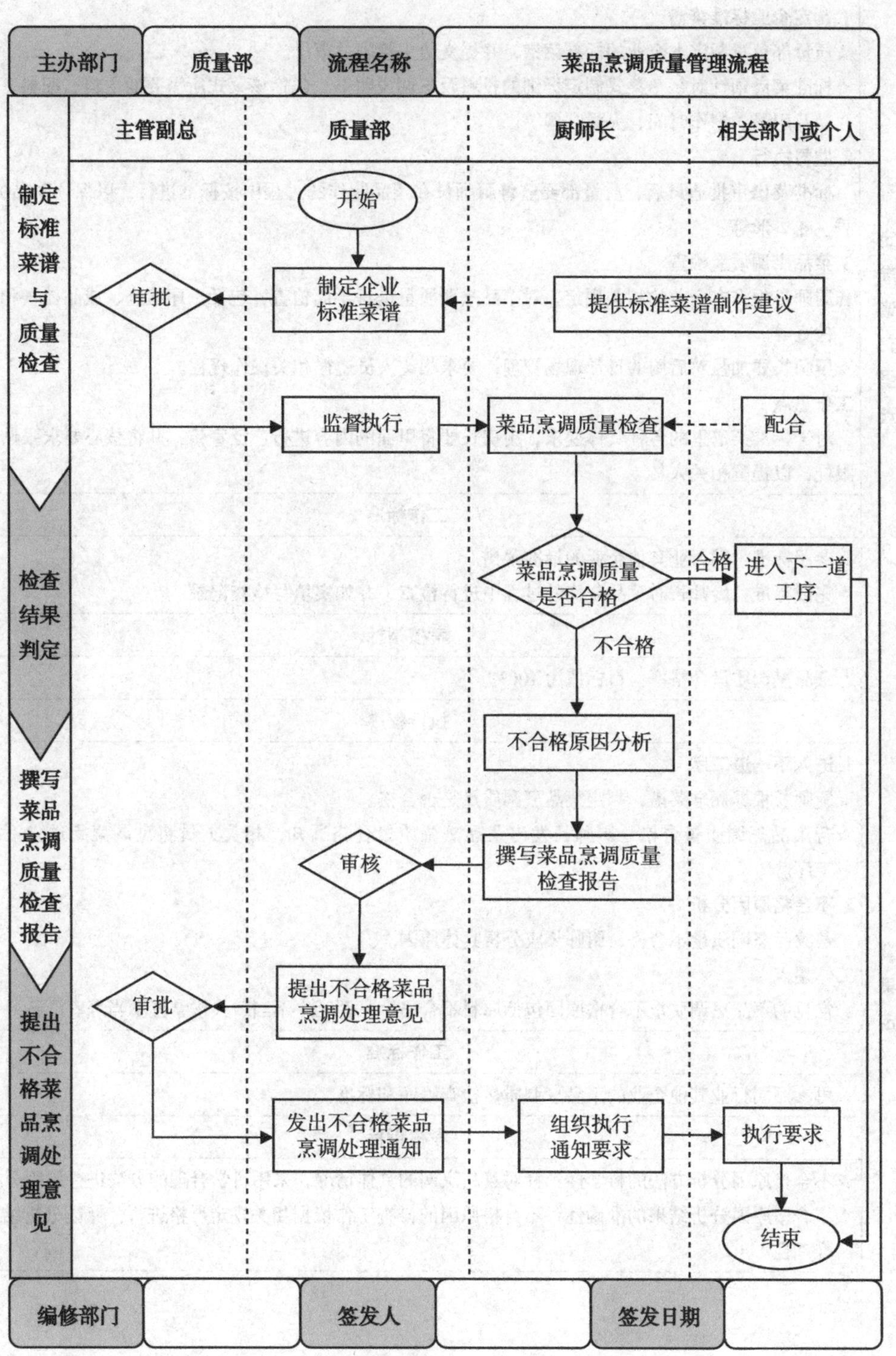

主办部门
质量部
流程名称
菜品烹调质量管理流程
主管副总
质量部
厨师长
相关部门或个人
制定标准菜谱与质量检查
开始
审批
制定企业标准菜谱
提供标准菜谱制作建议
监督执行
菜品烹调质量检查
配合
检查结果判定
菜品烹调质量是否合格
合格
进入下一道工序
不合格
不合格原因分析
撰写菜品烹调质量检查报告
审核
撰写菜品烹调质量检查报告
提出不合格菜品烹调处理意见
审批
提出不合格菜品烹调处理意见
发出不合格菜品烹调处理通知
组织执行通知要求
执行要求
结束
编修部门
签发人
签发日期

11.4.2 菜品烹调质量管理执行程序、工作标准、考核指标、执行规范

<table>
<tr><th>任务名称</th><th>执行程序、工作标准与考核指标</th></tr>
<tr><td rowspan="6">制定标准菜谱与质量检查</td><td>执行程序</td></tr>
<tr><td>1. 制定企业标准菜谱
☆质量部负责制定本企业的标准菜谱，并提交给主管副总审批。
☆标准菜谱须针对每个菜式制定详细的投料及烹调说明书，包括该菜式所需要的主料、配料、调味品及用量、制作时间、火候掌握等。
2. 监督执行
标准菜谱审批通过后，质量部要监督厨师长在菜品制作的过程中按标准进行，以保证菜品的色、香、味、形等。
3. 菜品烹调质量检查
☆厨师长根据本企业的相关规定，对菜品烹调质量进行全面检查，包括工序检查、成品检查和全员检查等。
☆厨师长要加强对后厨的日常现场管理，要求相关人员遵循相关操作规程。
工作重点
对于标准菜谱里的各种具体要求，厨房长要将里面的内容进行广泛宣传，并将核心要求张贴在显眼处，以提醒相关人员。</td></tr>
<tr><td>工作标准</td></tr>
<tr><td>☆参照标准：同行业其他企业的标准菜谱。
☆完成标准：厨师长对菜品制作的过程中进行检查，并如实填写检查记录。</td></tr>
<tr><td>考核指标</td></tr>
<tr><td>菜品烹调质量合格率：目标值为100%。</td></tr>
<tr><td rowspan="6">检查结果判定</td><td>执行程序</td></tr>
<tr><td>1. 进入下一道工序
☆厨师长根据标准菜谱，判定菜品烹调质量是否合格。
☆若菜品烹调质量合格，厨师长发出菜品烹调质量合格通知，相关人员将烹调菜品送入下一道工序。
2. 不合格原因分析
若菜品烹调质量不合格，厨师长应分析具体原因。
工作重点
常见的菜品烹调质量不合格原因包括原料不合格、烹调工序不当、火候掌握不当等。</td></tr>
<tr><td>工作标准</td></tr>
<tr><td>可参照同行业其他企业的菜品烹调质量检查程序和标准。</td></tr>
<tr><td>考核指标</td></tr>
<tr><td>☆不合格原因分析方法的科学性：针对菜品烹调的具体情况，采用科学合理的方法进行原因分析。
☆不合格原因分析结果的准确性：不合格原因的排查工作依据相关规定严格进行，保证分析结果的准确性。</td></tr>
</table>

（续）

任务名称	执行程序、工作标准与考核指标
撰写菜品烹调质量检查报告	**执行程序**
	厨师长根据不合格原因分析结果撰写菜品烹调质量检查报告，并提交给质量部经理审核。 **工作重点** 菜品烹调质量检查报告的撰写要规范。
	工作标准
	☆完成标准：菜品烹调质量检查报告通过质量部经理的审核。 ☆质量标准：菜品烹调质量检查报告符合规范。
	考核指标
	菜品烹调质量检查报告撰写的及时性：应在____个工作日内完成。
提出不合格菜品烹调处理意见	**执行程序**
	1. 提出不合格菜品烹调处理意见 ☆质量部经理根据菜品烹调质量检查报告，提出对不合格菜品烹调的处理意见，并将其整理成报告提交给主管副总审批。 ☆不合格菜品烹调处理意见审批通过后，由质量部发出不合格菜品烹调处理通知。 **2. 组织执行通知要求** ☆厨师长根据质量部的不合格菜品烹调处理通知，组织厨房相关部门和人员执行质量部的要求，改进问题，提高菜品烹调质量。 ☆厨师长要进一步加强对厨房人员的技术培训和基本功的训练与考核。 **工作重点** 不合格菜品烹调处理意见要具有较强的可操作性，意见内容能付诸实际操作，程序无逻辑错误。
	工作标准
	☆完成标准：厨房相关部门和人员按照不合格菜品烹调处理意见提高菜品烹调质量，提升顾客满意度。 ☆质量标准：不合格菜品烹调处理意见富有专业性和可操作性，在执行过程中有效提高菜品烹调质量。
	考核指标
	不合格菜品烹调处理意见的合理性：符合质量管理制度的要求，符合现有菜品烹调现实情况，能够保障企业的利益。
执行规范	
“标准菜谱”“菜品烹调检查报告”。	

11.5　配菜质量管理流程设计与工作执行

11.5.1　配菜质量管理流程设计

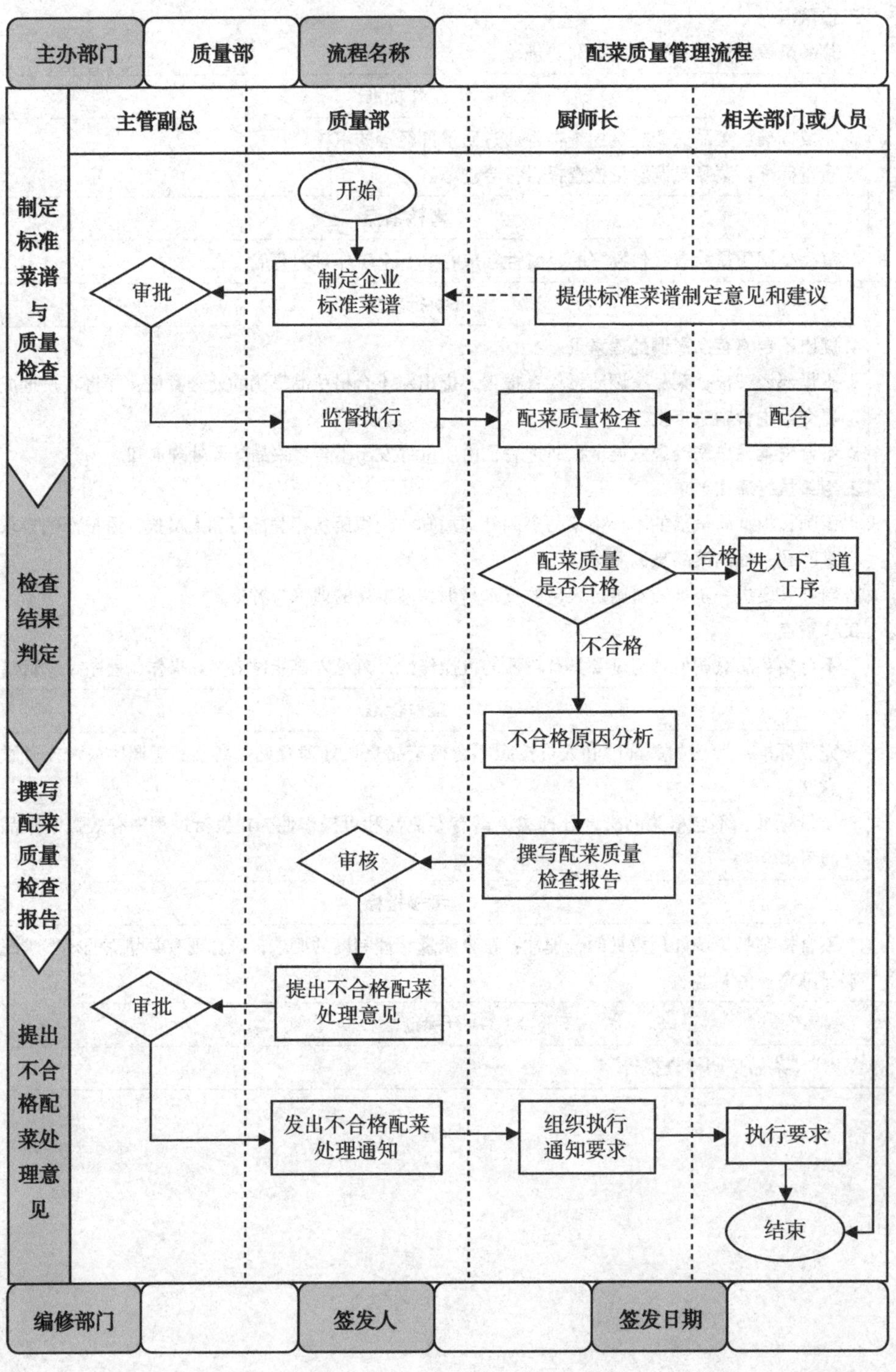

主办部门
质量部
流程名称
配菜质量管理流程
主管副总
质量部
厨师长
相关部门或人员
制定标准菜谱与质量检查
检查结果判定
撰写配菜质量检查报告
提出不合格配菜处理意见
开始
制定企业标准菜谱
审批
提供标准菜谱制定意见和建议
监督执行
配菜质量检查
配合
配菜质量是否合格
合格
进入下一道工序
不合格
不合格原因分析
撰写配菜质量检查报告
审核
提出不合格配菜处理意见
审批
发出不合格配菜处理通知
组织执行通知要求
执行要求
结束
编修部门
签发人
签发日期

11.5.2 配菜质量管理执行程序、工作标准、考核指标、执行规范

<table>
<tr><th>任务名称</th><th>执行程序、工作标准与考核指标</th></tr>
<tr><td rowspan="6">制定标准菜谱与质量检查</td><td>执行程序</td></tr>
<tr><td>1. 制定企业标准菜谱
☆质量部负责制定本企业的标准菜谱，并提交给主管副总审批。
☆标准菜谱须针对每个菜式制定详细的投料及烹调说明书，包括该菜式所需要的主料、配料、调味品及用量、制作时间、火候掌握等。
☆厨师长和相关部门人员应向质量部提供制定标准菜谱的意见和建议。
2. 监督执行
标准菜谱审批通过后，质量部要监督厨师长在菜品制作的过程中按标准进行，以保证菜品的色、香、味、形等。
3. 配菜质量检查
☆厨师长根据本企业的相关规定，对配菜质量进行全面检查，包括菜品配份检查、配份料头检查等。
☆菜品配份检查要注意三点：保持清洁卫生、干净整齐；符合时间要求，零点订单通常 5 分钟内完成配份，宴会订单则要提前半小时完成配份；配份品种、数量符合要求，主料、配料不能混合。
☆配份料头可以调味、增香，对菜品烹调的质量起着重要作用，对其进行检查时要注意四点：保持清洁卫生，中间无杂物；品种齐全，数量符合要求；大小、形状要一致，符合规格要求，摆放整齐；各种料不能混合，注意保鲜。
☆厨师长要加强对后厨日常配菜的现场管理，并要求相关人员遵循相关操作规程。
工作重点
对于标准菜谱里的各种配菜具体要求，厨房长要将里面的内容对配菜人员进行广泛宣传，并对配菜人员进行培训，让其达到熟练操作的程度。</td></tr>
<tr><td>工作标准</td></tr>
<tr><td>☆参照标准：同行业其他企业的标准菜谱。
☆完成标准：厨师长对配菜过程进行检查，并如实填写检查记录。</td></tr>
<tr><td>考核指标</td></tr>
<tr><td>配菜质量合格率：目标值为 100%。</td></tr>
<tr><td rowspan="4">检查结果判定</td><td>执行程序</td></tr>
<tr><td>1. 进入下一道工序
☆厨师长根据标准菜谱，判定配菜质量是否合格。
☆若配菜质量合格，厨师长发出配菜质量合格通知，配菜人员将菜品的配份送入下一道工序。
2. 不合格原因分析
若配菜质量不合格，厨师长应分析具体原因。
工作重点
厨师长要注意归纳配菜质量不合格的原因，从而尽快找到问题所在，以免耽误菜品烹调工作。</td></tr>
<tr><td>工作标准</td></tr>
<tr><td>可参照同行业其他企业的配菜质量检查程序和标准。</td></tr>
</table>

（续）

<table>
<tr><th>任务名称</th><th>执行程序、工作标准与考核指标</th></tr>
<tr><td>检查结果判定</td><td>考核指标
☆不合格原因分析方法的科学性：针对配菜的具体情况，采用科学合理的方法进行原因分析。
☆不合格原因分析结果的准确性：不合格原因的排查工作依据相关规定严格进行，保证分析结果的准确性。
☆配菜出错率：目标值为0。</td></tr>
<tr><td>撰写配菜质量检查报告</td><td>执行程序
厨师长根据不合格原因分析结果撰写配菜质量检查报告，并提交给质量部经理审核。
工作重点
配菜质量检查报告的撰写要规范。
工作标准
☆完成标准：配菜质量检查报告通过质量部经理的审核。
☆质量标准：配菜质量检查报告符合规范。
考核指标
配菜质量检查报告撰写的及时性：应在____个工作日内完成。</td></tr>
<tr><td>提出不合格配菜处理意见</td><td>执行程序
1. 提出不合格配菜处理意见
☆质量部根据配菜质量检查报告，提出对不合格配菜的处理意见，并将其整理成报告提交给主管副总审批。
☆不合格配菜处理意见审批通过后，由质量部发出不合格配菜处理通知。
2. 组织执行通知要求
☆厨师长根据质量部的不合格配菜处理通知，组织厨房配菜部门和人员执行质量部的要求，改进问题，提高配菜质量。
☆厨师长要进一步加强对配菜人员的技术培训和基本功的训练与考核。
工作重点
不合格配菜处理意见要具有较强的可操作性，意见内容能付诸实际操作，程序无逻辑错误。
工作标准
☆完成标准：厨房配菜部门和人员按照不合格配菜处理意见提高配菜质量，提升烹调效率。
☆质量标准：不合格配菜处理意见富有专业性和可操作性，在执行过程中有效提高配菜质量。
考核指标
不合格配菜处理意见的合理性：符合质量管理制度的要求，符合现有配菜现实情况，能够保障企业的利益。</td></tr>
<tr><th colspan="2">执行规范</th></tr>
<tr><td colspan="2">“标准菜谱”“配菜质量检查报告”。</td></tr>
</table>

11.6 客户服务质量评估管理流程设计与工作执行

11.6.1 客户服务质量评估管理流程设计

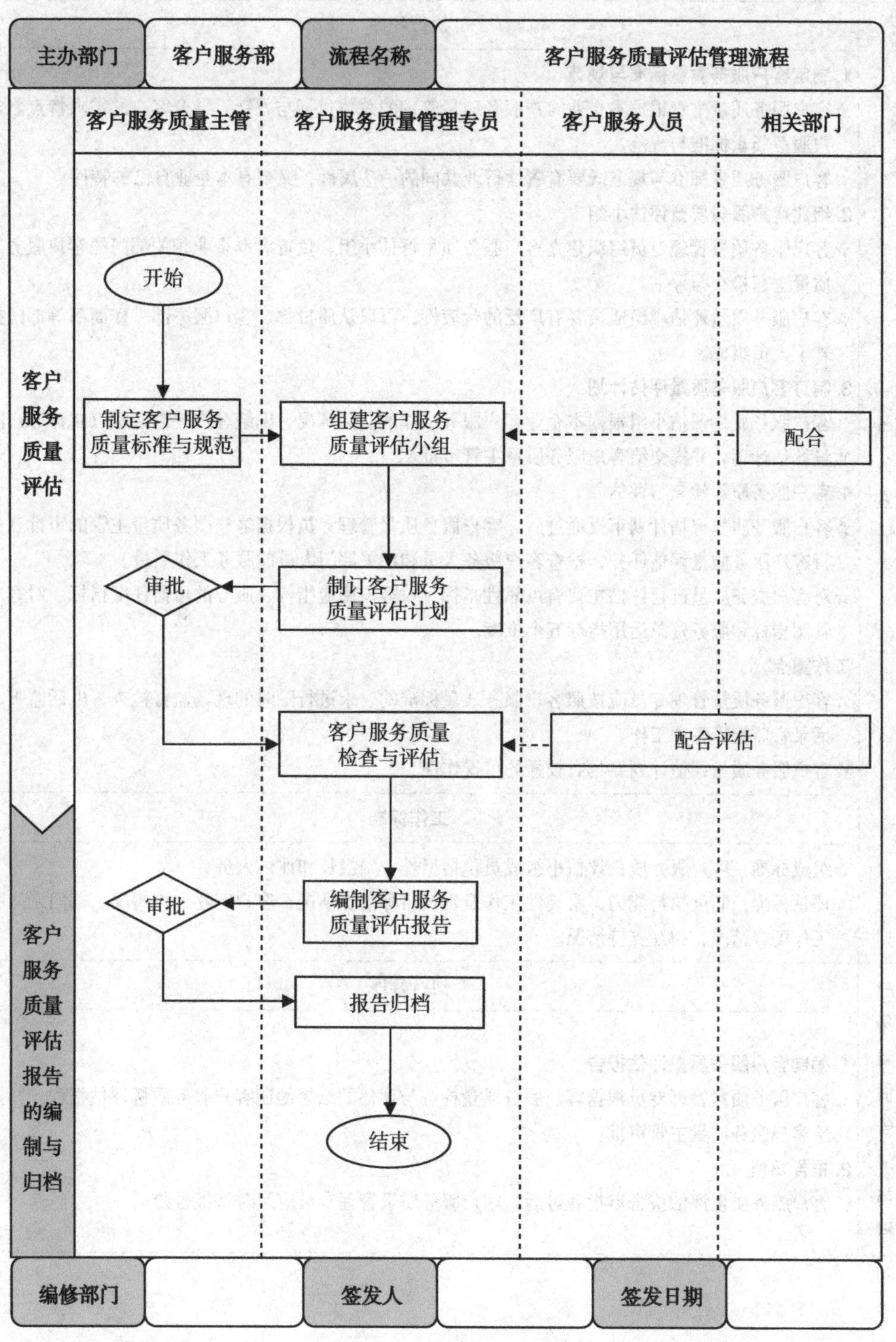

主办部门
客户服务部
流程名称
客户服务质量评估管理流程
客户服务质量主管
客户服务质量管理专员
客户服务人员
相关部门
客户服务质量评估
开始
制定客户服务质量标准与规范
组建客户服务质量评估小组
配合
审批
制订客户服务质量评估计划
客户服务质量检查与评估
配合评估
客户服务质量评估报告的编制与归档
审批
编制客户服务质量评估报告
报告归档
结束
编修部门
签发人
签发日期

11.6.2 客户服务质量评估管理执行程序、工作标准、考核指标、执行规范

任务名称	执行程序、工作标准与考核指标
客户服务质量评估	**执行程序**
	1. 制定客户服务质量标准与规范 ☆客户服务质量主管根据本企业客户服务质量管理的总体目标与方针，结合客户的需求特点制定客户服务质量标准与规范。 ☆客户服务质量标准与规范既要有餐饮行业共同的一些属性，又要有本企业自己的特性。 **2. 组建客户服务质量评估小组** ☆客户服务质量管理专员组织建立客户服务质量评估小组，负责对本企业相关部门的客户服务工作质量进行检查与评估。 ☆客户服务质量评估小组成员要有广泛的代表性，可以从质量部、客户服务部、楼面部等部门抽调若干人员组成。 **3. 制订客户服务质量评估计划** 客户服务质量评估小组根据本企业客户服务工作的实际情况，围绕客户关键接触点制订客户服务质量评估计划，并提交给客户服务质量主管审批。 **4. 客户服务质量检查与评估** ☆客户服务质量评估计划审批通过后，客户服务质量管理专员根据客户服务质量主管的审批意见执行客户服务质量评估任务，检查客户服务人员和相关部门人员的服务工作质量。 ☆对客户服务质量进行评估主要有可靠性指标、对客户回应指标、服务的可信任度指标、对客户的管制指标和服务资源运用指标五个维度。 **工作重点** ☆客户服务质量管理专员应按照客户服务质量标准的要求进行随时的现场监督检查、电话监听、电话录音监控等各项工作。 ☆客户服务质量评估计划要具有较强的可操作性。
	工作标准
	☆组成标准：客户服务质量评估小组成员包括组长、副组长和评估人员。 ☆评估标准：制度执行能力，常规性工作及责任目标落实情况，客户问卷调查情况，部门之间服务工作配合情况，相互支持情况。
客户服务质量评估报告的编制与归档	**执行程序**
	1. 编制客户服务质量评估报告 ☆客户服务质量管理专员根据客户服务质量检查与评估的结果编制客户服务质量评估报告，并提交给客户服务质量主管审批。 **2. 报告归档** 客户服务质量评估报告审批通过后，客户服务质量管理专员应及时将报告归档。

（续）

<table>
<tr><th>任务名称</th><th>执行程序、工作标准与考核指标</th></tr>
<tr><td rowspan="5">客户服务质量评估报告的编制与归档</td><td>工作重点
☆客户服务质量评估报告的编制要规范，报告应内容全面、结构清晰且无重大纰漏。
☆客户服务质量管理专员应将相关方法、经验记录并归档，作为日后改进工作的参考依据。</td></tr>
<tr><td>工作标准</td></tr>
<tr><td>可参照本企业以往年度的客户服务质量检查评估资料。</td></tr>
<tr><td>考核指标</td></tr>
<tr><td>客户服务质量评估报告编制的及时性：应在____个工作日内完成。</td></tr>
<tr><td colspan="2">执行规范</td></tr>
<tr><td colspan="2">“客户服务质量评估报告”“客户服务质量标准与规范”“客户服务质量评估计划”。</td></tr>
</table>

11.7 中餐服务质量管理流程设计与工作执行

11.7.1 中餐服务质量管理流程设计

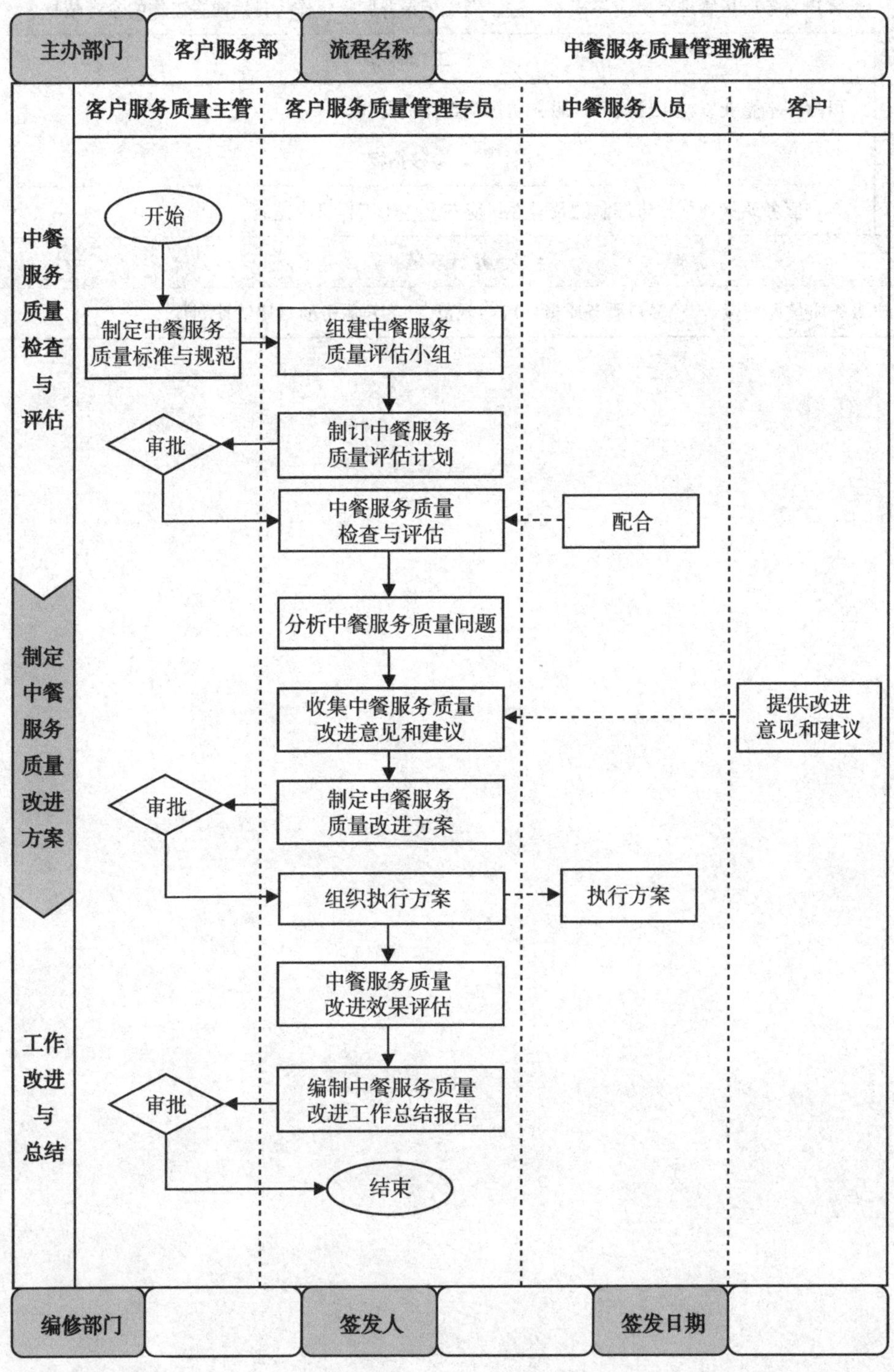

主办部门
客户服务部
流程名称
中餐服务质量管理流程
客户服务质量主管
客户服务质量管理专员
中餐服务人员
客户
中餐服务质量检查与评估
制定中餐服务质量改进方案
工作改进与总结
开始
制定中餐服务质量标准与规范
组建中餐服务质量评估小组
审批
制订中餐服务质量评估计划
中餐服务质量检查与评估
配合
分析中餐服务质量问题
收集中餐服务质量改进意见和建议
提供改进意见和建议
审批
制定中餐服务质量改进方案
组织执行方案
执行方案
中餐服务质量改进效果评估
审批
编制中餐服务质量改进工作总结报告
结束
编修部门
签发人
签发日期

11.7.2 中餐服务质量管理执行程序、工作标准、考核指标、执行规范

<table>
<tr><th>任务名称</th><th>执行程序、工作标准与考核指标</th></tr>
<tr><td rowspan="4">中餐服务质量检查与评估</td><td>执行程序</td></tr>
<tr><td>1. 制定中餐服务质量标准与规范
客户服务质量主管根据本企业客户服务的总体目标与方针，结合客户的需求特点制定中餐服务质量标准与规范。
2. 组建中餐服务质量评估小组
客户服务质量管理专员组织建立中餐服务质量评估小组，负责对中餐服务工作质量进行检查与评估。
3. 制订中餐服务质量评估计划
中餐服务质量评估小组根据本企业客户服务工作的实际情况，围绕客户关键接触点制订中餐服务质量评估计划，并提交给客户服务质量主管审批。
4. 中餐服务质量检查与评估
中餐服务质量评估计划审批通过后，客户服务质量管理专员根据客户服务质量主管的审批意见执行中餐服务质量评估任务，检查中餐服务人员的服务工作质量。
工作重点
中餐服务质量评估计划要切实可行。</td></tr>
<tr><td>工作标准</td></tr>
<tr><td>☆组成标准：中餐服务质量评估小组成员包括组长、副组长和评估人员。
☆评估标准：制度执行能力，常规性工作及责任目标落实情况，客户问卷调查情况，部门之间服务工作配合情况，相互支持情况。</td></tr>
<tr><td rowspan="2">制定中餐服务质量改进方案</td><td>执行程序</td></tr>
<tr><td>1. 分析中餐服务质量问题
客户服务质量管理专员根据中餐服务质量检查与评估的结果，分析中餐服务工作中存在的质量问题。
2. 收集中餐服务质量改进意见和建议
客户服务质量管理专员围绕中餐服务质量问题，广泛收集客户提供的改进意见和建议。
3. 制定中餐服务质量改进方案
☆客户服务质量管理专员根据本企业中餐服务工作的实际情况和客户提供的改进意见与建议制定中餐服务质量改进方案，并提交给客户服务质量主管审批。
☆中餐服务质量改进方案的内容应包括中餐引座服务提升方案、中餐点菜推销提升方案、中餐上菜服务提升方案、中餐摆菜服务提升方案和餐盘撤换服务提升方案等。
工作重点
☆凡与企业中餐服务质量改进工作有关的意见和建议均应收集，具体包括中餐服务态度、中餐服务种类、中餐服务投诉、中餐服务时间等方面的意见和建议。
☆要特别注意提升结束营业前的服务细节，主要包括以下几点：餐厅营业结束前 20 分钟时，服务员手拿菜单，站在客人的右侧，轻声告诉客人餐厅将要关门，询问客人是否还需添加菜品等；如客人决定添加菜品，服务员应立即将菜单递给客人，并表示愿意为客人提供服务；如客人不再添加菜品，服务员应诚恳地为打扰客人而道歉。</td></tr>
</table>

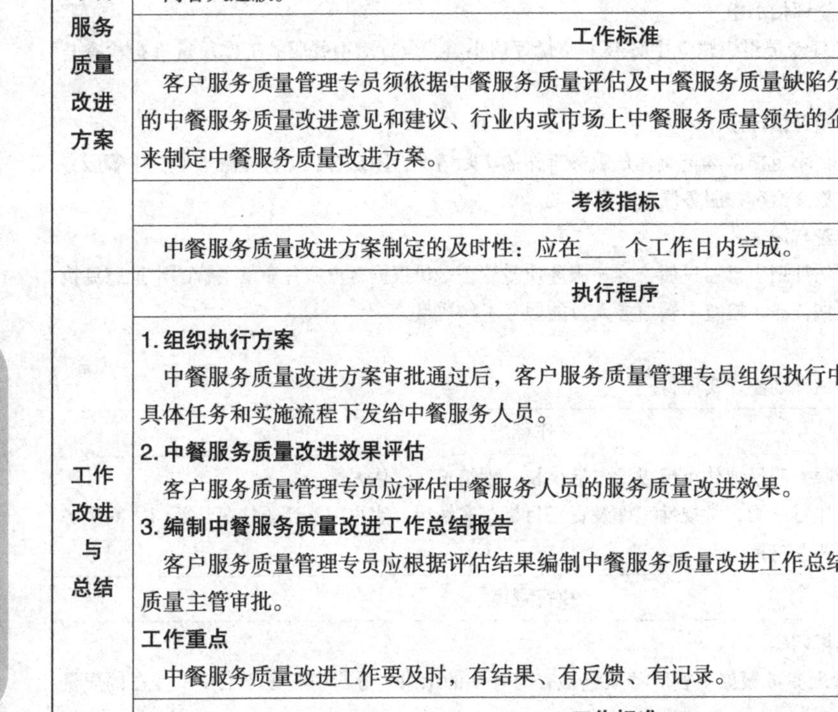

（续）

任务名称	执行程序、工作标准与考核指标
制定中餐服务质量改进方案	☆要注意提升服务员的现场反应能力，当服务员不慎将酒水洒在客人身上时，应立即采取下列处理措施：服务员应立即向客人道歉，用干净的口布或纸巾为客人擦拭衣服上的水迹，并迅速将浸湿的用具拿走；领班或经理再次向客人道歉，并征求客人是否愿意换下衣服，由企业免费为客人清洗。如客人同意清洗，领班或经理应立即通知洗衣房，在最短的时间内为客人洗净送还，并再次向客人道歉。
	工作标准
	客户服务质量管理专员须依据中餐服务质量评估及中餐服务质量缺陷分析结果、员工及客户提供的中餐服务质量改进意见和建议、行业内或市场上中餐服务质量领先的企业的服务质量标准和措施来制定中餐服务质量改进方案。
	考核指标
	中餐服务质量改进方案制定的及时性：应在____个工作日内完成。
工作改进与总结	**执行程序**
	1. 组织执行方案 中餐服务质量改进方案审批通过后，客户服务质量管理专员组织执行中餐服务质量改进工作，将具体任务和实施流程下发给中餐服务人员。 **2. 中餐服务质量改进效果评估** 客户服务质量管理专员应评估中餐服务人员的服务质量改进效果。 **3. 编制中餐服务质量改进工作总结报告** 客户服务质量管理专员应根据评估结果编制中餐服务质量改进工作总结报告，并提交给客户服务质量主管审批。 **工作重点** 中餐服务质量改进工作要及时，有结果、有反馈、有记录。
	工作标准
	通过执行中餐服务质量改进方案，中餐服务质量得到明显改善，客户满意度明显提高。
执行规范	
“中餐服务质量标准与规范”“中餐服务质量评估计划”“中餐服务质量改进工作总结报告”“中餐服务质量改进方案”。	

11.8 西餐服务质量管理流程设计与工作执行

11.8.1 西餐服务质量管理流程设计

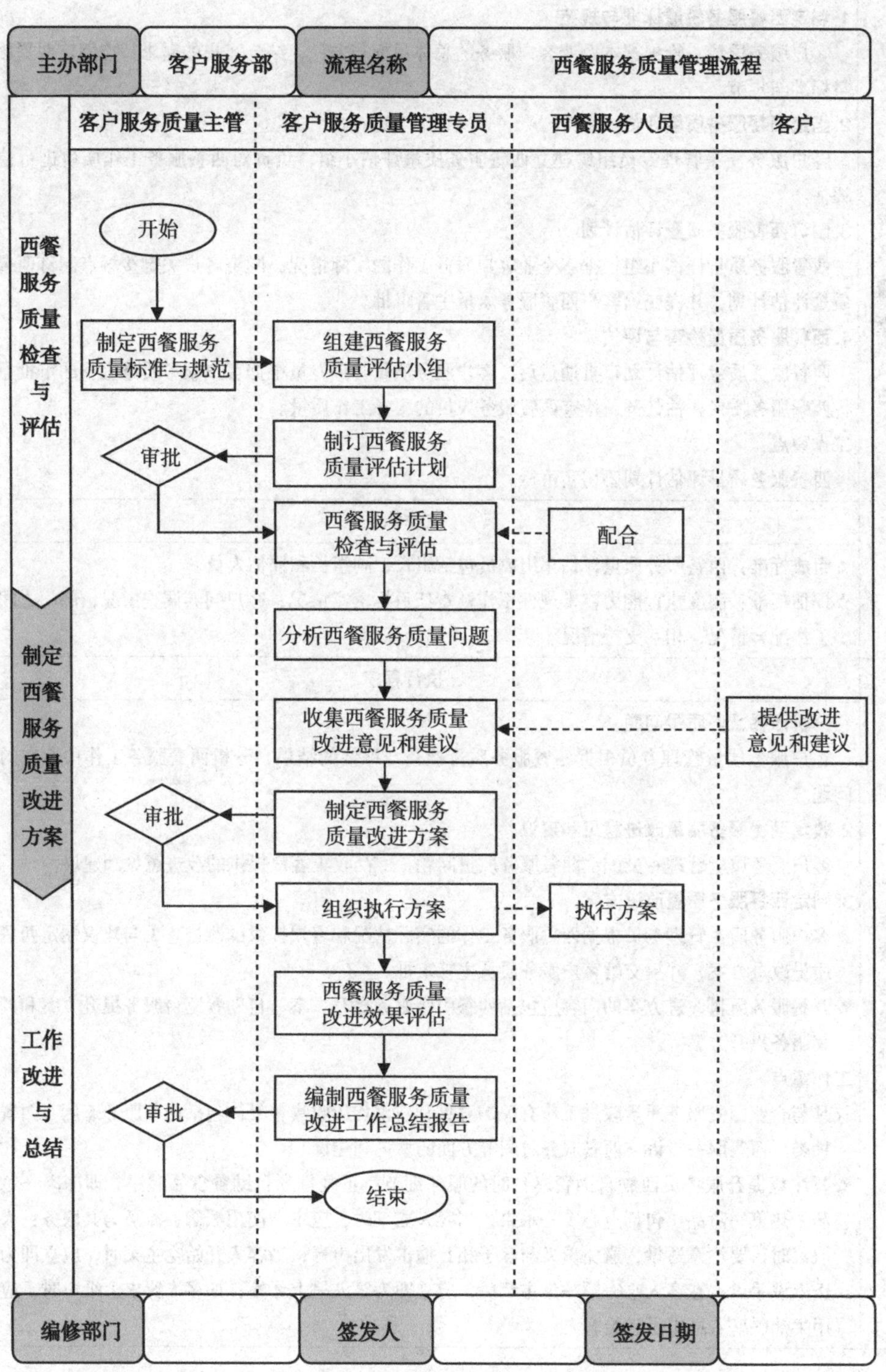
主办部门
客户服务部
流程名称
西餐服务质量管理流程
客户服务质量主管
客户服务质量管理专员
西餐服务人员
客户
西餐服务质量检查与评估
制定西餐服务质量改进方案
工作改进与总结
开始
制定西餐服务质量标准与规范
组建西餐服务质量评估小组
审批
制订西餐服务质量评估计划
西餐服务质量检查与评估
配合
分析西餐服务质量问题
收集西餐服务质量改进意见和建议
提供改进意见和建议
审批
制定西餐服务质量改进方案
组织执行方案
执行方案
西餐服务质量改进效果评估
审批
编制西餐服务质量改进工作总结报告
结束
编修部门
签发人
签发日期

11.8.2 西餐服务质量管理执行程序、工作标准、考核指标、执行规范

<table>
<tr><th>任务名称</th><th>执行程序、工作标准与考核指标</th></tr>
<tr><td rowspan="4">西餐服务质量检查与评估</td><td>执行程序</td></tr>
<tr><td>1. 制定西餐服务质量标准与规范
客户服务质量主管根据本企业客户服务的总体目标与方针，结合客户的需求特点制定西餐服务质量标准与规范。
2. 组建西餐服务质量评估小组
客户服务质量管理专员组织建立西餐服务质量评估小组，负责对西餐服务工作质量进行检查与评估。
3. 制订西餐服务质量评估计划
西餐服务质量评估小组根据本企业客户服务工作的实际情况，围绕客户关键接触点制订西餐服务质量评估计划，并提交给客户西餐服务质量主管审批。
4. 西餐服务质量检查与评估
西餐服务质量评估计划审批通过后，客户服务质量管理专员根据客户服务质量主管的审批意见执行西餐服务质量评估任务，检查西餐服务人员的服务工作质量。
工作重点
西餐服务质量评估计划要切实可行。</td></tr>
<tr><td>工作标准</td></tr>
<tr><td>☆组成标准：西餐服务质量评估小组成员包括组长、副组长和评估人员。
☆评估标准：制度执行能力，常规性工作及责任目标落实情况，客户问卷调查情况，部门之间服务工作配合情况，相互支持情况。</td></tr>
<tr><td rowspan="2">制定西餐服务质量改进方案</td><td>执行程序</td></tr>
<tr><td>1. 分析西餐服务质量问题
客户服务质量管理专员根据西餐服务质量检查与评估的结果，分析西餐服务工作中存在的质量问题。
2. 收集西餐服务质量改进意见和建议
客户服务质量管理专员围绕西餐服务质量问题，广泛收集客户提供的改进意见和建议。
3. 制定西餐服务质量改进方案
☆客户服务质量管理专员根据西餐服务工作的实际情况和客户提供的改进意见与建议制定西餐服务质量改进方案，并提交给客户服务质量主管审批。
☆西餐服务质量改进方案的内容应包括西餐引座服务提升方案、自助餐巡台服务提升方案和西餐上菜服务提升方案等。
工作重点
☆凡与企业西餐服务质量改进工作有关的意见和建议均应收集，具体包括西餐服务态度、西餐服务种类、西餐服务投诉、西餐服务时间等方面的意见和建议。
☆要注意提升服务员西餐自助餐巡台时的服务细节：正确排列自助餐食品顺序，即冻肉—色拉—汤—热菜—甜品（包括点心）—水果；当客人取菜时，应主动使用派羹、派叉为其服务：为客人取菜时，要注意适量，避免羹叉与盘子相互撞击发出声音；当客人开始吃主菜时，应立即为客人送上洗手盅；在客人吃完第一盘主菜后，应立即为客人呈上牙签；如客人要求上纸巾时，应立即用牛油碟盛着纸巾呈递给客人。</td></tr>
</table>

（续）

<table>
<tr><th>任务名称</th><th>执行程序、工作标准与考核指标</th></tr>
<tr><td rowspan="4">制定西餐服务质量改进方案</td><td>工作标准</td></tr>
<tr><td>客户服务质量管理专员依据西餐服务质量评估及西餐服务质量缺陷分析结果、员工及客户提供的西餐服务质量改进意见和建议、行业内或市场上西餐服务质量领先的企业的服务质量标准和措施来制定西餐服务质量改进方案。</td></tr>
<tr><td>考核指标</td></tr>
<tr><td>西餐服务质量改进方案制定的及时性：应在____个工作日内完成。</td></tr>
<tr><td rowspan="4">工作改进与总结</td><td>执行程序</td></tr>
<tr><td>1. 组织执行方案
西餐服务质量改进方案审批通过后，客户服务质量管理专员组织执行西餐服务质量改进工作，将具体任务和实施流程下发给西餐服务人员。
2. 西餐服务质量改进效果评估
客户服务质量管理专员应评估西餐服务人员的服务质量改进效果。
3. 编制西餐服务质量改进工作总结报告
客户服务质量管理专员应根据评估结果编制西餐服务质量改进工作总结报告，并提交给客户服务质量主管审批。
工作重点
西餐服务质量改进工作要及时，有结果、有反馈、有记录。</td></tr>
<tr><td>工作标准</td></tr>
<tr><td>通过执行西餐服务质量改进方案，西餐服务质量得到明显改善，客户满意度明显提高。</td></tr>
<tr><td colspan="2">执行规范</td></tr>
<tr><td colspan="2">“西餐服务质量标准与规范”“西餐服务质量评估计划”“西餐服务质量改进工作总结报告”“西餐服务质量改进方案”。</td></tr>
</table>

11.9 咖啡厅服务质量管理流程设计与工作执行

11.9.1 咖啡厅服务质量管理流程设计

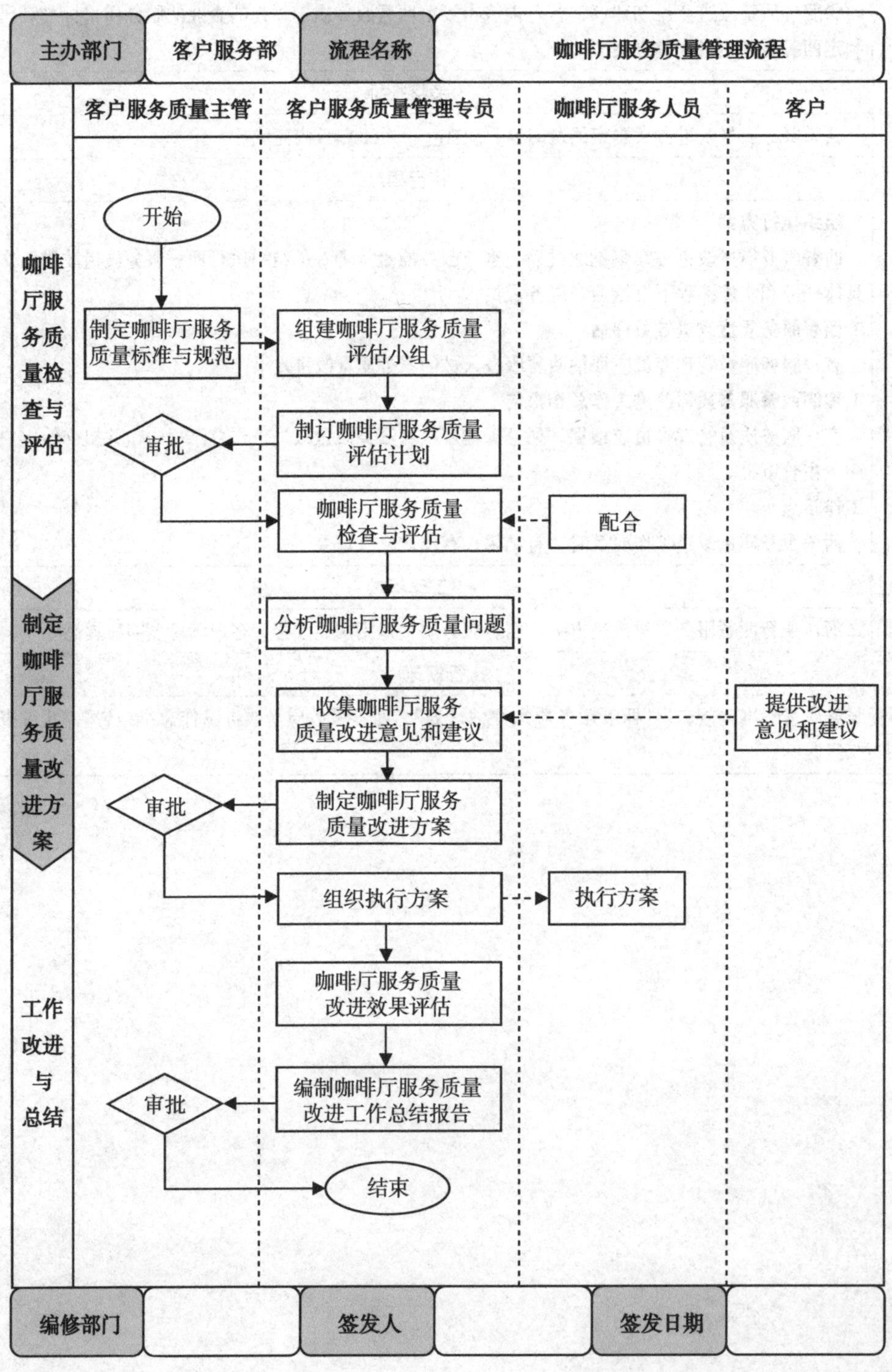

主办部门
客户服务部
流程名称
咖啡厅服务质量管理流程
客户服务质量主管
客户服务质量管理专员
咖啡厅服务人员
客户
咖啡厅服务质量检查与评估
制定咖啡厅服务质量改进方案
工作改进与总结
开始
制定咖啡厅服务质量标准与规范
组建咖啡厅服务质量评估小组
审批
制订咖啡厅服务质量评估计划
咖啡厅服务质量检查与评估
配合
分析咖啡厅服务质量问题
收集咖啡厅服务质量改进意见和建议
提供改进意见和建议
审批
制定咖啡厅服务质量改进方案
组织执行方案
执行方案
咖啡厅服务质量改进效果评估
审批
编制咖啡厅服务质量改进工作总结报告
结束
编修部门
签发人
签发日期

11.9.2 咖啡厅服务质量管理执行程序、工作标准、考核指标、执行规范

<table>
<tr><th>任务名称</th><th>执行程序、工作标准与考核指标</th></tr>
<tr><td rowspan="4">咖啡厅服务质量检查与评估</td><td>执行程序</td></tr>
<tr><td>1. 制定咖啡厅服务质量标准与规范
客户服务质量主管根据本企业客户服务的总体目标与方针，结合客户的需求特点制定咖啡厅服务质量标准与规范。
2. 组建咖啡厅服务质量评估小组
客户服务质量管理专员组织建立咖啡厅服务质量评估小组，负责对咖啡厅服务工作质量进行检查与评估。
3. 制订咖啡厅服务质量评估计划
咖啡厅服务质量评估小组根据本企业客户服务工作的实际情况，围绕客户关键接触点制订咖啡厅服务质量评估计划，并提交给客户服务质量主管审批。
4. 咖啡厅服务质量检查与评估
客户服务质量评估计划审批通过后，客户服务质量管理专员根据客户服务质量主管的审批意见执行咖啡厅服务质量评估任务，检查咖啡厅服务人员的服务工作质量。
工作重点
咖啡厅服务质量评估计划要切实可行。</td></tr>
<tr><td>工作标准</td></tr>
<tr><td>☆组成标准：咖啡厅服务质量评估小组成员包括组长、副组长和评估人员。
☆评估标准：制度执行能力，常规性工作及责任目标落实情况，客户问卷调查情况，部门之间服务工作配合情况，相互支持情况。</td></tr>
<tr><td rowspan="6">制定咖啡厅服务质量改进方案</td><td>执行程序</td></tr>
<tr><td>1. 分析咖啡厅服务质量问题
客户服务质量管理专员根据咖啡厅服务质量检查与评估的结果，分析咖啡厅服务工作中存在的质量问题。
2. 收集咖啡厅服务质量改进意见和建议
客户服务质量管理专员围绕咖啡厅服务质量问题，广泛收集客户提供的改进意见和建议。
3. 制定咖啡厅服务质量改进方案
☆客户服务质量管理专员根据咖啡厅服务工作的实际情况和客户提供的意见与建议制定咖啡厅服务质量改进方案，并提交给客户服务质量主管审批。
☆咖啡厅服务质量改进方案的内容应包括咖啡厅引座服务提升方案、自动餐巡台服务提升方案和咖啡厅上菜服务提升方案等。
工作重点
凡与咖啡厅服务质量改进工作有关的意见和建议均应收集，具体包括咖啡厅服务态度、咖啡厅服务种类、咖啡厅服务投诉、咖啡厅服务时间等方面的意见和建议。</td></tr>
<tr><td>工作标准</td></tr>
<tr><td>客户服务质量管理专员依据咖啡厅服务质量评估及咖啡厅服务质量缺陷分析结果、员工及客户提供的咖啡厅服务质量改进意见和建议、行业内或市场上咖啡厅服务质量领先的企业的服务质量标准和措施来制定咖啡厅服务质量改进方案。</td></tr>
<tr><td>考核指标</td></tr>
<tr><td>咖啡厅服务质量改进方案制定的及时性：应在____个工作日内完成。</td></tr>
</table>

（续）

<table>
<tr><th>任务名称</th><th>执行程序、工作标准与考核指标</th></tr>
<tr><td rowspan="6">工作改进与总结</td><td>执行程序</td></tr>
<tr><td>1. 组织执行方案
咖啡厅服务质量改进方案审批通过后，客户服务质量管理专员组织执行咖啡厅服务质量改进工作，将具体任务和实施流程下发给咖啡厅服务人员。
2. 咖啡厅服务质量改进效果评估
客户服务质量管理专员应评估咖啡厅服务人员的服务质量改进效果。
3. 编制咖啡厅服务质量改进工作总结报告
客户服务质量管理专员应根据评估结果编制咖啡厅服务质量改进工作总结报告，并提交给客户服务质量主管审批。
工作重点
咖啡厅服务质量改进工作要及时，有结果、有反馈、有记录。</td></tr>
<tr><td>工作标准</td></tr>
<tr><td>通过执行咖啡厅服务质量改进方案，咖啡厅服务质量得到明显改善，客户满意度明显提高。</td></tr>
<tr><td>考核指标</td></tr>
<tr><td>咖啡厅服务质量改进工作总结报告编制的及时性：应在____个工作日内完成。</td></tr>
<tr><td colspan="2">执行规范</td></tr>
<tr><td colspan="2">“咖啡厅服务质量标准与规范”“咖啡厅服务质量评估计划”“咖啡厅服务质量改进工作总结报告”“咖啡厅服务质量改进方案”。</td></tr>
</table>

11.10 酒吧服务质量管理流程设计与工作执行

11.10.1 酒吧服务质量管理流程设计

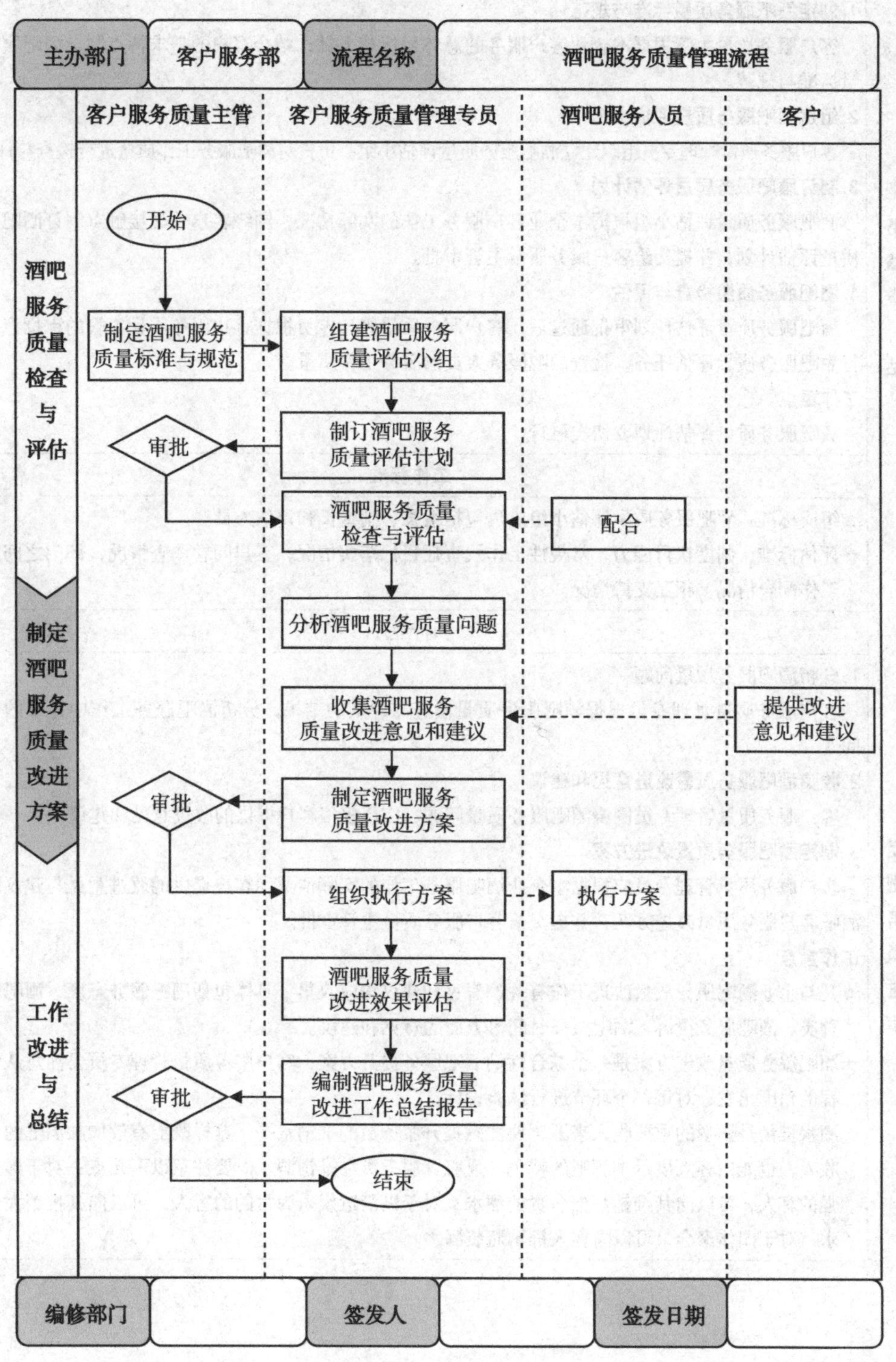

主办部门
客户服务部
流程名称
酒吧服务质量管理流程
客户服务质量主管
客户服务质量管理专员
酒吧服务人员
客户
酒吧服务质量检查与评估
制定酒吧服务质量改进方案
工作改进与总结
开始
制定酒吧服务质量标准与规范
组建酒吧服务质量评估小组
审批
制订酒吧服务质量评估计划
酒吧服务质量检查与评估
配合
分析酒吧服务质量问题
收集酒吧服务质量改进意见和建议
提供改进意见和建议
审批
制定酒吧服务质量改进方案
组织执行方案
执行方案
酒吧服务质量改进效果评估
审批
编制酒吧服务质量改进工作总结报告
结束
编修部门
签发人
签发日期

11.10.2 酒吧服务质量管理执行程序、工作标准、考核指标、执行规范

<table>
<tr><th>任务名称</th><th>执行程序、工作标准与考核指标</th></tr>
<tr><td rowspan="4">酒吧服务质量检查与评估</td><td>执行程序</td></tr>
<tr><td>1. 制定酒吧服务质量标准与规范
客户服务质量主管根据本企业客户服务的总体目标与方针，结合客户的需求特点制定酒吧服务质量标准与规范。
2. 组建酒吧服务质量评估小组
客户服务质量管理专员组织建立酒吧服务质量评估小组，负责对酒吧服务工作质量进行检查与评估。
3. 制订酒吧服务质量评估计划
酒吧服务质量评估小组根据本企业客户服务工作的实际情况，围绕客户关键接触点制订酒吧服务质量评估计划，并提交给客户服务质量主管审批。
4. 酒吧服务质量检查与评估
酒吧服务质量评估计划审批通过后，客户服务质量管理专员根据客户服务质量主管的审批意见执行酒吧服务质量评估任务，检查酒吧服务人员的服务工作质量。
工作重点
酒吧服务质量评估计划要切实可行。</td></tr>
<tr><td>工作标准</td></tr>
<tr><td>☆组成标准：酒吧服务质量评估小组成员包括组长、副组长和评估人员。
☆评估标准：制度执行能力，常规性工作及责任目标落实情况，客户问卷调查情况，部门之间服务工作配合情况，相互支持情况。</td></tr>
<tr><td rowspan="2">制定酒吧服务质量改进方案</td><td>执行程序</td></tr>
<tr><td>1. 分析酒吧服务质量问题
客户服务质量管理专员根据酒吧服务质量检查与评估的结果，分析酒吧服务工作中存在的质量问题。
2. 收集酒吧服务质量改进意见和建议
客户服务质量管理专员围绕酒吧服务质量问题，广泛收集客户提供的改进意见和建议。
3. 制定酒吧服务质量改进方案
客户服务质量管理专员应根据本企业酒吧服务工作的实际情况和客户提供的改进意见与建议制定酒吧客户服务质量改进方案，并提交给客户服务质量主管审批。
工作重点
☆凡与企业酒吧服务质量改进工作有关的意见和建议均应收集，具体包括酒吧服务态度、酒吧服务种类、酒吧服务投诉、酒吧服务时间等方面的意见和建议。
☆酒吧服务质量改进方案是一个综合性的酒吧服务提升方案，客户服务质量管理专员要注意从全过程的角度出发，对每一个环节进行体验设计。
☆酒水推销是酒吧的重要收入来源，要注意提升服务员的推销水平，这样既能有效增加酒吧的营业收入，也能向客人展示本酒吧的特色和风貌。服务员在推销酒水时要注意以下几点：对于虚荣心强的客人，可以向其推销高档名贵的酒水；对于以消遣娱乐为目的的客人，可以向其推销大众酒水；对于团体聚会，可以向客人推销瓶装酒水。</td></tr>
</table>

（续）

任务名称	执行程序、工作标准与考核指标
制定酒吧服务质量改进方案	**工作标准**
	客户服务质量管理专员依据酒吧服务质量评估及酒吧服务质量缺陷分析结果、员工及客户提供的酒吧服务质量改进意见和建议、行业内或市场上酒吧服务质量领先的企业的服务质量标准和措施来制定酒吧服务质量改进方案。
	考核指标
	酒吧服务质量改进方案制定的及时性：应在____个工作日内完成。
工作改进与总结	**执行程序**
	1. 组织执行方案 酒吧服务质量改进方案审批通过后，客户服务服务质量管理专员组织执行酒吧服务质量改进工作，将具体任务和实施流程下发给酒吧服务人员。 **2. 酒吧服务质量改进效果评估** 客户服务质量管理专员须对酒吧服务质量改进方案的执行情况进行检查，评估酒吧服务人员的服务质量改进效果。 **3. 编制酒吧服务质量改进工作总结报告** 客户服务质量管理专员应根据评估结果编制酒吧服务质量改进工作总结报告，并提交给客户服务质量主管审批。 **工作重点** 酒吧服务质量改进工作要及时，有结果、有反馈、有记录。
	工作标准
	通过执行酒吧服务质量改进方案，酒吧服务质量得到明显改善，客户满意度明显提高。
	考核指标
	酒吧服务质量改进工作总结报告编制的及时性：应在____个工作日内完成。
执行规范	
“酒吧服务质量标准与规范”“酒吧服务质量评估计划”“酒吧服务质量改进工作总结报告”“酒吧服务质量改进方案”。	

11.11 宴会服务质量管理流程设计与工作执行

11.11.1 宴会服务质量管理流程设计

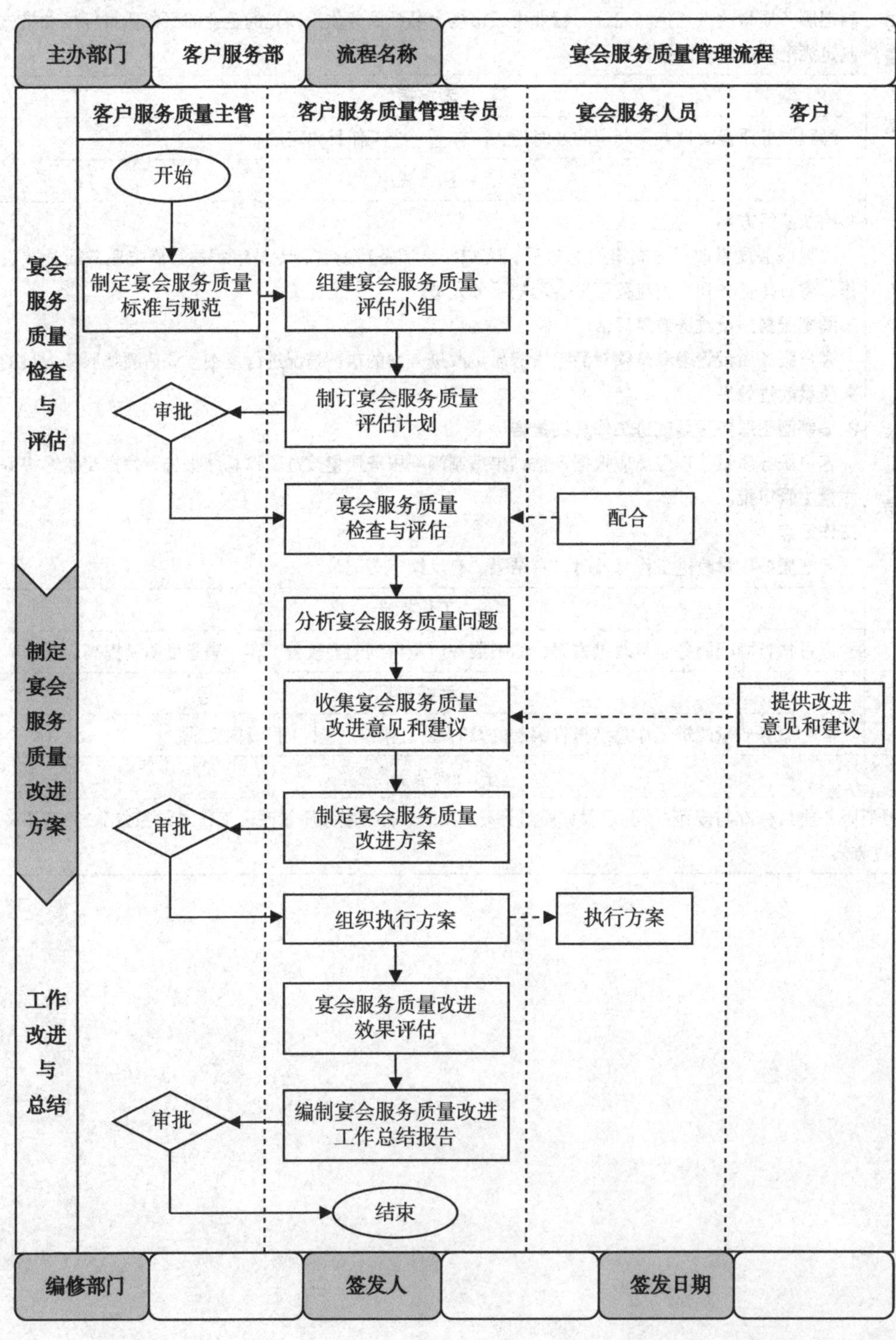

主办部门
客户服务部
流程名称
宴会服务质量管理流程
客户服务质量主管
客户服务质量管理专员
宴会服务人员
客户
宴会服务质量检查与评估
开始
制定宴会服务质量标准与规范
组建宴会服务质量评估小组
制订宴会服务质量评估计划
审批
宴会服务质量检查与评估
配合
制定宴会服务质量改进方案
分析宴会服务质量问题
收集宴会服务质量改进意见和建议
提供改进意见和建议
制定宴会服务质量改进方案
审批
组织执行方案
执行方案
工作改进与总结
宴会服务质量改进效果评估
编制宴会服务质量改进工作总结报告
审批
结束
编修部门
签发人
签发日期

11.11.2 宴会服务质量管理执行程序、工作标准、考核指标、执行规范

<table>
<tr><th>任务名称</th><th>执行程序、工作标准与考核指标</th></tr>
<tr><td rowspan="4">宴会服务质量检查与评估</td><td>执行程序</td></tr>
<tr><td>1. 制定宴会服务质量标准与规范
客户服务质量主管根据本企业客户服务的总体目标与方针，结合客户的需求特点制定宴会服务质量标准与规范。
2. 组建宴会服务质量评估小组
客户服务质量管理专员组织建立宴会服务质量评估小组，负责对宴会服务工作进行质量检查与评估。
3. 制订宴会服务质量评估计划
宴会服务质量评估小组根据本企业客户服务工作的实际情况，围绕客户关键接触点制订宴会服务质量评估计划，并提交给客户服务质量主管审批。
4. 宴会服务质量检查与评估
宴会服务质量评估计划审批通过后，客户服务质量管理专员根据客户服务质量主管的审批意见执行宴会服务质量评估任务，检查宴会服务人员的服务工作质量。
工作重点
宴会服务质量评估计划要切实可行。</td></tr>
<tr><td>工作标准</td></tr>
<tr><td>☆组成标准：宴会服务质量评估小组成员包括组长、副组长和评估人员。
☆评估标准：制度执行能力，常规性工作及责任目标落实情况，客户问卷调查情况，部门之间服务工作配合情况，相互支持情况。</td></tr>
<tr><td rowspan="2">制定宴会服务质量改进方案</td><td>执行程序</td></tr>
<tr><td>1. 分析宴会服务质量问题
客户服务质量管理专员根据宴会服务质量检查与评估的结果，分析宴会服务工作中存在的质量问题。
2. 收集宴会服务质量改进意见和建议
客户服务质量管理专员围绕宴会服务质量问题，广泛收集客户提供的改进意见和建议。
3. 制定宴会服务质量改进方案
客户服务质量管理专员根据宴会服务工作的实际情况和客户提供的意见与建议制定宴会服务质量改进方案，并提交给客户服务质量主管审批。
工作重点
☆凡与企业宴会服务质量改进工作有关的意见和建议均应收集，具体包括宴会服务态度、宴会服务种类、宴会服务投诉、宴会服务时间等方面的意见和建议。
☆服务员要注意中餐宴会斟酒服务细节：在开席前 5 分钟将主宾的酒斟好；斟酒顺序一般按照女士优先、先宾后主的原则，逆时针斟酒；斟酒时应站在客人的右后侧，与客人保持适当距离；斟酒时，不能将瓶口对着客人；每斟完一杯酒，应将酒瓶顺时针旋转一个角度收回，避免瓶口的酒滴落在餐桌上；斟有泡沫的酒时，最好分两步完成，防止杯中的泡沫溢出。
☆服务员要注意上菜的顺序：一般按照从冷到热的顺序上菜；上菜的顺序一般遵循先女后男、先主宾后副主宾，顺时针方向逐次服务的原则；应在客人入席后或者主办方吩咐以后开始上菜，菜品从客人的左侧上，饮料从客人的右侧上；每道菜上之前先放到工作台上，将餐桌上的第一道菜摆放到主宾前或者视情况撤除，再将第二道菜摆上。</td></tr>
</table>

（续）

<table>
<tr><th>任务名称</th><th>执行程序、工作标准与考核指标</th></tr>
<tr><td rowspan="4">制定宴会服务质量改进方案</td><td>工作标准</td></tr>
<tr><td>客户服务质量管理专员依据宴会服务质量评估及宴会服务质量缺陷分析结果、员工及客户提供的宴会服务质量改进意见和建议、行业内或市场上宴会服务质量领先的企业的服务质量标准和措施来制定宴会服务质量改进方案。</td></tr>
<tr><td>考核指标</td></tr>
<tr><td>宴会服务质量改进方案制定的及时性：应在____个工作日内完成。</td></tr>
<tr><td rowspan="6">工作改进与总结</td><td>执行程序</td></tr>
<tr><td>1. 组织执行方案
宴会服务质量改进方案审批通过后，客户服务质量管理专员组织执行宴会服务质量改进工作，将具体任务和实施流程下发给宴会服务人员。
2. 宴会服务质量改进效果评估
客户服务质量管理专员对宴会服务质量改进方案的执行情况进行检查，评估宴会服务人员的服务质量改进效果。
3. 编制宴会服务质量改进工作总结报告
客户服务质量管理专员应根据评估结果编制宴会服务质量改进工作总结报告，并提交给客户服务质量主管审批。
工作重点
宴会服务质量改进工作要及时，有结果、有反馈、有记录。</td></tr>
<tr><td>工作标准</td></tr>
<tr><td>通过执行宴会服务质量改进方案，宴会服务质量得到明显改善，客户满意度明显提高。</td></tr>
<tr><td>考核指标</td></tr>
<tr><td>宴会服务质量改进工作总结报告编制的及时性：应在____个工作日内完成。</td></tr>
<tr><td colspan="2">执行规范</td></tr>
<tr><td colspan="2">“宴会服务质量标准与规范”“宴会服务质量评估计划”“宴会服务质量改进工作总结报告”“宴会服务质量改进方案”。</td></tr>
</table>

第12章 餐饮成本核算与控制管理

12.1 餐饮成本核算与控制管理流程

12.1.1 流程设计的目的

餐饮企业设计餐饮成本核算与控制管理流程的目的如下：

（1）规范餐饮成本核算与管理的相关事项，避免资金浪费，提升资金利用率；

（2）规范餐饮成本管理人员的行为，安排好餐饮成本核算与控制管理所需的人、财、物等各项资源，从而顺利开展餐饮成本管控活动。

12.1.2 流程结构设计

餐饮成本核算与控制管理包括五大事项，我们可以就每个事项设计相应的流程，即餐饮成本核算管理流程、餐饮成本控制管理流程、食材库存成本控制管理流程、酒水饮料成本控制管理流程和餐具损耗管理流程，具体如图12-1所示。

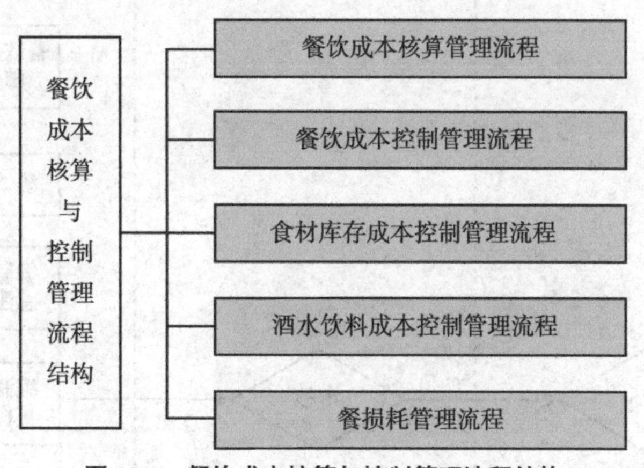
餐饮成本核算与控制管理流程结构
餐饮成本核算管理流程
餐饮成本控制管理流程
食材库存成本控制管理流程
酒水饮料成本控制管理流程
餐损耗管理流程

图12-1 餐饮成本核算与控制管理流程结构

12.2 餐饮成本核算管理流程与工作执行

12.2.1 餐饮成本核算管理流程设计

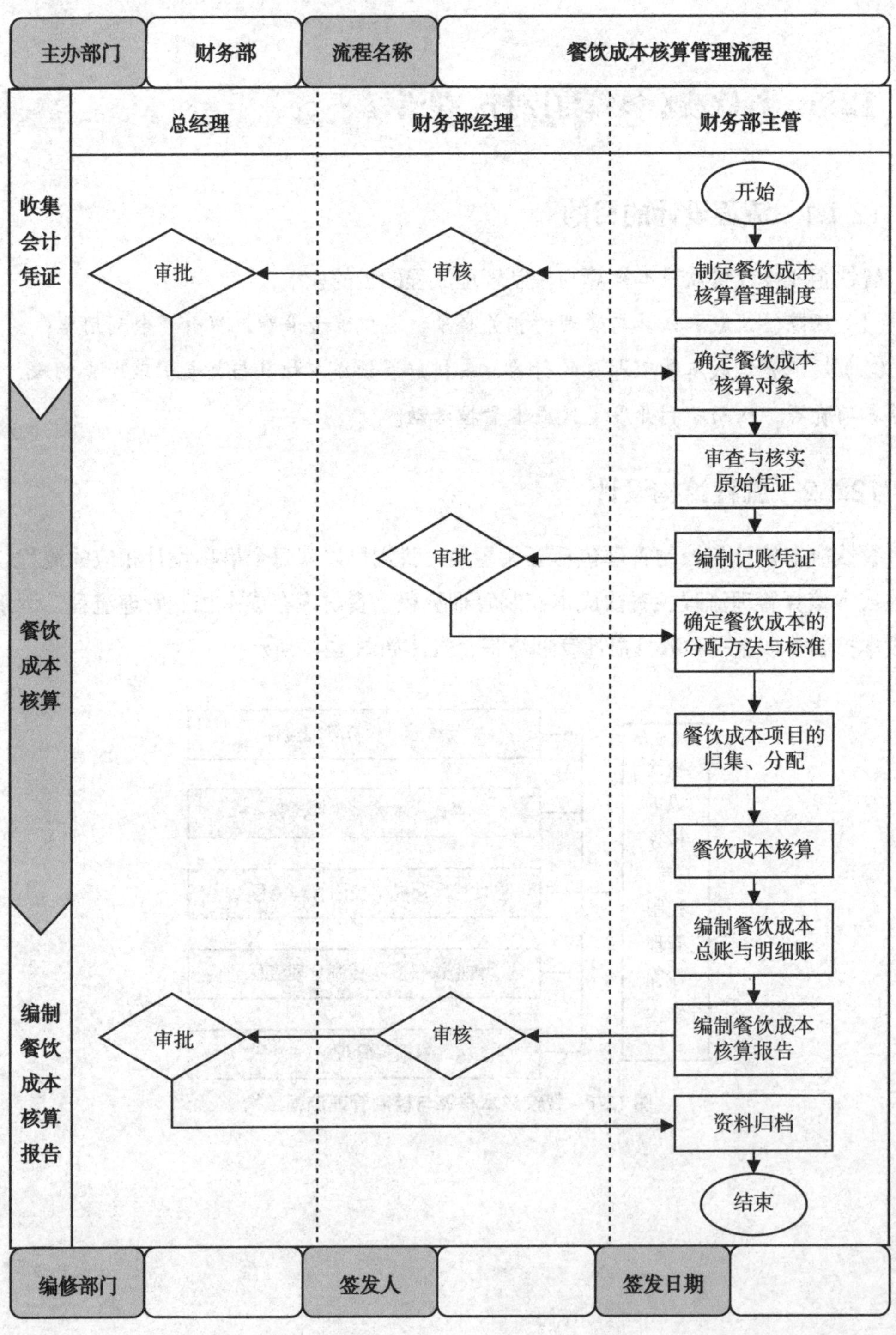

主办部门
财务部
流程名称
餐饮成本核算管理流程
总经理
财务部经理
财务部主管
收集会计凭证
餐饮成本核算
编制餐饮成本核算报告
开始
制定餐饮成本核算管理制度
审核
审批
确定餐饮成本核算对象
审查与核实原始凭证
编制记账凭证
审批
确定餐饮成本的分配方法与标准
餐饮成本项目的归集、分配
餐饮成本核算
编制餐饮成本总账与明细账
编制餐饮成本核算报告
审核
审批
资料归档
结束
编修部门
签发人
签发日期

12.2.2 餐饮成本核算管理执行程序、工作标准、考核指标、执行规范

任务名称	执行程序、工作标准与考核指标
收集会计凭证	**执行程序**
	1. 制定餐饮成本核算管理制度 财务部主管在借鉴同行业优秀企业管理经验的基础上，结合本企业的实际情况制定餐饮成本核算管理制度，并提交给财务部经理审核，之后报总经理审批。 **2. 确定餐饮成本核算对象** 餐饮成本核算管理制度审批通过后，财务部主管确定餐饮成本核算的对象。 **工作重点** 财务部主管须明确餐饮成本核算的依据。
	工作标准
	对耗用同一种原材料生产出两种以上分类产品的，应分别核算成本。
餐饮成本核算	**执行程序**
	1. 审查与核实原始凭证 财务部主管依照会计工作的相关规定，对原始凭证进行审查与核实。 **2. 编制记账凭证** ☆原始凭证审查与核实无误后，财务部主管编制记账凭证，并提交给财务部经理审批。 ☆记账凭证审批通过后，财务部主管确定餐饮成本的分配方法与标准。 **3. 餐饮成本项目的归集、分配** 财务部主管应对餐饮成本费用发生项目进行归集，在归集的过程中，要保证成本核算与实际生产经营进程的一致性。 **4. 餐饮成本核算** 财务部主管根据既定的餐饮成本核算方法，对餐饮成本进行核算。 **工作重点** 记账凭证的编制要规范。
	工作标准
	财务部主管需要对本企业自制的或外来的原始凭证进行审查与核实。
	考核指标
	☆记账凭证编制的及时性：应在____个工作日内完成。 ☆原始凭证审查与核实准确率：目标值为100%。
编制餐饮成本核算报告	**执行程序**
	1. 编制餐饮成本总账与明细账 餐饮成本核算完成后，财务部主管根据核算结果编制餐饮成本总账与明细账。 **2. 编制餐饮成本核算报告** 财务部主管应根据餐饮成本总账与明细账编制餐饮成本核算报告，并提交给财务部经理审核，之后报总经理审批。

（续）

<table>
<tr><th>任务名称</th><th>执行程序、工作标准与考核指标</th></tr>
<tr><td rowspan="5">编制餐饮成本核算报告</td><td>**3. 资料归档**
餐饮成本核算报告审批通过后，财务部主管应及时将餐饮成本核算管理过程中产生的相关资料归档。
工作重点
若餐饮成本总账与明细账不相符，财务部主管须分析具体原因，并提出解决办法。</td></tr>
<tr><td>**工作标准**</td></tr>
<tr><td>财务部主管应根据审查与核实无误的记账凭证，记入总分类账户的同时，记入同期总分类账户所属的有关各明细分类账户。</td></tr>
<tr><td>**考核指标**</td></tr>
<tr><td>餐饮成本核算报告编制的及时性：应在____个工作日内完成。</td></tr>
<tr><td colspan="2">**执行规范**</td></tr>
<tr><td colspan="2">“餐饮成本核算管理制度”“餐饮成本总账与明细账”“餐饮成本核算报告”。</td></tr>
</table>

12.3 餐饮成本控制管理流程与工作执行

12.3.1 餐饮成本控制管理流程设计

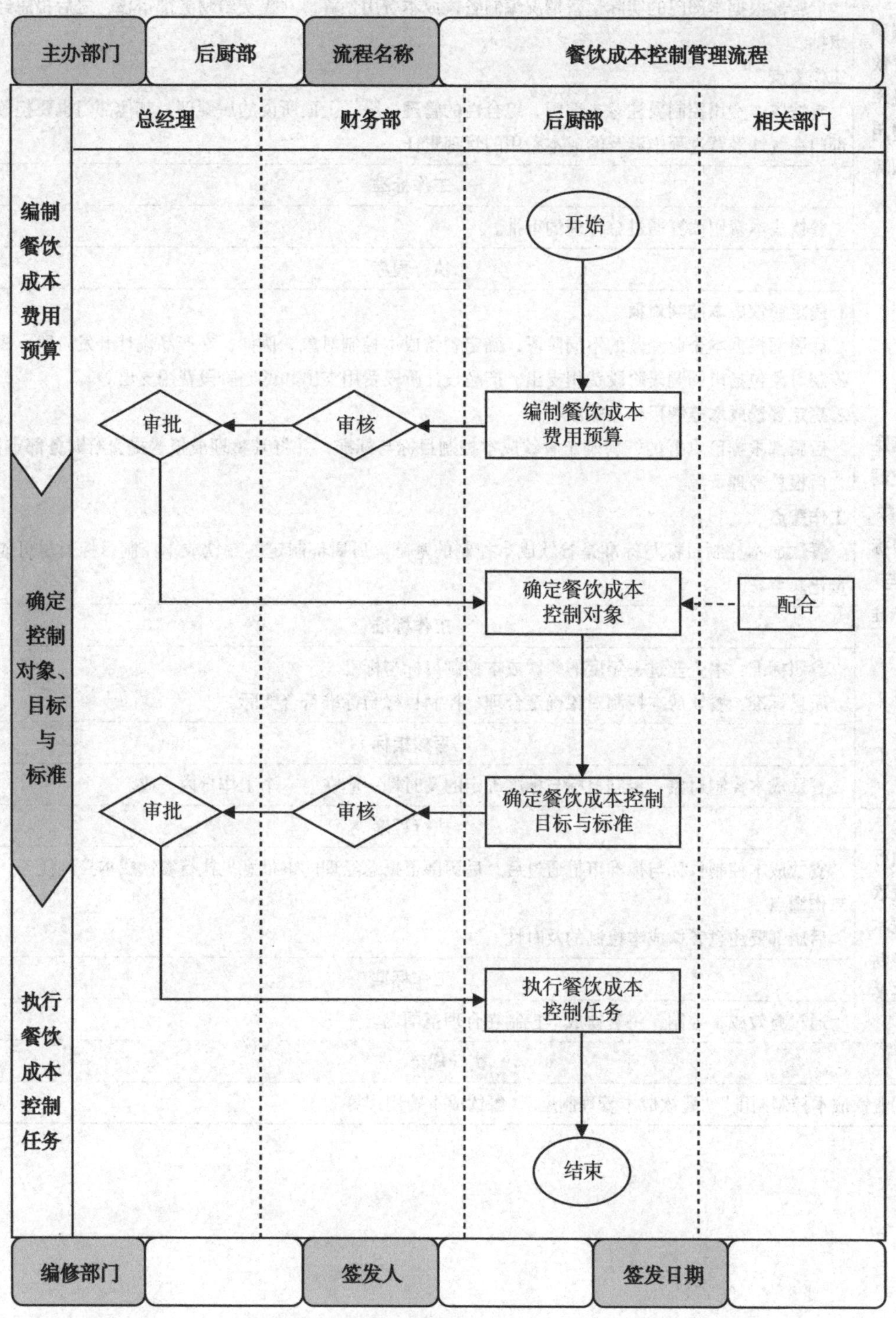
主办部门
后厨部
流程名称
餐饮成本控制管理流程
总经理
财务部
后厨部
相关部门
编制餐饮成本费用预算
确定控制对象、目标与标准
执行餐饮成本控制任务
开始
编制餐饮成本费用预算
审核
审批
确定餐饮成本控制对象
配合
确定餐饮成本控制目标与标准
审核
审批
执行餐饮成本控制任务
结束
编修部门
签发人
签发日期

12.3.2 餐饮成本控制管理执行程序、工作标准、考核指标、执行规范

任务名称	执行程序、工作标准与考核指标
编制餐饮成本费用预算	**执行程序**
	后厨部根据本部门的实际运营情况编制餐饮成本费用预算，并提交给财务部审核，之后报总经理审批。 **工作重点** 餐饮成本费用控制要注意多部门、综合性的管理。除了上面所说的后厨部，其他部门也要担负本部门在餐饮经营过程中涉及的成本费用的管理责任。
	工作标准
	餐饮成本费用预算通过总经理的审批。
确定控制对象、目标与标准	**执行程序**
	1. 确定餐饮成本控制对象 后厨部根据本企业经营的不同阶段，确定餐饮成本控制对象。例如，在产品设计开发阶段，成本控制对象包括市场调研阶段费用支出、产品设计阶段费用支出和试制阶段费用支出等。 **2. 确定餐饮成本控制目标与标准** 后厨部根据已掌握的资料确定餐饮成本控制目标与标准，并将其整理成报告提交给财务部审核，之后报总经理审批。 **工作重点** 餐饮成本控制目标与标准是餐饮成本控制的基础。后厨部制定的餐饮成本控制目标要尽可能地量化。
	工作标准
	☆参照标准：本企业过去年度的餐饮成本控制目标与标准。 ☆质量标准：餐饮成本控制对象确定合理，控制目标与标准符合实际。
	考核指标
	餐饮成本控制对象、控制目标与标准确定的及时性：应在____个工作日内完成。
执行餐饮成本控制任务	**执行程序**
	餐饮成本控制目标与标准审批通过后，后厨部根据总经理的审批意见执行餐饮成本控制任务。 **工作重点** 后厨部要注意餐饮成本控制的及时性。
	工作标准
	通过有效成本控制，将餐饮成本控制在合理范围内。
执行规范	
“餐饮成本控制制度”“餐饮成本管理制度”“餐饮成本费用预算”。	

12.4 食材库存成本控制管理流程与工作执行

12.4.1 食材库存成本控制管理流程设计

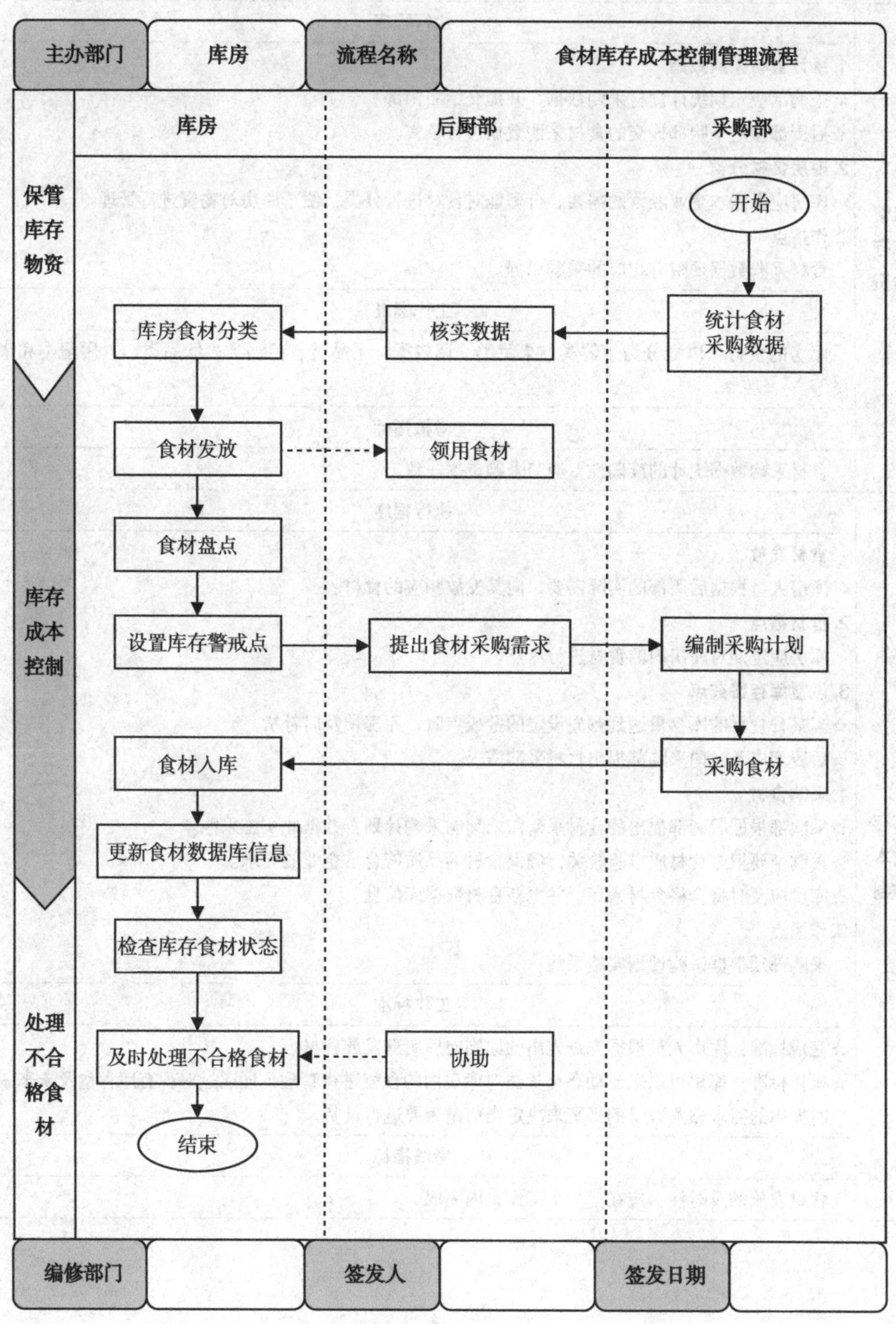

主办部门
库房
流程名称
食材库存成本控制管理流程
库房
后厨部
采购部
保管库存物资
开始
统计食材采购数据
核实数据
库房食材分类
食材发放
领用食材
食材盘点
库存成本控制
设置库存警戒点
提出食材采购需求
编制采购计划
食材入库
采购食材
更新食材数据库信息
检查库存食材状态
处理不合格食材
及时处理不合格食材
协助
结束
编修部门
签发人
签发日期

12.4.2　食材库存成本控制管理执行程序、工作标准、考核指标、执行规范

<table>
<tr><th>任务名称</th><th>执行程序、工作标准与考核指标</th></tr>
<tr><td rowspan="6">保管库存物资</td><td>执行程序</td></tr>
<tr><td>1. 统计食材采购数据
☆采购部应定期统计食材采购数据，并提交给后厨部。
☆后厨部须对采购部提交的食材采购数据进行核实。
2. 库房食材分类
库房应根据本企业经营的需要，合理地对食材进行分类，便于库房对物资进行管理。
工作重点
食材采购数据须附有相应的采购单据。</td></tr>
<tr><td>工作标准</td></tr>
<tr><td>库房的食材可以划分为生鲜类、果蔬类、调料类、干品类、粮油类、饮品类、食用菌类和坚果类等。</td></tr>
<tr><td>考核指标</td></tr>
<tr><td>食材采购数据统计的准确性：应与采购单据一致。</td></tr>
<tr><td rowspan="6">库存成本控制</td><td>执行程序</td></tr>
<tr><td>1. 食材发放
库房人员根据后厨部的实际需要，向其发放相应的食材。
2. 食材盘点
库房应定期对库房内的食材进行盘点。
3. 设置库存警戒点
☆当某种食材的库存量达到预先设定的警戒点时，库房须及时补货。
☆后厨部应及时向采购部提出食材采购需求。
4. 采购食材
☆采购部根据后厨部提出的食材采购需求编制采购计划，并据此实施采购。
☆采购部要把好食材质量验收关，确保食材的品质符合本企业的要求。
☆库房应及时将合格食材入库，并更新食材数据库信息。
工作重点
采购部须根据采购计划实施采购。</td></tr>
<tr><td>工作标准</td></tr>
<tr><td>☆完成标准：库房人员根据先进先出的原则向后厨部发放食材。
☆操作标准：库房可以采用动态补货法对库房内的食材进行管理，即通过对现有库存量及未来一定时期内的需求预测数量的平衡来决定当前是否要进行补货。</td></tr>
<tr><td>考核指标</td></tr>
<tr><td>食材发放的及时性：应在____个工作日内完成。</td></tr>
</table>

（续）

任务名称	执行程序、工作标准与考核指标
处理不合格食材	**执行程序**
	1. 检查库存食材状态 库房人员须定期检查库房内食材的状态，确保其品质完好。 **2. 及时处理不合格食材** 库房应在后厨部的协助下，及时处理废料、呆料、变质及过期的食材。 **工作重点** 库房人员要做好库房内食材的管理，尽可能地降低库存损耗。
	工作标准
	库房内食材的检查次数每月不少于____次。
执行规范	
“库存管理制度”“采购计划”“食材盘点表”。	

12.5 酒水饮料成本控制管理流程与工作执行

12.5.1 酒水饮料成本控制管理流程设计

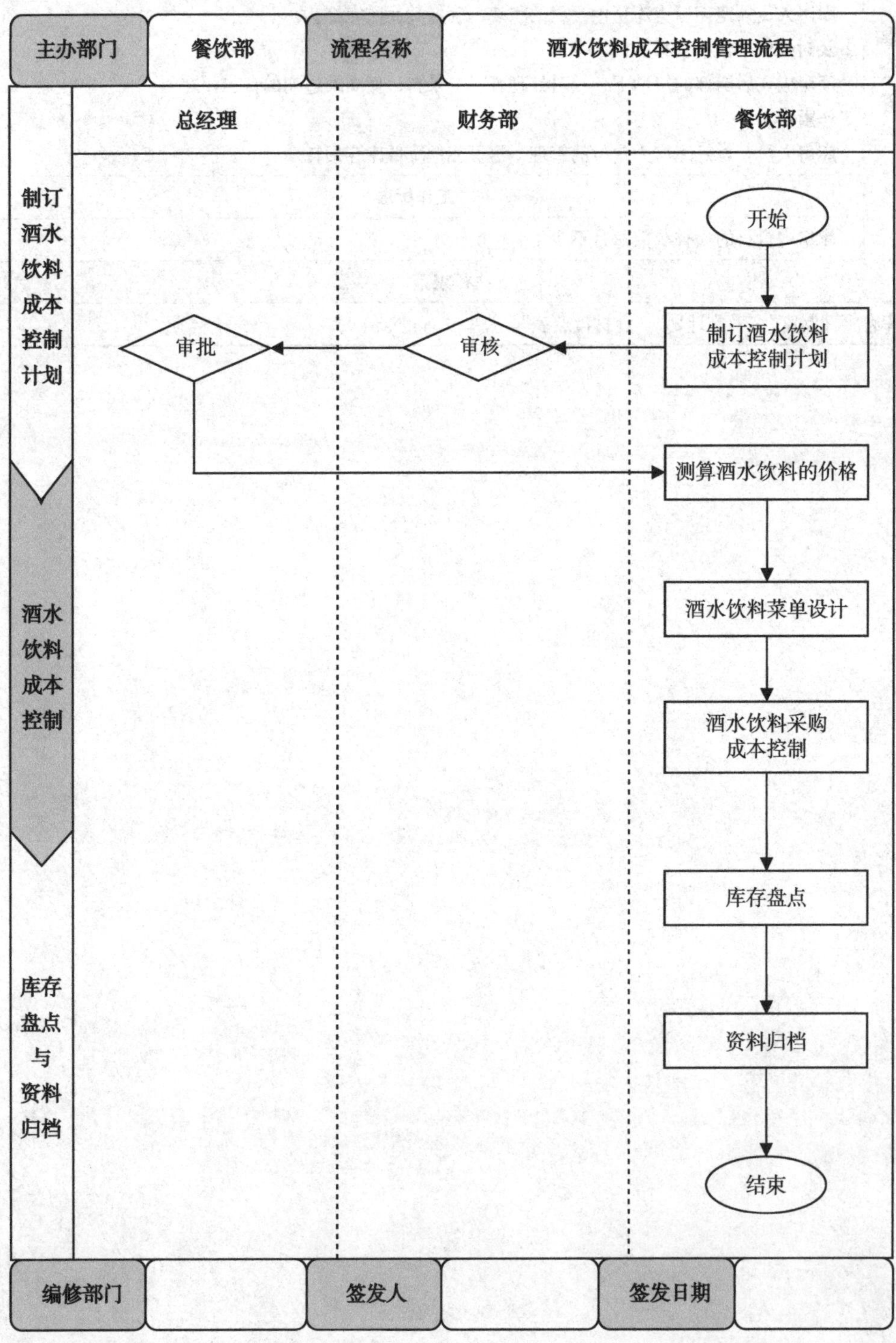

主办部门
餐饮部
流程名称
酒水饮料成本控制管理流程
总经理
财务部
餐饮部
制订酒水饮料成本控制计划
酒水饮料成本控制
库存盘点与资料归档
开始
制订酒水饮料成本控制计划
审核
审批
测算酒水饮料的价格
酒水饮料菜单设计
酒水饮料采购成本控制
库存盘点
资料归档
结束
编修部门
签发人
签发日期

12.5.2 酒水饮料成本控制管理执行程序、工作标准、考核指标、执行规范

<table>
<tr><th>任务名称</th><th>执行程序、工作标准与考核指标</th></tr>
<tr><td rowspan="4">制订酒水饮料成本控制计划</td><td>执行程序</td></tr>
<tr><td>1. 制订酒水饮料成本控制计划
餐饮部根据本企业的实际情况制订酒水饮料成本控制计划，并提交给财务部审核，之后报总经理审批。
2. 测算酒水饮料的价格
餐饮部采用合适的方法测算酒水饮料的价格。
工作重点
餐饮部须对酒水饮料的成本构成进行清晰的界定。</td></tr>
<tr><td>工作标准</td></tr>
<tr><td>酒水饮料的价格应符合当地价格主管部门的规定。</td></tr>
<tr><td rowspan="6">酒水饮料成本控制</td><td>执行程序</td></tr>
<tr><td>1. 酒水饮料菜单设计
餐饮部设计的酒水饮料菜单应达到激发顾客购买欲望的目的。
2. 酒水饮料采购成本控制
餐饮部在采购酒水饮料时，须对采购人员、采购数量和采购质量等方面进行控制。
工作重点
餐饮部员工不得在营业期间利用本企业的餐饮设施销售不属于本企业营业范围内的酒水饮料。</td></tr>
<tr><td>工作标准</td></tr>
<tr><td>☆内容标准：酒水饮料菜单的内容应包括企业名称、酒水饮料名称和酒水饮料价格等。
☆目标标准：酒水饮料的采购工作既要保证企业的经营需要，又要保持适当的存货，同时以合理的价格购入酒水饮料。</td></tr>
<tr><td>考核指标</td></tr>
<tr><td>酒水饮料菜单设计合理。</td></tr>
<tr><td rowspan="6">库存盘点与资料归档</td><td>执行程序</td></tr>
<tr><td>1. 库存盘点
每天营业结束后，餐饮部人员须对当日所消耗的酒水饮料进行统计，并盘点库存。
2. 资料归档
库存盘点结束后，餐饮部人员应及时将酒水饮料成本控制管理过程中产生的相关资料归档。
工作重点
餐饮部人员在盘点库存时，应当审核当日酒水饮料的营业收入是否与点酒单的单据数目一致。</td></tr>
<tr><td>工作标准</td></tr>
<tr><td>餐饮部人员应及时将在库存盘点过程中发现的问题及时上报主管领导。</td></tr>
<tr><td>考核指标</td></tr>
<tr><td>库存盘点的及时性：应在____小时内完成。</td></tr>
<tr><td colspan="2">执行规范</td></tr>
<tr><td colspan="2">“酒水饮料成本控制计划”“酒水饮料盘存表”。</td></tr>
</table>

12.6 餐具损耗管理流程设计与工作执行

12.6.1 餐具损耗管理流程设计

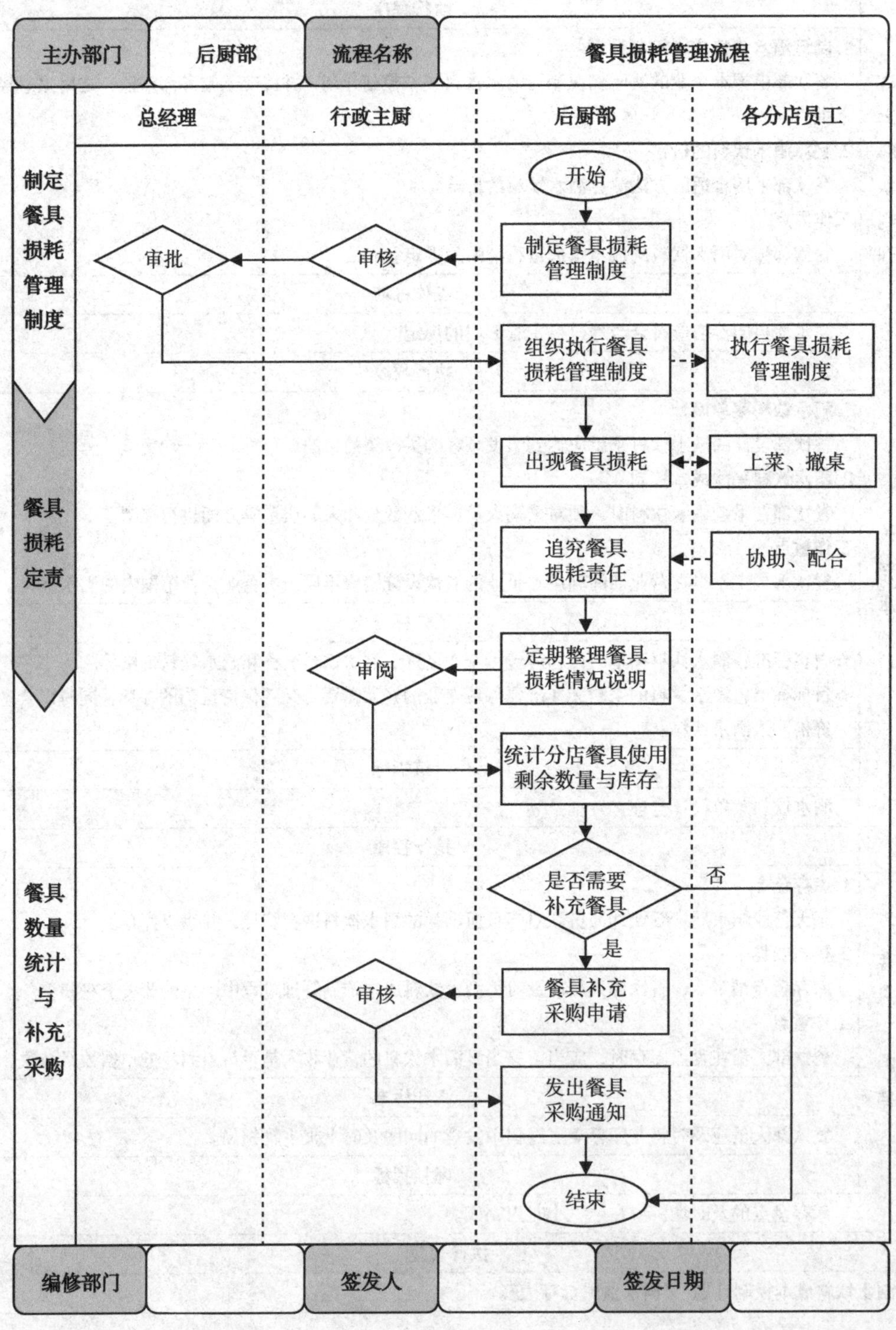
主办部门
后厨部
流程名称
餐具损耗管理流程
总经理
行政主厨
后厨部
各分店员工
制定餐具损耗管理制度
餐具损耗定责
餐具数量统计与补充采购
开始
制定餐具损耗管理制度
审核
审批
组织执行餐具损耗管理制度
执行餐具损耗管理制度
出现餐具损耗
上菜、撤桌
追究餐具损耗责任
协助、配合
定期整理餐具损耗情况说明
审阅
统计分店餐具使用剩余数量与库存
是否需要补充餐具
否
是
餐具补充采购申请
审核
发出餐具采购通知
结束
编修部门
签发人
签发日期

12.6.2 餐具损耗管理执行程序、工作标准、考核指标、执行规范

任务名称	执行程序、工作标准与考核指标
制定餐具损耗管理制度	**执行程序**
	☆后厨部根据本企业的管理要求，结合日常经营实际情况制定餐具损耗管理制度，并提交给行政主厨审核，之后报总经理审批。 ☆餐具损耗管理制度审批通过后，后厨部组织执行制度。 **工作重点** 后厨部在制定餐具损耗管理制度时，应切实考虑到餐具损耗情况的合理性和餐具损耗管理的科学性。
	工作标准
	☆质量标准：餐具损耗管理制度符合本企业实际。 ☆时间标准：后厨部应在____个工作日内完成餐具损耗管理制度的制定工作。
	考核指标
	餐具损耗管理制度应一次性审批通过。
餐具损耗定责	**执行程序**
	1. 出现餐具损耗 企业提供餐饮服务，后厨部制作食品饮料，各分店员工正常上菜、撤桌，期间会出现餐具损耗。 **2. 追究餐具损耗责任** 后厨部应根据实际情况，追究餐具损耗责任。 **3. 定期整理餐具损耗情况说明** 后厨部应定期对餐具损耗情况进行整理，并将其形成餐具损耗说明提交给行政主厨审阅。 **工作重点** 当餐具损耗的责任人是顾客时，后厨部应按照本企业的相关规定进行处理。
	工作标准
	☆质量标准：餐具损耗定责过程客观公正、程序清晰明确、结果准确无误。 ☆时间标准：后厨部应在餐具损耗情况发生后____小时内完成定责追究工作。
	考核指标
	餐具损耗定责准确率：目标值为100%。
餐具数量统计与补充采购	**执行程序**
	1. 统计分店餐具使用剩余数量与库存 ☆后厨部应对各分店的实际使用餐具数量进行整理、统计，并汇总库存数量。 ☆后厨部根据各分店的餐具现有数量，判定是否需要补充餐具。 **2. 餐具补充采购申请** 针对需要补充餐具的分店，后厨部应填写餐具补充采购申请表，并提交给行政主厨审核。 **3. 发出餐具采购通知** 餐具补充采购申请表审批通过后，后厨部应及时向相关部门发出餐具采购通知。 **工作重点** 后厨部应按照本企业餐具管理制度的要求，及时补充餐具，避免因餐具采购不及时而影响餐饮服务的提供。

（续）

任务名称	执行程序、工作标准与考核指标
餐具数量统计与补充采购	工作标准
	☆内容标准：餐具数量统计的内容包括现有使用餐具、破损餐具和库存餐具等。 ☆时间标准：后厨部应在____个工作日内完成餐具补充采购申请表的填写工作。
	考核指标
	☆餐具数量统计准确率：目标值为100%。 ☆餐具采购及时率：应达到____%。
执行规范	
"餐具损耗管理制度""餐具损耗情况说明""餐具补充采购申请表""餐具管理制度"。	

第13章 餐饮分店选址与连锁经营管理

13.1 餐饮分店选址与连锁经营管理流程

13.1.1 流程设计的目的

餐饮企业设计餐饮分店选址与连锁经营管理流程的目的如下：

（1）促进餐饮分店的规范化、模式化，加快餐饮业务的扩张速度；

（2）避免盲目扩张带来的成本浪费，合理、严谨地开设餐饮分店有助于提高餐饮企业的经营利润；

（3）提高餐饮企业连锁经营的管理水平，在稳步发展的前提下保证餐饮业务的服务质量。

13.1.2 流程结构设计

餐饮分店选址与连锁经营管理包括六大事项，我们可以就每个事项设计相应的流程，即餐饮分店选址管理流程、餐饮分店租赁管理流程、餐饮分店装修管理流程、餐饮分店开业管理流程、连销经营招募管理流程和连销经营统一配送管理流程，具体如图13-1所示。

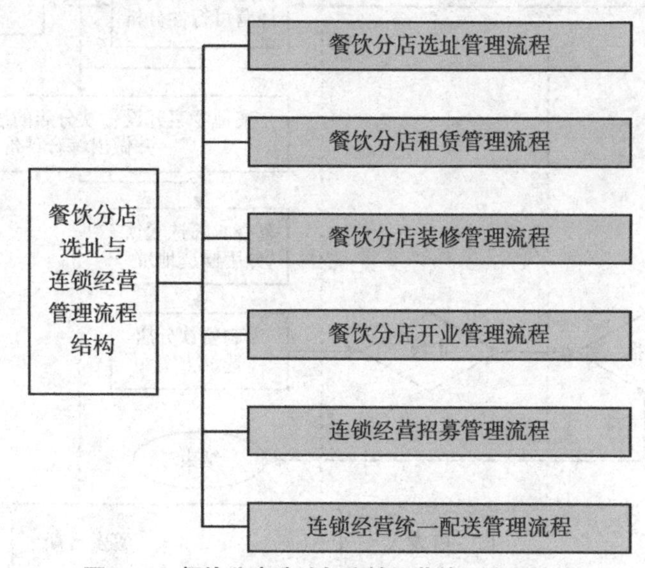
餐饮分店选址与连锁经营管理流程结构
餐饮分店选址管理流程
餐饮分店租赁管理流程
餐饮分店装修管理流程
餐饮分店开业管理流程
连锁经营招募管理流程
连锁经营统一配送管理流程

图13-1 餐饮分店选址与连锁经营管理流程结构

13.2 餐饮分店选址管理流程设计与工作执行

13.2.1 餐饮分店选址管理流程设计

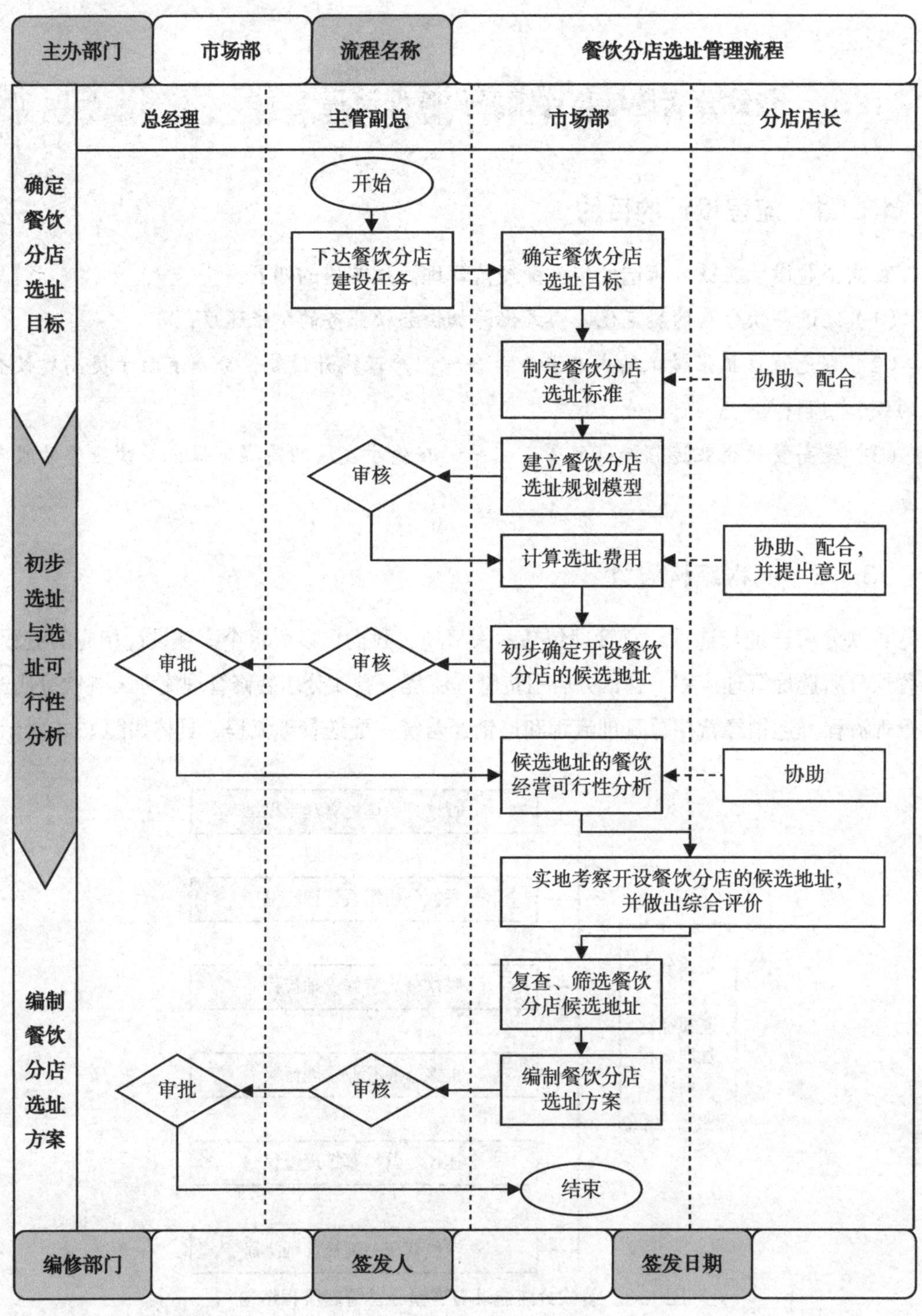

主办部门
市场部
流程名称
餐饮分店选址管理流程
总经理
主管副总
市场部
分店店长
确定餐饮分店选址目标
初步选址与选址可行性分析
编制餐饮分店选址方案
开始
下达餐饮分店建设任务
确定餐饮分店选址目标
制定餐饮分店选址标准
协助、配合
建立餐饮分店选址规划模型
审核
计算选址费用
协助、配合，并提出意见
审批
审核
初步确定开设餐饮分店的候选地址
候选地址的餐饮经营可行性分析
协助
实地考察开设餐饮分店的候选地址，并做出综合评价
复查、筛选餐饮分店候选地址
审批
审核
编制餐饮分店选址方案
结束
编修部门
签发人
签发日期

13.2.2 餐饮分店选址管理执行程序、工作标准、考核指标、执行规范

<table>
<tr><th>任务名称</th><th>执行程序、工作标准与考核指标</th></tr>
<tr><td rowspan="6">确定餐饮分店选址目标</td><td>执行程序</td></tr>
<tr><td>1. 确定餐饮分店选址目标
☆主管副总根据本企业餐饮经营扩张战略的要求，向市场部下达分店建设任务。
☆市场部按照本企业连锁经营管理制度的规定，结合本企业的发展目标确定餐饮分店选址的具体目标。
2. 制定餐饮分店选址标准
☆市场部根据分店选址所在地区的实际情况，制定餐饮分店选址标准。
☆分店店长要协助、配合市场部人员制定餐饮分店选址标准。
工作重点
市场部人员应全面考察餐饮分店选址城市的具体情况，要把握经济、文化中心位置和关键地区。</td></tr>
<tr><td>工作标准</td></tr>
<tr><td>☆内容标准：餐饮分店选址标准包括交通状况、人流大小、区位优势等。
☆质量标准：餐饮分店选址标准清晰明确。</td></tr>
<tr><td>考核指标</td></tr>
<tr><td>餐饮分店选址标准制定的及时性：应在____个工作日内完成。</td></tr>
<tr><td rowspan="6">初步选址与选址可行性分析</td><td>执行程序</td></tr>
<tr><td>1. 建立餐饮分店选址规划模型
市场部应建立餐饮分店选址规划模型，并将其形成可视方案提交给主管副总审核。
2. 计算选址费用
☆餐饮分店选址规划模型审核通过后，市场部根据主管副总的审核意见修改模型，并计算选址费用。
☆分店店长根据工作经验向市场部提出选址费用的意见，并协助、配合市场部计算选址费用。
3. 初步确定开设餐饮分店的候选地址
市场部将分店选址费用计算结果与正式的分店选址规划模型结合，据此初步确定餐饮分店开设的候选地址，并将其整理成报告提交给主管副总审核，之后报总经理审批。
4. 候选地址的餐饮经营可行性分析
餐饮分店开设候选地址审批通过后，市场部在分店店长的协助下对候选地址的餐饮经营可行性进行分析。
工作重点
市场部要全面了解同行业企业的餐饮分店开设成功与失败案例，汲取经验教训，确保可行性分析的有效性。</td></tr>
<tr><td>工作标准</td></tr>
<tr><td>☆内容标准：选址费用计算的内容包括租金或不动产费用、过户费、契税等主要费用。
☆质量标准：餐饮经营可行性分析不少于 3 次。</td></tr>
<tr><td>考核指标</td></tr>
<tr><td>选址费用计算准确率：应达到 100%。</td></tr>
</table>

（续）

<table>
<tr><th>任务名称</th><th>执行程序、工作标准与考核指标</th></tr>
<tr><td rowspan="6">编制餐饮分店选址方案</td><td>执行程序</td></tr>
<tr><td>1. 实地考察开设餐饮分店的候选地址，并做出综合评价
市场部人员与分店店长应实地考察分店开设的候选地址，对比可行性分析结果，综合评价候选地址的实际价值。
2. 复查、筛选餐饮分店候选地址
市场部根据综合评价结果对分店开设候选地址进行复查，筛选出符合要求的候选地址。
3. 编制餐饮分店选址方案
市场部围绕复查、筛选后的分店候选地址编制餐饮分店选址方案，并提交给主管副总审核，之后报总经理审批。
工作重点
☆市场部人员与分店店长在实地考察分店候选地址时，要结合餐饮业经营的特点。
☆餐饮分店选址方案应包括分店候选地址的所有关键信息。</td></tr>
<tr><td>工作标准</td></tr>
<tr><td>市场部应在复查、筛选后____个工作日内完成餐饮分店选址方案的编制工作。</td></tr>
<tr><td>考核指标</td></tr>
<tr><td>☆实地考察项目完成率，其计算公式如下：
$$实地考察项目完成率=\frac{已完成的实地考察项目数}{应完成的实地考察项目数}\times 100\%$$
☆餐饮分店选址方案应一次性审批通过。</td></tr>
<tr><td colspan="2">执行规范</td></tr>
<tr><td colspan="2">“餐饮经营扩张战略”“餐饮经营可行性分析报告”“餐饮分店选址方案”。</td></tr>
</table>

13.3 餐饮分店租赁管理流程设计与工作执行

13.3.1 餐饮分店租赁管理流程设计

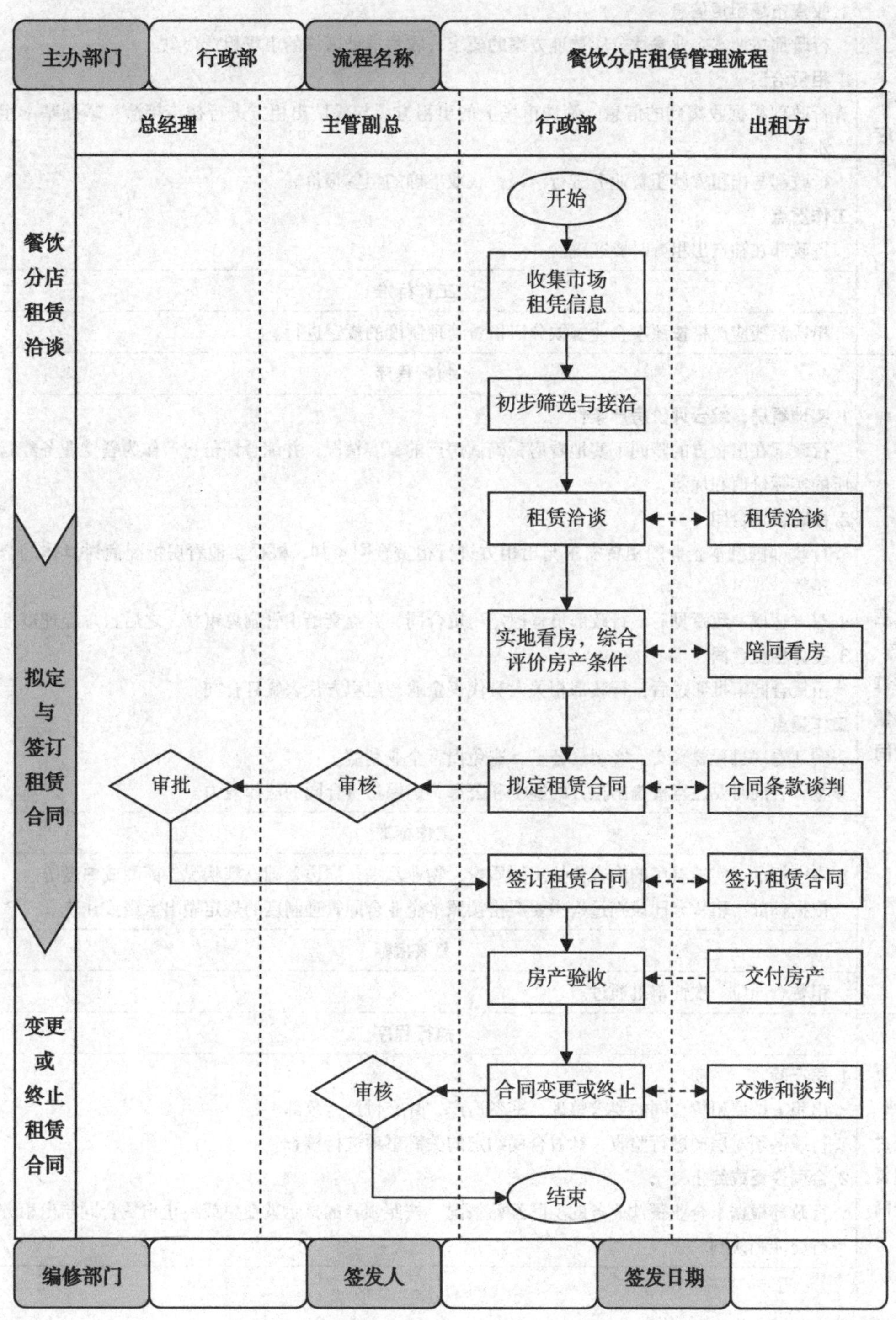

主办部门
行政部
流程名称
餐饮分店租赁管理流程
总经理
主管副总
行政部
出租方
餐饮分店租赁洽谈
拟定与签订租赁合同
变更或终止租赁合同
开始
收集市场租凭信息
初步筛选与接洽
租赁洽谈
租赁洽谈
实地看房，综合评价房产条件
陪同看房
审批
审核
拟定租赁合同
合同条款谈判
签订租赁合同
签订租赁合同
房产验收
交付房产
审核
合同变更或终止
交涉和谈判
结束
编修部门
签发人
签发日期

13.3.2 餐饮分店租赁管理执行程序、工作标准、考核指标、执行规范

任务名称	执行程序、工作标准与考核指标
餐饮分店租赁洽谈	**执行程序**
	1. 收集市场租赁信息 行政部按照本企业餐饮分店选址方案的要求，收集选址区域的市场租赁信息。 **2. 租赁洽谈** ☆行政部根据收集到的信息，筛选市场上的出租方，与优质出租方进行初步接洽，掌握基本租金水平。 ☆行政部与出租方就租赁业务进行洽谈，获取准确的租赁报价。 **工作重点** 行政部在筛选出租方时要客观。
	工作标准
	租赁洽淡应严格按照本企业餐饮分店租赁管理制度的规定进行。
拟定与签订租赁合同	**执行程序**
	1. 实地看房，综合评价房产条件 行政部在出租方的陪同下实地看房，确认房产的真实情况，并综合评价房产作为餐饮业务经营场所的实际价值和优势。 **2. 拟定租赁合同** ☆行政部围绕本企业的租赁需求与出租方进行租赁合同谈判，根据实地看房情况商讨具体的合同条款。 ☆双方达成一致意见后，行政部负责拟定租赁合同，并提交给主管副总审核，之后报总经理审批。 **3. 签订租赁合同** 租赁合同审批通过后，行政部相关人员代表企业与出租方代表签订合同。 **工作重点** ☆实地看房过程要真实、客观、公正，避免损害企业利益。 ☆签订合同时要注意检查出租方的签字和公章，确保租赁合同的法律效力。
	工作标准
	☆内容标准：实地看房的内容包括房屋质量、物业水平、周边基础设施状况、商圈成熟度等。 ☆依据标准：租赁合同谈判过程中要严格按照本企业合同管理制度的规定做出承诺或让步。
	考核指标
	租赁合同应一次性审批通过。
变更或终止租赁合同	**执行程序**
	1. 房产验收 ☆出租方按照租赁合同的要求整理、准备房产，并交付给行政部。 ☆行政部须对房产进行验收，针对合同约定的关键事项进行核查。 **2. 合同变更或终止** ☆行政部根据本企业餐饮业务的实际经营情况，按照领导的指示就变更或终止租赁合同与出租方进行交涉和谈判。

（续）

任务名称	执行程序、工作标准与考核指标
变更或终止租赁合同	☆行政部根据交涉和谈判结果形成租赁合同变更或终止的情况说明，并提交给主管副总审核。 **工作重点** ☆房产验收应按照租赁合同的约定逐条进行。 ☆租赁合同的变更或终止应符合国家相关法律法规的规定。
	工作标准
	房产验收结果准确无误、真实有效，切实保障企业的利益。
	考核指标
	房产验收的及时性：应在____个工作日内完成。
执行规范	
“餐饮分店租赁管理制度”“房产综合评价说明”“房产验收报告”“租赁合同”。	

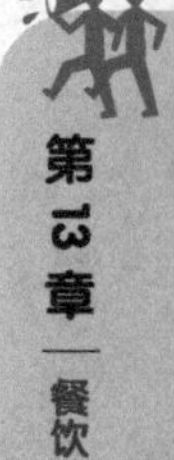

13.4 餐饮分店装修管理流程设计与工作执行

13.4.1 餐饮分店装修管理流程设计

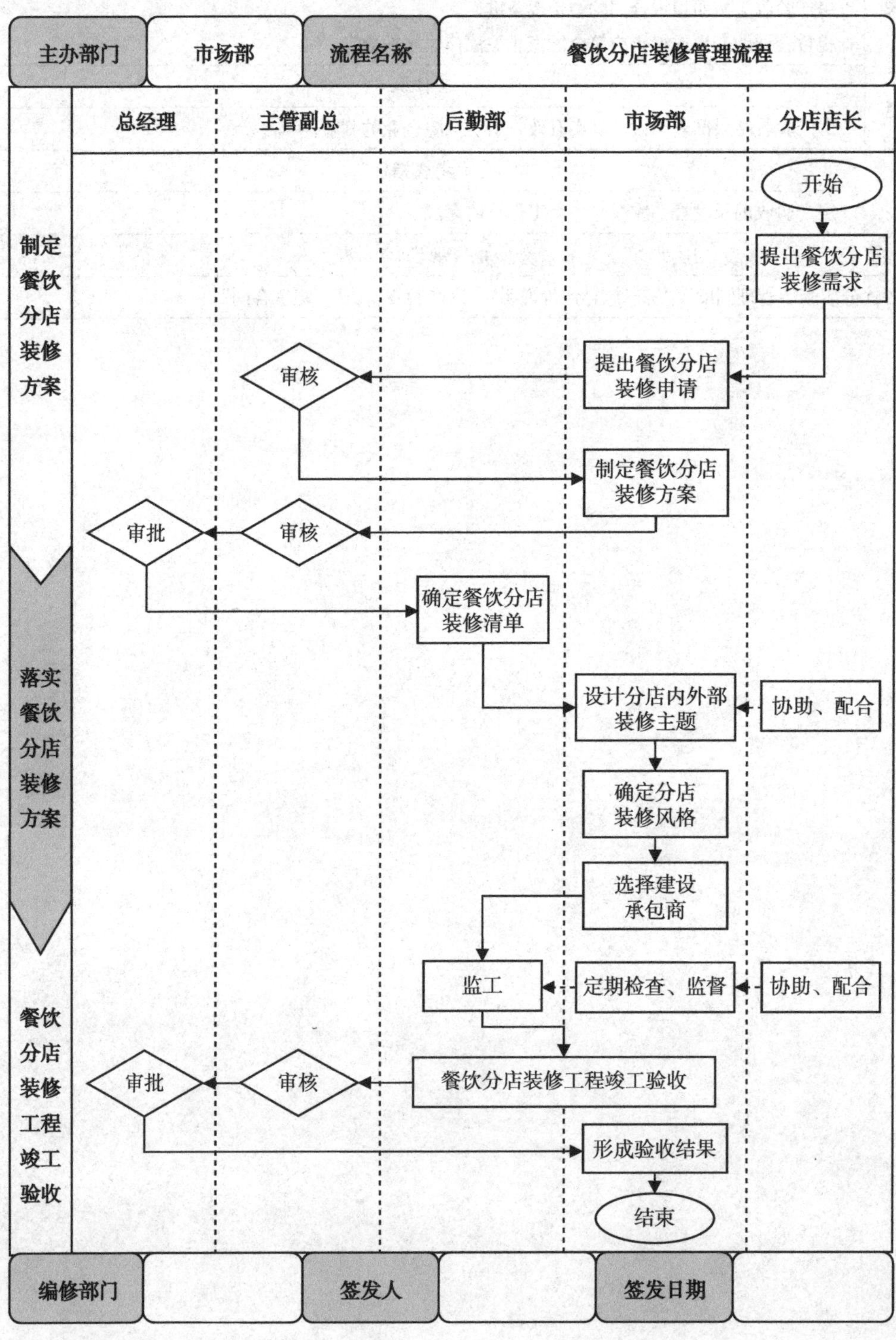
主办部门
市场部
流程名称
餐饮分店装修管理流程
总经理
主管副总
后勤部
市场部
分店店长
制定餐饮分店装修方案
落实餐饮分店装修方案
餐饮分店装修工程竣工验收
开始
提出餐饮分店装修需求
提出餐饮分店装修申请
审核
制定餐饮分店装修方案
审批
审核
确定餐饮分店装修清单
设计分店内外部装修主题
协助、配合
确定分店装修风格
选择建设承包商
监工
定期检查、监督
协助、配合
餐饮分店装修工程竣工验收
审批
审核
形成验收结果
结束
编修部门
签发人
签发日期

13.4.2 餐饮分店装修管理执行程序、工作标准、考核指标、执行规范

任务名称	执行程序、工作标准与考核指标
制定餐饮分店装修方案	**执行程序**
	1. 提出餐饮分店装修需求 分店店长根据本店餐饮业务扩张的发展规划与各餐饮分店的装修需求，提出餐饮分店装修需求。 **2. 提出餐饮分店装修申请** 市场部应汇总各餐饮分店的装修需求，并向主管副总提出餐饮分店装修申请。 **3. 制定餐饮分店装修方案** 餐饮分店装修申请审批通过后，市场部编制餐饮分店装修方案，并提交给主管副总审核，之后报总经理审批。 **工作重点** 市场部应分开汇总各餐饮分店的装修需求，因为新店开设和旧店翻新的装修需求有所不同。
	工作标准
	市场部应在____个工作日内完成餐饮分店装修方案的制定工作。
	考核指标
	餐饮分店装修方案应一次性审批通过。
落实餐饮分店装修方案	**执行程序**
	1. 确定餐饮分店装修清单 餐饮分店装修方案审批通过后，后勤部据此确定各区域内的分店装修清单，并安排装修日程。 **2. 设计分店内外部装修主题** ☆市场部应设计餐饮分店的内部主题氛围和外部店面环境。 ☆分店店长要协助、配合市场部工作。 **3. 确定分店装修风格** 市场部根据本企业餐饮分店连锁管理制度的要求，围绕独特的主题设计具备统一要素的装修风格。 **4. 选择建设承包商** 市场部应调查市场上的装修项目承建商，选择合适的建设承包商。 **工作重点** 各餐饮分店要保持一致的装修风格。
	工作标准
	☆完成标准：餐饮分店的装修风格符合本企业餐饮分店连锁管理制度的要求。 ☆质量标准：建设承包商的选择公正、公开。
餐饮分店装修工程竣工验收	**执行程序**
	1. 监工 ☆后勤部应监督工程进度和质量。 ☆市场部应定期对餐饮分店装修项目进行检查、监督。 ☆分店店长要协助、配合后勤部工作。 **2. 餐饮分店装修工程竣工验收** 餐饮分店装修完成后，市场部协同后勤部对餐饮分店装修工程进行竣工验收，编制工程验收报告，并提交给主管副总审核，之后报总经理审批。

（续）

<table>
<tr><th>任务名称</th><th>执行程序、工作标准与考核指标</th></tr>
<tr><td rowspan="5">餐饮分店装修工程竣工验收</td><td>3. 形成验收结果
餐饮分店装修工程验收报告审批通过后，市场部形成正式的验收结果。
工作重点
后勤部应实时跟进餐饮分店装修项目进度。</td></tr>
<tr><td>工作标准</td></tr>
<tr><td>市场部和后勤部应在____个工作日内完成餐饮分店装修工程的竣工验收工作。</td></tr>
<tr><td>考核指标</td></tr>
<tr><td>餐饮分店装修工程验收报告应一次性审批通过。</td></tr>
<tr><th colspan="2">执行规范</th></tr>
<tr><td colspan="2">“餐饮分店装修方案”“餐饮分店装修承包管理制度”“餐饮分店装修工程验收管理规定”“餐饮分店连锁管理制度”“餐饮分店装修工程验收报告”。</td></tr>
</table>

13.5 餐饮分店开业管理流程设计与工作执行

13.5.1 餐饮分店开业管理流程设计

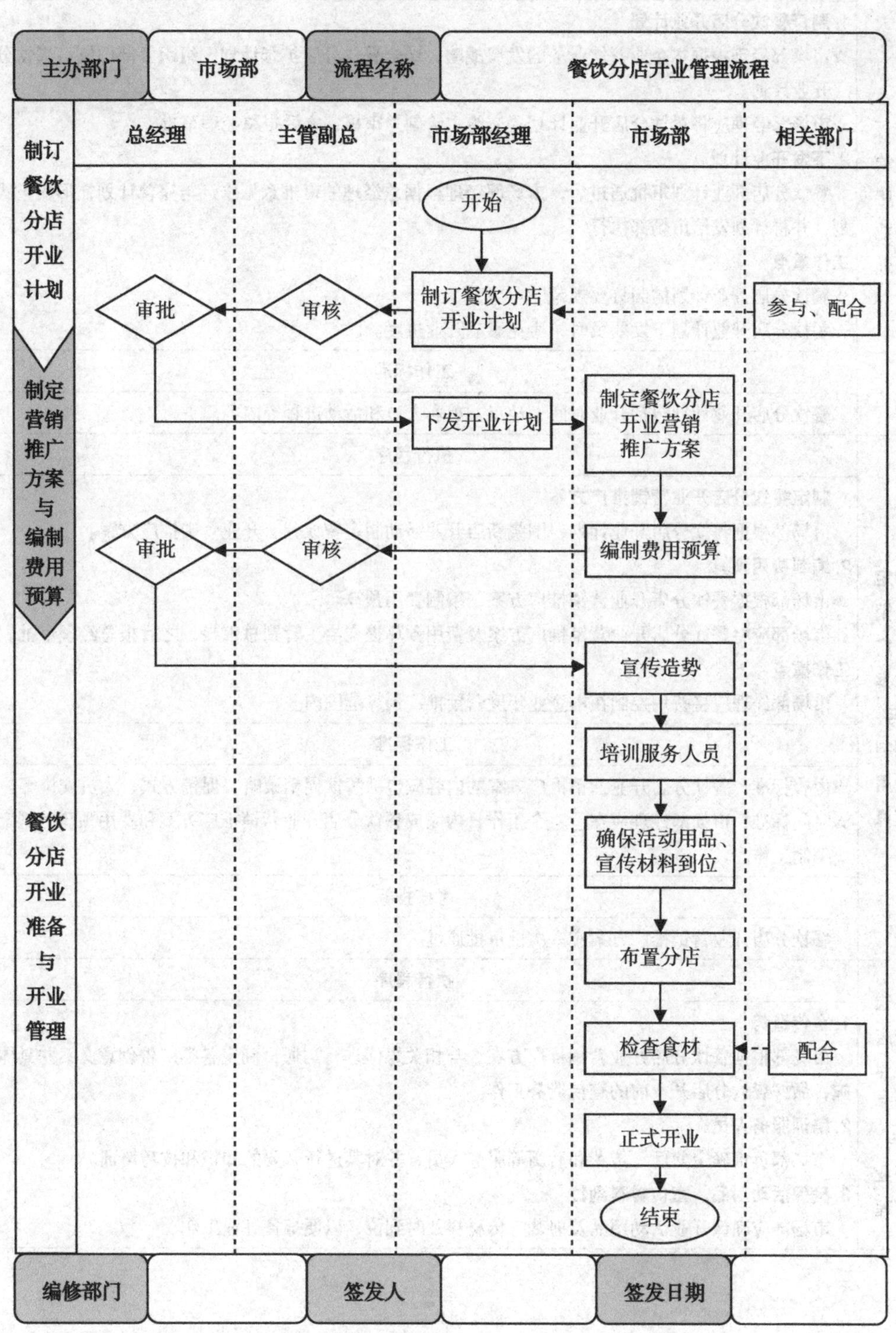

主办部门
市场部
流程名称
餐饮分店开业管理流程
总经理
主管副总
市场部经理
市场部
相关部门
制订餐饮分店开业计划
制定营销推广方案与编制费用预算
餐饮分店开业准备与开业管理
开始
制订餐饮分店开业计划
审核
审批
参与、配合
下发开业计划
制定餐饮分店开业营销推广方案
编制费用预算
审核
审批
宣传造势
培训服务人员
确保活动用品、宣传材料到位
布置分店
检查食材
配合
正式开业
结束
编修部门
签发人
签发日期

13.5.2 餐饮分店开业管理执行程序、工作标准、考核指标、执行规范

任务名称	执行程序、工作标准与考核指标
制订餐饮分店开业计划	**执行程序**
	1. 制订餐饮分店开业计划 ☆市场部经理根据本企业餐饮业务的发展战略，结合餐饮分店扩张计划，组织各部门制订餐饮分店开业计划。 ☆市场部经理应将餐饮分店开业计划提交给主管副总审核，之后报总经理审批。 **2. 下发开业计划** 餐饮分店开业计划审批通过后，市场部经理根据总经理的审批意见修订与完善计划，形成正式计划，并将计划发给市场部执行。 **工作重点** ☆餐饮分店开业计划的制订要规范。 ☆餐饮分店开业计划下发要及时，避免影响开业进度。
	工作标准
	餐饮分店开业计划包括开业时间、地点、剪彩人员和活动进程等内容。
制定营销推广方案与编制费用预算	**执行程序**
	1. 制定餐饮分店开业营销推广方案 市场部根据餐饮分店开业计划，围绕新店开业活动制定餐饮分店开业营销推广方案。 **2. 编制费用预算** ☆市场部根据餐饮分店开业营销推广方案，编制费用预算。 ☆市场部应将餐饮分店开业营销推广方案及费用预算提交给主管副总审核，之后报总经理审批。 **工作重点** 市场部经理应将费用控制在本企业年度营销推广预算范围内。
	工作标准
	☆内容标准：餐饮分店开业营销推广方案的内容应包括餐饮促销策略、促销方式、人员安排等。 ☆时间标准：市场部经理应在____个工作日内完成餐饮分店开业营销推广方案和费用预算的制定与编制工作。
	考核指标
	餐饮分店开业营销推广方案应一次性审批通过。
餐饮分店开业准备与开业管理	**执行程序**
	1. 宣传造势 市场部根据餐饮分店开业营销推广方案，与相关媒体进行沟通，确定各类广告创意文案并具体实施，做好餐饮分店开业前的宣传造势工作。 **2. 培训服务人员** 市场部负责确定前厅、传菜和后厨等服务人员，并对其进行必要的知识和技巧培训。 **3. 确保活动用品、宣传材料到位** 市场部应确保开业活动用品及剪裁宣传材料及时到位，以便筹备开业工作。

（续）

<table>
<tr><th>任务名称</th><th>执行程序、工作标准与考核指标</th></tr>
<tr><td rowspan="3">餐饮分店开业准备与开业管理</td><td>4. 布置分店
市场部组织相关人员对分店进行内外部布置，以引起消费者的注意。
5. 检查食材
市场部在相关部门的配合下，保证食材及时到位并保持一定的库存水平，避免新店开业客流量过大时出现食材短缺的情况。
工作重点
餐饮分店开业前各项准备工作应稳步开展，确保餐饮分店按计划正常开业。</td></tr>
<tr><td>工作标准</td></tr>
<tr><td>☆质量标准：餐饮分店开业各项准备工作高效完成。
☆考核标准：餐饮分店开业各项准备工作按时完成率不低于____%。</td></tr>
<tr><td colspan="2">执行规范</td></tr>
<tr><td colspan="2">“餐饮分店开业计划”“餐饮分店开业营销推广方案”“餐饮分店开业推广费用预算”。</td></tr>
</table>

13.6 连锁经营招募管理流程设计与工作执行

13.6.1 连锁经营招募管理流程设计

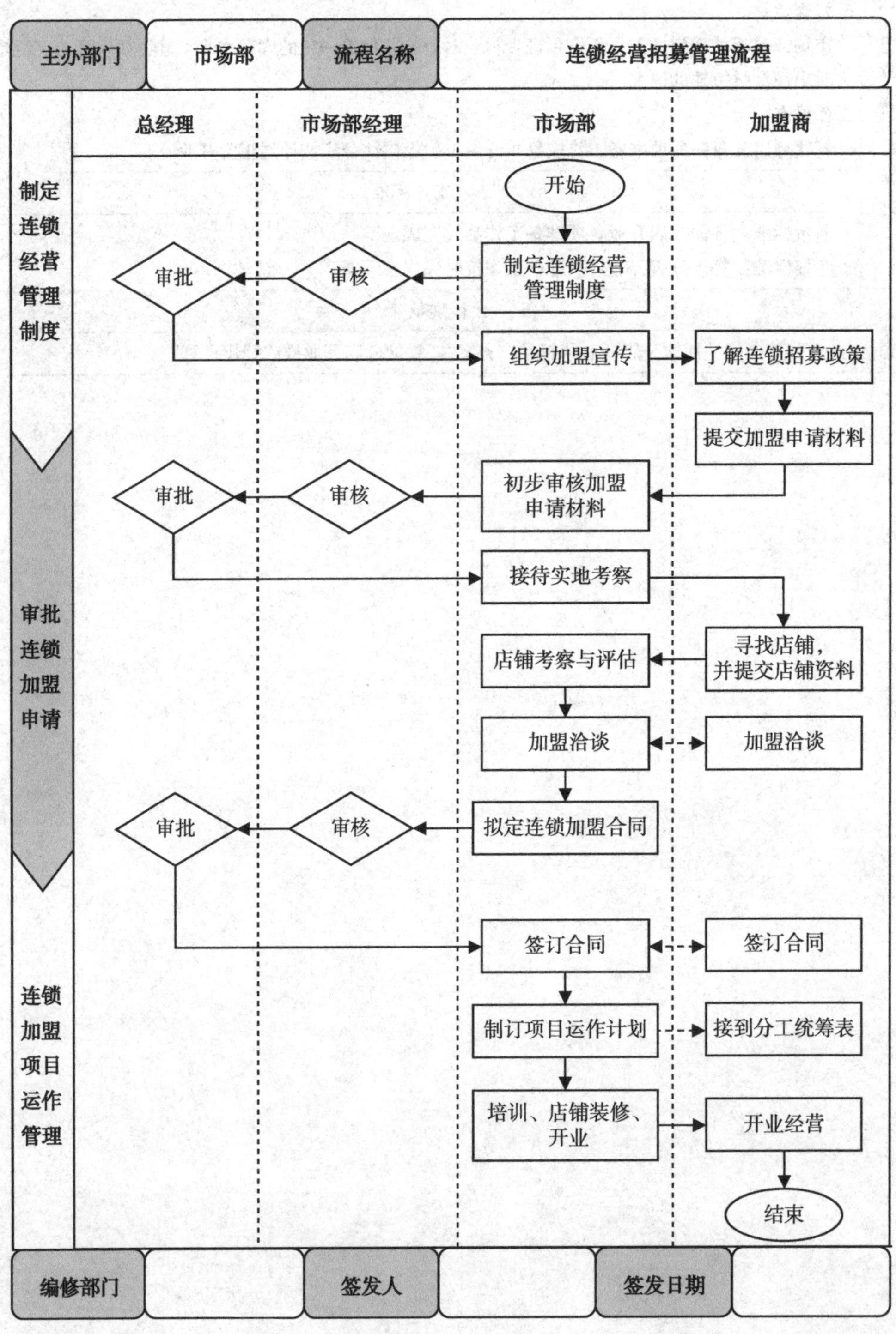
主办部门
市场部
流程名称
连锁经营招募管理流程
总经理
市场部经理
市场部
加盟商
制定连锁经营管理制度
开始
审批
审核
制定连锁经营管理制度
组织加盟宣传
了解连锁招募政策
提交加盟申请材料
审批连锁加盟申请
审批
审核
初步审核加盟申请材料
接待实地考察
寻找店铺，并提交店铺资料
店铺考察与评估
加盟洽谈
加盟洽谈
审批
审核
拟定连锁加盟合同
连锁加盟项目运作管理
签订合同
签订合同
制订项目运作计划
接到分工统筹表
培训、店铺装修、开业
开业经营
结束
编修部门
签发人
签发日期

13.6.2 连锁经营招募管理执行程序、工作标准、考核指标、执行规范

任务名称	执行程序、工作标准与考核指标
制定连锁经营管理制度	**执行程序**
	1. 制定连锁经营管理制度 市场部根据本企业餐饮连锁管理的要求，结合餐饮业务扩张的实际情况制定连锁经营管理制度，并提交给市场部经理审核，之后报总经理审批。 **2. 组织加盟宣传** ☆连锁经营管理制度审批通过后，市场部根据总经理的审批意见招募加盟商。 ☆市场部组织相关人员根据本企业餐饮连锁经营业务的开放情况，宣传餐饮连锁加盟项目，向有合作意向的加盟商递送加盟申请。 **工作重点** 连锁经营管理制度的制定要规范。
	工作标准
	连锁经营管理制度应包括加盟资格、加盟条件、加盟要求、加盟商的权利与义务、加盟商的管理等内容。
	考核指标
	主动申请加盟的加盟商数量应达到____个 / 月。
审批连锁加盟申请	**执行程序**
	1. 初步审核加盟申请材料 ☆市场部须对加盟商提交的申请材料进行初步审核，按照加盟要求筛选加盟商，整理、汇总通过初步审核的加盟商申请材料，并提交给市场部经理审核，之后报总经理审批。 ☆需实地考察的加盟商提出考察请求，市场部安排接待来访的加盟商。 **2. 店铺考察与评估** ☆通过加盟初审但没有实体店铺的加盟商，须在接到通知后____日内寻找合适的店铺，并将店铺资料提交给市场部。 ☆市场部应安排相关人员对加盟商的店铺进行考察与评估。 **3. 加盟洽谈** ☆市场部相关人员与加盟商就加盟事宜进行洽谈。 ☆双方达成一致意见后，市场部负责拟定连锁加盟合同，并提交给市场部经理审核，之后报总经理审批。 **工作重点** 市场部人员须对加盟商资料进行审核，必要时可指派相关人员对加盟商进行调查，以核实其信息。
	工作标准
	☆内容标准：店铺考察与评估的内容包括对店铺环境进行评估，拍摄店铺照片，量度店铺尺寸，核实店铺资料。 ☆依据标准：加盟商的筛选严格依据本企业连锁经营管理制度的要求进行。

（续）

<table>
<tr><th>任务名称</th><th>执行程序、工作标准与考核指标</th></tr>
<tr><td rowspan="5">连锁加盟项目运作管理</td><td>执行程序</td></tr>
<tr><td>1. 签订合同
连锁加盟合同审批通过后，市场部相关人员代表企业与加盟商代表签订合同。
2. 制订项目运作计划
市场部根据连锁加盟项目的实际情况制订项目运作计划，并向加盟商发送分工统筹表。
3. 培训、店铺装修、开业
☆市场部组织加盟专员对加盟商及其员工进行培训，并负责对店铺进行装修，发放相关物资，筹备开业事宜。
☆加盟商按照本企业连锁经营管理制度的规定开业经营。
工作重点
☆市场部应规定所有加盟商统一使用本企业的品牌标识及商标，包括企业品牌标准字体、商标组合、证章等。
☆市场部应制定加盟店服务质量管理制度。</td></tr>
<tr><td>工作标准</td></tr>
<tr><td>项目运作计划内容全面，人员培训到位，装修工程验收合格，顺利开业。</td></tr>
<tr><td></td></tr>
<tr><td colspan="2">执行规范</td></tr>
<tr><td colspan="2">“连锁经营管理制度”“连锁加盟项目工作分工统筹表”“项目运作计划”“连锁加盟合同”“加盟店服务质量管理制度”。</td></tr>
</table>

13.7 连锁经营统一配送管理流程设计与工作执行

13.7.1 连锁经营统一配送管理流程设计

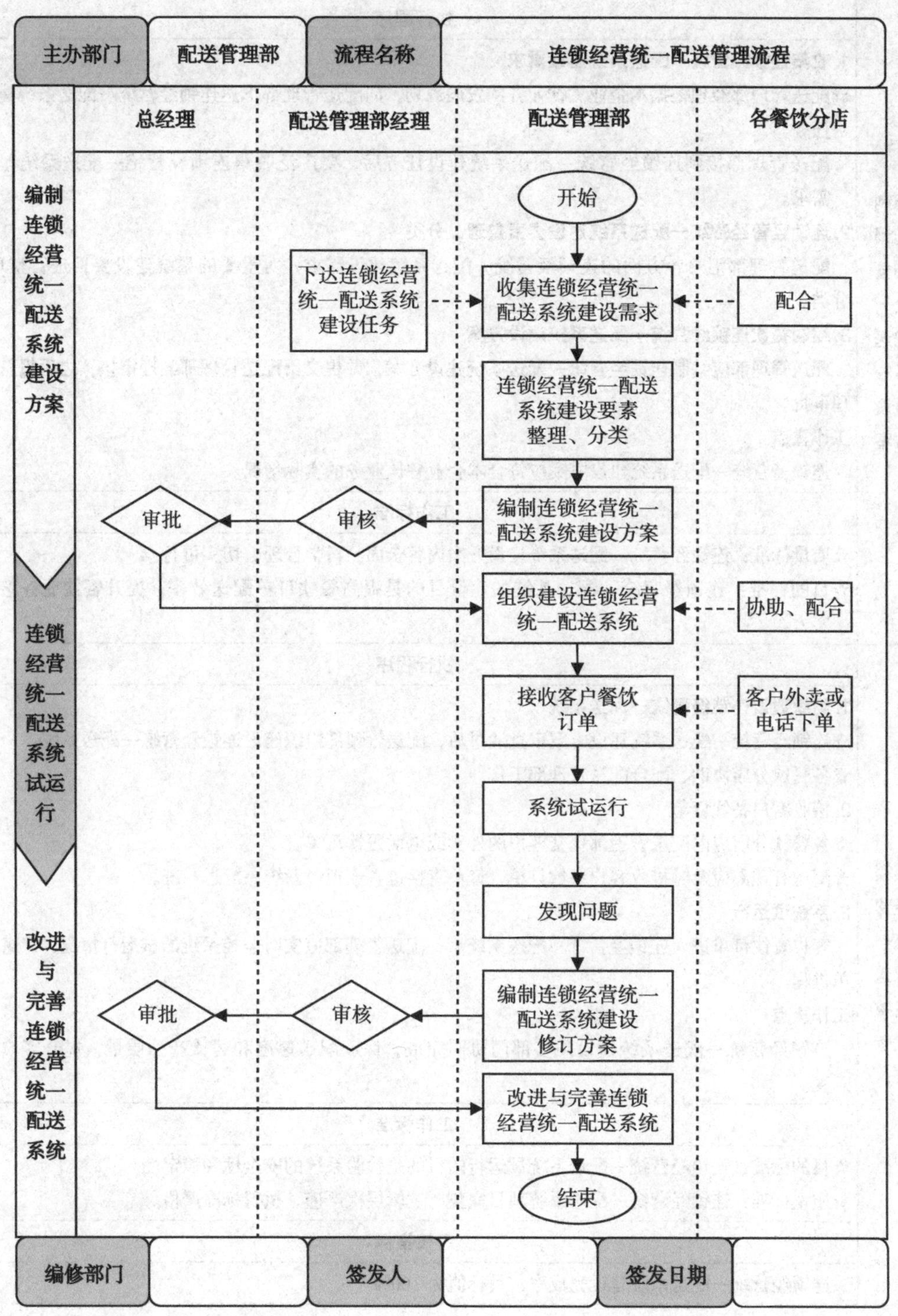

主办部门
配送管理部
流程名称
连锁经营统一配送管理流程
总经理
配送管理部经理
配送管理部
各餐饮分店
编制连锁经营统一配送系统建设方案
连锁经营统一配送系统试运行
改进与完善连锁经营统一配送系统
开始
下达连锁经营统一配送系统建设任务
收集连锁经营统一配送系统建设需求
配合
连锁经营统一配送系统建设要素整理、分类
审批
审核
编制连锁经营统一配送系统建设方案
组织建设连锁经营统一配送系统
协助、配合
接收客户餐饮订单
客户外卖或电话下单
系统试运行
发现问题
审批
审核
编制连锁经营统一配送系统建设修订方案
改进与完善连锁经营统一配送系统
结束
编修部门
签发人
签发日期

13.7.2 连锁经营统一配送管理执行程序、工作标准、考核指标、执行规范

任务名称	执行程序、工作标准与考核指标
编制连锁经营统一配送系统建设方案	**执行程序** **1. 收集连锁经营统一配送系统建设需求** ☆配送管理部经理根据本企业餐饮业务的发展规划，向配送管理部下达连锁经营统一配送系统建设任务。 ☆配送管理部接到连锁经营统一配送系统建设任务后，要广泛收集连锁经营统一配送系统建设需求。 **2. 连锁经营经营统一配送系统建设要素整理、分类** 配送管理部汇总各方面的连锁经营统一配送系统建设需求，对重要的系统建设要素进行整理、分类。 **3. 编制餐饮连锁经营统一配送系统建设方案** 配送管理部应编制连锁经营统一配送系统建设方案，并提交给配送管理部经理审核，之后报总经理审批。 **工作重点** 连锁经营统一配送系统建设方案应符合本企业餐饮业务的实际情况。 **工作标准** ☆质量标准：连锁经营统一配送系统建设方案内容全面、科学合理、切实可行。 ☆目的标准：连锁经营统一配送系统的建设目的是提高餐饮订单配送效率，提升餐饮业务整体实力。
连锁经营统一配送系统试运行	**执行程序** **1. 组织建设连锁经营统一配送系统** ☆连锁经营统一配送系统建设方案审批通过后，配送管理部组织建设连锁经营统一配送系统。 ☆各餐饮分店协助、配合配送管理部工作。 **2. 接收客户餐饮订单** ☆各餐饮分店应向配送管理部提交客户的外卖或电话餐饮订单。 ☆配送管理部应及时接收客户餐饮订单，订单直接进入连锁经营统一配送系统。 **3. 系统试运行** 客户餐饮订单进入连锁经营统一配送系统后，配送管理部应实时监控系统的试运行情况，了解订单进程。 **工作重点** 连锁经营统一配送系统建设须多部门协同完成，保证配送速度和餐饮产品质量，提升客户满意度。 **工作标准** ☆目的标准：连锁经营统一配送系统试运行的目的是检验系统的安全性和稳定性。 ☆质量标准：连锁经营统一配送系统项目完整、逻辑层次严谨、执行标准严格。 **考核指标** 连锁经营统一配送系统建设完成率：目标值为100%。

（续）

<table>
<tr><th>任务名称</th><th>执行程序、工作标准与考核指标</th></tr>
<tr><td rowspan="6">改进与完善连锁经营统一配送系统</td><td>执行程序</td></tr>
<tr><td>1. 发现问题
配送管理部在连锁经营统一配送系统试运行的过程中发现问题。
2. 编制连锁经营统一配送系统建设修订方案
配送管理部针对发现的问题，编制连锁经营统一配送系统建设修订方案，并提交给配送管理部经理审核，之后报总经理审批。
3. 改进与完善连锁经营统一配送系统
连锁经营统一配送系统建设修订方案审批通过后，配送管理部根据总经理的审批意见改进与完善连锁经营统一配送系统。
工作重点
连锁经营统一配送系统建设修订方案的编制要规范。</td></tr>
<tr><td>工作标准</td></tr>
<tr><td>☆完成标准：连锁经营统一配送系统问题发现及时，并被妥善解决。
☆目的标准：通过修订连锁经营统一配送系统建设方案，系统更加健全。</td></tr>
<tr><td>考核指标</td></tr>
<tr><td>连锁经营统一配送系统建设修订方案应一次性审批通过。</td></tr>
<tr><td colspan="2">执行规范</td></tr>
<tr><td colspan="2">“连锁经营统一配送系统建设要素说明”“连锁经营统一配送系统建设方案”“连锁经营统一配送系统试运行报告”“连锁经营统一配送系统试运行问题说明”“连锁经营统一配送系统建设修订方案”。</td></tr>
</table>

第14章 餐饮企业公关与客户管理

14.1 餐饮企业公关与客户管理流程

14.1.1 流程设计的目的

餐饮企业设计餐饮公关与客户管理流程的目的如下：

（1）树立与维护良好的企业形象，拉近企业与公众之间的距离，以有利于企业餐饮业务的发展；

（2）规范化的公关管理可以最大限度地降低企业信誉损失，有效预防公共事件的进一步恶化；

（3）不断提高客户服务管理水平，进一步挖掘客户价值，为餐饮企业的发展提供保障。

14.1.2 流程结构设计

餐饮企业公关与客户管理包括五大事项，我们可以就每个事项设计相应的流程，即公关管理流程、公关调查处理流程、公关活动策划管理流程、舆情管理流程和集团客户服务管理流程，具体如图 14-1 所示。

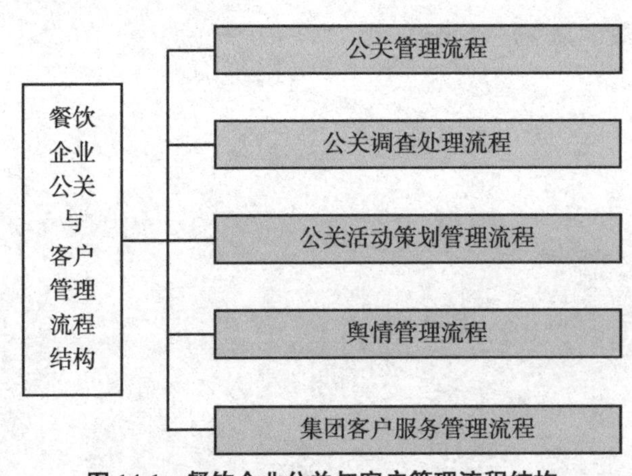
餐饮企业公关与客户管理流程结构
公关管理流程
公关调查处理流程
公关活动策划管理流程
舆情管理流程
集团客户服务管理流程

图 14-1　餐饮企业公关与客户管理流程结构

14.2 公关管理流程设计与工作执行

14.2.1 公关管理流程设计

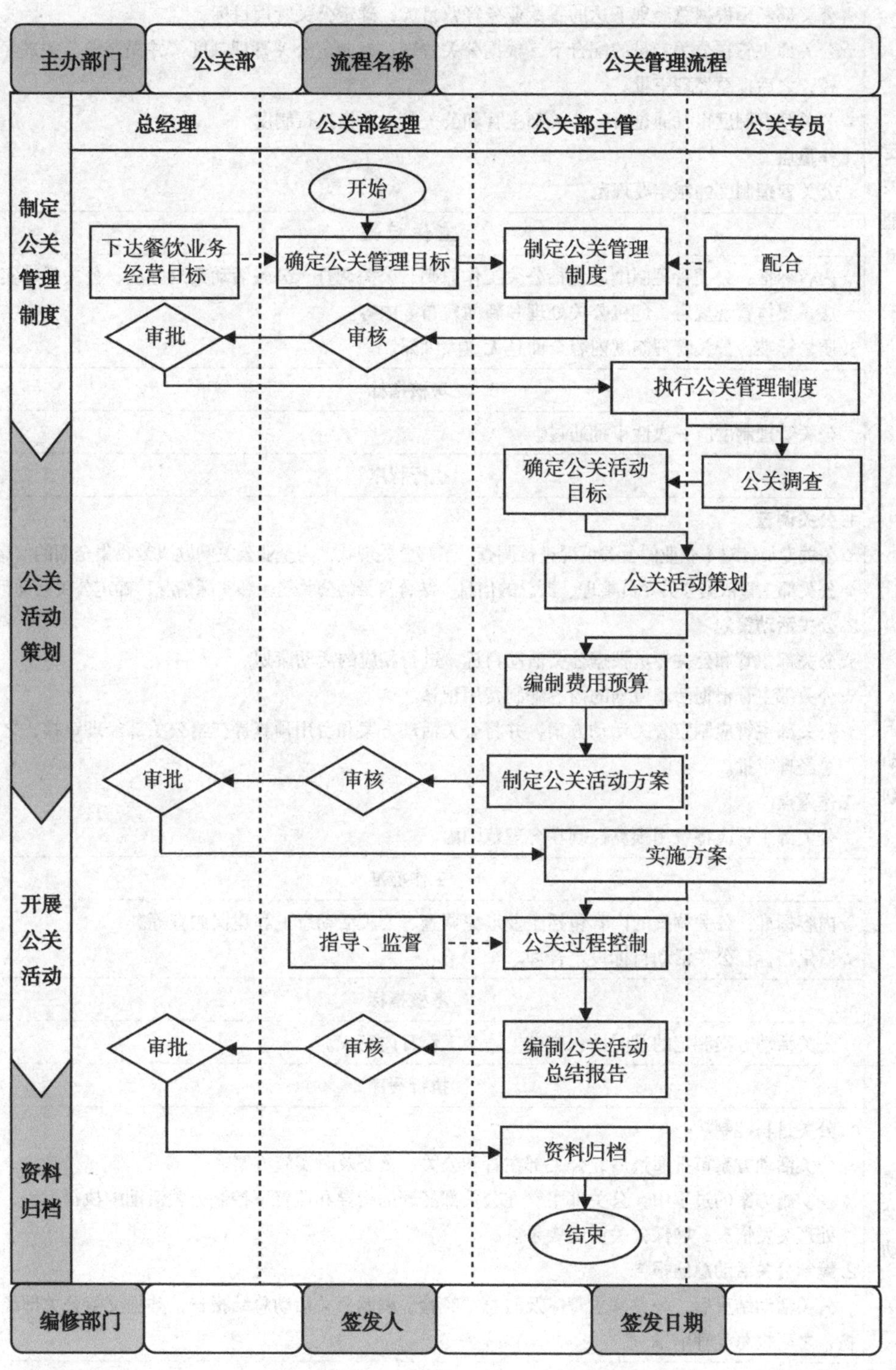

主办部门
公关部
流程名称
公关管理流程
总经理
公关部经理
公关部主管
公关专员
制定公关管理制度
开始
下达餐饮业务经营目标
确定公关管理目标
制定公关管理制度
配合
审批
审核
执行公关管理制度
公关活动策划
确定公关活动目标
公关调查
公关活动策划
编制费用预算
审批
审核
制定公关活动方案
实施方案
开展公关活动
指导、监督
公关过程控制
审批
审核
编制公关活动总结报告
资料归档
资料归档
结束
编修部门
签发人
签发日期

14.2.2 公关管理执行程序、工作标准、考核指标、执行规范

任务名称	执行程序、工作标准与考核指标
制定公关管理制度	**执行程序**
	☆公关部经理根据总经理下达的餐饮业务经营目标，确定公关管理目标。 ☆公关部主管在公关专员的配合下，根据公关管理目标制定公关管理制度，并提交给公关部经理审核，之后报总经理审批。 ☆公关管理制度审批通过后，公关部主管和公关专员严格执行制度。 **工作重点** 公关管理制度的制定要规范。
	工 作 标 准
	☆内容标准：公关管理制度应包括公关工作原则、公关调查、公关活动策划办法、公关活动实施办法、媒体管理规定、危机公关处理和新闻发布等内容。 ☆质量标准：公关管理制度内容全面且无重大纰漏。
	考核指标
	公关管理制度应一次性审批通过。
公关活动策划	**执行程序**
	1. 公关调查 ☆公关专员针对本企业的公关情况进行调查，了解公关现状，为企业公关问题决策收集全面的信息。 ☆公关部主管依据公关专员整理、汇总的信息，结合自身的公关经验和实际情况，确定公关活动目标。 **2. 公关活动策划** ☆公关部主管和公关专员根据公关活动目标，进行相应的活动策划。 ☆公关部主管根据活动策划的内容编制费用预算。 ☆公关部主管应制定公关活动方案，并将公关活动方案和费用预算提交给公关部经理审核，之后报总经理审批。 **工作重点** 公关部主管应将费用预算控制在合理范围内。
	工作标准
	☆内容标准：公关调查的内容包括企业形象调查、公关活动意见和建议调查等。 ☆质量指标：公关活动目标设定合理。
	考核指标
	公关活动方案制定的及时性：应在____个工作日内完成。
开展公关活动	**执行程序**
	1. 公关过程控制 ☆公关活动方案审批通过后，公关部主管和公关专员要及时实施方案。 ☆在实施方案的过程中，公关部主管在公关部经理的指导和监督下控制公关活动的执行过程，及时处理突发情况，确保公关活动效果。 **2. 编制公关活动总结报告** 公关活动结束后，公关部主管应及时总结经验，编制公关活动总结报告，并提交给公关部经理审核，之后报总经理审批。

（续）

任务名称	执行程序、工作标准与考核指标
开展公关活动	**工作重点** 公关部主管和公关专员要严格执行公关活动方案，及时处理突发事件。 **工作标准** 公关活动总结报告内容真实、客观、全面。
资料归档	**执行程序** 公关活动总结报告审批通过后，公关部主管应及时将公关管理过程中产生的相关资料归档。 **工作重点** 资料的归档应依据本企业的资料管理制度执行。 **工作标准** 资料归档及时。 **考核指标** 资料归档的及时性：应在____个工作日内完成。
执行规范	
“公关管理制度”“公关活动总结报告”“公关活动方案”。	

14.3 公关调查处理流程设计与工作执行

14.3.1 公关调查处理流程设计

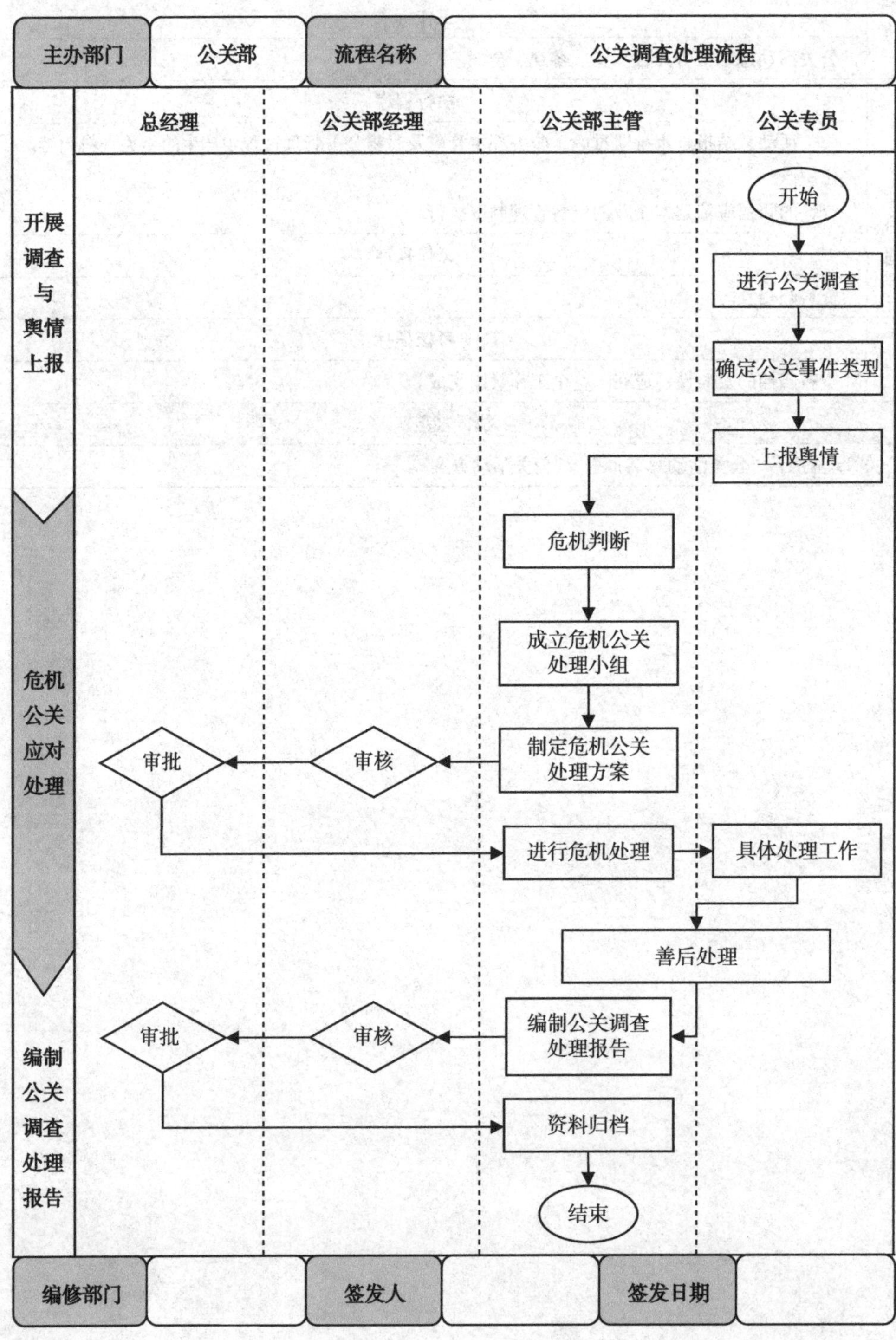

主办部门
公关部
流程名称
公关调查处理流程
总经理
公关部经理
公关部主管
公关专员
开展调查与舆情上报
危机公关应对处理
编制公关调查处理报告
开始
进行公关调查
确定公关事件类型
上报舆情
危机判断
成立危机公关处理小组
制定危机公关处理方案
审核
审批
进行危机处理
具体处理工作
善后处理
编制公关调查处理报告
审核
审批
资料归档
结束
编修部门
签发人
签发日期

14.3.2 公关调查处理执行程序、工作标准、考核指标、执行规范

<table>
<tr><th>任务名称</th><th>执行程序、工作标准与考核指标</th></tr>
<tr><td rowspan="6">开展调查与舆情上报</td><td>执行程序</td></tr>
<tr><td>1. 确定公关事件类型
☆公关专员应定期进行公关调查，收集与本企业餐饮业务相关的资料。
☆公关专员根据已掌握的资料，确定公关事件的类型。
2. 上报舆情
公关专员将收集到的与公关事件相关的信息和判定的舆情类型等内容在最短时间内如实上报给公关部主管。
工作重点
舆情的发生可能会以任何事件为导火索，公关专员要注意保持敏感度。</td></tr>
<tr><td>工作标准</td></tr>
<tr><td>☆质量标准：公关专员须实事求是地将信息上报给公关部主管。
☆渠道标准：公关专员通过媒体、竞争对手、顾客和内部员工等渠道收集潜在或已存在的公关事件信息。</td></tr>
<tr><td>考核指标</td></tr>
<tr><td>舆情上报的及时性：应在____小时内完成。</td></tr>
<tr><td rowspan="2">危机公关应对处理</td><td>执行程序</td></tr>
<tr><td>1. 危机判断
公关部主管根据公关专员上报的信息，调查了解公关事件的严重程度，判断其影响力、对本企业的危害性等。
2. 成立危机公关处理小组
☆公关部主管根据已掌握的危机情况，及时组织成立危机公关处理小组。
☆危机公关处理小组须对危机事件进行研究、讨论。
3. 制定危机公关处理方案
危机公关处理小组根据讨论结果制定危机公关处理方案，并提交给公关部经理审核，之后报总经理审批。
4. 进行危机处理
危机公关处理方案审批通过后，公关部主管迅速带领公关专员处理当事人、媒体、公众等各方面的问题，多方沟通解决危机事件。
5. 善后处理
☆公关部主管和公关专员须对危机事件中的受害方进行赔礼道歉和必要赔偿，并向社会公众承认错误。
☆危机事件处理完毕后，公关部主管和公关专员要明确危机事件发生的原因，并对相应的责任人进行追责。
工作重点
☆对可能影响全局的重大事件，由总经理牵头，会同公关部等相关部门成立危机公关处理小组，在法律顾问的参与下制定应对策略和措施，力求将可能造成的负面影响降至最低。
☆企业要发布道歉声明，明确表示勇于承担责任的态度。</td></tr>
</table>

（续）

<table>
<tr><th>任务名称</th><th>执行程序、工作标准与考核指标</th></tr>
<tr><td rowspan="4">危机公关应对处理</td><td>工作标准</td></tr>
<tr><td>☆内容标准：危机公关处理方案应包括处理对策、善后处理办法、人员分工、目标与要求等内容。
☆质量标准：危机处理工作应做好危机当事人沟通处理、客户沟通处理、媒体沟通处理和公众沟通处理等。</td></tr>
<tr><td>考核指标</td></tr>
<tr><td>危机处理的有效性：与受害方、客户、媒体和大众保持沟通，维护良好的关系，将负面影响降至最低。</td></tr>
<tr><td rowspan="6">编制公关调查处理报告</td><td>执行程序</td></tr>
<tr><td>☆公关部主管应对此次公关调查管理工作进行总结，编制公关调查处理报告，并提交给公关部经理审核，之后报总经理审批。
☆公关调查处理报告审批通过后，公关部主管应及时将公关调查管理过程中产生的相关资料归档。
工作重点
比较典型的危机公关处理案例可指定为公关部学习和发展的材料。</td></tr>
<tr><td>工作标准</td></tr>
<tr><td>公关调查处理报告在本企业规定的期限内提交给领导审核与审批。</td></tr>
<tr><td>考核指标</td></tr>
<tr><td>公关调查处理报告编制的及时性：应在____个工作日内完成。</td></tr>
<tr><td colspan="2">执行规范</td></tr>
<tr><td colspan="2">“公关事件调查分析表”“公关管理制度”“危机公关处理方案”“公关调查处理报告”。</td></tr>
</table>

14.4 公关活动策划管理流程设计与工作执行

14.4.1 公关活动策划管理流程设计

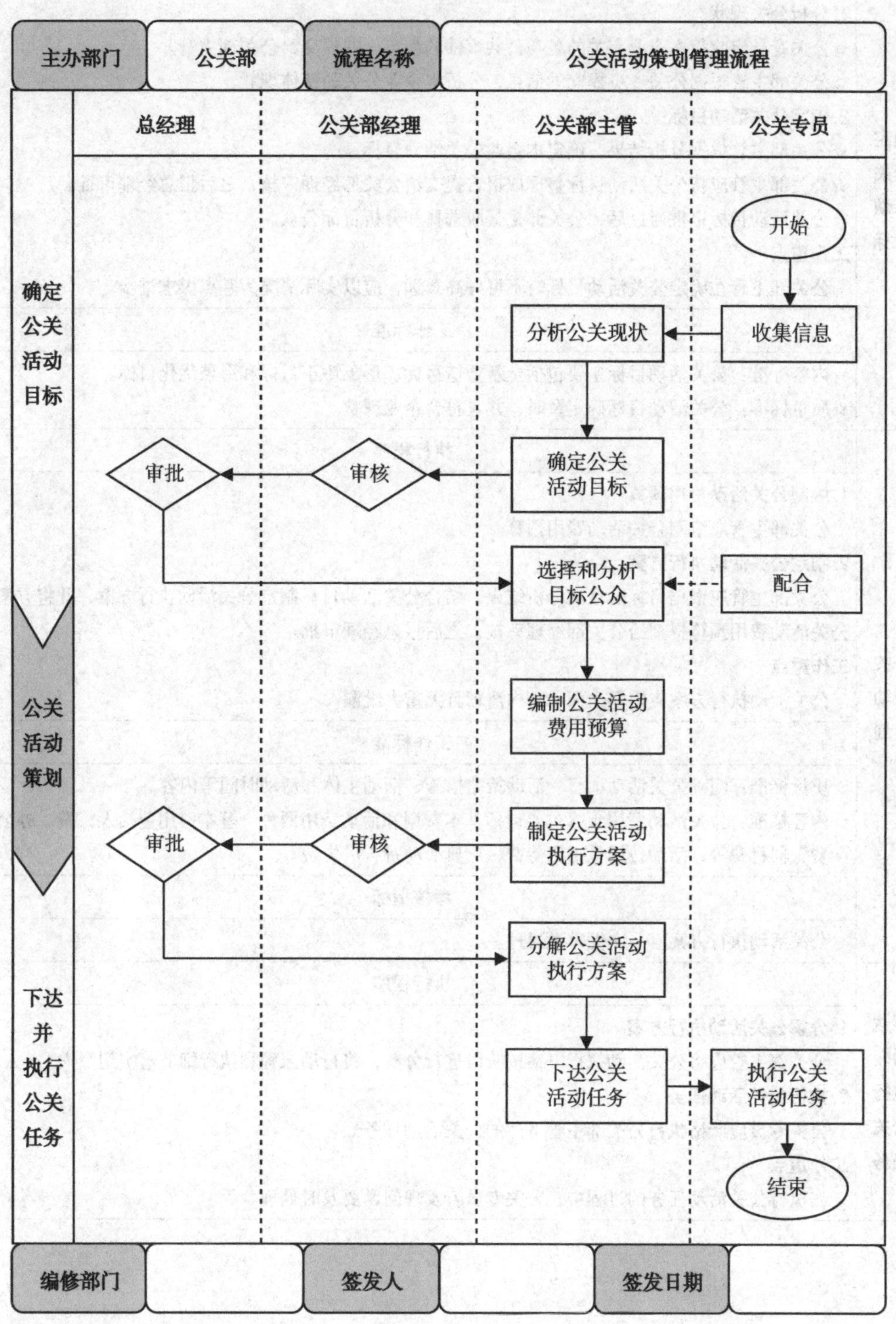

主办部门
公关部
流程名称
公关活动策划管理流程
总经理
公关部经理
公关部主管
公关专员
确定公关活动目标
公关活动策划
下达并执行公关任务
开始
收集信息
分析公关现状
确定公关活动目标
审核
审批
选择和分析目标公众
配合
编制公关活动费用预算
制定公关活动执行方案
审核
审批
分解公关活动执行方案
下达公关活动任务
执行公关活动任务
结束
编修部门
签发人
签发日期

第14章 餐饮企业公关与客户管理

14.4.2 公关活动策划管理执行程序、工作标准、考核指标、执行规范

<table>
<tr><th>任务名称</th><th>执行程序、工作标准与考核指标</th></tr>
<tr><td rowspan="4">确定公关活动目标</td><td>执行程序</td></tr>
<tr><td>1. 分析公关现状
☆公关专员应收集本企业有关的各类公共事件的信息，并提交给公关部主管。
☆公关部主管根据公关专员提交的信息，分析本企业公关的整体现状。
2. 确定公关活动目标
☆公关部主管根据分析结果，确定本企业公关活动目标。
☆公关部主管应将公关活动目标整理成报告提交给公关部经理审核，之后报总经理审批。
☆公关活动目标审批通过后，公关部主管应选择和分析目标公众。
工作重点
公关部主管在确定公关活动目标时不可好高骛远，应以实际情况为基点谋求进步。</td></tr>
<tr><td>工作标准</td></tr>
<tr><td>☆内容标准：公关活动目标主要包括全新塑造目标、形象矫正目标和形象优化目标。
☆质量标准：公关活动目标确定及时，并且符合企业现状。</td></tr>
<tr><td rowspan="6">公关活动策划</td><td>执行程序</td></tr>
<tr><td>1. 编制公关活动费用预算
公关部主管应编制公关活动费用预算。
2. 制定公关活动执行方案
公关部主管应根据目标公众的分析结果，结合公关活动目标制定公关活动执行方案，并将方案和公关活动费用预算提交给公关部经理审核，之后报总经理审批。
工作重点
公关活动执行方案应内容全面、结构清晰且无重大纰漏。</td></tr>
<tr><td>工作标准</td></tr>
<tr><td>☆质量标准：明确公关活动项目、活动策略措施、活动主体和活动时间等内容。
☆内容标准：公关活动费用预算主要包括基本费用和活动费用两种，基本费用包括人工费、办公经费、器材费等，活动费用包括招待费、庆典活动费、广告费等。</td></tr>
<tr><td>考核指标</td></tr>
<tr><td>公关活动执行方案应一次性审批通过。</td></tr>
<tr><td rowspan="2">下达并执行公关任务</td><td>执行程序</td></tr>
<tr><td>1. 分解公关活动执行方案
公关部主管应将公关活动执行方案按阶段进行分解，将行动流程和执行细节落实到个人。
2. 执行公关活动任务
公关专员应严格执行公关部主管下达的公关活动任务。
工作重点
在执行公关活动任务的过程中，公关专员若发现问题要及时处理。</td></tr>
</table>

（续）

任务名称	执行程序、工作标准与考核指标
下达并执行公关任务	**工作标准**
	☆质量标准：公关活动执行方案落实到个人，公关活动任务执行情况良好。 ☆时间标准：公关部主管应在公关活动执行方案审批通过后____个工作日内完成方案的分解工作。
	考核指标
	公关活动执行方案执行到位。
执行规范	
“公关管理制度”“公关活动执行方案”“公关活动任务分解表”。	

14.5 舆情管理流程设计与工作执行

14.5.1 舆情管理流程设计

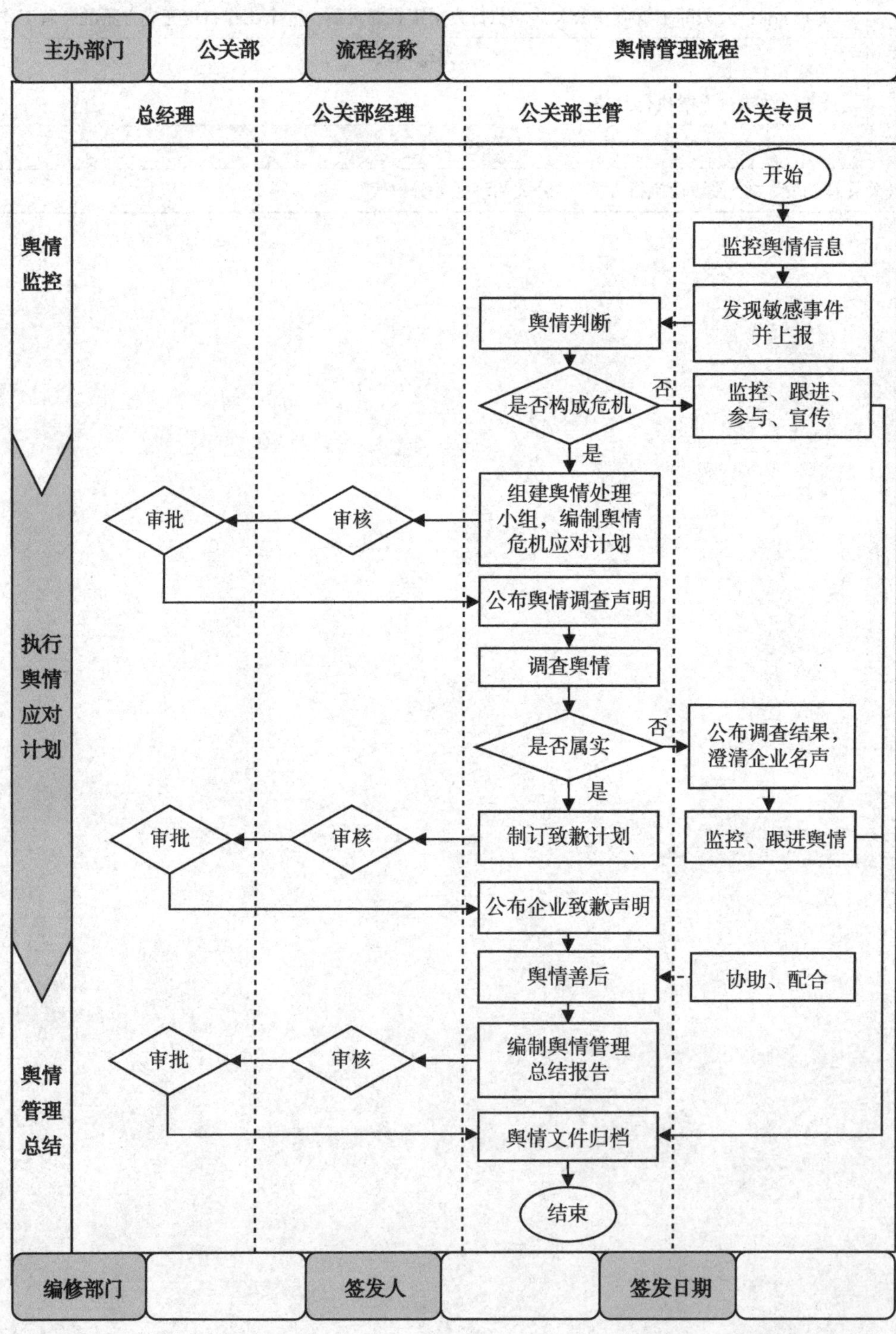

主办部门
公关部
流程名称
舆情管理流程
总经理
公关部经理
公关部主管
公关专员
舆情监控
执行舆情应对计划
舆情管理总结
开始
监控舆情信息
发现敏感事件并上报
舆情判断
是否构成危机
否
是
监控、跟进、参与、宣传
组建舆情处理小组，编制舆情危机应对计划
审核
审批
公布舆情调查声明
调查舆情
是否属实
否
是
公布调查结果，澄清企业名声
监控、跟进舆情
制订致歉计划
审核
审批
公布企业致歉声明
舆情善后
协助、配合
编制舆情管理总结报告
审核
审批
舆情文件归档
结束
编修部门
签发人
签发日期

14.5.2　舆情管理执行程序、工作标准、考核指标、执行规范

<table>
<tr><th>任务名称</th><th>执行程序、工作标准与考核指标</th></tr>
<tr><td rowspan="6">舆情监控</td><td>执行程序</td></tr>
<tr><td>1. 监控舆情信息
☆公关专员须实时关注各大网络信息平台、媒体的舆论信息、舆论热点。
☆公关专员应监控所有与本企业餐饮业务相关的舆论事件、信息，发现敏感事件要及时上报公关部主管。
2. 舆情判断
☆公关部主管须分析敏感事件，判断事件的性质类型和可能发展的方向。
☆敏感事件不构成危机的，公关部主管应安排公关专员进一步监控、跟进，合理参与事件，宣传本企业。
工作重点
公关专员应保持敏感度和活跃度，防止错失重要信息。</td></tr>
<tr><td>工作标准</td></tr>
<tr><td>舆情监控与上报及时、准确。</td></tr>
<tr><td>考核指标</td></tr>
<tr><td>敏感事件上报的及时性：应在发现敏感事件后____小时内上报。</td></tr>
<tr><td rowspan="2">执行舆情应对计划</td><td>执行程序</td></tr>
<tr><td>1. 公布舆情调查声明
☆敏感事件构成舆情危机的，公关部主管应组织建立舆情处理小组，负责分析舆论可能的发展方向。
☆公关部主管根据舆情处理小组的分析结果编制舆情危机应对计划，并提交给公关部经理审核，之后报总经理审批。
☆舆情危机应对计划审批通过后，公关部主管撰写舆论事件调查声明，由本企业各平台、主要媒体等进行公开宣布，回应舆情。
☆公关部主管组织舆情处理小组开展舆情调查工作，查明舆论事件的真实情况。
☆舆论事件若查证为虚假事件，公关专员应公布调查结果，澄清企业名声，并持续跟进舆情，监控其发展方向。
2. 制订致歉计划
☆舆论事件若查证情况属实，公关部主管应据实制订致歉计划，并提交给公关部经理审核，之后报总经理审批。
☆致歉计划审批通过后，公关部主管据此撰写企业致歉声明，由本企业各平台、主要媒体发布出去。
3. 舆情善后
☆舆论事件中的问题处理后，公关部主管要及时公布具体的处理情况说明，向舆论主体表明本企业态度。
☆公关部主管要实时监控企业道歉声明发布后的舆情反应，稳定平复舆情，处理企业负面信息。
工作重点
舆情出现后，企业应迅速做出回应，稳定舆论主体的情绪。</td></tr>
</table>

（续）

<table>
<tr><th>任务名称</th><th>执行程序、工作标准与考核指标</th></tr>
<tr><td rowspan="4">执行舆情应对计划</td><td>工作标准</td></tr>
<tr><td>☆质量标准：舆情调查结果真实、客观。
☆依据标准：公关部主管应严格依据本企业舆情管理制度的规定进行调查和公布结果。</td></tr>
<tr><td>考核指标</td></tr>
<tr><td>致歉计划应一次性审批通过。</td></tr>
<tr><td rowspan="4">舆情管理总结</td><td>执行程序</td></tr>
<tr><td>1. 编制舆情管理总结报告
舆情事件平息后，公关部主管应及时总结经验，编制舆情管理总结报告，并提交给公关部经理审核，之后报总经理审批。
2. 舆情文件归档
舆情管理总结报告审批通过后，公关部主管应及时将舆情文件编号、归档，以备日后查考。
工作重点
公关部主管和公关专员要努力提升舆情管理能力。</td></tr>
<tr><td>考核指标</td></tr>
<tr><td>舆情管理总结报告应一次性审批通过。</td></tr>
<tr><td colspan="2">执行规范</td></tr>
<tr><td colspan="2">“舆情危机应对计划”“舆情管理总结报告”“企业致歉声明”“致歉计划”“舆情调查声明”。</td></tr>
</table>

14.6 集团客户服务管理流程设计与工作执行

14.6.1 集团客户服务管理流程设计

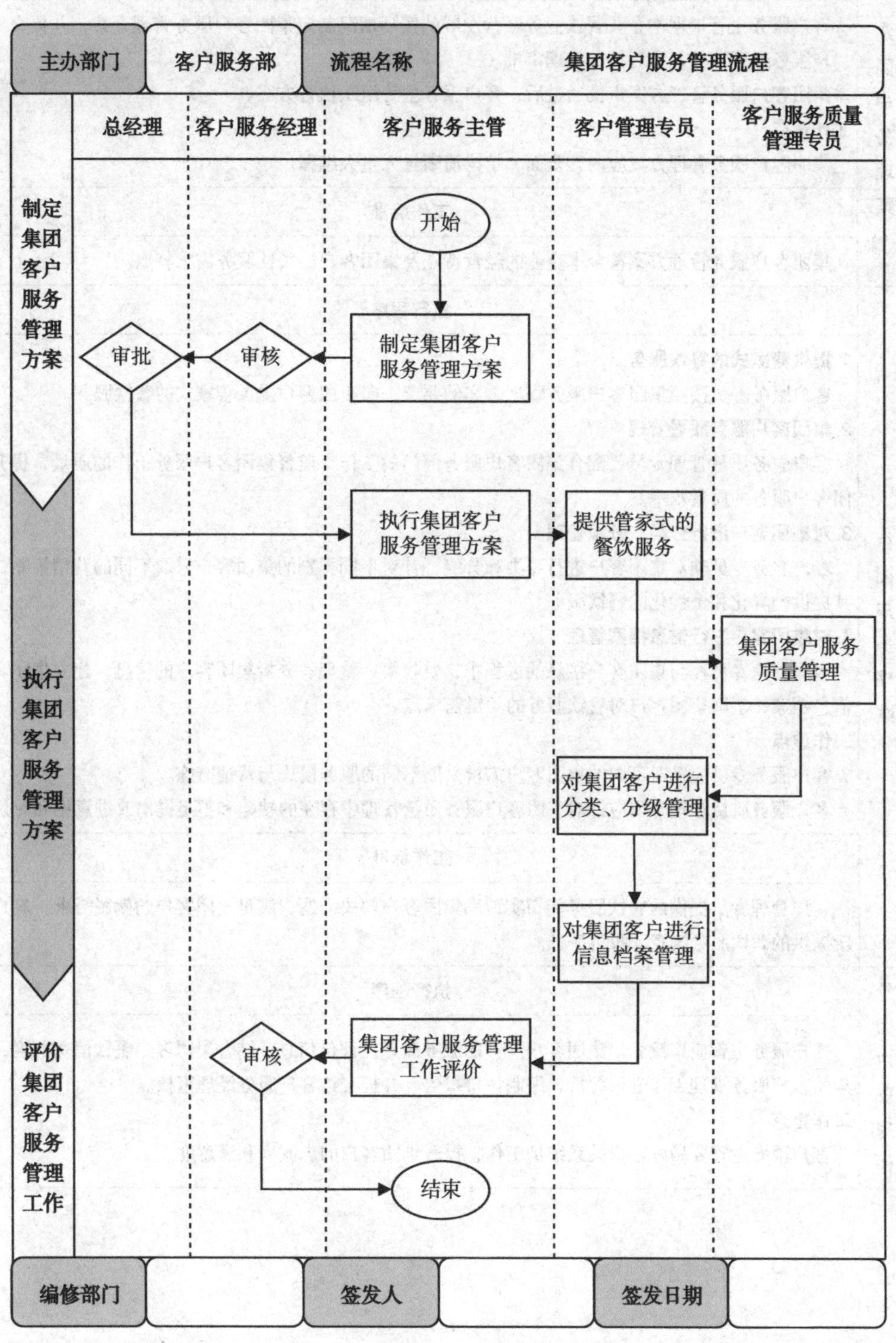
主办部门
客户服务部
流程名称
集团客户服务管理流程
总经理
客户服务经理
客户服务主管
客户管理专员
客户服务质量管理专员
制定集团客户服务管理方案
执行集团客户服务管理方案
评价集团客户服务管理工作
开始
制定集团客户服务管理方案
审核
审批
执行集团客户服务管理方案
提供管家式的餐饮服务
集团客户服务质量管理
对集团客户进行分类、分级管理
对集团客户进行信息档案管理
集团客户服务管理工作评价
审核
结束
编修部门
签发人
签发日期

14.6.2 集团客户服务管理执行程序、工作标准、考核指标、执行规范

<table>
<tr><th>任务名称</th><th>执行程序、工作标准与考核指标</th></tr>
<tr><td rowspan="4">制定集团客户服务管理方案</td><td>执行程序</td></tr>
<tr><td>☆客户服务主管根据本企业餐饮业务经营发展的实际情况制定集团客户服务管理方案，并提交给客户服务经理审核，之后报总经理审批。
☆集团客户服务管理方案审批通过后，客户服务主管组织执行方案。
工作重点
集团客户服务管理方案应内容全面、结构清晰且无重大纰漏。</td></tr>
<tr><td>工作标准</td></tr>
<tr><td>集团客户服务管理方案符合本企业的经营特点及集团客户的餐饮服务需求特点。</td></tr>
<tr><td rowspan="4">执行集团客户服务管理方案</td><td>执行程序</td></tr>
<tr><td>1. 提供管家式的餐饮服务
客户服务专员按照集团客户服务管理方案的要求，向集团客户提供管家式的餐饮服务。
2. 集团客户服务质量管理
客户服务质量管理专员要配合集团客户服务部门的工作，监督集团客户服务工作的质量，提升集团客户服务的质量水平。
3. 对集团客户进行分类、分级管理
客户服务专员须对集团客户进行分类和分级，针对不同类别的集团客户采取不同的营销策略，为其提供差异化和个性化的餐饮服务。
4. 对集团客户进行信息档案管理
客户管理专员在与集团客户接触的过程中，要收集、整理、分析集团客户的信息，建立集团客户信息档案，了解集团客户对餐饮服务的关键需求点。
工作重点
☆客户服务专员应针对不同的集团客户需求采取不同的服务模式与营销措施。
☆客户服务质量管理专员应针对集团客户服务质量管理中存在的缺陷和不足提出改进意见和建议。</td></tr>
<tr><td>工作标准</td></tr>
<tr><td>客户管理专员提供的餐饮服务能切实帮助集团客户解决问题，满足集团客户的就餐需求；客户对所提供的餐饮服务满意，投诉率低。</td></tr>
<tr><td rowspan="2">评价集团客户服务管理工作</td><td>执行程序</td></tr>
<tr><td>客户服务主管应广泛收集集团客户反馈的服务满意度评价信息，结合集团客户餐饮消费额度，对集团客户服务管理工作进行评价，编制评价报告，并提交给客户服务经理审核。
工作重点
客户服务主管要做好客户关系维护工作，提升集团客户的忠诚度和满意度。</td></tr>
</table>

（续）

<table>
<tr><th>任务名称</th><th>执行程序、工作标准与考核指标</th></tr>
<tr><td rowspan="4">评价集团客户服务管理工作</td><td>工作标准</td></tr>
<tr><td>☆质量标准：进一步完善集团客户服务，与之建立长久稳定的关系。
☆依据标准：客户服务主管依据集团客户服务满意度评价指标和集团客户销售额度，对集团客户服务工作进行评价。</td></tr>
<tr><td>考核指标</td></tr>
<tr><td>☆集团客户信息档案管理的有序性：信息档案整理有序且便于检索。
☆集团客户信息档案的完整性：集团客户信息收集完整，内容翔实，无遗漏。</td></tr>
<tr><td colspan="2">执行规范</td></tr>
<tr><td colspan="2">“集团客户服务管理方案”“集团客户服务管理工作评价报告”。</td></tr>
</table>

第15章 餐饮环境卫生与停车及保卫管理

15.1 餐饮环境卫生与停车及保卫管理流程

15.1.1 流程设计的目的

餐饮企业设计餐饮环境卫生与停车及保卫管理流程的目的如下：

（1）提高餐饮环境卫生与停车及保卫的管理水平，规范餐厅工作人员的行为；

（2）营造良好的就餐环境，做好餐厅后勤保障工作，为顾客提供周到的服务。

15.1.2 流程结构设计

餐饮环境卫生与停车及保卫管理包括三大事项，我们可以就每个事项设计相应的流程，即用餐环境卫生管理流程、停车管理流程和安全保卫管理流程，具体如图15-1所示。

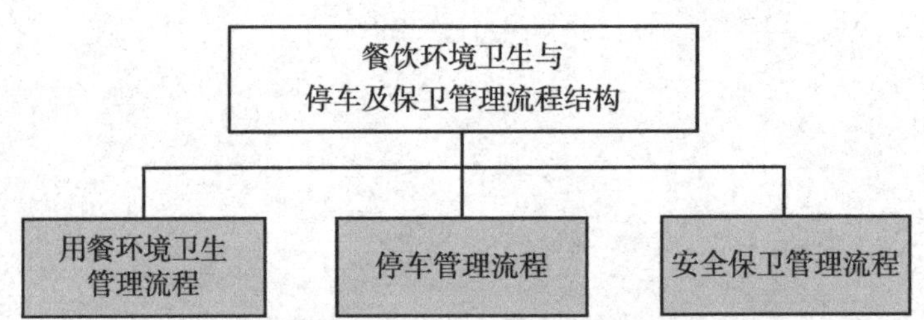
餐饮环境卫生与
停车及保卫管理流程结构
用餐环境卫生
管理流程
停车管理流程
安全保卫管理流程

图15-1　餐饮环境卫生与停车及保卫管理流程结构

15.2 用餐环境卫生管理流程设计与工作执行

15.2.1 用餐环境卫生管理流程设计

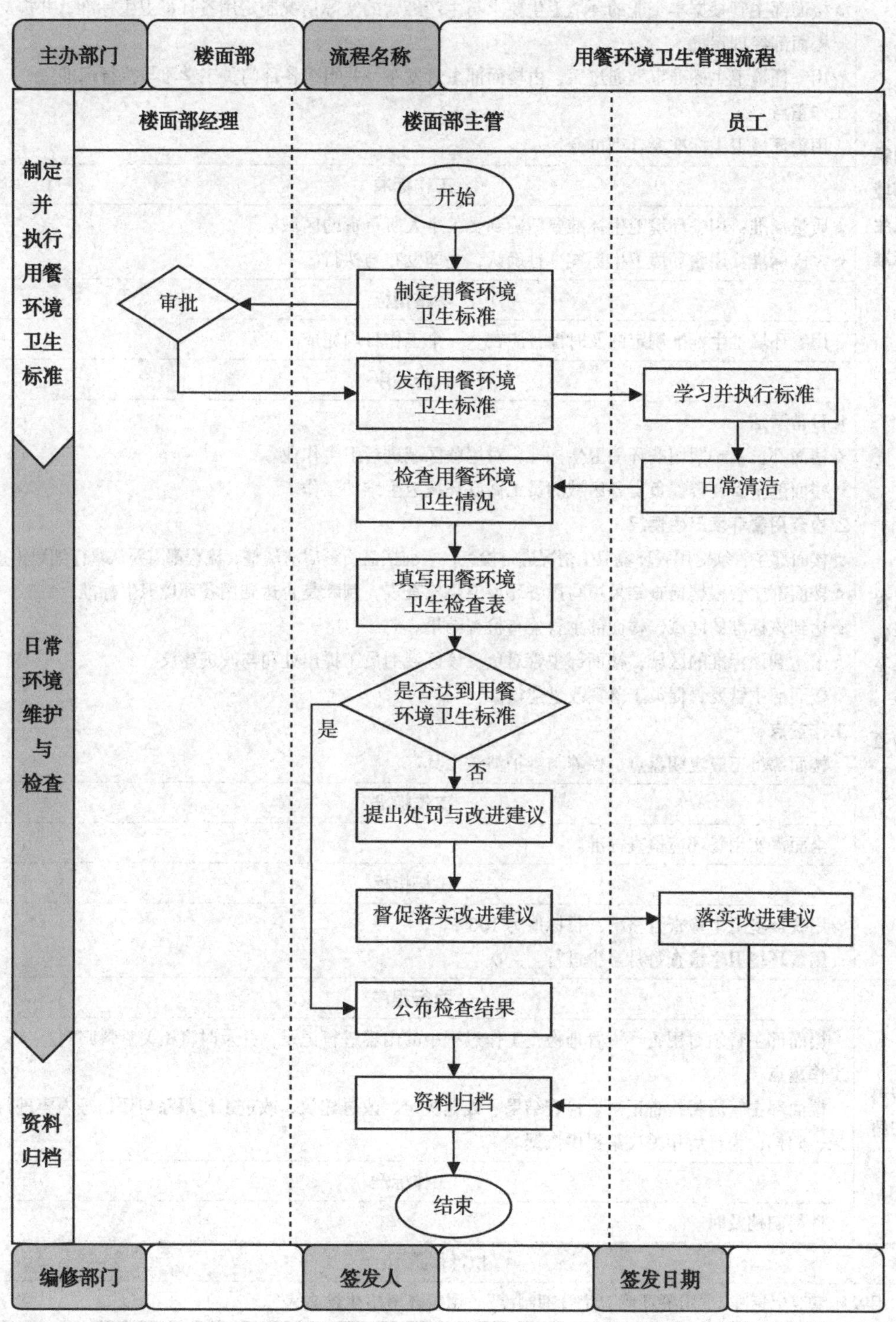

主办部门
楼面部
流程名称
用餐环境卫生管理流程
楼面部经理
楼面部主管
员工
制定并执行用餐环境卫生标准
开始
审批
制定用餐环境卫生标准
发布用餐环境卫生标准
学习并执行标准
日常环境维护与检查
日常清洁
检查用餐环境卫生情况
填写用餐环境卫生检查表
是否达到用餐环境卫生标准
是
否
提出处罚与改进建议
督促落实改进建议
落实改进建议
公布检查结果
资料归档
资料归档
结束
编修部门
签发人
签发日期

15.2.2 用餐环境卫生管理执行程序、工作标准、考核指标、执行规范

<table>
<tr><th>任务名称</th><th>执行程序、工作标准与考核指标</th></tr>
<tr><td rowspan="6">制定并执行用餐环境卫生标准</td><td>执行程序</td></tr>
<tr><td>☆楼面部主管根据本企业的环境卫生要求与生产经营的实际情况制定用餐环境卫生标准，并提交给楼面部经理审批。
☆用餐环境卫生标准审批通过后，由楼面部主管发布，并组织各部门员工学习与执行标准。
工作重点
用餐环境卫生标准要合理可行。</td></tr>
<tr><td>工作标准</td></tr>
<tr><td>☆质量标准：用餐环境卫生标准要精确到员工个人所负责的区域。
☆完成标准：用餐环境卫生标准一旦确认，立即发布与执行。</td></tr>
<tr><td>考核指标</td></tr>
<tr><td>用餐环境卫生标准制定的及时性：应在____个工作日内完成。</td></tr>
<tr><td rowspan="6">日常环境维护与检查</td><td>执行程序</td></tr>
<tr><td>1. 日常清洁
☆楼面部员工按照用餐环境卫生标准，对用餐区域进行卫生作业。
☆楼面部主管要督促负责各区域的员工做好环境卫生维护工作。
2. 检查用餐环境卫生情况
☆楼面部主管须对用餐环境卫生情况进行检查，餐前摆盘、餐后清洁整套流程都需要认真仔细地检查。
☆楼面部主管根据检查结果填写用餐环境卫生检查表，判断是否达到用餐环境卫生标准。
☆达到该标准的区域，楼面部主管公布检查结果。
☆未达到该标准的区域，楼面部主管对负责该区域的员工提出处罚与改进建议。
☆楼面部主管要督促员工落实改进建议。
工作重点
楼面部员工应定期盘点、保养与维护清洁用具。</td></tr>
<tr><td>工作标准</td></tr>
<tr><td>全面落实用餐环境检查标准。</td></tr>
<tr><td>考核指标</td></tr>
<tr><td>☆用餐环境卫生检查合格率：目标值为100%。
☆用餐环境卫生检查每月至少进行____次。</td></tr>
<tr><td rowspan="4">资料归档</td><td>执行程序</td></tr>
<tr><td>楼面部主管须对用餐环境管理检查工作过程中的内容进行记录，并及时将相关资料归档。
工作重点
楼面部主管应将检查记录、检查结果、处罚决定、改进建议、改进工作跟踪与评估等内容进行记录、归档，为日后相关决策提供依据。</td></tr>
<tr><td>工作标准</td></tr>
<tr><td>资料归档及时。</td></tr>
<tr><td colspan="2">执行规范</td></tr>
<tr><td colspan="2">“用餐环境卫生标准”“用餐环境卫生管理制度”“用餐环境卫生检查表”。</td></tr>
</table>

15.3 停车管理流程设计与工作执行

15.3.1 停车管理流程设计

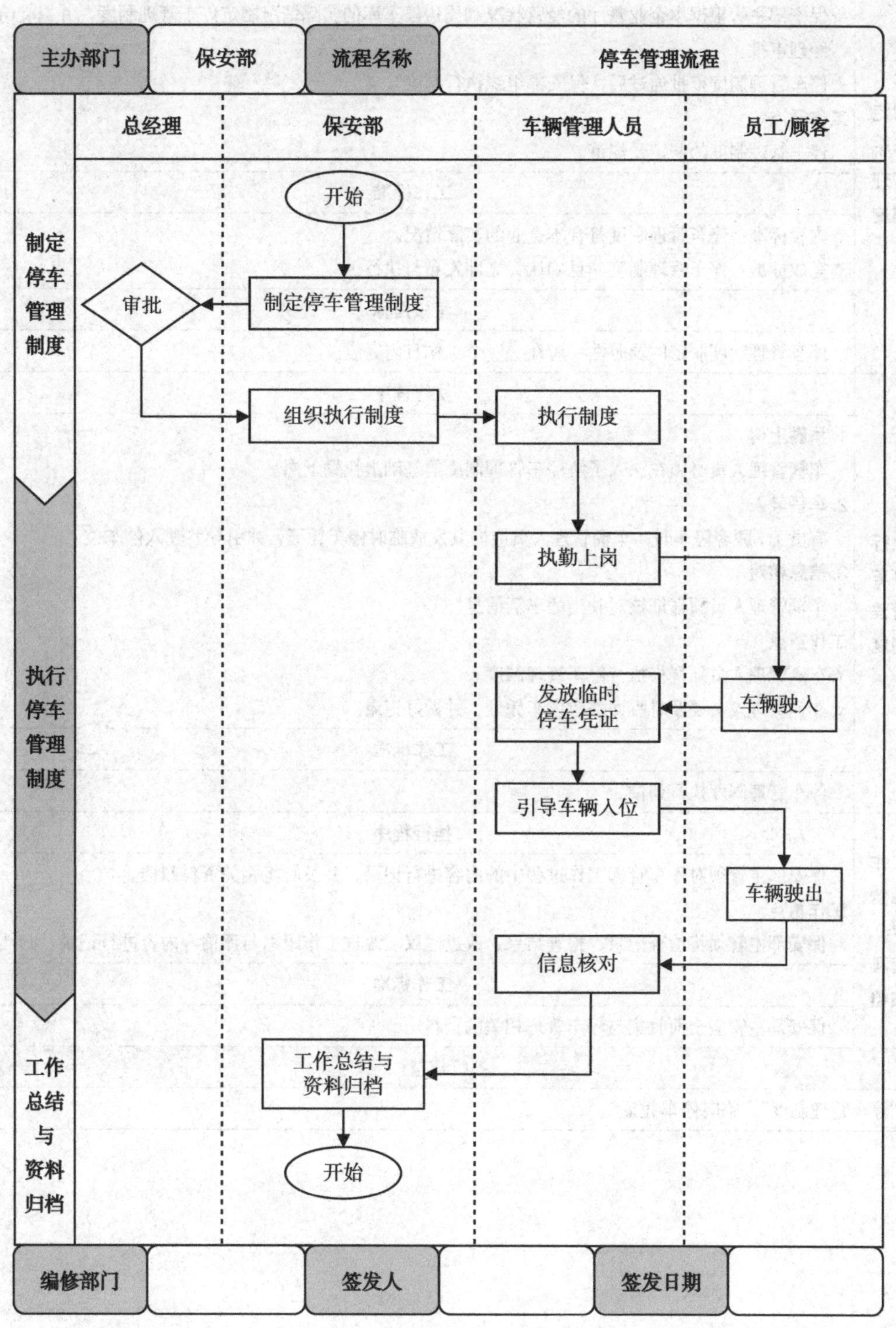

主办部门
保安部
流程名称
停车管理流程
总经理
保安部
车辆管理人员
员工/顾客
制定停车管理制度
执行停车管理制度
工作总结与资料归档
开始
审批
制定停车管理制度
组织执行制度
执行制度
执勤上岗
车辆驶入
发放临时停车凭证
引导车辆入位
车辆驶出
信息核对
工作总结与资料归档
开始
编修部门
签发人
签发日期

15.3.2 停车管理执行程序、工作标准、考核指标、执行规范

<table>
<tr><th>任务名称</th><th>执行程序、工作标准与考核指标</th></tr>
<tr><td rowspan="6">制定停车管理制度</td><td>执行程序</td></tr>
<tr><td>☆保安部主管根据本企业餐厅的经营状况和周边停车库的实际情况制定停车管理制度，并提交给总经理审批。
☆停车管理制度审批通过后，保安部组织执行制度。
工作重点
停车管理制度的制定要规范。</td></tr>
<tr><td>工作标准</td></tr>
<tr><td>☆内容标准：停车管理制度符合本企业的实际情况。
☆完成标准：停车管理制度一旦确认，立即发布与执行。</td></tr>
<tr><td>考核指标</td></tr>
<tr><td>停车管理制度制定的及时性：应在____个工作日内完成。</td></tr>
<tr><td rowspan="4">执行停车管理制度</td><td>执行程序</td></tr>
<tr><td>1. 执勤上岗
车辆管理人员必须在深入了解停车管理制度的基础上执勤上岗。
2. 车辆驶入
有员工 / 顾客停车时，车辆管理人员应向其发放临时停车凭证，并引导其驶入停车位。
3. 信息核对
车辆管理人员须仔细核对驶出的车辆信息。
工作重点
☆车辆管理人员须严格执行停车管理制度。
☆车辆管理人员要及时收回临时停车凭证，并做好记录。</td></tr>
<tr><td>工作标准</td></tr>
<tr><td>停车管理制度执行到位。</td></tr>
<tr><td rowspan="4">工作总结与资料归档</td><td>执行程序</td></tr>
<tr><td>保安部主管须对停车管理工作过程中的内容进行记录，并及时将相关资料归档。
工作重点
保安部主管须将检查记录、检查结果、改进建议、改进工作跟踪与评估等内容进行记录、归档。</td></tr>
<tr><td>工作标准</td></tr>
<tr><td>保安部主管应全面收集与停车管理相关的资料。</td></tr>
<tr><td colspan="2">执行规范</td></tr>
<tr><td colspan="2">“停车管理制度”“临时停车凭证”。</td></tr>
</table>

15.4 安全保卫管理流程设计与工作执行

15.4.1 安全保卫管理流程设计

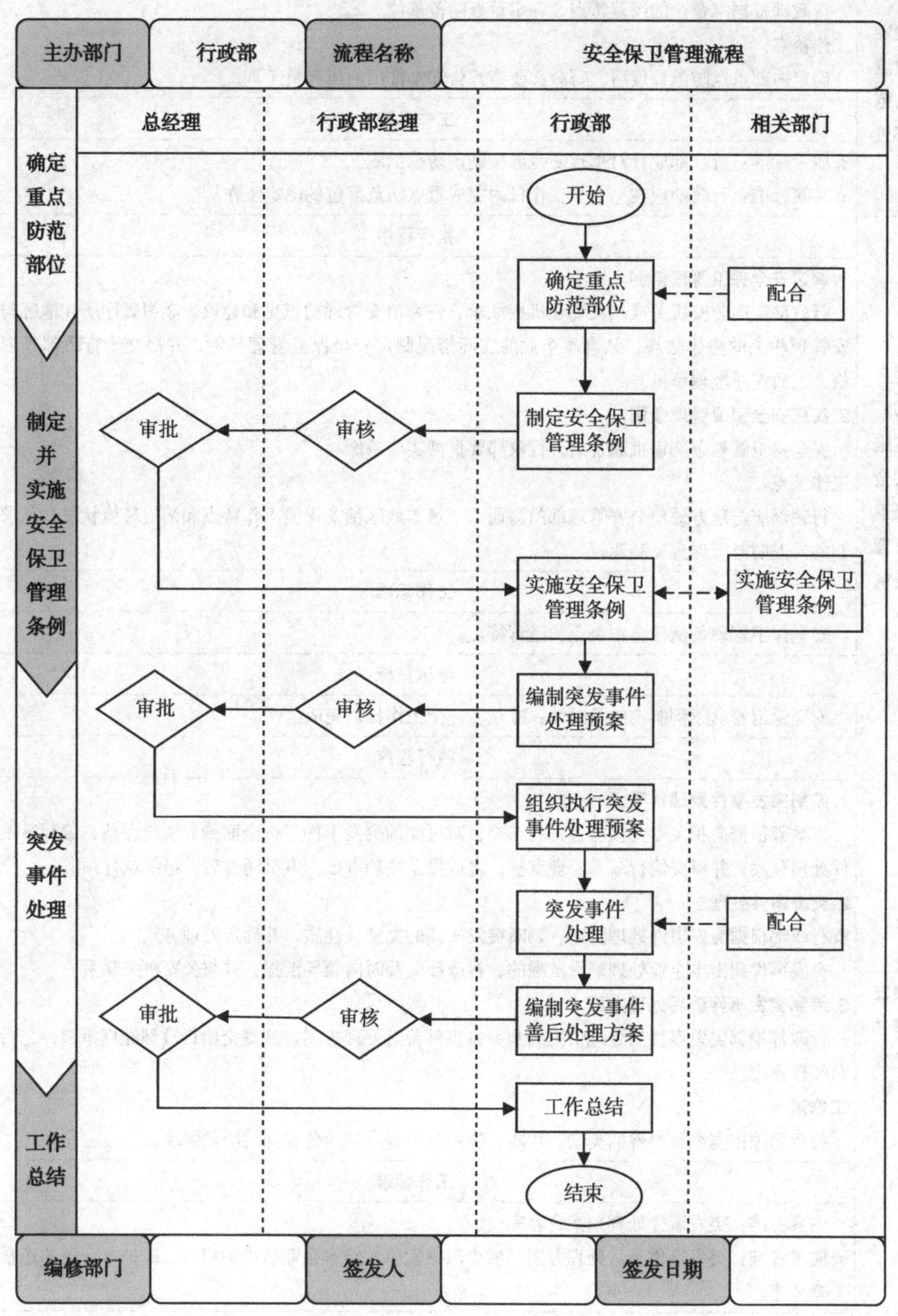

主办部门
行政部
流程名称
安全保卫管理流程
总经理
行政部经理
行政部
相关部门
确定重点防范部位
开始
确定重点防范部位
配合
制定并实施安全保卫管理条例
审批
审核
制定安全保卫管理条例
实施安全保卫管理条例
实施安全保卫管理条例
突发事件处理
审批
审核
编制突发事件处理预案
组织执行突发事件处理预案
突发事件处理
配合
审批
审核
编制突发事件善后处理方案
工作总结
工作总结
结束
编修部门
签发人
签发日期

15.4.2 安全保卫管理执行程序、工作标准、考核指标、执行规范

任务名称	执行程序、工作标准与考核指标
确定重点防范部位	**执行程序**
	行政部根据本企业的经营特点，确定重点防范部位。 **工作重点** 确定内部重点防范部位后，行政部要将其告知本部门内所有员工。
	工作标准
	☆质量标准：行政部应针对重点防范部位制定防范措施。 ☆时间标准：行政部应在____个工作日内完成重点防范部位的确定工作。
制定并实施安全保卫管理条例	**执行程序**
	1. 制定安全保卫管理条例 行政部应向公安机关或相关专业机构征求、咨询治安管理的意见和建议，学习餐厅所在地区与治安管理相关的法律法规，结合本企业的实际情况制定安全保卫管理条例，并提交给行政部经理审核，之后报总经理审批。 **2. 实施安全保卫管理条例** 安全保卫管理条例审批通过后，行政部要贯彻实施条例。 **工作重点** 行政部应与地方政府公安管理部门沟通，了解本地区治安保卫工作特点和治安环境状况，征求他们的治安防范管理意见和建议。
	工作标准
	安全保卫管理条例符合本企业的经营特点。
	考核指标
	安全保卫管理条例制定的及时性：应在____个工作日内完成。
突发事件处理	**执行程序**
	1. 编制突发事件处理预案 行政部依据向相关专业机构咨询的结果，对可能的突发事件进行全面的分析与评估，编制突发事件处理预案，并提交给行政部经理审核，之后报总经理审批，审批通过后，组织执行预案。 **2. 突发事件处理** ☆行政部根据突发事件处理预案，判断突发事件的类型、性质，并确定处理方式。 ☆突发事件超出本企业处理能力范围的，行政部应及时向领导汇报，并与公安机关联系。 **3. 编制突发事件善后处理方案** 行政部根据突发事件的处理情况编制突发事件善后处理方案，并提交给行政部经理审核，之后报总经理审批。 **工作重点** 行政部须依据突发事件的类型、性质，决定是否寻求当地公安部门协助解决。
	工作标准
	☆内容标准：突发事件处理预案内容完整。 ☆质量标准：突发事件善后处理方案可减少因突发事件给本企业造成的损失，维护本企业的正常经营秩序。

（续）

<table>
<tr><th>任务名称</th><th>执行程序、工作标准与考核指标</th></tr>
<tr><td rowspan="4">工作总结</td><td>执行程序</td></tr>
<tr><td>行政部须对突发事件管理工作进行总结，找到自身工作中的不足，汲取经验教训。
工作重点
行政部须定期进行工作总结。</td></tr>
<tr><td>工作标准</td></tr>
<tr><td>行政部应在突发事件处理完成后____个工作日内完成工作总结。</td></tr>
<tr><td colspan="2">执行规范</td></tr>
<tr><td colspan="2">“安全保卫管理制度”“重点防范部位表”“安全保卫管理条例”“突发事件处理预案”“突发事件善后处理方案”。</td></tr>
</table>

第16章 餐饮企业人力、行政与后勤管理

16.1 餐饮企业人力、行政与后勤管理流程

16.1.1 流程设计的目的

餐饮企业设计餐饮人力、行政与后勤管理流程的目的如下：

（1）指导餐饮企业人力、行政与后勤管理工作，确保企业正常运行；

（2）明确餐饮企业人力、行政与后勤管理工作的重要工作节点，避免工作逻辑混乱；

（3）规范餐饮企业人力、行政与后勤管理工作的工作程序，逐步实现企业管理的规范化、标准化和程序化。

16.1.2 流程结构设计

餐饮企业人力、行政与后勤管理包括八大事项，我们可以就每个事项设计相应的流程，即招聘管理流程、培训管理流程、绩效管理流程、薪酬管理流程、宿舍管理流程、车辆使用管理流程、水电暖维修管理流程和工程维修管理流程，具体如图16-1所示。

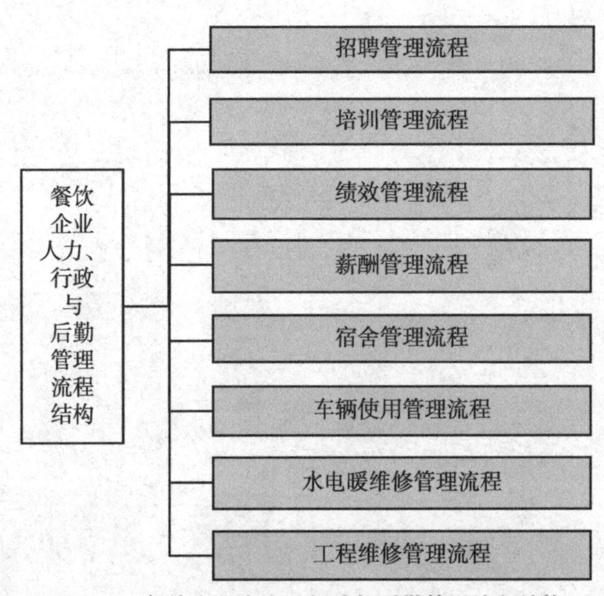
餐饮企业人力、行政与后勤管理流程结构
招聘管理流程
培训管理流程
绩效管理流程
薪酬管理流程
宿舍管理流程
车辆使用管理流程
水电暖维修管理流程
工程维修管理流程

图16-1 餐饮企业人力、行政与后勤管理流程结构

16.2 招聘管理流程设计与工作执行

16.2.1 招聘管理流程设计

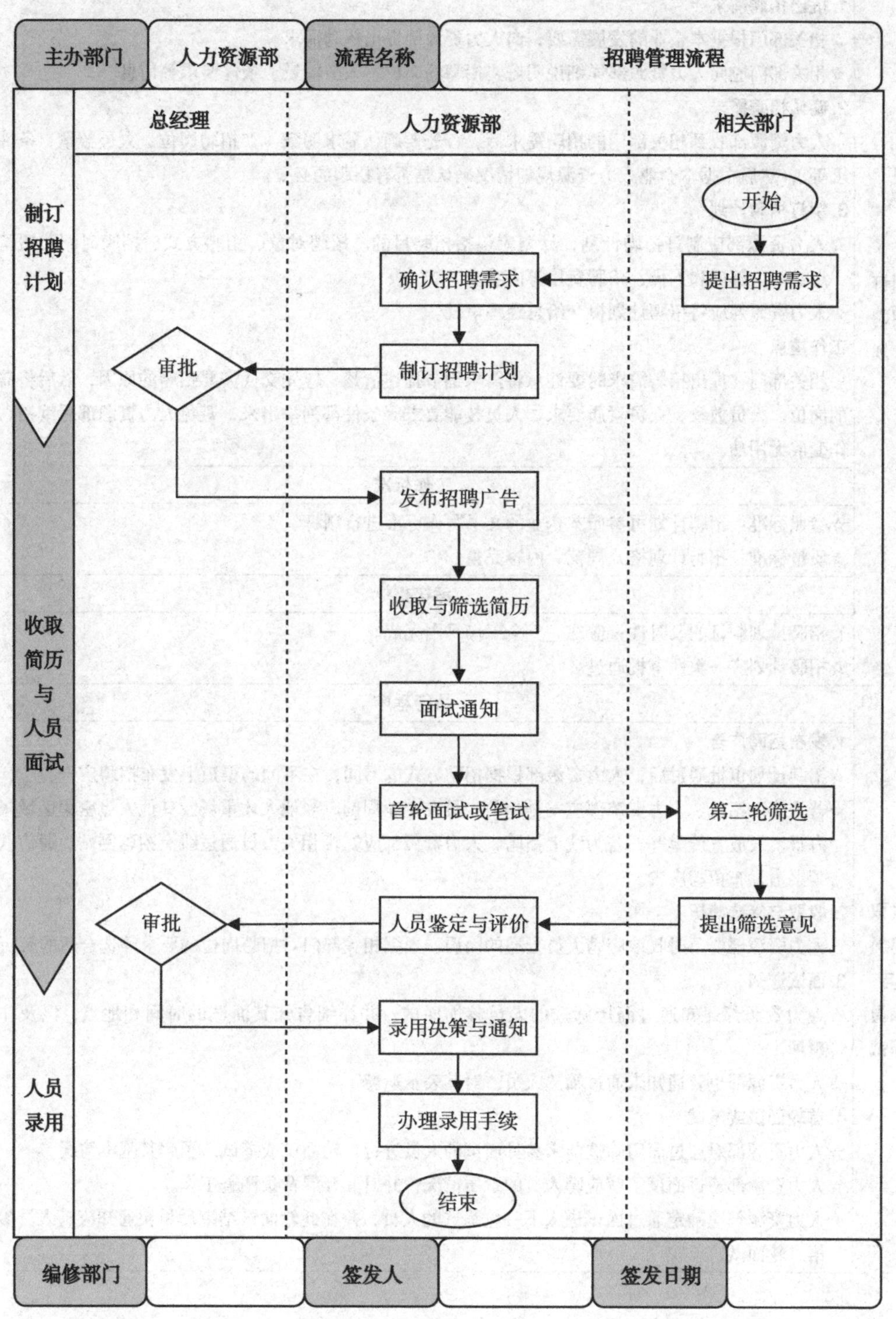

主办部门
人力资源部
流程名称
招聘管理流程
总经理
人力资源部
相关部门
制订招聘计划
收取简历与人员面试
人员录用
开始
提出招聘需求
确认招聘需求
制订招聘计划
审批
发布招聘广告
收取与筛选简历
面试通知
首轮面试或笔试
第二轮筛选
提出筛选意见
人员鉴定与评价
审批
录用决策与通知
办理录用手续
结束
编修部门
签发人
签发日期

16.2.2 招聘管理执行程序、工作标准、考核指标、执行规范

<table>
<tr><th>任务名称</th><th>执行程序、工作标准与考核指标</th></tr>
<tr><td rowspan="6">制订招聘计划</td><td>执行程序</td></tr>
<tr><td>1. 提出招聘需求
☆相关部门根据本企业的发展需要，向人力资源部提出招聘需求。
☆相关部门应向人力资源部详细说明需要招聘的岗位、人员数量、条件要求等信息。
2. 确认招聘需求
人力资源部收到相关部门的招聘需求后，首先要确认需求明细（如招聘岗位、人员数量、条件要求等），然后根据本企业人力资源规划情况确认是否有招聘的必要。
3. 制订招聘计划
☆人力资源部应制订招聘计划，计划应包括招聘目的、招聘对象、招聘方式、招聘时间、招聘地点、归口部门和人员、招聘费用等内容。
☆人力资源部应将招聘计划提交给总经理审批。
工作重点
相关部门在提出招聘需求时要注意将需求细节描述清楚，应先交代需要招聘的原因，然后将需求的岗位、人员数量、人员素质要求、人员技能要求等条件都列举出来，避免人力资源部后续招聘工作变成无用功。</td></tr>
<tr><td>工作标准</td></tr>
<tr><td>☆参照标准：招聘计划可参照本企业的文书写作标准进行制订。
☆质量标准：招聘计划格式规范、内容完整。</td></tr>
<tr><td>考核指标</td></tr>
<tr><td>☆招聘计划制订的及时性：应在____个工作日内完成。
☆招聘计划应一次性审批通过。</td></tr>
<tr><td rowspan="2">收取简历与人员面试</td><td>执行程序</td></tr>
<tr><td>1. 发布招聘广告
☆招聘计划审批通过后，人力资源部根据招聘方式的不同，在不同的渠道上发布招聘广告。
☆若为线下招聘，人力资源部应安排相关人员在企业周围、当地人才市场及其他人流密集区域张贴海报、发放宣传单等；若为线上招聘，人力资源部应安排相关人员通过线上招聘网站、通信软件等渠道发布招聘广告。
2. 收取与筛选简历
人力资源部要及时收取应聘人员投递的简历，根据相关部门对招聘岗位的要求筛选合适的简历。
3. 面试通知
☆人力资源部通知通过简历筛选的人员参加面试，并详细告知其面试的时间和地点，以及注意事项。
☆人力资源部也要通知未通过筛选人员，对其表示遗憾。
4. 首轮面试或笔试
☆人力资源部对通过简历筛选前来参见面试的人员进行首轮面试或笔试，了解其基本情况。
☆人力资源部通过面试了解应聘人员的素质情况，并对其开展背景调查工作。
☆人力资源部应确定通过面试进入下一轮筛选的人员，并在此轮面试结束后尽快通知应聘人员参加第二轮面试。</td></tr>
</table>

（续）

<table>
<tr><th>任务名称</th><th>执行程序、工作标准与考核指标</th></tr>
<tr><td rowspan="5">收取简历与人员面试</td><td>5. 第二轮筛选
☆招聘部门须对通过首轮面试的应聘人员进行专业技能方面的考核，主要考核其岗位胜任能力。
☆若应聘人员应聘的是管理岗位，招聘部门应考核其管理能力；若应聘人员应聘的是技能 / 操作岗位，招聘部门应请应聘人员现场操作，判断其技能水平。
6. 提出筛选意见
招聘部门根据参加第二轮面试人员的具体表现提出筛选意见，并向人力资源部表述意向人员。
7. 人员鉴定与评价
☆人力资源部结合招聘部门提出的筛选意见，结合应聘人员首轮面试的实际情况，综合应聘人员的素质、技能水平、工作经验等因素，确定拟录用人员，并形成拟录用人员说明书。
☆人力资源部应将拟录用人员说明书提交给总经理审批，审批通过后方可录用。
工作重点
☆对应聘人员进行背景调查是人员招聘环节的重点，这不仅可以了解应聘人员的工作经验，还能规避劳动关系上的法律风险。
☆在对应聘人员进行面试时，往往由人力资源部对其进行素质、心理上的考核与评价，由招聘部门对其进行专业能力上的评价，人力资源部要综合应聘人员这两方面的特质做出录用决策。</td></tr>
<tr><td>工作标准</td></tr>
<tr><td>☆目标标准：通过首轮面试与第二轮筛选，确定拟录用人员。
☆质量标准：招聘过程程序规范，人员筛选科学合理。</td></tr>
<tr><td>考核指标</td></tr>
<tr><td>☆人员录用率，其计算公式如下：
$$人员录用率=\frac{录用人数}{计划招聘人数}\times 100\%$$
☆拟录用人员说明书应一次性审批通过。</td></tr>
<tr><td rowspan="4">人员录用</td><td>执行程序</td></tr>
<tr><td>1. 录用决策与通知
☆拟录用人员说明书审批通过后，人力资源部做出录用决策，并将最终结果通知应聘人员。
☆人力资源部请应聘人员在规定的时间内到企业报到。
2. 办理录用手续
☆人力资源部应为新员工办理录用手续，收取其身份证明材料和技能证书等材料，代表企业与其签订劳动合同，将其加入企业花名册，为其办理社保、公积金等。
☆人力资源部将新员工带到其所在部门，介绍给其主要领导，由其领导指导其熟悉工作环境等。
工作重点
人力资源部须认真核实新员工提供的身份证明材料和技能证书等材料。</td></tr>
<tr><td>工作标准</td></tr>
<tr><td>新员工录用手续办理完成，成功入职。</td></tr>
<tr><td colspan="2">执行规范</td></tr>
<tr><td colspan="2">“招聘计划”“拟录用人员说明书”。</td></tr>
</table>

16.3 培训管理流程设计与工作执行

16.3.1 培训管理流程设计

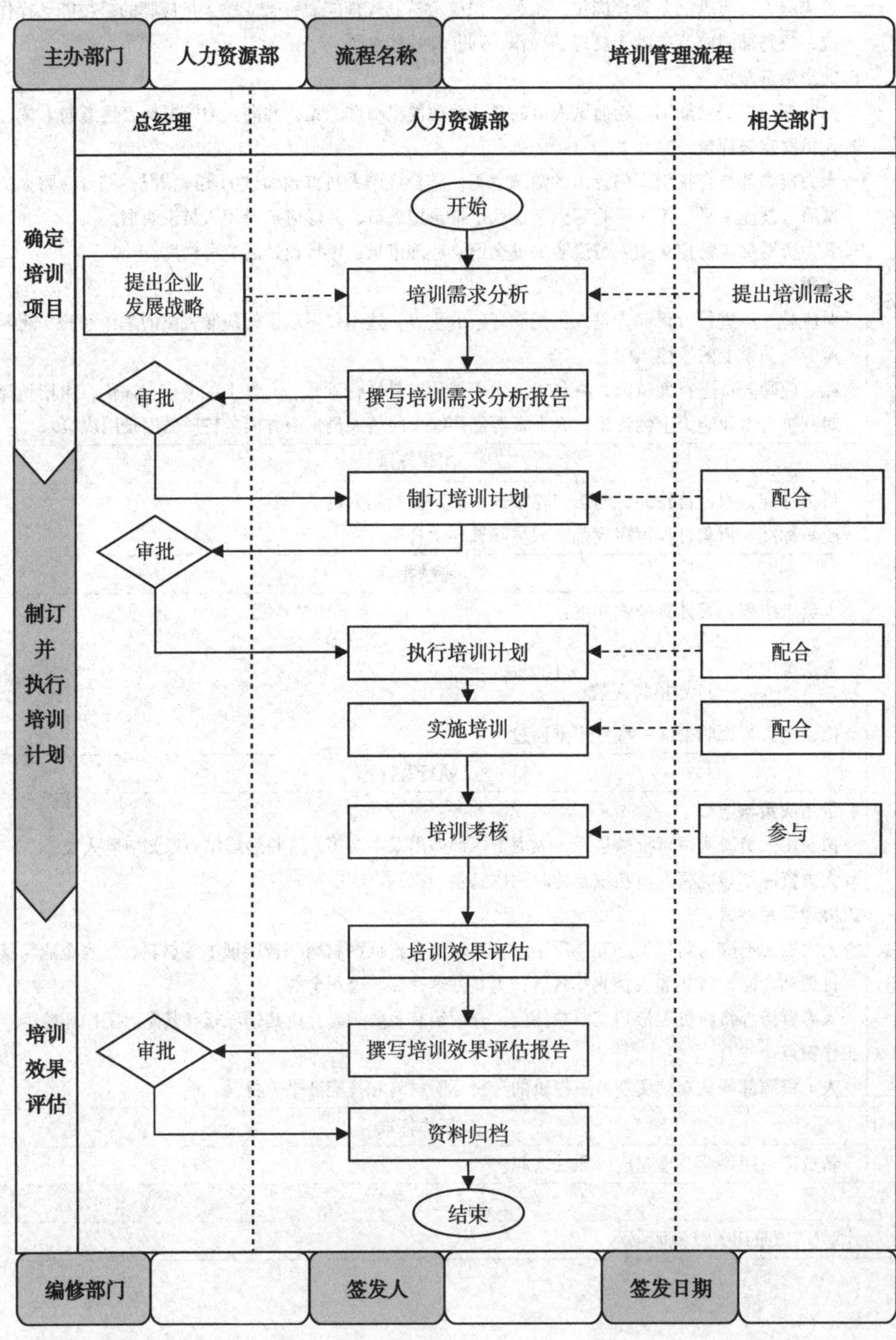

主办部门
人力资源部
流程名称
培训管理流程
总经理
人力资源部
相关部门
确定培训项目
制订并执行培训计划
培训效果评估
开始
提出企业发展战略
培训需求分析
提出培训需求
审批
撰写培训需求分析报告
制订培训计划
配合
审批
执行培训计划
配合
实施培训
配合
培训考核
参与
培训效果评估
审批
撰写培训效果评估报告
资料归档
结束
编修部门
签发人
签发日期

16.3.2 培训管理执行程序、工作标准、考核指标、执行规范

<table>
<tr><th>任务名称</th><th>执行程序、工作标准与考核指标</th></tr>
<tr><td rowspan="6">确定培训项目</td><td>执行程序</td></tr>
<tr><td>☆人力资源部根据各部门的培训需求情况，或者基于总经理提出的本企业发展战略的考虑，对相关部门提出的培训需求进行分析。
☆培训需求分析主要分析培训的原因与目的。
☆人力资源部应撰写培训需求分析报告，并提交给总经理审批，审批通过后方可开展后续工作。
工作重点
培训需求分析是培训工作的基础，也是重点，没有经过培训需求分析的培训无法对症下药，容易使培训流于形式，达不到应有效果。</td></tr>
<tr><td>工作标准</td></tr>
<tr><td>☆参照标准：培训需求分析报告可参照本企业的文书写作标准进行撰写。
☆质量标准：培训需求分析报告内容完整、条例清晰、分析透彻。</td></tr>
<tr><td>考核指标</td></tr>
<tr><td>☆培训需求分析报告撰写的及时性：应在____个工作日内完成。
☆培训需求分析报告应一次性审批通过。</td></tr>
<tr><td rowspan="4">制订并执行培训计划</td><td>执行程序</td></tr>
<tr><td>1. 制订培训计划
☆人力资源部基于培训需求分析报告的内容制订培训计划，计划应包括培训目的、培训方式、培训时间、培训地点和培训人员等内容。
☆人力资源部应将培训计划提交给总经理审批，审批通过后方可执行。
2. 实施培训
人力资源部应根据培训计划的具体内容，立即着手安排培训讲师、场地、器材等，并通知参训人员在指定的时间与地点接受培训。
3. 培训考核
为保证培训质量，人力资源部协同其他相关部门对参训人员进行考核。
工作重点
由于行业特点，企业的员工技能水平一般不会有太大问题，但工作程序、工作规范、卫生、安全等方面往往是企业比较常见的问题，这些问题才是培训的重点。</td></tr>
<tr><td>工作标准</td></tr>
<tr><td>培训计划通过总经理的审批。</td></tr>
<tr><td rowspan="2">培训效果评估</td><td>执行程序</td></tr>
<tr><td>1. 培训效果评估
☆即便是参训人员都通过培训考核，也不代表培训能完全取得预期效果，因此在培训结束后，人力资源部需要对培训效果进行评估。
☆培训效果评估一般分为反应评估、学习评估、行为评估和结果评估。
2. 撰写培训效果评估报告
人力资源部应根据评估结果撰写培训效果评估报告，并提交给总经理审批。</td></tr>
</table>

（续）

<table>
<tr><th>任务名称</th><th>执行程序、工作标准与考核指标</th></tr>
<tr><td rowspan="5">培训效果评估</td><td>3. 资料归档
培训效果评估报告审批通过后，人力资源部应及时将培训管理过程中产生的相关资料归档。
工作重点
反应评估、学习评估、行为评估和结果评估即柯式四级评估方法，是现代企业培训效果评估中使用的主要参考模型，该模型应用十分广泛。人力资源部应根据本企业的实际情况灵活选用评估方法。</td></tr>
<tr><td>工作标准</td></tr>
<tr><td>☆质量标准：培训效果评估报告内容完整、逻辑清晰。
☆参照标准：培训效果评估报告可参照本企业的文书写作标准进行撰写。</td></tr>
<tr><td>考核指标</td></tr>
<tr><td>☆培训效果评估报告撰写的及时性：应在____个工作日内完成。
☆培训效果评估报告应一次性审批通过。</td></tr>
<tr><td colspan="2">执行规范</td></tr>
<tr><td colspan="2">“培训需求分析报告”“培训计划”“培训效果评估报告”。</td></tr>
</table>

16.4 绩效管理流程设计与工作执行

16.4.1 绩效管理流程设计

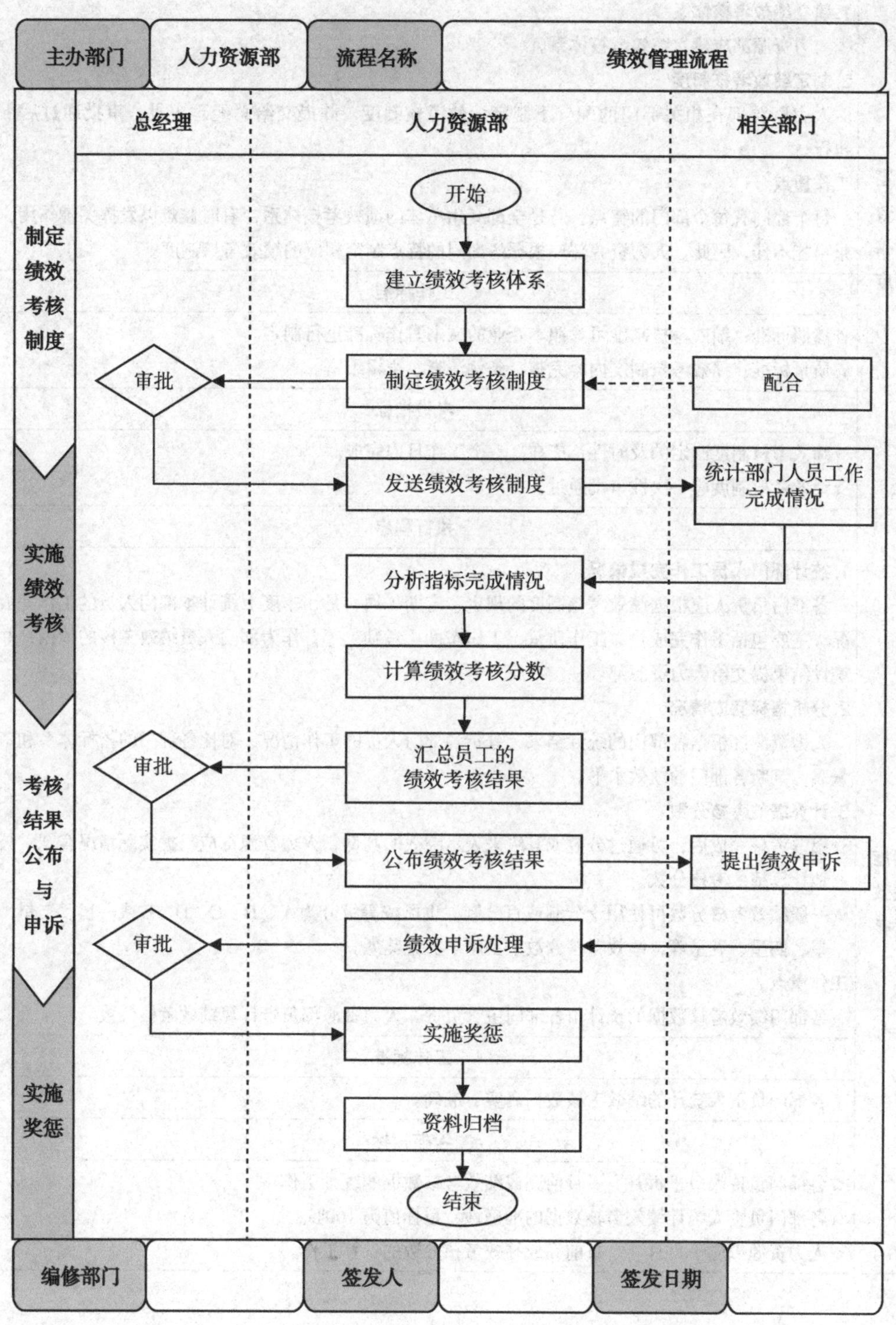

主办部门
人力资源部
流程名称
绩效管理流程
总经理
人力资源部
相关部门
制定绩效考核制度
实施绩效考核
考核结果公布与申诉
实施奖惩
开始
建立绩效考核体系
审批
制定绩效考核制度
配合
发送绩效考核制度
统计部门人员工作完成情况
分析指标完成情况
计算绩效考核分数
审批
汇总员工的绩效考核结果
公布绩效考核结果
提出绩效申诉
审批
绩效申诉处理
实施奖惩
资料归档
结束
编修部门
签发人
签发日期

16.4.2 绩效管理执行程序、工作标准、考核指标、执行规范

<table>
<tr><th>任务名称</th><th>执行程序、工作标准与考核指标</th></tr>
<tr><td rowspan="6">制定绩效考核制度</td><td>执行程序</td></tr>
<tr><td>1. 建立绩效考核体系
人力资源部应建立绩效考核体系。
2. 制定绩效考核制度
人力资源部在相关部门的配合下制定绩效考核制度，并提交给总经理审批，审批通过后下发执行。
工作重点
每个部门有每个部门的特点，若是全部套用总体的绩效考核体系，有时候难以发挥关键作用，效果可能不佳，因此，人力资源部应根据各部门的特点制定相应的绩效考核制度。</td></tr>
<tr><td>工作标准</td></tr>
<tr><td>☆参照标准：绩效考核制度可参照本企业的文书写作标准进行制定。
☆质量标准：绩效考核制度内容完整、条例清晰、逻辑缜密。</td></tr>
<tr><td>考核指标</td></tr>
<tr><td>☆绩效考核制度制定的及时性：应在____个工作日内完成。
☆绩效考核制度应一次性审批通过。</td></tr>
<tr><td rowspan="6">实施绩效考核</td><td>执行程序</td></tr>
<tr><td>1. 统计部门人员工作完成情况
各部门负责人应根据绩效考核制度的规定，定期（周、月、季度）统计本部门人员的工作完成情况，主要包括工作完成量、工作质量、工作态度（考勤）等，作为部门人员绩效考核的依据，并将统计结果提交给人力资源部。
2. 分析指标完成情况
人力资源部根据各部门的统计结果，分析各部门人员的工作情况，对比各部门的指标体系和考核量表，判断各部门的绩效水平。
3. 计算绩效考核分数
☆绩效考核完成后，可通过分数或等级来表示绩效的高低，人力资源部应根据实际情况客观、公正地计算绩效考核分数。
☆一般绩效考核分数可使用十分制或百分制，也可按等级分为A、B、C、D、E或一星、二星、三星、四星、五星等，绩效考核分数主要用于实施奖惩。
工作重点
各部门绩效考核数据的统计由各部门主管负责，人力资源部负责计算绩效考核分数。</td></tr>
<tr><td>工作标准</td></tr>
<tr><td>各部门负责人统计的绩效考核数据真实、准确。</td></tr>
<tr><td>考核指标</td></tr>
<tr><td>☆各部门负责人应于每月____日前完成绩效考核数据的统计工作。
☆各部门负责人统计绩效考核数据的准确性：目标值为100%。
☆人力资源部应于每月____日前完成绩效考核分数的计算工作。</td></tr>
</table>

（续）

任务名称	执行程序、工作标准与考核指标
考核结果公布与申诉	**执行程序**
	1. 汇总员工的绩效考核结果 ☆人力资源部应将相关部门所有员工的绩效考核结果汇总，形成 ×× 周 / 月 / 季度绩效考核说明书。 ☆人力资源部应将 ×× 周 / 月 / 季度绩效考核说明书提交给总经理审批，审批通过后方可开展后续工作。 **2. 公布绩效考核结果** ☆ ×× 周 / 月 / 季度绩效考核说明书审批通过后，人力资源部公布绩效考核结果。 ☆考核结果公示期为____天，期间任何部门或员工若对考核结果有异议，可向人力资源部提出申诉。 **3. 绩效申诉处理** ☆若考核结果确有问题，相关部门员工填写绩效申诉表，填写完后提交给人力资源部。人力资源部应妥善处理绩效申诉，积极与各部门负责人、提出异议员工联系，查找原因，给员工一个公正、合理的解释。 ☆绩效申诉处理完毕后，人力资源部应在绩效申诉表上注明申诉结果并签字盖章，同时提交给总经理审批。 **工作重点** 绩效考核结果必须在本企业内部全面公布，保证考核结果公平、公正、公开。
	工作标准
	绩效考核结果公布和申诉处理符合本企业的规定。
	考核指标
	☆绩效考核结果的公示时间不少于____个工作日。 ☆绩效申诉的处理应在____个工作日内完成。
实施奖惩	**执行程序**
	1. 实施奖惩 绩效公示期过且绩效申诉处理完毕后，人力资源部根据本企业的绩效考核制度，对绩效水平高的部门及员工实施奖励，对绩效水平低的部门及员工予以处罚。 **2. 资料归档** 人力资源部应及时将与绩效考核相关的资料归档。 **工作重点** 绩效考核的目的是提升员工的绩效水平。
	工作标准
	基于绩效考核结果的奖惩实施符合本企业的规范。
	考核指标
	资料归档的及时性：应在____个工作日内完成。
执行规范	
“绩效考核制度”“×× 周 / 月 / 季度绩效考核说明书”“绩效申诉表”。	

16.5 薪酬管理流程设计与工作执行

16.5.1 薪酬管理流程设计

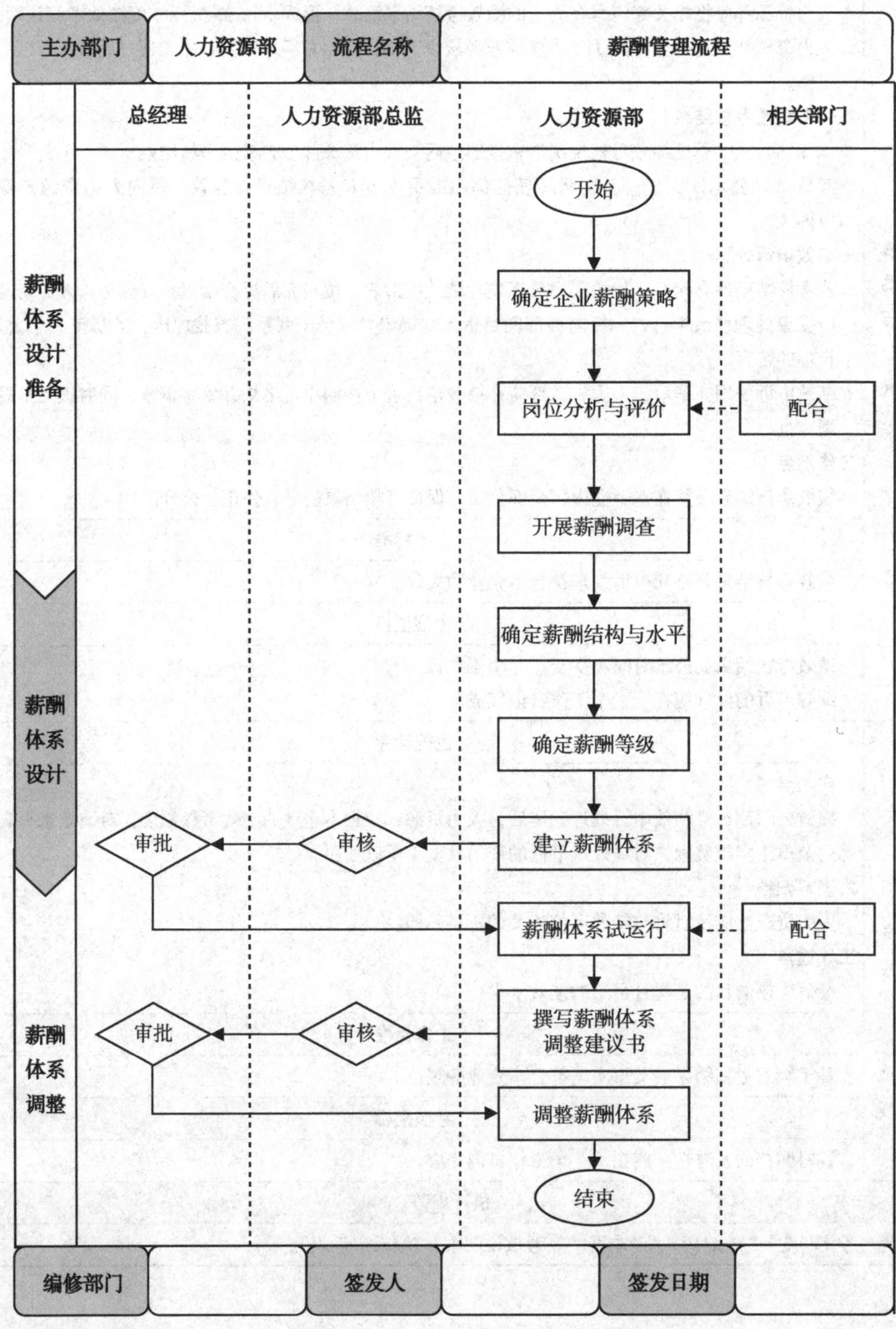

主办部门
人力资源部
流程名称
薪酬管理流程
总经理
人力资源部总监
人力资源部
相关部门
薪酬体系设计准备
薪酬体系设计
薪酬体系调整
开始
确定企业薪酬策略
岗位分析与评价
配合
开展薪酬调查
确定薪酬结构与水平
确定薪酬等级
建立薪酬体系
审核
审批
薪酬体系试运行
配合
撰写薪酬体系调整建议书
审核
审批
调整薪酬体系
结束
编修部门
签发人
签发日期

16.5.2 薪酬管理执行程序、工作标准、考核指标、执行规范

<table>
<tr><th>任务名称</th><th>执行程序、工作标准与考核指标</th></tr>
<tr><td rowspan="4">薪酬体系设计准备</td><td>执行程序</td></tr>
<tr><td>1. 确定企业薪酬策略
人力资源部根据本企业的发展战略、人力资源战略及激励导向，确定本企业的薪酬策略。
2. 岗位分析与评价
☆人力资源部在相关部门的配合下，进行岗位分析与评价。
☆在岗位分析与评价的基础上，人力资源部确定各岗位在本企业内部相对价值的大小。
3. 开展薪酬调查
人力资源部组织相关人员开展薪酬调查工作。
工作重点
薪酬调查要全面。</td></tr>
<tr><td>工作标准</td></tr>
<tr><td>人力资源部应在规定的时间内完成薪酬调查工作。</td></tr>
<tr><td rowspan="4">薪酬体系设计</td><td>执行程序</td></tr>
<tr><td>1. 确定薪酬结构与水平
人力资源部根据薪酬调查情况及本企业的实际情况，确定本企业的薪酬结构与水平。
2. 确定薪酬等级
人力资源部根据薪酬结构与水平及岗位分析结果，确定本企业的薪酬等级。
3. 建立薪酬体系
☆人力资源部应建立薪酬体系，并形成薪酬体系文件。
☆人力资源部应将薪酬体系文件提交给人力资源部总监审核，之后报总经理审批。
工作重点
人力资源部建立的薪酬体系要具有公平性、竞争性和激励性。</td></tr>
<tr><td>工作标准</td></tr>
<tr><td>薪酬体系文件种类齐全、格式规范、内容完整。</td></tr>
<tr><td rowspan="2">薪酬体系调整</td><td>执行程序</td></tr>
<tr><td>1. 薪酬体系试运行
☆人力资源部在本企业内部试运行薪酬体系。
☆人力资源部应收集、整理、分析薪酬体系试运行的反馈意见。
2. 撰写薪酬体系调整建议书
人力资源部根据薪酬体系试运行期间收到的反馈意见撰写薪酬体系调整建议书，并提交给人力资源部总监审核，之后报总经理审批。
3. 调整薪酬体系
薪酬体系调整建议书审批通过后，人力资源部立即对现有薪酬体系进行调整。
工作重点
人力资源部要充分收集各部门对薪酬体系试运行的反馈意见。</td></tr>
</table>

（续）

<table>
<tr><th>任务名称</th><th>执行程序、工作标准与考核指标</th></tr>
<tr><td rowspan="4">薪酬体系调整</td><td>工作标准</td></tr>
<tr><td>薪酬体系调整建议书通过总经理的审批。</td></tr>
<tr><td>考核指标</td></tr>
<tr><td>薪酬体系调整建议书撰写的及时性：应在____个工作日内完成。</td></tr>
<tr><td colspan="2">执行规范</td></tr>
<tr><td colspan="2">“薪酬体系调整建议书”“薪酬体系文件”。</td></tr>
</table>

餐饮企业运营与管理全案

16.6 宿舍管理流程设计与工作执行

16.6.1 宿舍管理流程设计

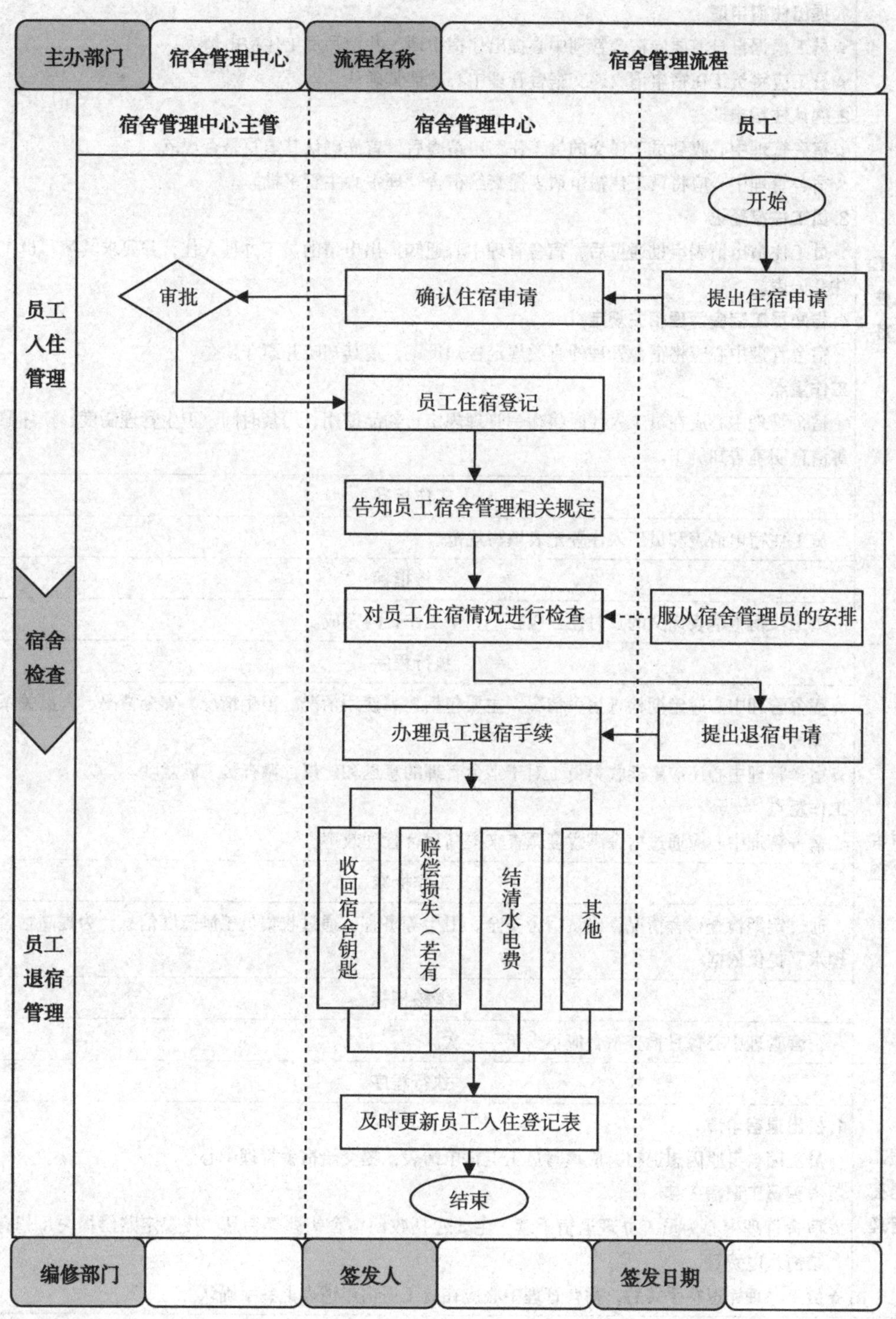

主办部门
宿舍管理中心
流程名称
宿舍管理流程
宿舍管理中心主管
宿舍管理中心
员工
员工入住管理
宿舍检查
员工退宿管理
开始
审批
确认住宿申请
提出住宿申请
员工住宿登记
告知员工宿舍管理相关规定
对员工住宿情况进行检查
服从宿舍管理员的安排
办理员工退宿手续
提出退宿申请
收回宿舍钥匙
赔偿损失（若有）
结清水电费
其他
及时更新员工入住登记表
结束
编修部门
签发人
签发日期

16.6.2 宿舍管理执行程序、工作标准、考核指标、执行规范

任务名称	执行程序、工作标准与考核指标
员工入住管理	**执行程序**
	1. 提出住宿申请 ☆员工根据自身需要向宿舍管理中心提出住宿申请，并填写员工住宿申请表。 ☆员工应将员工住宿申请表递交宿舍管理中心，请其确认。 **2. 确认住宿申请** ☆宿舍管理中心收到员工递交的员工住宿申请表后，首先确认其填写是否规范。 ☆宿舍管理中心应将员工住宿申请表提交给宿舍管理中心主管审批。 **3. 员工住宿登记** 员工住宿申请表审批通过后，宿舍管理中心通知提出申请的员工办理入住，并要求其填写员工入住登记表。 **4. 告知员工宿舍管理相关规定** 宿舍管理中心应将宿舍管理的有关规定告知员工，请其知晓并遵守。 **工作重点** 宿舍管理中心应在员工入住时将宿舍管理规定、物品使用、门禁时间、卫生管理制度、损坏赔偿等信息明确告知员工。
	工作标准
	员工住宿申请表和员工入住登记表填写规范。
	考核指标
	员工住宿申请表递交的及时性：应在____个工作日内完成。
宿舍检查	**执行程序**
	☆宿舍管理中心应定期检查宿舍情况，主要包括物品使用情况、卫生情况、安全情况、人员关系情况等。 ☆宿舍管理中心还应定期收集员工对于宿舍管理的意见和建议，调查员工满意度。 **工作重点** 宿舍管理中心应通过宿舍满意度调查来提高宿舍管理效率。
	工作标准
	通过定期检查宿舍情况，确认宿舍安全、卫生等事宜；通过收集员工满意度信息，为提高宿舍管理水平提供依据。
	考核指标
	宿舍管理中心每月检查宿舍应不少于____次。
员工退宿管理	**执行程序**
	1. 提出退宿申请 员工因自身原因想退宿，应填写员工退宿申请表，提交给宿舍管理中心。 **2. 办理员工退宿手续** ☆宿舍管理中心为员工办理退宿手续，主要包括收回宿舍钥匙等物品、按规定赔偿损失（若有）、结清水电费等。 ☆员工办理完退宿手续后，宿舍管理中心应在员工退宿申请表上签字确认。

（续）

任务名称	执行程序、工作标准与考核指标
员工退宿管理	**3. 及时更新员工入住登记表** 员工退宿后，宿舍管理中心应及时更新员工入住登记表，避免管理混乱。 **工作重点** 员工在住宿期间，若损坏了公共财产，宿舍管理中心要坚决要求其赔偿，对于不服从的，可报警处理。
	工作标准
	员工退宿程序规范，员工退宿申请表填写准确无误，员工入住登记表更新及时。
	考核指标
	员工退宿申请受理的及时性：应在员工提出退宿申请后____个工作日内受理。
执行规范	
“员工入住登记表”“员工住宿申请表”“员工退宿申请表”。	

16.7 车辆使用管理流程设计与工作执行

16.7.1 车辆使用管理流程设计

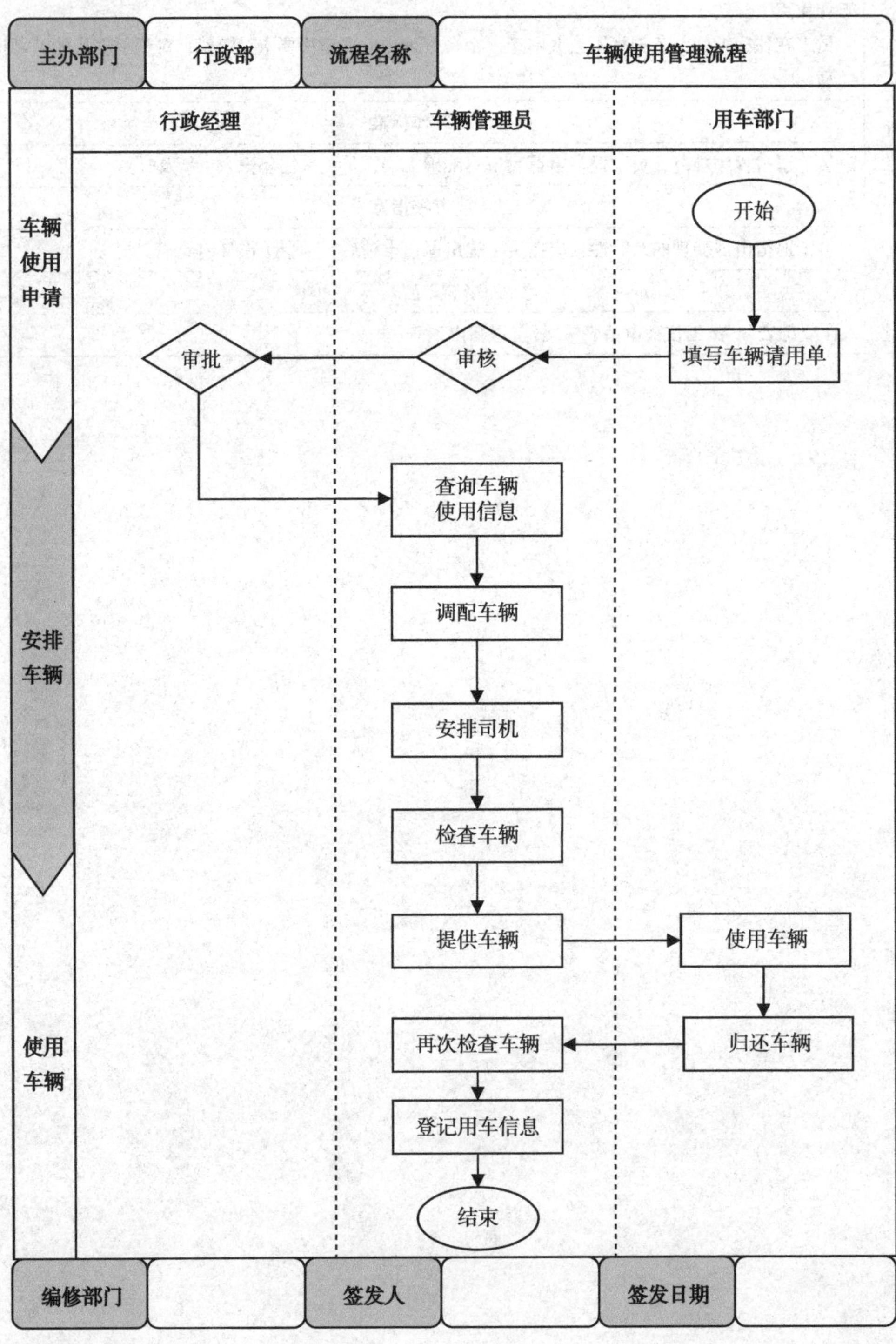

主办部门
行政部
流程名称
车辆使用管理流程
行政经理
车辆管理员
用车部门
车辆使用申请
安排车辆
使用车辆
开始
填写车辆请用单
审核
审批
查询车辆使用信息
调配车辆
安排司机
检查车辆
提供车辆
使用车辆
归还车辆
再次检查车辆
登记用车信息
结束
编修部门
签发人
签发日期

16.7.2 车辆使用管理执行程序、工作标准、考核指标、执行规范

<table>
<tr><th>任务名称</th><th>执行程序、工作标准与考核指标</th></tr>
<tr><td rowspan="4">车辆使用申请</td><td>执行程序</td></tr>
<tr><td>用车部门根据本部门用车需求填写车辆请用单，并提交给车辆管理员审核，之后报行政经理审批。
工作重点
用车部门要按规定填写车辆请用单。</td></tr>
<tr><td>工作标准</td></tr>
<tr><td>☆质量标准：车辆请用单填写规范，审核与审批手续符合本企业的规定。
☆内容标准：车辆请用单内容包括用车事由、用车时间、用车地点等。</td></tr>
<tr><td rowspan="4">安排车辆</td><td>执行程序</td></tr>
<tr><td>1. 查询车辆使用信息
☆车辆请用单审批通过后，车辆管理员应查询本企业车辆的使用现状信息，明确车辆可用情况。
☆车辆管理员根据车辆请用单调配车辆。
2. 检查车辆
车辆管理员为调配的车辆配备司机，并在司机的协助下对待派车辆进行检查，确保车辆能正常安全使用。
工作重点
车辆管理员要按照车辆请用单为用车部门安排车辆。</td></tr>
<tr><td>工作标准</td></tr>
<tr><td>车辆调配灵活、合理。</td></tr>
<tr><td rowspan="6">使用车辆</td><td>执行程序</td></tr>
<tr><td>1. 提供车辆
车辆管理员通知用车部门车辆调配完毕，将检查没有问题的车辆提供给用车部门，用车部门使用车辆。
2. 再次检查车辆
☆用车部门应及时归还车辆。
☆车辆管理员须对用车部门归还的车辆进行再次检查。
3. 登记用车信息
车辆管理员应对车辆调配使用情况进行登记，定期整理用车记录，并将相关资料归档，以便日后查阅。
工作重点
车辆管理员要认真、细致地对用车部门归还的车辆进行检查。</td></tr>
<tr><td>工作标准</td></tr>
<tr><td>车辆归还及时。</td></tr>
<tr><td>考核指标</td></tr>
<tr><td>用车信息登记的完整性：内容无缺失、无遗漏。</td></tr>
<tr><td colspan="2">执行规范</td></tr>
<tr><td colspan="2">“车辆请用单”“车辆管理制度”“车辆使用情况统计表”“车辆损坏情况登记表”“车辆使用登记表”。</td></tr>
</table>

16.8 水电暖维修管理流程设计与工作执行

16.8.1 水电暖维修管理流程设计

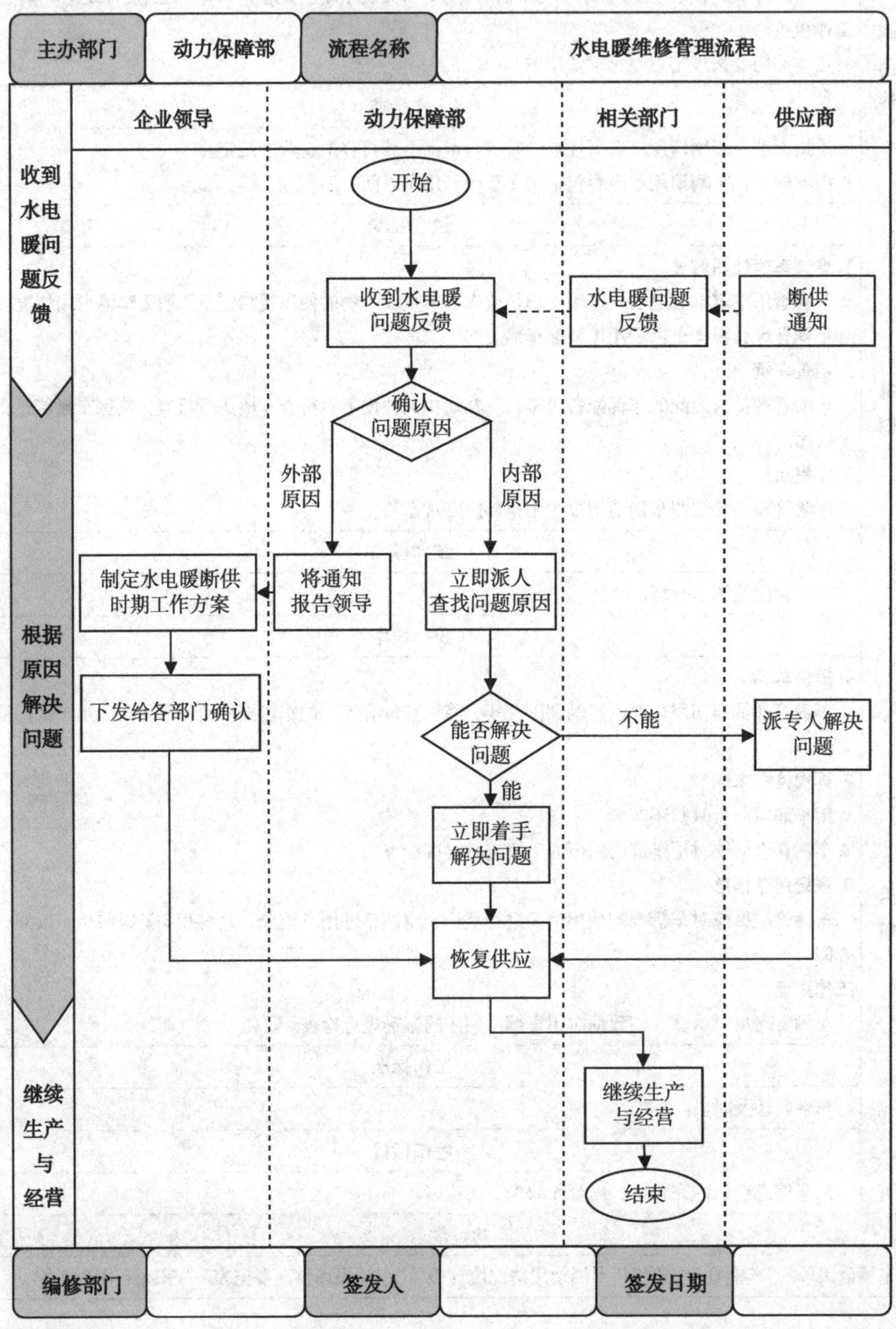

主办部门
动力保障部
流程名称
水电暖维修管理流程
企业领导
动力保障部
相关部门
供应商
收到水电暖问题反馈
根据原因解决问题
继续生产与经营
开始
收到水电暖问题反馈
水电暖问题反馈
断供通知
确认问题原因
外部原因
内部原因
制定水电暖断供时期工作方案
将通知报告领导
立即派人查找问题原因
下发给各部门确认
能否解决问题
不能
派专人解决问题
能
立即着手解决问题
恢复供应
继续生产与经营
结束
编修部门
签发人
签发日期

16.8.2 水电暖维修管理执行程序、工作标准、考核指标、执行规范

<table>
<tr><th>任务名称</th><th>执行程序、工作标准与考核指标</th></tr>
<tr><td rowspan="4">收到水电暖问题反馈</td><td>执行程序</td></tr>
<tr><td>☆动力保障部收到相关部门或供应商反映的水电暖问题。
☆水电暖断供通知可能来自供应商，这种情况一般属于还未断供；还可能来自相关部门，这种情况属于断供已经发生。
工作重点
动力保障部要密切关注供应商的官方动态，一般供应商都会提前发布水电暖断供通知。</td></tr>
<tr><td>工作标准</td></tr>
<tr><td>动力保障部及时收到并确认反映的水电暖问题。</td></tr>
<tr><td rowspan="6">根据原因解决问题</td><td>执行程序</td></tr>
<tr><td>1. 问题原因之内部原因
☆若是本企业内部问题，动力保障部应立即派人查找问题原因。
☆动力保障部技术人员应确认问题是否可以在企业内部得到解决，若能，应立即着手解决；若不能，应联系供应商解决。
2. 问题原因之外部原因
☆若是来自供应商的断供通知，动力保障部人员应及时将通知告知企业领导。
☆企业领导收到通知后应及时制定水电暖断供时期工作方案，并下发给各部门确认。
工作重点
动力保障部在收到供应商的断供通知后，一定要及时告知企业领导，以免无预警断供，企业无法及时反应，给企业造成经济损失。</td></tr>
<tr><td>工作标准</td></tr>
<tr><td>通过分析水电暖断供的原因，找到问题解决办法。</td></tr>
<tr><td>考核指标</td></tr>
<tr><td>水电暖断供通知上报的及时性：应在____小时内上报企业领导。</td></tr>
<tr><td rowspan="4">继续生产与经营</td><td>执行程序</td></tr>
<tr><td>☆若为水电暖断供状态，动力保障部应根据水电暖断供时期工作方案保障生产与经营。
☆若问题已经解决，动力保障部应按正常状态保障生产与经营。
工作重点
水电暖断供状态下，企业的生产与经营要注意保护员工的安全。</td></tr>
<tr><td>工作标准</td></tr>
<tr><td>不论在哪种情况下，企业都能继续生产与经营。</td></tr>
<tr><td colspan="2">执行规范</td></tr>
<tr><td colspan="2">“水电暖断供时期工作方案”。</td></tr>
</table>

16.9 工程维修管理流程设计与工作执行

16.9.1 工程维修管理流程设计

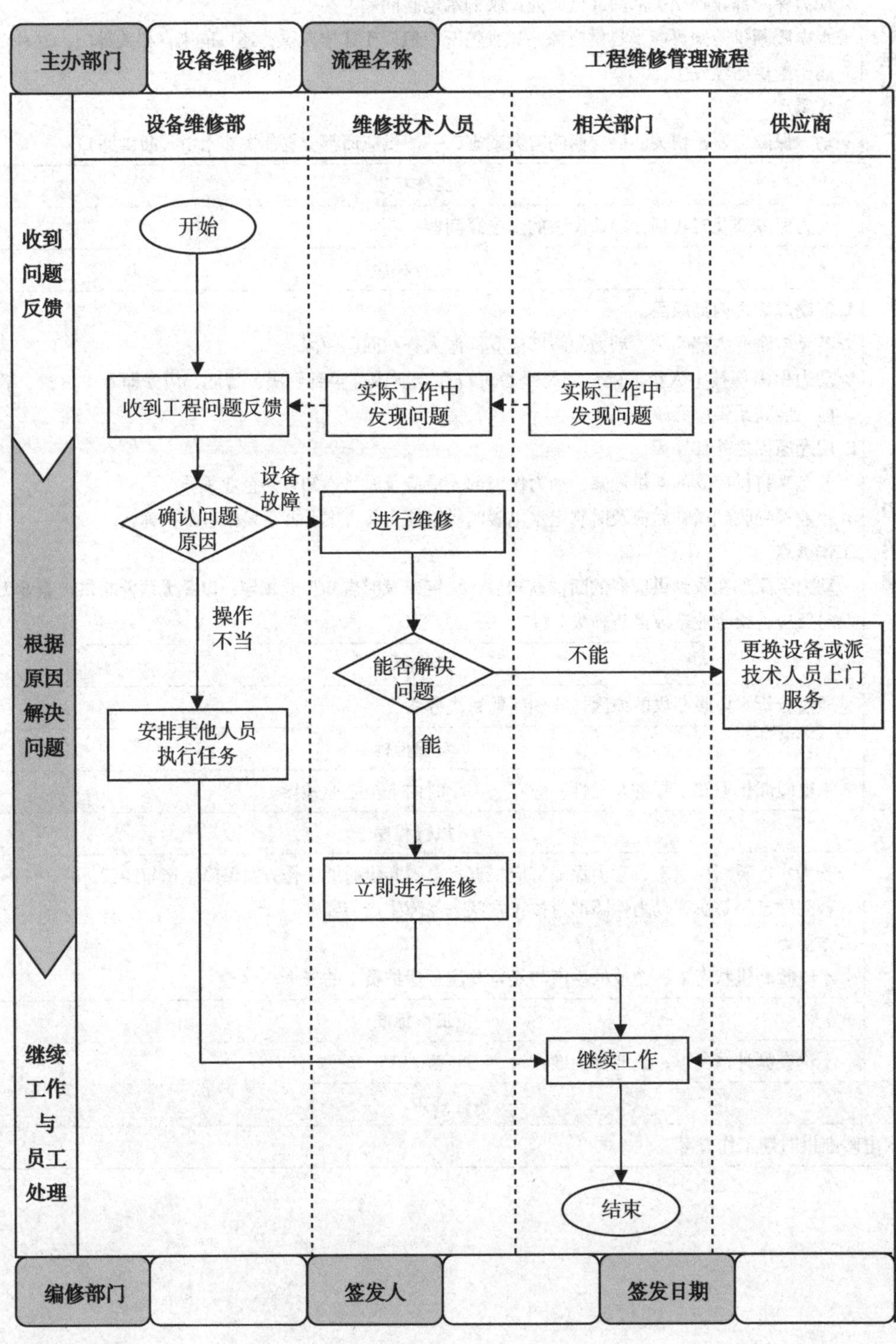

主办部门
设备维修部
流程名称
工程维修管理流程
设备维修部
维修技术人员
相关部门
供应商
收到问题反馈
根据原因解决问题
继续工作与员工处理
开始
收到工程问题反馈
实际工作中发现问题
实际工作中发现问题
确认问题原因
设备故障
进行维修
操作不当
能否解决问题
不能
更换设备或派技术人员上门服务
安排其他人员执行任务
能
立即进行维修
继续工作
结束
编修部门
签发人
签发日期

16.9.2 工程维修管理执行程序、工作标准、考核指标、执行规范

任务名称	执行程序、工作标准与考核指标
收到问题反馈	**执行程序** ☆设备维修部收到维修技术人员或相关部门人员反映的工程问题。 ☆工程问题可能来自维修技术人员的日常巡检，也可能来自工程设备使用部门员工的反映。 **工作重点** 设备维修部要安排专人每日定时定点对本企业所有工程设备进行巡检，防患于未然。 **工作标准** ☆完成标准：设备维修部及时收到并确认反映的工程问题。 ☆参照标准：设备维修部的巡检参照本企业的巡检制度执行。
根据原因解决问题	**执行程序** **1. 问题原因之设备故障** ☆设备维修部收到反映的工程问题后，应立即派技术人员查找问题原因。 ☆设备维修部技术人员确认问题是否可以通过技术维修得到解决，若能，应及时进行维修，解决问题；若不能，应联系供应商更换设备或派技术人员上门服务。 **2. 问题原因之操作不当** 若问题原因是相关人员在操作设备时不规范，设备维修部应安排其他人员执行此工作任务。 **工作重点** 在与供应商沟通之前，设备维修部应先判断企业能否自行解决问题，因为这样最节省时间，实在解决不了的，再考虑更换设备或等待供应商派技术人员上门服务。 **工作标准** 通过分析工程问题的原因，找到问题解决办法。 **考核指标** 设备维修部应在收到工程问题反馈后____小时内做出反应。
继续工作与员工处理	**执行程序** 工程问题解决后，相关部门继续工作。 **工作重点** 维修技术人员要及时解决工程问题，避免耽误相关部门的工作进度。 **工作标准** 工程问题解决及时，不耽误相关部门的工作进度。
执行规范	
“设备维修部人员巡检制度”。	

第17章 餐饮企业财务会计与审计管理

17.1 餐饮企业财务会计与审计管理流程

17.1.1 流程设计的目的

餐饮企业设计财务会计与审计管理流程的目的如下：

（1）切实降低餐饮企业财务管理过程中存在的风险，提高企业财务、会计与税审的管理水平；

（2）以财务管理为中心对餐饮企业经营的各个环节进行有效控制，降低财务成本，提高企业的经济效益。

17.1.2 流程结构设计

餐饮企业财务会计与审计管理包括六大事项，我们可以就每个事项设计相应的流程，即财务预算管理流程、现金管理流程、固定资产管理流程、费用报销管理流程、外部审计管理流程和内部审计管理流程，具体如图 17-1 所示。

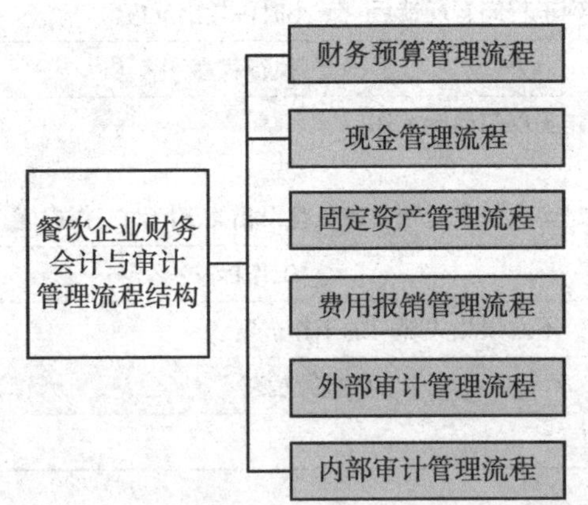
餐饮企业财务会计与审计管理流程结构
财务预算管理流程
现金管理流程
固定资产管理流程
费用报销管理流程
外部审计管理流程
内部审计管理流程

图 17-1　餐饮企业财务会计与审计管理流程结构

17.2 财务预算管理流程设计与工作执行

17.2.1 财务预算管理流程设计

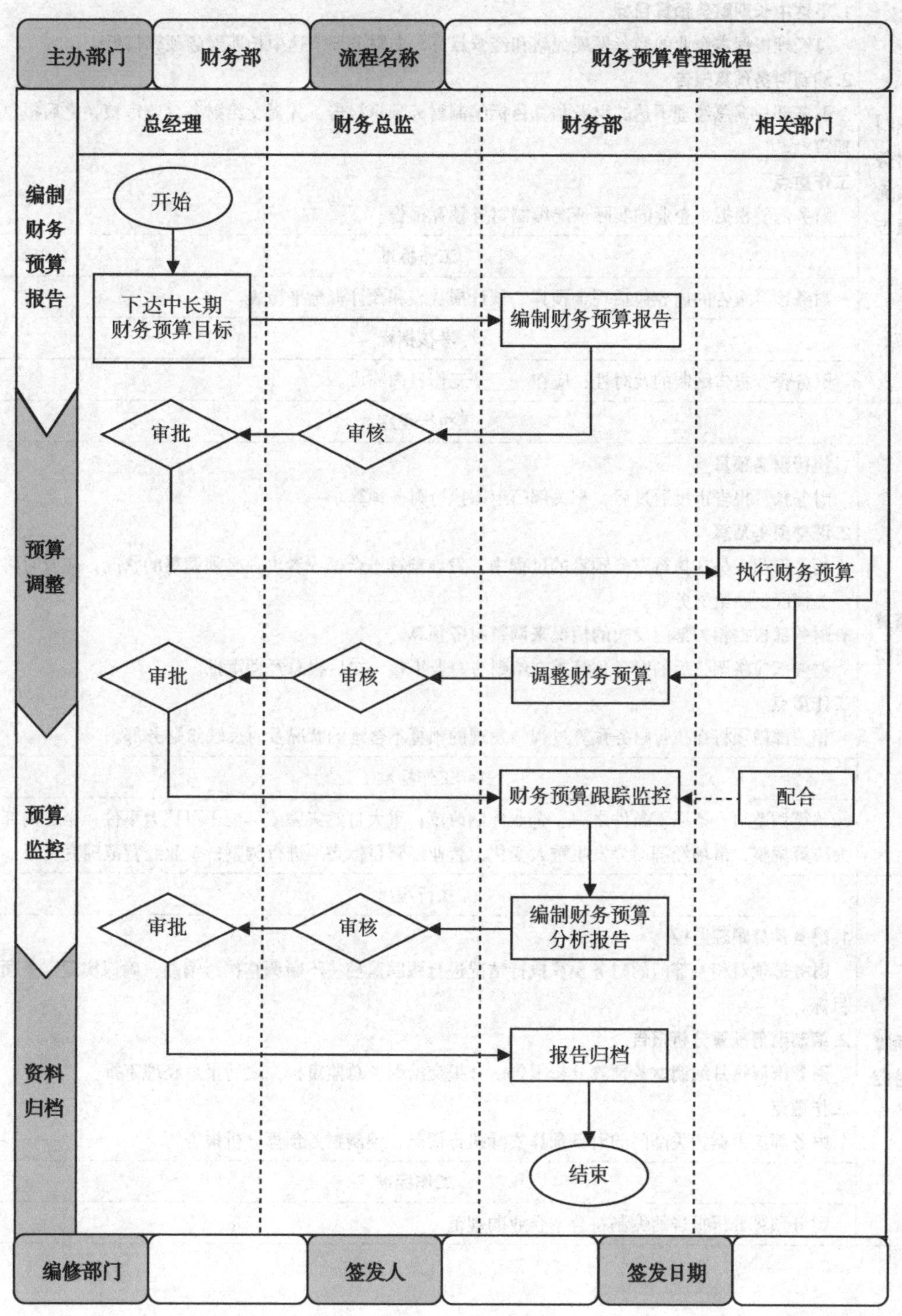

主办部门
财务部
流程名称
财务预算管理流程
总经理
财务总监
财务部
相关部门
编制财务预算报告
开始
下达中长期财务预算目标
编制财务预算报告
审批
审核
预算调整
执行财务预算
审批
审核
调整财务预算
预算监控
财务预算跟踪监控
配合
审批
审核
编制财务预算分析报告
资料归档
报告归档
结束
编修部门
签发人
签发日期

17.2.2 财务预算管理执行程序、工作标准、考核指标、执行规范

<table>
<tr><th>任务名称</th><th>执行程序、工作标准与考核指标</th></tr>
<tr><td rowspan="6">编制财务预算报告</td><td>执行程序</td></tr>
<tr><td>1. 下达中长期财务预算目标
总经理根据本企业的经营发展战略和经营目标，向财务部下达中长期财务预算目标。
2. 编制财务预算报告
财务部根据总经理下达的财务预算目标编制财务预算报告，并提交给财务总监审核，之后报总经理审批。
工作重点
财务部要根据本企业的实际情况编制财务预算报告。</td></tr>
<tr><td>工作标准</td></tr>
<tr><td>财务预算报告的内容包括现金预算、预计损益表和预计资金平衡表。</td></tr>
<tr><td>考核指标</td></tr>
<tr><td>财务预算报告编制的及时性：应在____个工作日内完成。</td></tr>
<tr><td rowspan="4">预算调整</td><td>执行程序</td></tr>
<tr><td>1. 执行财务预算
财务预算报告审批通过后，相关部门组织执行财务预算。
2. 调整财务预算
☆相关部门人员在执行财务预算的过程中，发现预算不合理或者出现必须调整的状况，应及时将相关情况反映给财务部。
☆财务部根据相关部门反映的情况来调整财务预算。
☆财务部应将调整后的财务预算提交给财务总监审核，之后报总经理审批。
工作重点
相关部门须将在执行财务预算过程中发现的预算不合理的状况及时反映给财务部。</td></tr>
<tr><td>工作标准</td></tr>
<tr><td>预算调整须具备以下条件之一：企业体制改革；重大自然灾害或其他不可抗力事件；企业内部重大决策调整；市场经济形势发生重大变化，企业经营目标必须进行调整；企业经营范围变更等。</td></tr>
<tr><td rowspan="4">预算监控</td><td>执行程序</td></tr>
<tr><td>1. 财务预算跟踪监控
财务部须对相关部门的财务预算执行情况进行跟踪监控，不断调整执行偏差，确保实现财务预算目标。
2. 编制财务预算分析报告
财务部应每月编制财务预算分析报告，并提交给财务总监审核，之后报总经理审批。
工作重点
财务部应根据相关部门的财务预算实际执行情况，编制财务预算分析报告。</td></tr>
<tr><td>工作标准</td></tr>
<tr><td>财务预算分析报告的编制符合本企业的规范。</td></tr>
</table>

（续）

<table>
<tr><th>任务名称</th><th>执行程序、工作标准与考核指标</th></tr>
<tr><td rowspan="4">资料归档</td><td>执行程序</td></tr>
<tr><td>财务预算分析报告审批通过后，财务部应及时将报告归档。
工作重点
财务预算分析报告的归档符合本企业的规定。</td></tr>
<tr><td>工作标准</td></tr>
<tr><td>财务预算分析报告归档及时。</td></tr>
<tr><td colspan="2">执行规范</td></tr>
<tr><td colspan="2">“财务预算报告”“财务预算分析报告”。</td></tr>
</table>

17.3 现金管理流程设计与工作执行

17.3.1 现金管理流程设计

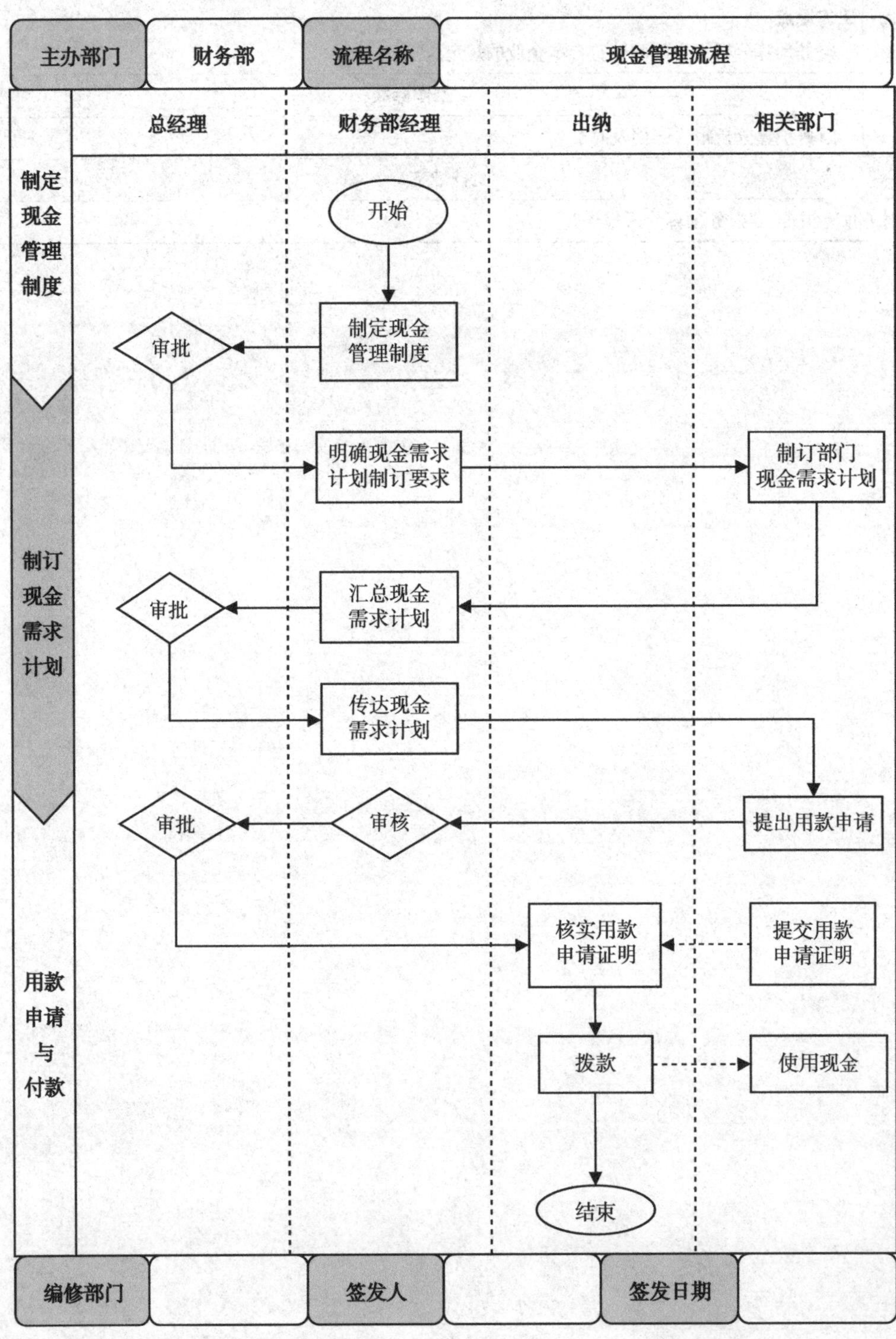

主办部门
财务部
流程名称
现金管理流程
总经理
财务部经理
出纳
相关部门
制定现金管理制度
开始
制定现金管理制度
审批
明确现金需求计划制订要求
制订部门现金需求计划
制订现金需求计划
汇总现金需求计划
审批
传达现金需求计划
审批
审核
提出用款申请
核实用款申请证明
提交用款申请证明
用款申请与付款
拨款
使用现金
结束
编修部门
签发人
签发日期

17.3.2 现金管理执行程序、工作标准、考核指标、执行规范

任务名称	执行程序、工作标准与考核指标
制定现金管理制度	**执行程序** ☆财务部经理根据本企业的财务管理制度制定现金管理制度，明确本企业现金开支范围，确定各种现金支出的审批权限。 ☆财务部经理应将现金管理制度提交给总经理审批。 **工作重点** 现金管理制度不仅要具有可操作性，而且要立足实际，便于企业后期实施和操作。 **工作标准** 现金管理制度的内容包括现金计划的相关规定，用款申请、审批及支付规定，现金保管规定等。
制订现金需求计划	**执行程序** **1. 明确现金需求计划制订要求** 财务部经理根据本企业上一年度资金计划与本年度生产经营计划，结合现金管理制度，向各部门下达现金需求计划的制订要求。 **2. 汇总现金需求计划** ☆相关部门根据现金需求计划的制订要求，制订本部门的现金需求计划，并提交给财务部经理。 ☆财务部须汇总各部门提交的现金需求计划，并提交给总经理审批。 **3. 传达现金需求计划** 现金需求计划通过审批后，财务部经理根据总经理的审批意见修订与完善计划，并向各部门传达计划。 **工作重点** ☆各部门在制订本部门现金需求计划时要考虑到本企业的年度发展规划。 ☆财务部经理在汇总各部门的现金需求计划时要统筹兼顾，以企业总体规划为着眼点，兼顾各部门的实际现金需求计划。 **工作标准** 现金需求计划内容全面、结构清晰且无重大纰漏。
用款申请与付款	**执行程序** **1. 提出用款申请** ☆相关部门在提出用款申请时，需要填写用款申请单。 ☆相关部门应将用款申请单提交给财务部经理审核，之后报总经理审批。 **2. 拨款** ☆用款申请单审批通过后，出纳须对相关部门提交的用款申请证明进行核实，核实无误后方可拨款。 ☆用款申请证明是指经上级审批同意后，给用款部门签发的现金提取单。 **工作重点** 出纳必须仔细核实用款申请证明。 **工作标准** 用款申请单填写规范。 **考核指标** 用款申请证明核实准确率：应达到100%。
执行规范	
“现金需求计划”“用款申请单”“现金管理制度”。	

17.4 固定资产管理流程设计与工作执行

17.4.1 固定资产管理流程设计

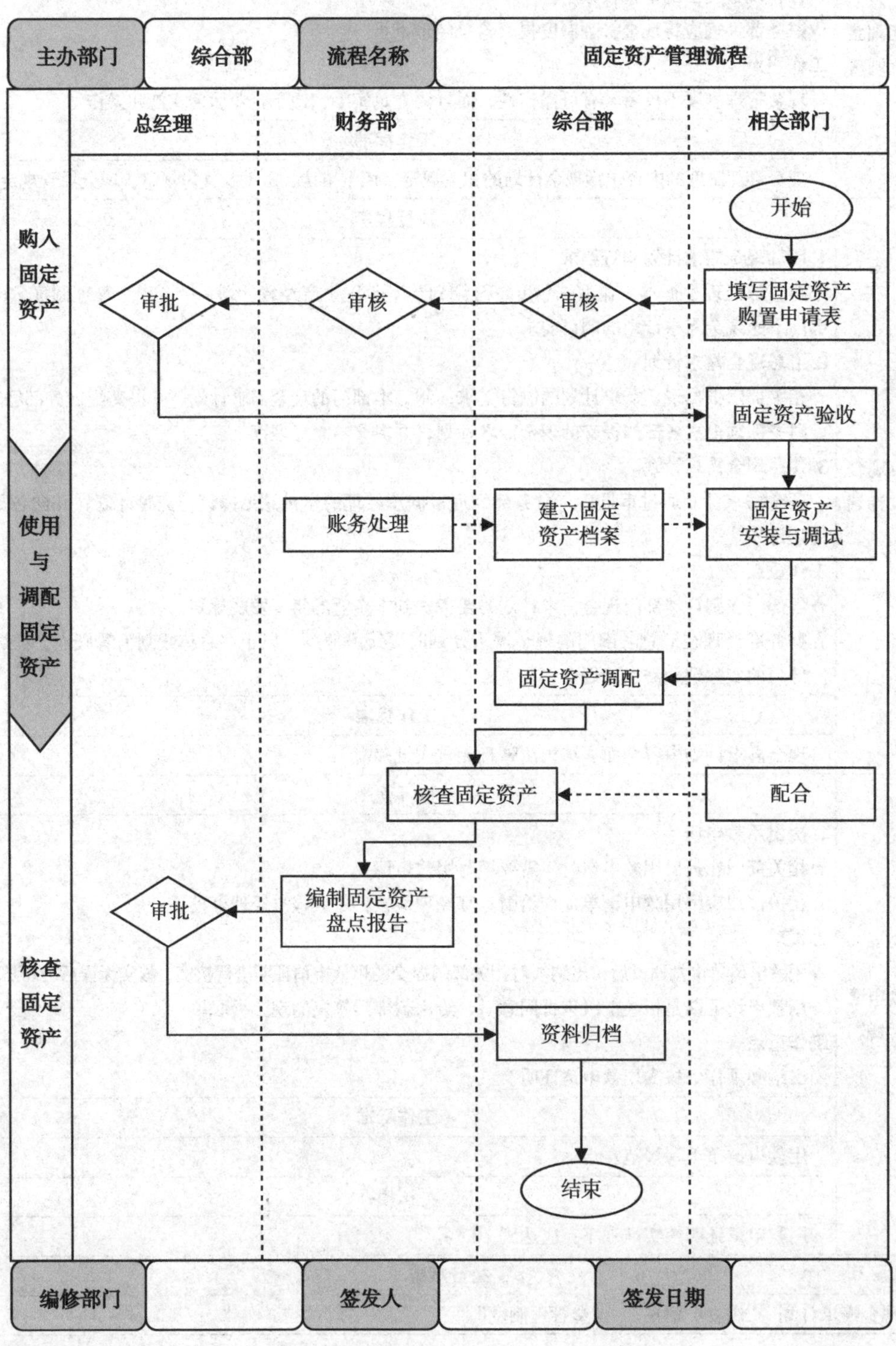

主办部门
综合部
流程名称
固定资产管理流程
总经理
财务部
综合部
相关部门
购入固定资产
使用与调配固定资产
核查固定资产
开始
填写固定资产购置申请表
审核
审核
审批
固定资产验收
账务处理
建立固定资产档案
固定资产安装与调试
固定资产调配
核查固定资产
配合
编制固定资产盘点报告
审批
资料归档
结束
编修部门
签发人
签发日期

17.4.2 固定资产管理执行程序、工作标准、考核指标、执行规范

任务名称	执行程序、工作标准与考核指标
购入固定资产	**执行程序**
	1. 填写固定资产购置申请表 相关部门根据工作需要填写固定资产购置申请表，并提交给综合部和财务部审核，之后报总经理审批。 **2. 固定资产验收** 相关部门须对购入的固定资产进行验收，若发现问题，要及时联系供应商退换货。 **工作重点** 固定资产购置申请表的填写要规范。
	工作标准
	综合部应根据本企业现有固定资产分布情况及使用情况，尽可能通过调配内部闲置的固定资产给予解决。
使用与调配固定资产	**执行程序**
	1. 固定资产安装与调试 固定资产验收合格后，使用部门须对其进行安装与调试。 **2. 建立固定资产档案** 综合部应为购入的固定资产建立固定资产档案。 **3. 账务处理** 财务部为固定资产的核算部门，负责对固定资产的增减和变动及时进行账务处理。 **4. 固定资产调配** 在企业内部调拨、调配固定资产时，须经综合部批准。 **工作重点** 若固定资产出现报废的情形，须由综合部和财务部共同鉴定。
	工作标准
	☆领用人在固定资产领用登记表上签字确认。 ☆固定资产的标识清晰。
	考核指标
	☆固定资产调配的合理性：无因调配不当而影响正常工作的情形。 ☆账务处理及时率：应达到____%。
核查固定资产	**执行程序**
	1. 核查固定资产 每年____月，综合部协同财务部对其他相关部门的固定资产进行全面核查。 **2. 编制固定资产盘点报告** ☆财务部根据固定资产核查结果编制固定资产盘点报告，并提交给总经理审批。 ☆固定资产盘点报告审批通过后，综合部相关人员应及时将相关资料归档。

（续）

任务名称	执行程序、工作标准与考核指标
核查固定资产	**工作重点** 财务部和综合部在核查其他相关部门的固定资产时，要做到账、物、卡一致。
	工作标准
	☆相关部门应积极配合综合部和财务部实施固定资产核查工作。 ☆财务部应在____个工作日内完成固定资产盘点报告的编制工作。
执行规范	
“固定资产管理制度”“固定资产购置申请表”“固定资产档案”“固定资产盘点报告”“固定资产领用登记表”。	

17.5 费用报销管理流程设计与工作执行

17.5.1 费用报销管理流程设计

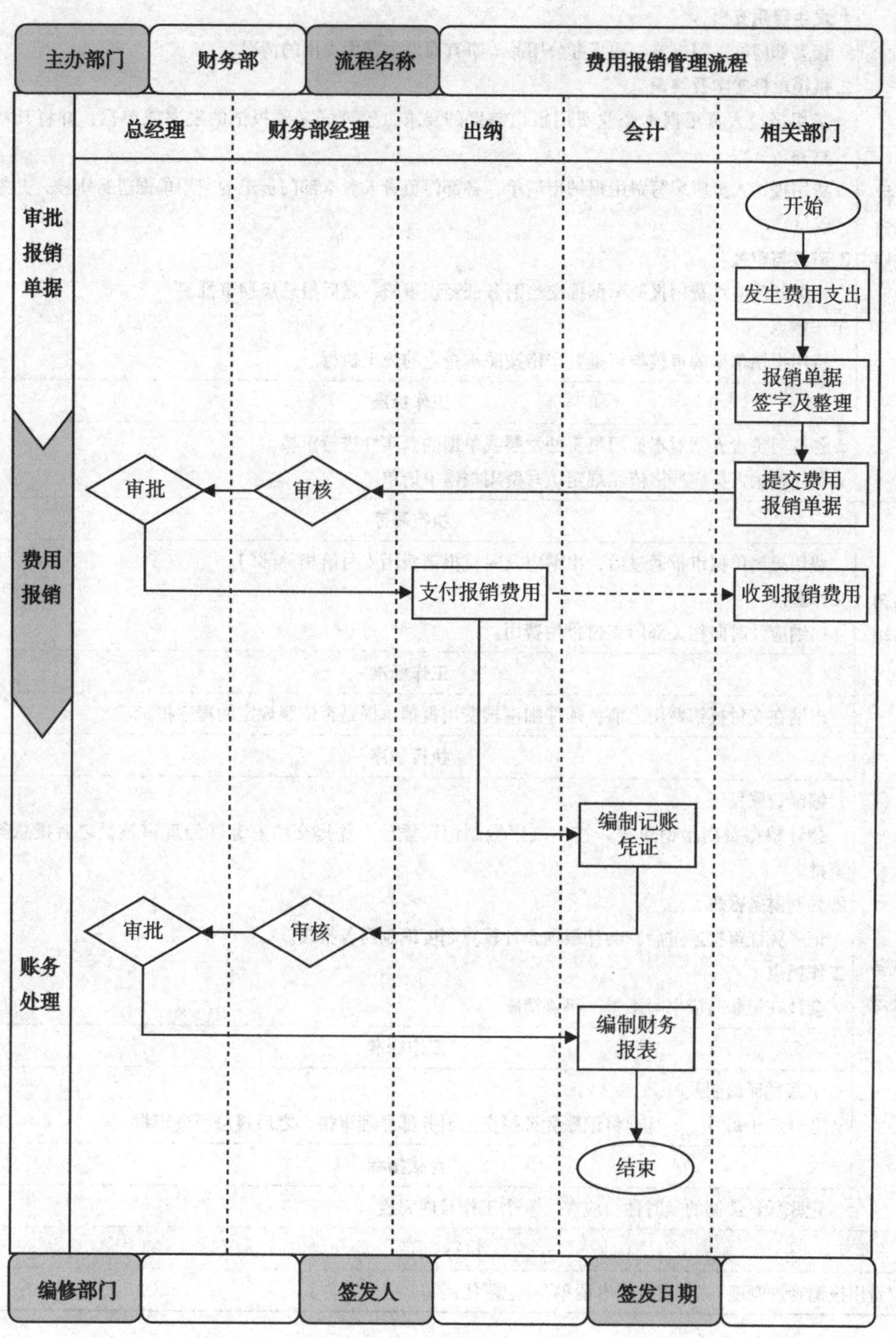
主办部门
财务部
流程名称
费用报销管理流程
总经理
财务部经理
出纳
会计
相关部门
审批报销单据
费用报销
账务处理
开始
发生费用支出
报销单据签字及整理
提交费用报销单据
审批
审核
支付报销费用
收到报销费用
编制记账凭证
审批
审核
编制财务报表
结束
编修部门
签发人
签发日期

17.5.2 费用报销管理执行程序、工作标准、考核指标、执行规范

<table>
<tr><th>任务名称</th><th>执行程序、工作标准与考核指标</th></tr>
<tr><td rowspan="4">审批报销单据</td><td>执行程序</td></tr>
<tr><td>1. 发生费用支出
相关部门员工因出差、购买办公用品等事宜而发生费用支出的情况。
2. 报销单据签字及整理
☆费用报销人员根据本企业费用报销制度的要求，整理好需要报销的发票或单据，并将其粘贴整齐。
☆费用报销人员应填写费用报销申请单，各部门负责人对本部门员工的费用单据进行审核，并签字确认。
3. 审核与审批
相关部门应将费用报销单据提交给财务部经理审核，之后报总经理审批。
工作重点
费用报销单据的审核与审批要严格按照本企业的规定执行。</td></tr>
<tr><td>工作标准</td></tr>
<tr><td>☆各部门负责人须对本部门员工的发票或单据的真实性进行审核。
☆费用报销人员应严格依照规定填写费用报销申请单。</td></tr>
<tr><td rowspan="4">费用报销</td><td>执行程序</td></tr>
<tr><td>费用报销单据审批通过后，出纳应及时将报销费用支付给相关部门。
工作重点
出纳应及时向相关部门支付报销费用。</td></tr>
<tr><td>工作标准</td></tr>
<tr><td>出纳在支付报销费用之前，须仔细审核费用报销单据是否依照规定的程序报批。</td></tr>
<tr><td rowspan="6">账务处理</td><td>执行程序</td></tr>
<tr><td>1. 编制记账凭证
会计根据费用报销单据，按照顺序编制记账凭证，并提交给财务部经理审核，之后报总经理审批。
2. 编制财务报表
记账凭证审批通过后，会计根据会计核算制度编制财务报表。
工作重点
会计在记账时应书写工整、字迹清晰。</td></tr>
<tr><td>工作标准</td></tr>
<tr><td>☆记账凭证编制及时。
☆会计应于每月____日前将记账凭证提交给财务部经理审核，之后报总经理审批。</td></tr>
<tr><td>考核指标</td></tr>
<tr><td>记账凭证编制的及时性：应在____个工作日内完成。</td></tr>
<tr><td colspan="2">执行规范</td></tr>
<tr><td colspan="2">“费用报销管理制度”“费用报销申请单”“记账凭证”。</td></tr>
</table>

17.6 外部审计管理流程设计与工作执行

17.6.1 外部审计管理流程设计

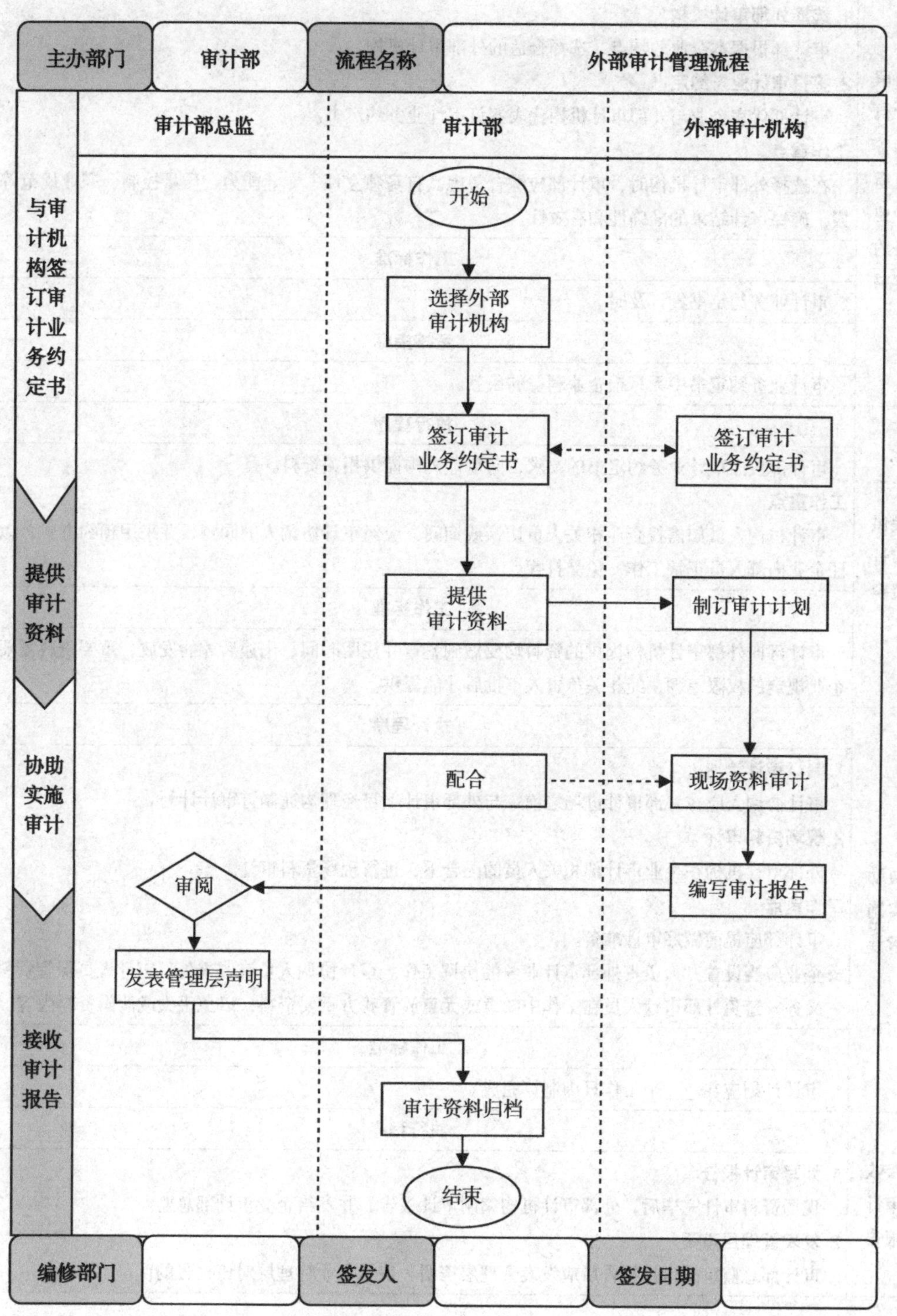
主办部门
审计部
流程名称
外部审计管理流程
审计部总监
审计部
外部审计机构
与审计机构签订审计业务约定书
提供审计资料
协助实施审计
接收审计报告
开始
选择外部审计机构
签订审计业务约定书
签订审计业务约定书
提供审计资料
制订审计计划
配合
现场资料审计
审阅
编写审计报告
发表管理层声明
审计资料归档
结束
编修部门
签发人
签发日期

17.6.2 外部审计管理执行程序、工作标准、考核指标、执行规范

<table>
<tr><th>任务名称</th><th>执行程序、工作标准与考核指标</th></tr>
<tr><td rowspan="6">与审计机构签订审计业务约定书</td><td>执行程序</td></tr>
<tr><td>1. 选择外部审计机构
审计部根据本企业的特点，选择合适的外部审计机构。
2. 签订审计业务约定书
审计部代表企业与外部审计机构代表签订审计业务约定书。
工作重点
在选择外部审计机构时，审计部应综合考虑其自身独立性、专业能力、质量控制、职业规范等因素，确保审计结果的准确性和有效性。</td></tr>
<tr><td>工作标准</td></tr>
<tr><td>审计业务约定书签订及时。</td></tr>
<tr><td>考核指标</td></tr>
<tr><td>审计业务约定书中无有损企业利益的条款。</td></tr>
<tr><td rowspan="4">提供审计资料</td><td>执行程序</td></tr>
<tr><td>审计部按照审计业务约定书的要求，向审计机构提供相关资料。
工作重点
审计机构人员如需找企业相关人员访谈或询问，应经审计协调人的同意，并采用预约方式，以保证企业内部人员正常工作，免受打扰。</td></tr>
<tr><td>工作标准</td></tr>
<tr><td>审计部向外部审计机构提供的资料均要做到签章并注明时间、用途后才能发放，重要资料需要按企业规定的权限范围，经相关负责人审批后才能提供。</td></tr>
<tr><td rowspan="4">协助实施审计</td><td>执行程序</td></tr>
<tr><td>1. 制订审计计划
审计协调人应在外部审计进场之前，与外部审计项目经理沟通制订审计计划。
2. 现场资料审计
外部审计机构在企业审计部相关人员的配合下，进行现场资料审计。
工作重点
☆审计部应提前做好审计准备。
☆企业应当设置专人负责外部审计业务的协调工作。审计协调人负有监督外部审计人员保管资料的义务，避免外部审计人员在工作中随意或无意放置我方重要资料，以免丢失或泄露资料内容。</td></tr>
<tr><td>工作标准</td></tr>
<tr><td>审计计划应在____个工作日内制订完成。</td></tr>
<tr><td rowspan="2">接收审计报告</td><td>执行程序</td></tr>
<tr><td>1. 编写审计报告
现场资料审计完毕后，外部审计机构编制审计报告，并发给企业审计部总监。
2. 发表管理层声明
审计部总监审阅审计报告后应发表管理层声明，表示企业管理层对该报告的认可。</td></tr>
</table>

（续）

<table>
<tr><th>任务名称</th><th>执行程序、工作标准与考核指标</th></tr>
<tr><td rowspan="3">接收审计报告</td><td>3. 审计资料归档
外部审计结束后，审计部应及时将审计资料归档，以备日后查阅。
工作重点
☆管理层声明注明的日期应为审计报告日。
☆审计部应将外部审计机构查处问题的整改情况作为内部审计的重要内容，对应进行整改而没有及时整改或故错重犯的部门进行通报。</td></tr>
<tr><td>工作标准</td></tr>
<tr><td>企业要及时发表管理层声明。</td></tr>
<tr><td colspan="2">执行规范</td></tr>
<tr><td colspan="2">外部审计机构的“审计报告”“审计计划”及企业的“审计业务约定书”“管理层声明”。</td></tr>
</table>

第17章
餐饮企业财务会计与审计管理

17.7 内部审计管理流程设计与工作执行

17.7.1 内部审计管理流程设计

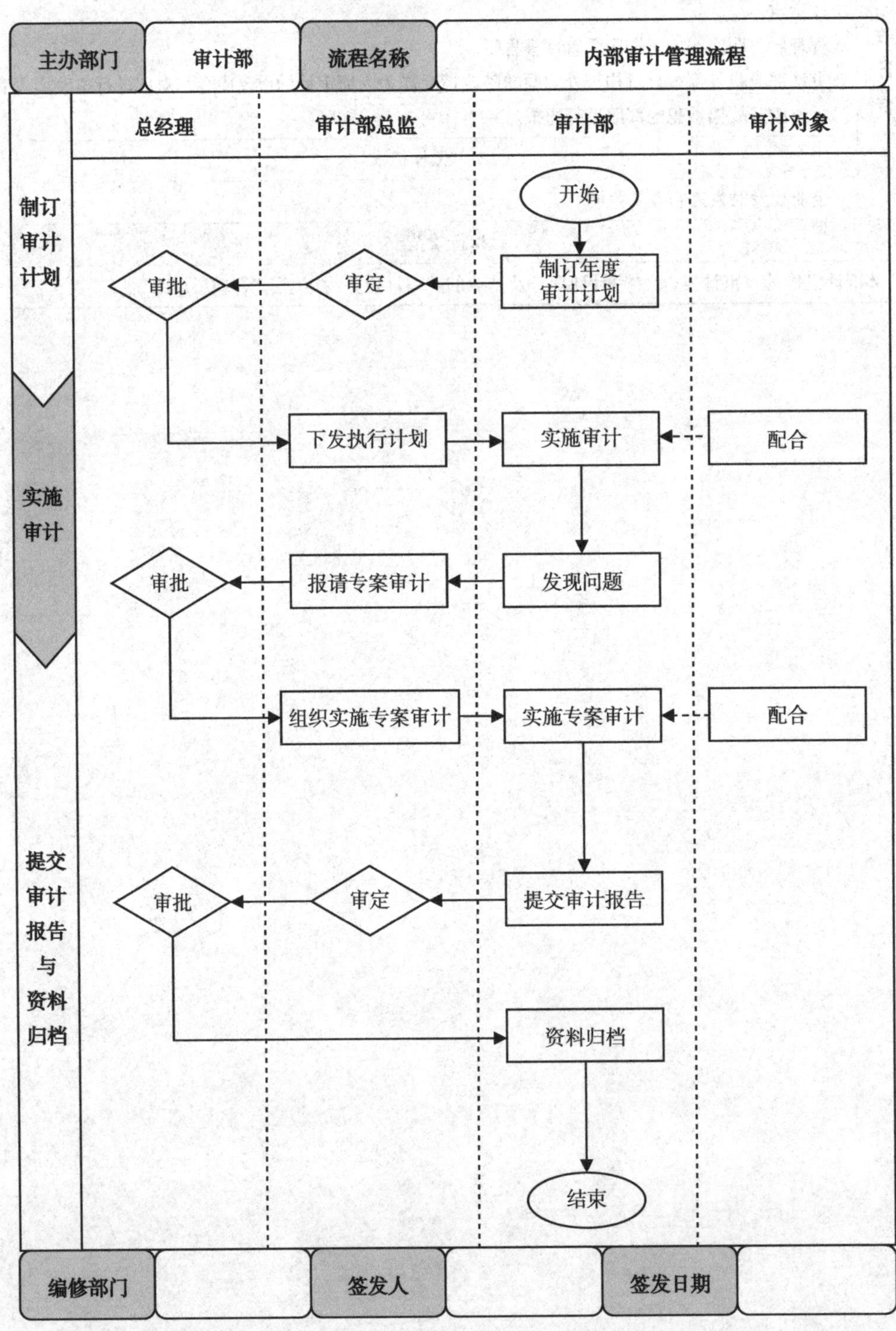

主办部门
审计部
流程名称
内部审计管理流程
总经理
审计部总监
审计部
审计对象
制订审计计划
实施审计
提交审计报告与资料归档
开始
制订年度审计计划
审定
审批
下发执行计划
实施审计
配合
发现问题
报请专案审计
审批
组织实施专案审计
实施专案审计
配合
提交审计报告
审定
审批
资料归档
结束
编修部门
签发人
签发日期

17.7.2 内部审计管理执行程序、工作标准、考核指标、执行规范

任务名称	执行程序、工作标准与考核指标
制订审计计划	**执行程序** ☆审计部根据本企业的年度经营计划制订年度审计计划，并提交给审计部总监。 ☆审计部总监须对审计部提交的审计计划进行审定，签署意见后提交给总经理审批，审批通过后下发执行。 **工作重点** ☆审计部应根据企业下达的审计任务，结合企业的具体情况制订年度审计计划。 ☆离任经济责任审计由企业董事会通知审计部，由审计部审计人员具体实施离任审计。 **工作标准** 审计计划应包括企业的经营成果审计、财务收支审计和单位经理离任审计等内容。
实施审计	**执行程序** **1. 实施审计** 审计人员根据审计计划，采取审查凭证、账表、文件、资料，检查现金、实物等方式实施审计。 **2. 发现问题** 审计人员应及时将在审计的过程中发现的问题反映给审计部总监。 **3. 报请专案审计** ☆审计部总监须对企业日常运作中出现的突发问题（事件），以及对员工工作中出现的过失等问题提出专案审计建议，并制订专案审计计划。 ☆审计部总监应将专案审计计划提交给总经理审批。 **4. 组织实施专案审计** 专案审计计划审批通过后，审计部总监组织实施专案审计。 **5. 实施专案审计** 审计部按照专案审计计划，对审计对象进行全面、客观、公正的专案审计。 **工作重点** ☆在审计的过程中，审计人员必须做好审计记录。 ☆专案审计中如有争议，应如实反映给领导，必须依法有据、实事求是地提出解决办法，切记主观、武断。 **工作标准** ☆审计人员必须根据审计计划实施审计。 ☆参与审计的人员必须具备审计、会计、经济、工程等相关技术职称，具备与所从事的审计工作相适应的思想素质和业务能力。
提交审计报告与资料归档	**执行程序** **1. 提交审计报告** 专案审计结束后，审计部应将审计结果整理成审计报告提交给审计部总监审定，之后报总经理审批。 **2. 资料归档** 审计报告审批通过后，审计部应及时将内部审计过程中产生的相关资料归档。

（续）

<table>
<tr><th>任务名称</th><th>执行程序、工作标准与考核指标</th></tr>
<tr><td rowspan="6">提交审计报告与资料归档</td><td>工作重点
☆对于专案审计和离任审计等审计结果处理办法中，凡涉及人的部分由人力资源部执行。
☆每份审计报告及工作底稿附件必须在一个月内整理装订成册并归档。</td></tr>
<tr><td>工作标准</td></tr>
<tr><td>审计部人员应以企业经营目标为工作中心，以事实为依据，以国家相关法律和企业制度为准绳，客观、公正地反映、分析各运营单位、各部门的经济活动，评价经营管理者的经济责任，提出恰当的审计意见，做出正确的审计结论和建议。</td></tr>
<tr><td>考核指标</td></tr>
<tr><td>审计报告内容出错数：目标值为0。</td></tr>
<tr><td></td></tr>
<tr><td colspan="2">执行规范</td></tr>
<tr><td colspan="2">“年度审计计划”“审计报告”“专案审计计划”。</td></tr>
</table>